当代中国宪法学家

The Jurists of Constitutional Law
in Contemporary China

中国宪法学研究会 编

法律出版社
LAW PRESS·CHINA

编写说明

2015年是中国宪法学研究会成立30周年。30年来，在宪法学界同人的共同努力下，中国宪法学研究会不断发展壮大，并为中国的法治建设作出了积极贡献。其中，我们要特别铭记老一辈宪法学家在重建中国宪法学科、在改革开放和民主法治建设中不断推进宪法学发展的重大贡献。为纪念老一辈宪法学家的学术贡献，经中国宪法学研究会常务理事会讨论决定，编写《当代中国宪法学家》，为张友渔等11位为中国宪法学发展和中国宪法学会发展做出杰出贡献的老一辈宪法学家编写学术传记，对他们的生平简历、著述观点和学术贡献进行整理综述。我们希望，这本书能够为中国宪法学的赓续发展提供学科史料以及精神上的不竭动力。

中国宪法学研究会常务理事会在讨论确定人选时，主要考虑了以下因素：在中华人民共和国建立初期乃至更早就已经从事宪法学研究与教学；著述学说对宪法学学科基础的奠定或宪法学的理论发展产生过重要影响；积极参与了中国宪法学研究会的创立和组织建设等。

中国宪法学研究会的诸多同人积极承担了本书的写作，中国宪法学研究会秘书处承担了编辑统稿工作，对他们的辛勤付出表示感谢，也感谢法律出版社对本书编辑和出版工作的大力支持。从学术人物的角度进行学科史的梳理，对中国宪法学研究会来讲是第一次。本书还存在一些缺陷和不足，希望广大同人对本书的补充、修订和完善提出意见和建议。

中国宪法学研究会

2015年10月

目录

张友渔

生　平

张友渔（1898 年 1 月 10 日～1992 年 2 月 26 日），山西灵石人。原名张象鼎，字友彝。

其父张映南为清末秀才。青年时代参加“五四”运动和“五卅”运动。著有《中国宪政论》、《法学基础知识讲话》、《社会主义法制的若干问题》等，主编有《辞海法学卷》、《世界议会词典》、《历史大地图集》、《中国法学四十年》、《中华人民共和国法律全书》、《中外法律大典》等大型工具书。1992 年 2 月 26 日，因心脏病复发在北京逝世。

张友渔教授早年就读于北平国立法政大学并投身革命事业，积极参与民主宪政运动，并用各种方式同国民党的法西斯暴行进行“合法”斗争。1949 年后，任北京市常务副市长、中国共产党北京市委常委、副书记、书记处书记。在京任职 10 年，他为建立人民政权和开创地方法制，以及北京的改造和建设，做出了不可磨灭的贡献。1959 年以后，任中国科学院哲学社会科学部副主任、党组成员、法学研究所所长，兼任中国政法学会副会长。1979 年 9 月以后，历任中国社会科学院副院长、党组成员、顾问，兼任《中国大百科全书》总编委会副主任，国务院学位委员会委员，中国法学会会长、名誉会长，中国政治学会会长、名誉会长和国际宪法学协会执行委员。他还是第一届、第二届、第三届、第六届全国人大代表，第六届全国人大常委委员，第一届、第二届、第三届、第四届、第五届政协常委。

张友渔教授是我国社会主义法制建设的积极推动者，新中国成立前夕，他主持起草了《中央人民政府组织法》。新中国成立后，参与了我国第一部宪法的制定，随后又参与了我国多部重要法律的制定工作，见证了“文化大革命”之后我国法制建设的进程。1958 年后，董必武同志亲自点将，把张友渔教授从北京市调到中国科学院哲学社会科学部，即现在的中国社会科学院，筹建中国法学研究所，负责国家法学理论研究工作，为法学所的建设和发展做出了重要贡献。“文化大革命”后，他又在彭真委员长领导下投身于我国的立法工作，一直到他人生尽头。1979 年任全国人大常委会法制委员会副主任，1980 年 9 月任宪法修改委员会副秘书长，1983 年 6 月任全国人大法律委员会副主任委员，1988 年改任该委员会顾问，1986 年 6 月任香港特别行政区基本法起草委员会委员。为制定 1982 年宪法和一系列重要法律倾注了全部心血，做出了卓越贡献。

学术贡献

（一）张友渔教授与中国社会科学院法学研究所

在中国社会科学院（其前身为中国科学院哲学社会科学部）早期的历史上，张友渔教授是一位很独特的所长。其他研究所，如历史所陈垣、范文澜与经济所陈翰笙等，都是术业有专攻的饱学之士，有不少先生还是国民党时期中央研究院的院士，但是他并没有这些头衔。虽然在中国共产党内，张友渔教授是极少数接受了正规法学教育的人才之一（1923 年考入国立北京法政大学学习），并且是中国共产党在法律问题上（如国民大会、《五五宪草》、宪政等法律问题）与国民党进行斗争的主要干将。但他在学术界的声誉更多是由于他著名报人的身份。

张友渔教授在担任法学所所长之前，其曾担任长达 10 年的北京市常务副市长（1949 ~ 1959），这是当时中国政界最为重要的职位之一。他担任北京副市长的期间，恰好也是北京市建设最为重要、影响最大、现在颇受非议的一个时期。特别是当时拆除旧城墙、旧牌楼等的城市改造（2004 年年初，三联书店出版了一本《城记》专门讨论此事），这些实际上都是张友渔教授主持的。

中共中央挑选这样一位重量级的党政领导人物担任法学研究所的所长，无疑与当时对法律阶级性的定性有着莫大关系。法律是阶级统治的工具，当然要选择一位政治上非常可靠而且地位不低的党员来担当这一工作。但今天回头来看，应该说，此举更多显示的还是当时中国共产党对法学的重视。检阅当时的相关文献，这一任命确乎有着深刻的政治内涵。

熟悉法制史的读者大概都知道，无论是 1948 年左派王明起草发布的废除《六法全书》的通知，还是 1954 年董必武主持的司法改革，国民党的司法人员对其都是没有多少好感——至少是不信任的。前者毋庸多言；后者则有《董必武文选》可以作证。还有一个重要证据是，在 1957 年出版的《政法界右派分子谬论汇集》里，所谓的“右派人士”（其实多是旧法人员)对1954年的司法改革多心存不满,特别是对1949年以来旧法人员所受到的不公正待遇愤愤不平。这从另一个方面证明了当时对待旧法人员的态度。

实际上,当时许多旧法人员特别是才30出头的一些旧法人员,他们多认为自己是可以被改造好的。在中国新法学研究院里,沈宗灵、谢怀栻教授都有不错的表现。在1956年中共中央开始筹划建立法学研究所时,对于吸收旧法人员是否能进入法学研究所,并没有明确规定。但是经过1957年的风波,不但旧法人员自己不敢对改造再说一个"不"字,而且共产党内也无人敢再提了。

因此,从某种意义上说,1958年法学研究所的成立,是对1949年以来旧法人员的"不合作",特别是1957年鸣放的一个回应:要通过建立法学研究所的方式,培养我们自己的法律人才,建立我们自己的法学,建立我们自己的"法统"。

在1957年的鸣放中,曾经有许多旧法人员纷纷建言要在中国科学院内建立法学研究所。但他们大概没有料到,法学研究所的成立,实质是宣告了他们在新中国法学生命的暂时终结(有的则是永远终结)。

这一点充分地反映在法学研究所人员的调配上。首先,是所领导。在当时中国科学院哲学社会科学部的4个六级干部中,法学所占了2位:一位是所长张友渔,另一位是副所长周新民。其次,进所的大部分工作人员都是政治上十分可靠的年轻人。其中,研究人员主要是留学苏联回国的法学专业毕业的大学生或者副博士,以及中国人民大学的法学研究生,而旧法人员一个都没有。我们现在知道的谢怀栻先生是1978年之后才调入的。

作为法学研究所的第一任所长——实际也是未来中国法学事业的奠基人——张友渔教授的一言一行,都会深刻地影响着新中国的法学研究和法制建设。他究竟发挥了什么样的作用呢?拉开历史的焦距,我们或许可以看得更清楚一些:法学研究所的建设、研究方向以及用人的标准是来自中央的最高决策,张友渔教授其实并无太多发言权。但作为一位有着丰富政治经验的革命家,他绝对不会在这样一个重要的职位上无所作为。何况,他还是一位虔诚的读书人。在法学研究所的图书馆里,安放着他赠送的一个专门收藏《古今图书集成》的书柜。据他回忆自己,他从很小的时候就是一个书迷,并且自己买了许多书。虽然家境不好,但是父亲从来没有因为他置书过多批评他。新中国成立后，他的藏书有数万册。1976 年粉碎“四人帮”以后，他将其中的清代文史和法律类线装古籍 28 种 4045 册赠送给法学研究所图书馆。这样一位经历丰富、风格独特、对学术很有兴趣且有一定素养的政治家做一个学术机构的领导，会呈现出什么样的风采呢？

应该说，张友渔教授是一个富有远见的领导者，也是一个真正的知识分子。从一些老同志的回忆里，可以略作知道一些当时的情况。他深刻地认识到法学研究所和北京市政府的巨大差异。在法学研究所筹备阶段，他就指出要抓两件大事：一是人才；二是图书资料。前者如当时进所的王家福、刘海年、韩延龙、刘楠来先生等都是 20 出头的年轻人，但是经过几十年的磨炼，他们都成了中国最为出色的法学家，为中国的法治建设做出了重要贡献（据老同志回忆，张友渔教授进人时基本上只考虑年轻人）。而法学研究所当时“抢收”的图书资料，随着时间的流逝，则越来越看出其巨大意义。

在法学研究所的图书馆，收藏有来自清华大学（1958 年接收）、北京交通大学（原北京铁道学院，1959 年接收）、中央人民政府法制工作委员会、国务院法制局（1959 年撤销前）和法律出版社等机构的法学藏书。其中，法制工作委员会和法制局的藏书继承自国民政府的立法院和司法院图书馆，收藏的国民政府法律文献甚为丰富。清华由于有美国退还的庚子赔款作为支持，采购了数量极为丰富的英文法学藏书，对许多国内稀见的 20 世纪上半叶的法学名著，均有收藏。最可贵的是法学研究所图书馆还收藏有中国近代著名法学家沈家本的手稿 39 种 98 册，其中包括 10 余种未刻作品的手稿。从 1996 年开始，法学研究所组织研究人员陆续整理出版。这批藏书不但极其珍贵，而且数量也极为庞大，达 30 多万册。因此在很长的一段时间里，法学研究所图书馆的一大任务就是整理这些接收的图书。在短短的两年工夫里（1958 ~ 1960），法学研究所的资料文献基础从一穷二白，迅速在国内名列前茅。可以说，这直接决定了法学研究所在国内学术界的领先地位。

我们许多人直觉上认为这完全是出于中央的行政命令，同当时高校合并一样，行政命令要求当时所有的法学藏书都收藏到法学研究所。似乎很少想到张友渔教授为此付出的努力，更不思考其对法学所学术研究的重大意义。事实上，这大都是张友渔教授自己争取来的，并非上面的安排。比如,清华的法学藏书,在1952年院校改革之后,一直存放在清华图书馆里,无人问津;国务院的法制工作委员会撤销时,并没有几家机构想去"抢"那些破旧古书。按理说,当时的中央政法学校也是完全有资格去接收的,但是都被张友渔教授抢占了先机。

张友渔教授作为法学研究所的第一任领导,在这些事情上的敏感,几乎注定了法学研究所50来年的命运。许多人都知道法学研究所的法律史学科主要是依托这些藏书才建立起来的。其实,其他学科也受惠于此。据梁慧星先生回忆,他在法学研究所读研究生时(1980年前后),谢怀栻先生曾经亲自带着他,到地下书库找民国时期的民法论著研读。在2003年接受《私法》主编易继明的访问时,梁先生更坦言,他的知识结构里有很重要的一块是民国时期的法学知识。这部分至少有一大部分是来源于法学研究所的古籍书库。其实像梁老师这样的学者不在少数,特别是在改革开放之初。我们是否可以说:法学研究所收藏的国民党时期的旧法著作,是20世纪80年代初期法学研究所的学术研究能够迅速恢复并领先国内的一个重要条件。

实际上,还有好大一部分馆藏没有得到应有的充分利用。比如,清华的外文著作。特别是20世纪上半叶的法学著作,如庞德、霍利非尔德的著作,在法学研究所书库里都有着很好的收藏,而且多是第1版。最近徐国栋先生在"罗马法教研室"网站上谈到的伪满洲国"民法典",其实法学所图书馆也有收藏,而且是所有《六法全书》和地方例规。

张友渔教授是一个读书人,更是一个高明的领导者。他看到了建立一个研究机构的关键在哪儿,重点在何处。在人才上,他没有力量越雷池一步,去吸收旧法人员进法学研究所,但是在图书资料方面,在他力所能及的范围之内,充分发挥了"主观能动性",大胆地兼收并蓄。他积极收藏的各类法学藏书,奠定了法学所的研究基础。

(二)张友渔与我国20世纪80年代社会主义法制建设

新时期开始后,法制建设可谓百业待兴,而立法又是法制建设的前提和基础。国家急需尽快转变无法可依的局面,繁重的立法任务摆在新时期的立法者面前。张友渔教授就是在这样的历史动因面前,担负起立法理论和立法实践集于一身的历史责任。执政党当时尤其需要有自己的法学专家在法制建设初兴之际带头发挥作用。他又是法学界曾经在执政党内担负高级领导职务的为数甚少的重要学者,法学界当时亦非常需要有自己的能够对国家法制施以一定影响的人物。同时,在新时期开初之际,张友渔先生已是八旬老人,德高望重,这样的身份对于他号召和媒介法制理论和实践两个方面,又可以有更好效果。所有这些情形,历史地选择了他,他担当起新时期开初10余年主流立法观念的代表人物。

张友渔教授这一时期的立法论说,清楚地显示出,他谈论更多的主题是立法基本原则。立法在民主法制建设中的位置,法律的完备,立法权、立法程序和立法起草,立法机关的议事规则等问题,特别是宪政、民事、经济、行政等方面的立法问题,香港特别行政区基本法的制定问题。这些立法问题,都是当时国家和学界所面临的最主要的立法实践和立法理论问题。解决这些问题,是中国立法、法制、民主走向现代化的基础性工程,而研究和阐发这些问题,便是当时法制理论和立法理论的主流任务。在当时学界,大多数人都是围绕这些论题展开研究,但大家通常是研究其中一个或几个属于自己研究领域的问题,极少数人把所有这些论题都作为自己的研究对象。而张友渔教授就是这极少数难得的研究者之一。他的研究触角,差不多遍涉那个时期所有主要的立法、法制论题,甚至当时所有重要的法学理论问题。他关于这些问题的论说,在学界有广泛影响力。当时的法学教科书阐述这些论题时,所表述的观点,大都是张友渔教授所代表的这些主流论说。此外,他的论说注重理论分析和推理,注重旁征博引。他经常援引或比照外国或古代的情形和资讯以说明问题,阐述问题总是鲜明地把自己的观点陈述出来,赞成什么、反对什么,都一目了然。这又显然不同于许多纯粹的立法者或法律实务家。他兼有学界和实践两个方面的特点,又同两个方面的不少人有明显区分。这样的情形,同样可以使张友渔教授得以成为当时主流观念的代表人物。

张友渔教授参与主持全国人大立法工作时已80多岁高龄了,在之后的十几年中,他的主要心血和精力几乎全都倾注在了国家的法律事业上。可以说,我国法律制度的建立健全和完善,以及我国从"无法可依"到"有法可依"的巨大变化与张友渔教授的巨大贡献分不开。以《村民委员会组织法》制定通过过程中的一个小例子,可以看出他在我国立法中所起到的重要作用和具有的独特魅力。

《村民委员会组织法》是20世纪80年代中期提到立法日程上的,该法的制定得到时任全国人大常委会委员长彭真的高度重视。彭真委员长是我国法制建设的主要奠基人之一,他十分重视我国民主与法制建设。

而《村民委员会组织法》涉及加强基层民主建设的大问题。长期以来,农村集体组织始终是政府的“腿子”,担负着许多本属政府应做的工作,这与宪法所确立的“自治”性质是相悖的。为了制定好这部法,笔者随张友渔教授到重庆等地进行了大量的实地调研,不仅向政府部门征求意见,同时也深入群众中去征询老百姓的看法和意见。1987 年全国人大常委会讨论该法时,绝大多数同志不赞成村民委员会自治性质。他们认为,村民委员会“自治”后,政府的许多实际工作就无法落实了。比如,征兵、征粮、计划生育等许多重要的工作就会受到严重影响。当时是众口一词的反对声。张友渔教授当时生病住院,未参加此次会议。在他认真听取了秘书汇报,详细了解情况后,拿出纸笔,当即在病床上亲自致函全国人大常委会并彭冲、王汉斌同志。他指出,村民委员会本不属于一级政府,这是宪法所确定的。更重要的是这是关系加强社会主义民主建设的大事,而民主建设又必须从基层做起。持反对意见或存有疑虑的同志只是从方便乡(镇)政府工作着想,而未从发扬人民民主、实现村民自治着想,更未考虑到遵守宪法和增强法制观念的问题。他还指出,乡(镇)政府下面没有了“腿”,工作遇到困难,这是如何整顿和加强乡(镇)政权建设的问题,应当另行解决。比如,政府设立派出机构或者因临时任务如征兵、征粮、计划生育而成立专门的临时工作组,但政府与村委会不可以变成上下级领导关系。对政府的行政事务,村委会应在一定范围内协助,但政府不能对其强制。如果现在的机制无法正常运行,甚至宁可修改宪法另设村级政权,也不能因此而不要或放弃村民自治。张友渔教授最后指出,如果大家还是不能达成共识,那么该法宁可不上会也绝不能改变村委会自治性质,因为这是该法的灵魂所在。下午继续开会时,常委会各位委员手里多了一份张友渔教授对该法的意见。在这种情况下,最后竟几乎无人明确反对。可以说,没有张友渔教授的坚决支持和在关键时刻提出意见,这部法在当时是很难通过的。从这件事大家可以看出,他对国家立法工作是多么专注、多么重视、多么认真。同时,也充分反映出他对立法工作的影响力,不愧为我国法学的泰山北斗!

张友渔教授在学术研究上的总体态度是积极乐观、认真谨慎的。他一生崇尚科学,从不因循守旧、随波逐流,也从不趋炎附势,是一个勇于探索科学真理,在任何场合和形势下都敢讲真话的人。自 20 世纪 30 年代初至 80 年代末,他始终坚定不渝地站在法学与政治学等各个方向研究的最前沿，紧密结合国际、国内的发展实际，积极勇敢地参与马克思列宁主义的法律观和政治观、哲学观在中国的全面传播与发展，努力投身于中国社会主义的革命、建设和改革事业，他在各个历史时期都有自己丰富而又独到的建树。20世纪80年代，在担任全国人大的领导职务期间，常常会被问到"是法大，还是党委大?"当他被别人在不同场合先后问及这一尖锐性的、政治性、党性和法律性兼备问题时，他总是能够清醒而又明确地回答它，毫不隐讳地说："法大。"接着还未等到别人续问"为什么"的时候，他就能马上帮着主动做出科学合理的解释，很好地回答了"为什么是法大"的问题。他慢条斯理地解释道："党对国家机关的领导，应当是政治上的领导，而不是组织领导。我们国家的法是代表人民的意志，通过国家权力机关制定的，是党中央的方针、政策定型化的表现。法一旦制定出来，谁也得遵守，各级党委以至党中央也不能不守法，党的各级组织都必须在宪法和法律的范围内活动。"由于新中国刚进入改革开放时期没多久，加上党在政治上所处的重要地位，我们可以想象在那个年代发表并论述这些观点和见解，确实需要很大的魄力和勇气。张友渔教授到了晚年还依然能够保持清醒的头脑，旗帜鲜明地阐释了"党与法"以及相关的"党与人大及其他机关"的正确关系是怎样的等一些事关国家前途和命运的重要问题，为改革开放后新中国的"依法治国"方略的提出和施行做出了卓著贡献。

张友渔教授在参与主持全国人大立法工作的同时，还担任着中国社会科学院副院长，中国法学会会长、名誉会长，中国政治学会会长等职，肩负着指导社会科学特别是中国法学理论研究工作的重任。他主持工作以来，在团结全国法学、法律工作者开展法学研究和发展我国法学界同许多国家与地区的法学、法律界人士的合作、学术交流活动方面都做出重大贡献。除此之外，有些国家级法学刊物中的一些重要文章也常常要由张友渔教授亲自审批和把关。这充分体现了老一辈法学家对法学理论研究的高度关注。他在繁忙的公务之外还撰写了大量的学术论文和专著，如《关于发扬社会主义民主加强社会主义法制的几个问题》、《建立和发展具有中国特点的社会主义政治学》、《关于民事诉讼法的若干问题》、《为开创政治学研究工作的新局面而努力》、《理论联系实际，开展法学研究》、《论民族区域自治法》、《关于人民大表大会代表的任务、地位、职权和活动方式的问题》、《有关法学理论的一些问题》、《积极推进中国政治学的发展》、《关于我国法律的立法程序和起草工作》、《谈新闻立法》、《宪政论丛》、

《关于体制改革问题》、《关于社会主义法制的若干问题》、《学习新宪法》等。

主要学术思想和学术观点

(一)学术理念

张友渔教授在学术上留给我们后人的,不仅是500多万字著作中所包含的非常丰富的思想与智慧,还有他十分鲜明的治学经验和为人风范。他的治学经验和为人风范是高度统一的,可以用以下八个字予以概括:求实、创新、严谨、宽容。他发表言论、写东西,不抄袭、不盲从,也不迎合时尚。创新是张友渔教授治学理念中很重要的一条。他说:"我发表言论、写东西,都是讲自己的话,不抄袭、不盲从,反对教条主义,也不迎合时尚。绝不是大家都这么说,或者哪个权威的人说了,我就跟着说。经过我自己考虑了、研究了,认为是对的,我才说。""我主编《政法研究》时曾说过:整段整段地照抄马列主义经典著作不给稿费。"因此,在"文化大革命"中被戴上反对马列主义的帽子。自20世纪30年代以来到他辞世,张友渔教授始终以马克思主义唯物主义研究方法站在时代的前列,参与马克思主义法律观、政治观、新闻观在中国的传播,各个历史时期常有自己独到的建树。

张友渔教授之所以能够在学术上有重大建树,为丰富马克思主义法学理论宝库做出重要贡献,同他在研究工作中具有科学的理论与方法以及严谨的治学态度分不开。他认为,研究任何问题,都要理论联系实际,理论与实际一定要结合起来。理论是分析实际的武器,但理论脱离了实际就成了教条,研究法的问题也是这样。要用马克思列宁主义,也就是辩证唯物主义与历史唯物主义这个理论作为武器来分析实际问题;要从实际出发,对具体问题进行具体分析。任何事物都具有它的特征。由于具有这样的特征,才能够同别的事物区别,才能使人认识它,形成所谓概念。他说过,自己的治学经验中最主要的一点,就是"学以致用"。他认为法学研究工作者的任务就是为建立、维护、实行法制服务,否则他们就没有存在的必要。研究一个问题,认识一个问题,一定要理论联系实际。特别是研究法制建设问题,不能坐在书斋里,从空想出发、从书本出发,而必须从实际出发,了解事实,总结经验。什么是"实际",他作了很全面的阐释。

所谓实际，包括两方面，一是当前的实际即客观存在的事实；二是过去的实际即准确的文字资料。他说，联系实际要联系中国的实际，也要联系国际的实际。现在的中国同过去的中国是不同的，更不同于原始社会那种“鸡犬相闻”、“老死不相往来”的状况。现在整个世界是相通的，中国是世界的一个部分，不能不受国际的影响。此外，从今天的实际出发，也不能不考虑在同一社会发展阶段内的将来可能发展、演变的实际，不能只考虑眼前的个别问题，而应同时考虑过去和未来，考虑总的发展情况。张友渔教授的一生都是依照“理论联系实际”这一原则来从事自己的学术活动。从当时的实际出发，解决当时存在的问题，以推进社会的发展与进步，这是他的全部著述的主要特色和主要成就。

张友渔教授还特别强调，要正确运用马克思主义来指导法学研究工作。他一贯倡导治学应当严谨。他认为，搞研究“一定要有丰富的、全面的、准确的资料”，“资料一定要核实，不能是片面性的东西，必须比较各种不同的资料加以核实，不能轻易相信一方面的资料”。他著书立说，总是亲自动手，很少请人代笔。1991 年，他已是 92 岁高龄。这一年他发表在《法学研究》第 4 期上的文章《当前法学研究的任务和方法》和他在中国社会科学院庆祝党成立 70 周年纪念大会上的讲话，都是他亲笔起草。他在审改自己指导的研究生论文时，对引文也往往亲自查对。他给刊物和报纸投稿，发表后往往要再看一遍，如发现字句或标点符号有错误，他还要给编辑部打电话，提醒他们注意。

张友渔教授还一贯倡导学术自由和真理面前人人平等，坚持贯彻党的“双百”方针，并身体力行。他从不以学术权威自居，从不把自己的观点强加于人，更从不在学术争鸣中对别人乱扣政治帽子。他的这种学者风度和民主精神，受到法学界的同声赞誉。在首都学术界庆祝张友渔教授从事学术活动 70 周年纪念会上，他曾这样总结自己一生的治学经验：“总的来说，我认识问题、分析问题、评价问题、处理问题，都力求运用辩证唯物论、历史唯物论的方法，现在特别强调历史唯物论。因为一切事物总是不断变化的，不能拿一个标准来衡量一切时代、一切地方和一切事物。昨天是对的，也许今天就不对了；今天对了，也许明天就不对了。认识、分析、评价、处理问题都要根据具体的时间、地点和条件。”

（二）主要学术观点

无论是从他的法治思想、宪政观，还是他丰富的立法理论思想，都可以看出他无疑是改革开放初期整个主流法制观念的代表性人物。总体上看，张友渔教授的学术活动可分为新中国成立前后两个时期。在新中国成立前的30年，他从马克思主义理论出发，撰写了一批新六学的理论著作和大量抨击军阀、论述抗日和宪政问题的政论文章，产生了广泛的影响；新中国成立后，他在公务繁忙之余，还花不少时间和精力，从事法学研究和法律工作，撰写和主编并发表、出版了大批的法学著作。在粉碎"四人帮"后，他还推动中国政治学科的创立和政治学的研究工作，并撰写和发表了一批政治学论著。

1. 张友渔教授关于法的性质的认识

纵观张友渔教授的法学思想，都带有鲜明的政治因素。因此，对于法的性质，早在"文化大革命"之前，他就认为，我国的法是以工人阶级为领导的广大劳动人民意志的体现，并且也符合其他社会主义劳动者和拥护社会主义爱国者的要求。但是关于法的发展规律，他不是简单地以"经济基础决定上层建筑"来解释法的演变，而是作出全面分析。法的发展除受经济基础所决定外，上层建筑的其他部分变化对法也有不同程度的影响，一个国家的具体历史条件和民族特点等，对法也有一定的影响。关于民主与法制的相互关系问题，他认为，社会主义民主和社会主义法制是不可分割的统一体的两个方面，都是巩固社会主义经济基础、推进社会主义发展，在目前则是推进社会主义"四个现代化"的主要工具。就这点来说，二者都不是目的，是手段。但就二者的相互关系而言，则社会主义民主是目的，社会主义法制是保卫民主的手段。社会主义法制必须以社会主义民主为基础，反过来又保卫社会主义民主。因而也可以说，没有社会主义法制，就没有社会主义民主。而要使社会主义法制发生效力，还需要依靠人民群众的民主力量。民主是出发点，又是归宿。这就是社会主义民主和社会主义法制的辩证关系。

2. 张友渔教授的法治观

法治作为一种治国方略，不得不承认是西方近代资产阶级民主革命的发展产物，但法治思想在社会主义的中国得到了长足发展。张友渔教授的法治思想为我国的法治化进程做出了不可估量的贡献，他的法治思想产生于新民主主义革命时期，发展于新中国成立后，到了20世纪80年代基本上成熟。他对法治的诠释和理解不仅仅停留于表面形式和简单描述，而更多的是对法治内涵的深刻把握。

首先，张友渔教授以法治的特征为切入点来对法治进行理性地解释。在他看来，法治之所以称作“法治”，是因为它具备了以下三个基本特征：一是宪法必须真正作为国家、政党（特别是执政党）、社会组织和民间团体，以及全体公民上下共守的根本法而存在。而且，从宪法派生出来的其他一切法律，也必须要上下共守。这在实质确是肯定了以宪法为首的法律的统治地位。二是宪法作为国家的唯一根本大法，主要作用是确认和保护人民的权利，限制政府权力，而不是让政府拿去用来整人民的。三是宪法和由它派生出来的普通法律的“立、改、废”三项基本权利（即制定权、修改权、废止权）必须牢牢掌握在人民自己的手里。根据我国幅员辽阔、人口众多的特点，这些权利可以委托给人民代表大会来行使，人民代表大会制度是我国的根本政治制度。张友渔教授在有关法治的讲话和文章中，虽然都没有明确定义法治这一概念，但是从上述三个基本特征可以明显地看出，其已基本包含了他对法治概念明确而完整的定义，并且反映了他对心中理想法治状态的美好憧憬。由此可见，法治的基本特征确立了在一个国家中须巩固以宪法为首的法律规则的根本统治地位，这可以说就是张友渔教授整个法治思想体系的核心所在。

其次，张友渔教授主张的法治应同中国传统意义上的所谓“法治”严格区别开来。张友渔教授对古代政论家谈论的法治是持否定态度的。他一针见血地指出，这种“法治”不属于法治范围以内，不是立于法治基础之上，而是和法治分离，和法治对立的人治。即使是树立和遵循一定法律制度的法治，也未必是民治。很显然，法家所主张的法治，依然不外是贯彻和巩固独裁政治的一种手段。在中国古代的特定环境下，即使有所谓的法治，也摆脱不了人治的束缚，君主、皇帝的个人意志始终要高于法律的权威。在张友渔教授看来，封建的专制国家和后来法西斯独裁统治的国家，他们所谓的“法治”带有明显的欺骗性和虚伪性，其实质是为了更好地实现对人民的统治。

最后，张友渔教授所论述的法治是以民主政治为基础的法治。这可以被认为是他法治思想活的灵魂，是其精髓所在。张友渔教授所说的民主政治，就是真正体现人民当家作主、切实反映人民民主的国家政治制度，可以简称为“民治”。他认为，近代民主国家之所以能有法治，主要的原因就在于这些国家所颁布施行的法律和封建的专制主义国家及法西斯专政国家的法律相比，有着根本不同的内容和目的。即法律是为了限制公权力、保障私权利(公民个人的基本权利),由人民自己或者代表人民的民意机关所制定,而且它只有在广大人民的共同监督下才能有效得以执行。因此,在他的法治理论中,民治确属一个关键性的因素。在他看来,法治倘若不能建立在民治的基础上,那么就有可能与人治殊途同归,一样走上独裁统治的道路。只有建立在民治,即民主政治基础之上的法治才能称得上"真法治"。他进一步指出,虽然民治的含义远较法治广泛,有了法治并不等于马上就有了整个民主政治,但是,法治不仅是作为民主政治的一种基本表现形式而存在,而且是作为民主政治的一个重要属性而存在的。由此看来,民治与法治两者之间,谁也离不开谁,否则,民主就不是"真民主",法治也不是"真法治"了。

20 世纪 80 年代,张友渔教授的法治思想已相当成熟,基本上形成了自成一体的较为系统的思想理论体系。这一时期张友渔的法治思想是对他新中国成立前和新中国成立初期法治思想的丰富和发展。第一,他的法治思想充分体现了"宪法至尊"的理念。在他对法治的相关论述中,法律占有十分重要的地位,而宪法则处于根本法的地位,其他的一切法律都是从宪法这里派生出来的。第二,他的法治思想带有较为浓厚的政治学色彩。综观他的法治思想,不难发现,他更多是沿着政治学与法学相结合的进路对法治问题进行系统研究的。如他谈到的"法治要限制政府权力以保障人民的权利"、"法治不仅是作为民主政治的一种基本形态存在的,而且更是作为民主政治的一个重要属性而存在的"等,这些无不体现了较为浓厚的政治学色彩,表现了他强烈的政治法治化主张。第三,他的法治思想饱蕴了他动态发展的法治观。尤其在十一届三中全会后中国进入改革开放、全面建设社会主义各项事业的新时期,张友渔教授反复强调法治绝不是一成不变的东西,其内容和范围会随着国家与社会的发展进步而不断丰富与拓展。他的法治思想不是条条框框死板地套用,而是将法治看成一个动态发展的过程,不同的年代有着不同的要求。在这种动态发展的法治观指导下,张友渔教授基于这种论调进一步提出了符合我国当前实际的法治。他认为,随着改革开放的不断推进、社会主义现代化建设事业的全面发展,法治在内容上应切实赋予和保障人民拥有比近代民主国家和现代资本主义国家更多的权利;在范围上应平等适用于一切国家机关和人民,绝不能让广大人民感到他们与政府享受不公正的待遇。只有像这样不断丰富和发展的法治才是最符合历史发展规律和社会发展需要的。张友渔教授法治思想里饱蕴的法治动态发展观念和价值，使他更容易摆脱固定法治模式的拘束，更加贴近我国改革发展实际，灵活地探讨和研究有关法治的基本理论和问题。

3. 张友渔教授的宪政观

在张友渔教授的法治观中，法律占有极其重要的地位，而宪法处于根本法的地位，其他一切法律都是从宪法派生出来的。可以这么说，法律是法治的灵魂，而宪法又处于法律的顶端。一部以人民利益为核心的宪法对整个国家的法治状态有着深远意义，所以在法治的诠释中，他反复强调，只有当宪法这个根本法具有保障人民权利、限制政府权力这一作用时才能称为“真法治”。他从宪法的本质和任务出发，系统论述了宪法的基本内涵，充分彰显了“宪法至尊”的基本理念。在他看来，实行民治基础之上的真法治首先应当表现为“依宪治国”，“依法治国”则是对“依宪治国”原则的具体贯彻与落实。以民治为基础的真法治必然首先表现为宪治。

张友渔教授是我国民主政治和法治建设的积极引领者和推动者，为我国的民主宪政理论和实践的建设与发展做出了不可磨灭的贡献。他在新中国成立之前就已经将宪政与立宪政治、民主政治紧密结合在一起，而从新中国成立初到改革开放初期，则是从实质层面对宪政概念予以阐述，大体将宪政概念归结为“四个要素”与“一个统一”。这“四个要素”即宪法、民主、法治和人权，“一个统一”即人民民主专政。在宪政制度框架下，张友渔教授对人民民主专政理论的论述主要涵盖以下几个方面：第一，人民民主专政在实质上仍然是无产阶级专政；第二，人民民主专政具有鲜明的中国特色；第三，我国人民民主专政还具有自己的优点；第四，人民民主专政必须坚持中国共产党的领导。他倡导的民主立宪，重在强调民主原则和民主政治基础上的立宪，只有这样才可能制定出符合人民根本利益、体现“真民主”的宪法。他的民主立宪思想主要由民主立宪权、民主立宪机关和民主立宪程序三个部分构成。在张友渔教授看来，民主立宪权必须并且只能是属于人民自己的权利，但同时这并不表示全体人民都必须直接参与整个民主立宪的过程。民主立宪机关是有权制定、批准、通过国家宪法的法定机关。他认为，全国人大实质上就是民主立宪机关，这点可以结合我国的宪法原理和宪政实践来予以佐证。民主立宪程序是指依据民主原则由民主立宪机关制定宪法所须经过的各个阶段和步骤组成的整个民主立宪过程。张友渔教授对 1982 年宪法的优越性作了充分地论证，他明确提出,1982年宪法是新时期中国迄今为止最好的一部宪法。

4. 张友渔教授关于1982年宪法的认识

宪法是国家的根本法,是法制建设的基础。依法治国的核心在于依宪治国,依法执政的关键在于依宪执政,实行依宪治国是推进国家治理现代化的关键。1982年宪法作为十一届三中全会以后新制定的宪法,在社会主义法制建设方面做了许多具有重大历史意义的新规定,使我国的法制建设进入了一个新阶段:1982年宪法确立了维护法制统一和尊严的原则;1982年宪法对我国立法体制进行了重大改革,为我国的立法工作奠定了基础;1982年宪法加强了保证法律实施的规定。1982年宪法是一部具有现阶段中国特点的社会主义宪法。它是社会主义宪法,具有社会主义的特点,但又不是仅具有不同于资本主义的一般社会主义的特点,而是具有适合中国这个国家的特殊情况的中国式社会主义的特点。

1982年宪法根据我国的实际需要,在法律的实施方面也作了许多新的重要规定。一是恢复了1954年宪法关于公民在法律面前一律平等的规定。这是社会主义法制的一项基本原则。恢复这个原则对于保证社会主义民主,健全社会主义法制有重要作用。二是强调要加强司法机关的建设。司法机关是专门执行法律的机关。为了保证法律的实施,1982年宪法参照1954年宪法,增写了人民法院和人民检察院依法独立行使审判权和检察权,不受行政机关、社会团体和个人的干涉,增写了公检法三机关分工负责、互相配合、互相制约的原则等。这些规定,有利于保证准确有效地执行法律。三是着重强调了必须守法。1982年宪法除了把遵守宪法和法律规定为公民的一项基本义务外,"总纲"第5条还特别新增加了"一切国家机关和武装力量、各政党和各社会团体,各企业事业组织都必须遵守宪法和法律"的规定。四是新增加了对公民进行法制教育的内容。第24条规定,国家要通过纪律和法制教育,加强社会主义精神文明的建设。这对于增强广大干部和群众的法制观念,保证法律的实施是完全必要的。

总之,1982年宪法在社会主义法制建设方面,从基本原则到具体措施都作了比较全面的规定,为我国的法制建设奠定了坚实的基础。回顾35年来的制宪工作,我们取得的主要经验是:第一,必须坚持从马克思主义的历史唯物论,从社会发展阶段的实际情况出发,把马克思主义的普遍原理同中国革命和建设的具体实践相结合。第二,必须坚持原则性与灵活性相结合的方针。所谓原则性主要是指两条:一条是民主原则;另一条是社会主义原则。第三,必须发扬民主,走群众路线。民主原则是社会主义宪法的一项基本原则,不仅宪法的内容必须体现这个原则,宪法的制定过程也必须遵循这个原则,走群众路线就是贯彻民主原则。

虽然张友渔教授认为1982年宪法到现在为止是中国最好的一部宪法,但不是说今后就不会有更好的宪法。虽然要在一定的时期内保持宪法的稳定性,但从整个社会的发展进程来说,社会是在不断发展着的。法律是以社会为基础的,社会进入了新的发展阶段,也就会有适应这一发展的新的更好的宪法。所以,宪法并不是永恒不变的,它还要不断地向前发展。此外,由于我国还是一个发展中的社会主义国家,同大多数第三世界国家具有相似的苦难经历,面临着共同的问题和任务。我国1982年宪法的规定,对第三世界国家有一定的借鉴意义,但也不是完全适用的。

5. 张友渔教授关于宪法实施的观点

虽然张友渔教授认为1982年宪法是新中国成立以来最好的一部宪法,因为它集中反映了十一届三中全会之后,我国经济、政治、文化和社会主义现代化建设的要求。但是有了一部最好的宪法,如果不能贯彻实施,那么这部宪法就等于一纸空文,不起任何作用。现在的主要问题是怎样贯彻实施宪法的问题,其中需要着重解决的两个问题:一个是一年来宪法实施的情况和问题,特别是全国人大、全国人大常委认真贯彻实施宪法的情况和今后的主要工作问题;另一个是为了保证正确地贯彻实施,对宪法一些重要规定的正确理解问题。这些认识集中体现在他的《新时期的宪法》、《进一步研究新宪法,实施新宪法》等几篇文章和讲话中。

1982年宪法颁布以后,一部好宪法的产生固然不容易,要保障它的全面贯彻实施也很不容易。不能满足于宪法的制定、颁布,而应当特别强调保障它的实施。宪法是国家的根本法,全体人民和一切国家机关都必须尊重宪法,维护宪法的尊严。国家工作人员,特别是各级领导干部,在遵守宪法和保证宪法的实施方面,都应起模范带头作用。因此,他认为主要从以下几个方面来保障宪法的实施:第一,要继续制定、修订有关的法律、法规,形成统一、严密、完整的法制体系,加强政法工作,从各方面保证宪法、法律的严格遵守和执行。第二,要进行宪法宣传和教育。在全体人民中间反复进行以遵守宪法和法律为内容的法制宣传教育,从小学起各级学校都要设置法制教育的课程,努力使每个公民知法守法。第三,中国共产党要坚持依宪执政，在宪法法律范围内活动，带头遵守宪法规范。中国共产党是中国特色社会主义的领导核心，对于保障宪法实施担负着更大的责任。1982 年宪法明确规定，各政党都必须以宪法为根本的活动准则，都必须遵守宪法和法律，共产党当然不能例外。十二大通过的新党章明确规定："党必须在宪法和法律的范围内活动。"这是一项极为重要的原则，我们必须坚决贯彻实施。只有党组织和党员模范地遵守和执行宪法，宪法的实施才有可靠的保障。此外，除进一步加强宪法的宣传、教育工作外，首先需要解决以下两个问题：一是进一步加强立法工作，把有关贯彻实施宪法的重要、迫切需要的法律制定出来；二是对宪法的内容、条文作出准确解释。

6. 张友渔教授关于社会主义立法的观点

早在 20 世纪 80 年代，张友渔教授就发表了《我国社会主义法制的立法原则》一文。这篇 7000 字的文章可能是新时期以来第一篇集中论述中国立法原则的文字。他一直认为，要实现社会主义法治，首先需要制定出一套比较完备的法律，这些法律能充分保障民主、保障人权，然后再考虑如何保证我们的宪法和法律具有极大的权威，保证宪法和法律得到全国人民，特别是国家机关和各级领导人员的切实遵守与执行。张友渔教授关于社会主义立法原则的思想和理论是十分丰富的。其内容主要是：第一，从实际出发的原则。他认为，从实际出发是马列主义、毛泽东思想的原则，是指导一切工作的根本原则。法律是解决实际问题的，更要实事求是，从实际出发。怎样才能做到实事求是，从实际出发呢？他提出：首先，立法必须尊重客观实际，特别是当前的客观实际，根据实际具备的条件，解决实际存在的问题。绝不能脱离实际，把主观愿望或抽象理论作为立法的根据。其次，从实际出发，实事求是，还必须全面地观察和认识客观，解决存在的问题，而不能带片面性。因为，社会上一切事物都不是孤立的，而是相互间有联系的，解决一个问题必须考虑到和它有联系的事物，照顾到前后左右的关系。当然问题有主次，处理问题的着重点是主要问题，但对其他有关问题也不能置之度外。第二，坚持社会主义的原则。他认为，坚持这一原则，就是坚持法律对社会主义政治制度和经济制度的保护。同时，还特别表现在保卫社会主义的"四个现代化"上。因为，解放生产力，不断提高劳动生产率，满足人民物质和文化生活的需要，是社会主义革命的根本目的。第三，坚持社会主义民主的原则。一方面，社会主义法律的内容应充分保障公民的各项民主权利；另一方面，法律的制定也要充分发扬社会主义民主。第四，坚持立法不苛、重在教育的原则。它包括两方面内容：一是社会主义国家的立法并不依靠规定重刑治理国家。因为在这一制度下，法律要处理的，大量是人民内部问题。根据社会保卫主义理论，对于人民内部的犯罪，不能单靠严刑峻法，而应重在预防，这是我国社会主义制度优越性的体现。二是表现在立法的简要上，即立法不搞烦琐条文。法律简明扼要，可以让群众一看便知，使人民易于遵守，便于执行。

虽然改革开放后，社会结构变化产生了各种立法观念，然而他以马克思主义理论为基础的立法思想，仍然引导着中国主流立法观念。在中国最近50多年的法制历史尤其是立法历史上，没有哪位人物能够像张友渔先生这样，在理论和实践两方面都较长时间地代表着主流倾向。在立法工作中，全国人大常委会以及法制工作委员会非常重视和尊重他的意见，基本上每一部法都要征求他的意见。彭真委员长经常请他列席委员长会议，听取他的意见；时任常务副委员长陈丕显更是在各种场合尊他为自己的老师。张友渔教授还亲自参与好多部法的调查研究工作，深入基层，撰写调查报告，还经常推荐一些知名学者参与立法工作，如北大的肖蔚云教授、人大的许崇德教授、社科院法学所的王叔文教授等。这些学者后来为国家立法也都做出了重要贡献。

张友渔教授是中国共产党的优秀党员、忠诚的共产主义战士、杰出的马克思主义理论家。在民主革命时期，他出生入死，转战南北，为党和人民的事业建立了不朽的功勋，为马克思主义政治学、法学、新闻学理论在中国的传播和运用做出了卓越的贡献。新中国成立后，他在北京市委、市政府、全国人大常委会、中国科学院哲学社会科学部、中国社会科学院等部门担任过重要的领导职务，为北京市的建设和发展、中国社会主义民主与法制建设、建设有中国特色社会主义理论的丰富和发展，都做出了不可磨灭的贡献。

在长达70年的革命和建设生涯中，他一直坚持学术研究，撰写了具有真知灼见的专著和论文上千万字，先后主编《辞海法学卷》、《世界议会词典》、《历史大地图集》、《中国法学四十年》、《中华人民共和国法律全书》、《中华律令集成》、《中华法学大词典》、《中外法律大典》等大型工具书，在国内外产生了重大影响。

张友渔教授几十年如一日，不论是在形势险恶的战争时期，还是在社会主义革命和社会主义建设时期，他都一贯认真学习马列主义、毛泽东思想，工作勤勤恳恳，躬亲务实，忠于党的事业，鞠躬尽瘁。他立场坚定始终不渝地坚信共产主义，表现了共产党员的高风亮节；工作岗位频繁变动，但从不计较职位高低，并且每到一处都做出优异的成绩；清正廉洁，光明磊落，艰苦朴素，严于律己，有高度的组织性、纪律性；作风民主，平易近人，勇于批评和自我批评，善于团结同志。在"文化大革命"中，他身处逆境，但仍坚定不移地相信党、相信群众。坚决拥护党的基本路线，积极贯彻党的十一届三中全会以来的路线、方针、政策。1979 年恢复工作时，他虽年逾 80，仍夜以继日地工作。他始终关心我国的社会主义法制建设，即使在病情十分严重之时，还一再对立法工作表示关注，充分表现了他对党和人民事业高度负责的崇高品德。直到以 94 岁的高龄告别人世，他都始终保持了自己生气勃勃的创造力，始终站在广大人民群众一边，始终保持着无私无畏的革命精神，这是他最宝贵的品德。

张友渔教授一生为党为人民辛勤工作，从不计较个人得失和个人恩怨，崇尚一切顺其自然。了解他的人都知道，他一生在党内德高望重，在学术界享誉甚高，在人格上更是高风亮节。他从来都是宽以待人，严于律己。在人们的眼里，张友渔教授不仅是一位老资格的革命前辈、一位学界领袖，更是一位可敬和蔼的长者。1986 年在他 90 寿辰时，他的老战友、老朋友廖沫沙、赵凡送了他一副裱好的诗，对他作了十分中肯的评价：

恬静无私罕与人争敏而好学今古贯通文章精锐牛鬼心惊笃志马列
陷阵冲锋赤诚待人情深意重
棋艺卓著出奇制胜功高德厚
谦虚从容老犹奋发健哉渔翁。

主要论著

(一)著作

1.《中国宪政论》，生活书店 1943 年版。

2.《法与宪法》，生活书店 1943 年版。

3.《民主与宪政》，生活书店 1943 年版。

4.《东京统治者》，读书生活社 1943 年版。

5.《法学基本知识讲话》,中国青年出版社 1963 年版。
6.《社会主义法制的若干问题》,法律出版社 1982 年版。
7.《宪政论丛》,群众出版社 1986 年版。
8.《论公民的权利与义务》,天津人民出版社 1987 年版。
9.《张友渔学术精华录》,北京师范学院出版社 1988 年版。
10.《张友渔新闻学术论文选》,新华出版社 1988 年版。
11.《张友渔诗文集》,北京出版社 1992 年版。
12.《张友渔学术论著自选集》,北京师范学院出版社 1992 年版。
13.《张友渔文选》,法律出版社 1997 年版。

(二)文章

第一次大革命时期

1.“介绍一个友人的信”1925 年 11 月 3 日。
2.“狗也念佛”1925 年 11 月 12 日。
3.“纸老虎禁不起一戳”1926 年 1 月 7 日。
4.“法统与饭碗”1926 年 1 月 16 日。
5.“呜呼国家主义者领袖”1926 年 2 月 7 日。
6.“革命党与大炮”1926 年 3 月 12 日。
7.“呜呼！不平等条约!”1926 年 3 月 20 日。
8.“如此维持治安”1926 年 3 月 22 日。
9.“不痴不聋不作军阀官僚”1926 年 4 月 10 日。
10.“纠缠不清的法律问题”1926 年 4 月 15 日。
11.“我的忏悔”1926 年 5 月 22 日。

第二次国内革命战争时期

12.“愿中央新贵自勉勿懈”1931 年 12 月 29 日。
13.“何谓社论?”1932 年。
14.“新闻的性质和任务”1933 年 11 月 13 日。
15.“由消息的真伪谈到天津(益世报)的失败”1933 年 12 月 14 日。
16.“报纸与舆论新构成”1933 年 12 月 21 日。
17.“日本报纸的文艺”1934 年 2 月 1 日。
18.“报纸评论之起源”1934 年 2 月 15 日。
19.“论统制新源”1934 年 2 月 15 日。
20.“报纸何以能煽动群众?”1934 年 5 月 3 日及 10 日。

21.“政治与报纸”1934 年夏。
22.“论‘机关报’”1934 年 6 月 14 日。
23.“一九三六年的世界”1934 年 1 月 3 日。
24.“大张挞伐呢？检讨国策呢?”1937 年 1 月 14 日。
25.“我们需要怎样的国民大会”1937 年 3 月 5 日。

抗日战争时期

26.“辛亥革命与‘日本’”1939 年 10 月 1 日。
27.“国民党与宪政运动”1939 年 10 月 28 日。
28.“国民大会的性质和任务”1939 年 11 月 25 日。
29.“关于国民大会组织法和代表选举法的意见”1939 年 12 月 9 日。
30.“中国宪政运动之史的发展”1940 年 1 月 1 日。
31.“和平招牌从此粉碎”1940 年 1 月 23 日。
32.“宪政与宪政运动”1940 年 1 月 27 日。
33.“要把‘东亚新秩序’打成齑粉”1940 年 2 月 3 日。
34.“宪政运动的方式与条件”1940 年 2 月 13 日。
35.“应给敌人以更大的打击”1940 年 3 月 7 日。
36.“日寇为什么捧汪逆上台”1940 年 3 月 23 日。
37.“宪法与宪政”1940 年 4 月 13 日。
38.“敌国经济危机愈深刻化”1940 年 5 月 11 日。
39.“法国失败对于我们的教训”1940 年 6 月 22 日。
40.“三年来的敌国政潮”1940 年 7 月 7 日。
41.“经念国父诞辰七十五周年”1940 年 10 月 25 日。
42.“十月革命二十三周年”1940 年 11 月 7 日。
43.“我们需要怎样的民主政治”1941 年 6 月 7 日。
44.“德苏战争和远东”1941 年 7 月 12 日。
45.“四年来的日本”1941 年 7 月 16 日。
46.“欧战和日本”1941 年秋。
47.“美日谈判与中国立场”1941 年 11 月 22 日。
48.“如何估计日本的国力和日本国力的基本弱点”1942 年 6 月。
49.“日苏关系的历史的发展”1942 年 11 月。
50.“人治,法治,民治”1943 年 10 月 8 日。
51.“法治真诠”1943 年 11 月 27 日。

52.“国内民主与国际民主”1944年1月19日。
53.“人民基本民主权利的保障”1944年2月1日。
54.“论选举权”1944年2月2日。
55.“东京的统治者(日本现政权研究)”1944年3月。
56.“抗战与宪政”1944年5月15日。
57.“孙中山先生的地方自治论”1944年5月23日。
58.“论人民的自由权利”1944年7月1日。
59.“保障人民身体自由”1944年7月20日。
60.“实现中山先生的均权制度”1944年8月1日。
61.“论‘三三制’”1944年9月15日。
62.“民主运动与复古倾向”1944年10月1日。
63.“保障人民的身体自由”1944年12月18日。
64.“树立日本人民的政权”1945年5月16日。

解放战争时期

65.“日本的阴谋还没有死”1945年9月7日。
66.“民主的正轨”1945年9月27日。
67.“言论自由初步收获”1945年10月1日。
68.“如何建立新日本”1945年10月。
69.“人民的身体自由”1945年10月22日。
70.“人民要求言论自由的兑现”1945年10月26日。
71.“立即实行地方自治,根绝国内纠纷”1945年10月20日。
72.“根据民主统一原则解决东北问题”1945年12月1日。
73.“论内战的性质”1945年12月7日。
74.“关于召开国民大会”1945年12月14日。
75.“政治协商会议的使命”1945年12月17日。
76.“人民政治协商会议的主人”1945年12月28日。
77.“应该共同管制日本”1945年12月23日。
78.“论国民大会问题”1946年1月1日。
79.“新中国的曙光(上)”1946年1月24日。
80.“建立民主日本的关鍵”1946年2月5日。
81.“中国民主革命的伟大胜利”1946年2月12日。
82.“新中国的曙光(下)”1946年2月20日。

83.“论地方自治”1946年3月10日。
84.“新闻界的责任”1946年3月16日。
85.“糊涂观念”1946年4月3日。
86.“关于‘诋毁元首’”1946年6月22日。
87.“打碎法西斯式的出版法”1946年6月29日。
88.“保卫民主原则的斗争”1946年7月4日。
89.“论管制日本问题”1946年7月5日。
90.“保卫新闻自由”1946年9月1日。
91.“如此‘民选议会’!”1946年9月16日。
92.“人民生命与自由之保证安在?”1946年9月23日。
93.“扩大爱国统一战线”1946年12月27日。

社会主义建设时期

94.“怎样才能贯彻群众路线”1958年10月20日。
95.“法制是保障民主的重要手段”1978年5月10日。
96.“我国社会主义法制的立法原则”1980年1月5日。
97.“关于发扬社会主义民主加强社会主义法制的几个问题”1980年5月6日。
98.“宪法取消关于‘四大’的规定 有利于发扬社会主义民主”1980年9月1日。
99.“有关林彪、江青反革命集团案的几个法律问题”1980年12月16日。
100.“关于法制史研究的几个问题”1981年5月6日。
101.“历史研究和四项基本原则”1981年5月7日。
102.“对编写中国法制史的几点意见”1981年5月8日。
103.“党的活动要以宪法和法律为准则”1981年9月5日。
104.“论健全社会主义法制”1981年11月5日。
105.“关于民事诉讼法的若干问题”1982年4月7日。
106.“回顾四中全会以来我国的法制建设”1982年8月31日。
107.“开创我国社会主义法制建设的新局面”1983年1月5日。
108.“报告文学涉及的法律问题”1983年5月10日。
109.“新宪法是我国最好的一部宪法(上)”1983年7月4日。
110.“新宪法是我国最好的一部宪法(下)”1983年7月5日。
111.“坚持历史唯物主义健全社会主义法制”1983年10月20日。

112.“理论联系实际，开展法学研究”1984 年 2 月 5 日。
113.“论民族区域自治法”1984 年 4 月 1 日。
114.“民主协商是实行人民民主的有效方式”1984 年 4 月 5 日。
115.“新中国制宪工作回顾”1984 年 5 月 2 日。
116.“毛泽东对马克思主义法学的创造性发展”1984 年 5 月 5 日。
117.“论我国行政机关首长负责制”1984 年 5 月 7 日。
118.“关于人民代表大会代表的任务、地位、职权和活动方式的问题”1984 年 11 月 27 日。
119.“有关法学理论的一些问题”1985 年 4 月 24、25 日。
120.“关于中国的地方分权问题”1985 年 7 月 9 日。
121.“关于我国法律的立法程序和起草工作”1985 年 8 月 25 日。
122.“谈新闻立法”1985 年 9 月 2 日。
123.“为什么制定民法通则”1986 年 4 月 5 日。
124.“关于维护老年人合法权益的问题”1986 年 7 月 23 日。
125.“关于政治体制改革和地方人大常委会工作的问题”1986 年 10 月 4 日。
126.“要认真研究民主、法制和政治体制改革问题”1987 年 1 月 14 日。
127.“建设具有中国特色的民主政治”1987 年 7 月 18 日。
128.“政治体制改革和政府法制工作问题”1988 年 4 月 1 日。
回忆录
129.“我在年轻的时候”1980 年 2 月 2 日。
130.“在少奇同志领导下工作”1980 年 12 日。
131.“天津地下工作三年”1983 年 10 月 3 日。
132.“中共中央军委华北联络局与山东抗战”1983 年 1 月。
133.“在董老直接领导下工作”1983 年。
134.“我与《世界日报》”1981 年 3 月。
135.“我与《实报》”1981 年 9 月。
136.“我与《时事新报》”1981 年 12 月。
137.“我与《新华日报》”1982 年 3 月。
138.“我与《华商报》”1982 年 2 月。

（撰写者：翟国强　张群　陈坤）

王叔文

生　平

王叔文(1927 年 4 月 3 日 ~2006 年 11 月 24 日),四川省青神县人,汉族,宪法学家。1950 年毕业于四川大学法律系,1957 年毕业于苏联莫斯科大学法律系获法学学士学位,1988 年获日本立命馆大学名誉法学博士学位。

历任中国社会科学院法学研究所助理研究员、副研究员、研究员,国家法研究室主任,法学所副所长、所长;所学术委员会副主任、主任;国务院学位委员会第一届法学评议分组成员,国务院学位委员会委员,国务院学位委员会第二届法学评议分组成员、召集人;中华人民共和国香港特别行政区基本法起草委员会委员、中华人民共和国澳门特别行政区基本法起草委员会委员;中国法学会副会长、中国法学会宪法学研究会总干事、国际宪法学协会理事及执行委员;中华人民共和国第七届全国人民代表大会代表、法律委员会委员,第八届全国人民代表大会代表,第八届全国人大常委会常务委员,法律委员会副主任;清华大学法律系主任、中国社会科学院法学研究所终身研究员、中国社会科学院研究生院终身教授等。2006 年当选为中国社会科学院学部委员。

曾参加 1982 年宪法的起草工作,从 1985 年起参加香港特别行政区基本法(以下简称香港基本法)的起草工作,从 1988 年起参加澳门特别行政区基本法(以下简称澳门基本法)的起草工作,从 1988 年起参加全国人民代表大会法律委员会的工作,并担任全国人大常委、法律委员会副主任职务。

长期从事宪法学的研究工作。著有《宪法基本知识讲话》(中国青年出版社 1962 年版)、《法学基本知识讲话》(中国青年出版社 1963 年初版,1979 年再版)、《中华人民共和国宪法讲话》(湖北人民出版社 1979 年版)、《宪法讲话》(湖北教育出版社 1984 年版)、《宪法是治国安邦的总章程》(群众出版社 1987 年版)、《我国的人民代表大会制度》(群众出版社 1988 年版)、《宪法》(四川人民出版社 1988 年版)、《中国法学四十年》(上海人民出版社 1989 年版)、《香港特别行政区基本法导论》(中共中央党校出版社 1990 年版)、《澳门特别行政区基本法导论》(中国人民公安大学出版社 1994 年版)、《现代中国法概论》(日文版)(日本法律文化社 1989 年版)、《现代中国宪法概论》(日文版)(日本法律文化社 1994 年版)、《香港公务员制度研究》(中央党校出版社 1997 年版)、《有中国特色的马克思主义法学理论》(群众出版社 1997 年版)、《市场经济与宪政建设》(中国社会科学出版社 2001 年版)等。其中,《中国法学四十年》被评为华东地区优秀出版物。先后发表了有关宪法学方面的学术论文和文章近 200 篇。其中,论文《论宪法的最高法律效力》(载《法学研究》1981 年第 1 期)获《法学研究》优秀论文一等奖;《新宪法是新时期治国安邦的总章程》(载《红旗》1983 年第 1 期)获《红旗》优秀理论文章奖。

代表作有《论宪法的最高法律效力》(论文),《香港特别行政区基本法导论》(主编)和《澳门特别行政区基本法导论》(主编)。

学 术 贡 献

王叔文教授生前在中国法学界,特别是宪法学界享有崇高的学术声望,他与张友渔教授合著的《宪法基本知识讲话》(中国青年出版社 1962 年版)是新中国较早由中国宪法学者撰写的宪法学理论著作,该书全面和系统地整理了马克思主义宪法学的主要原理和观点,勾画了新中国宪法学的学科体系和主要问题。该书所探讨的中国宪法学基本问题至今仍然是中国宪法学和宪法学理论研究所涉及的最基本问题,具有开山之效。此外,他与张友渔教授合著的《法学基本知识讲话》(中国青年出版社 1963 年初版,1979 年再版)也是新中国法学研究者撰写的第一本法理学著作,对于打破新中国成立初期中国法学教育只是简单搬用苏联法学教材的格局具有很重要的开创性意义。该书集中体现了马克思主义法律观,是马克思主义法学思想中国化的具体体现,对改革开放之后全面和系统地构建具有中国特色的法理学学科体系具有非常重要的参考作用。

王叔文教授是新中国宪法学教育事业的奠基人之一,从 1978 年开始在中国社会科学院法学研究所招收并培养五届硕士研究生和七届博士研究生。1984 年与张友渔教授成为新中国首批法学专业博士研究生导师,并培养出了新中国第一批宪法学(法学)博士陈云生和骆伟建。指导的硕士研究生和博士研究生目前基本上已经成为科研单位和政府部门的业务骨干，其中有的成为全国著名的法学专家。

王叔文教授是新中国宪法学研究事业的指导者和领路人，从 1985 年中国法学会宪法学研究会成立起，先后担任了四届理事长，成功地将全国各地的宪法学者团结在一起，对建立具有中国特色的社会主义宪法学理论体系和推动 1982 年宪法实施发挥了非常重要的作用，使宪法学研究会成为具有活力的法学学术性团体。

他也是新中国宪法学界在国际宪法学界的领军人物和杰出代表。从 1991～1999 年，他成为继张友渔之后，代表中国宪法学界连续出任两届国际宪法学协会的中国执委职务，为中国宪法学走向世界做出了重要贡献。

他学贯中西，知识渊博，思维敏捷，思想丰富，在新中国宪法学研究领域的多个方面都有开山和创新之作。曾经担任香港特别行政区基本法起草委员会、澳门特别行政区基本法委员，参与香港基本法与澳门基本法的起草工作，并先后担任香港基本法、澳门基本法（以下合称两部基本法）中“香港居民的权利与义务”及“澳门居民的权利与义务”部分起草小组的组长。在参与两部基本法起草的过程中，王叔文教授亲自主编的《香港特别行政区基本法导论》和《澳门特别行政区基本法导论》成为港澳地区和内地宣传两部基本法精神的影响深远的参考文献，至今仍然具有很高的学术价值。在中国宪法学研究领域，他明确提出了“宪法是治国安邦的总章程”的学术命题，非常全面和系统地介绍了新中国宪法内容及其特征，特别是 1982 年现行宪法在治国理政方面的突出地位。他特别重视现行宪法的实施工作。早在参与 1982 年现行宪法起草工作时，就向起草小组建议，要在现行 1982 年宪法中增加“宪法委员会”负责宪法实施的监督工作。1988 年他以全国人大代表的身份直接在全国人大人代会期间提出了尽快建立宪法实施保障机构的建议。此外，在宪法学的理论研究中，他特别关注宪法本身的权威性，先后就宪法效力及其宪法的核心作用撰写过多篇学术论文，起到了正本清源的效果。

主要学术思想和学术观点

在长期的宪法学理论研究过程中，王叔文教授运用马克思主义法学理论，结合中国宪法实施的实践，先后发表了一系列有关宪法的指导思想和基本原则,宪法制定、解释、修改,宪法实施,宪法监督,公民的基本权利和基本义务,两部基本法,宪法学的基本理论等方面的论著和学术论文,形成了比较系统的宪法学术思想,对促进中国宪法学理论研究的发展和繁荣起到了十分重要的推动作用。他的学术研究视野开阔,学术研究范围广泛,学术观点比较鲜明,具有自身独特的学术特点,主要学术观点涉及以下领域和方面:

(一)宪法的指导思想和基本原则

王叔文教授在长期的治学过程中,对毛泽东思想、邓小平理论作为宪法指导思想的作用以及四项基本原则作为宪法基本原则的法律地位进行深入的研究,并进行了较为系统的理论阐述。

在《学习毛泽东思想关于民主和法制的理论》一文中,他认为,毛泽东思想关于民主和法制的理论是对马列主义国家学说的坚持、丰富和发展,是中国社会主义民主和法制建设的根本指导思想和理论基础。毛泽东思想是全党智慧的结晶,它的指导作用贯穿于中国新民主主义革命、社会主义革命和社会主义建设的始终,特别是对改革开放以来的社会主义民主法制建设起到了非常重要的指导作用。在毛泽东思想关于民主和法制理论中,最为重要的理论原则是:党的社会主义初级阶段的基本路线是加强社会主义民主和法制建设的根本指导思想;中国共产党是加强中国民主和法制建设的领导核心;人民民主专政的国家制度包括人民民主专政的国体,人民代表大会制度的政体,单一制的社会主义国家结构形式,是加强中国民主和法制建设的根本保证。毛泽东思想关于民主和法制的具体理论论述主要由以下几个方面:(1)坚持"一个中心,两个基本点"的基本路线。早在制定1954年宪法中,毛泽东就主张要把民主法制与建设社会主义结合起来,在《关于中华人民共和国宪法草案》的讲话中,毛泽东指出:"我们现在要团结全国人民,要团结一切可以团结和应当团结的力量,为建设一个伟大的社会主义国家而奋斗。这个宪法就是为这个目的而写的。"1978年12月召开的党的十一届三中全会果断终止了"阶级斗争为纲"这个不适用社会主义社会的口号,做出了把工作重点转移到社会主义现代化建设上来的伟大战略决策,同时还着重提出加强社会主义民主和法制建设的任务。(2)坚持中国共产党的领导。坚持党的领导是坚持四项基本原则的核心,也是毛泽东思想的精髓。正确处理党政关系始终是中国共产党领导中国人民建设社会主义国家的重要任务。早在《井冈山的斗争》一文中，毛泽东就提出了党政要分开，党的主张办法，除宣传外，执行的时候必须通过政府的组织。改革开放之后，邓小平也特别关注加强党的领导问题。邓小平强调指出："改革党和国家的领导制度，不是要削弱党的领导，涣散党的纪律，而正是为了坚持和加强党的领导，坚持和加强党的纪律。"(3)坚持人民民主专政。毛泽东思想关于人民民主专政的思想核心包括我国是工人阶级领导的、以工农联盟为基础的人民民主专政的社会主义国家，这是我国的国家性质和国体；人民民主专政对人民实行民主，对敌人实行专政；正确处理人民内部两种不同性质的矛盾。(4)坚持人民代表大会制度。人民代表大会制度是我国人民在中国共产党领导下，从革命根据地的政权建设中创造出来的，是具有中国特色、符合我国国情、适合我国人民民主专政和社会主义现代化建设需要的政权组织形式。党的十三大强调指出："人民代表大会制度，共产党领导下的多党合作和政治协商，按照民主集中制的原则办事，是我们的特点和优势，决不能丢掉这些特点和优势，照搬西方的'三权分立'和多党轮流执政。"(5)坚持单一制的社会主义国家结构形式。毛泽东思想关于我国单一制的社会主义国家结构形式的理论概括起来包括：中华人民共和国是我国各族人民共同缔造的多民族国家，实现各民族平等、团结和共同繁荣是我们党和国家奉行的基本原则；中央和地方关系是遵循在中央统一领导下充分发挥地方的主动性和积极性；各少数民族聚居的地方实行区域自治，各民族自治地方都是中华人民共和国不可分离的组成部分；根据"一国两制"原则，国家在必要时得设立特别行政区。王叔文教授指出，学习毛泽东思想关于民主和法制的理论，对于加强中国社会主义民主和法制建设，推进中国社会的稳定发展和改革开放的顺利进行以及推进中国法学进一步繁荣和发展，具有十分重要的意义。

在《宪政建设的科学指南——学习邓小平同志的宪政理论》一文中，王叔文教授以邓小平对1982年宪法制定的重大理论贡献入手，指出邓小平高度重视尊重和维护宪法的权威，强调要加强宪法实施。邓小平的宪政理论体现在他的一系列关于加强法制建设的讲话中。邓小平在一系列论述中反复强调必须严格遵守宪法和法律，"必须坚决保障，任何人不得侵犯"；"全党同志和全体干部都要按照宪法、法律、法规办事"。在该文中，王叔文教授系统地总结了邓小平宪政理论的主要内容和特点，包括：(1)社会主义社会的根本任务是解放和发展生产力，宪政建设必须坚持以经济建设为中心。(2)宪政建设必须坚持以四项基本原则为立国之本。(3)宪政建设必须坚持改革开放,这是解放和发展生产力的必由之路。(4)坚持和完善社会主义的经济制度。(5)坚持人民民主专政的国家制度。(6)坚持和完善人民代表大会制度,坚持和完善共产党领导的多党合作和政治协商制度。(7)建设社会主义精神文明是宪政的重要内容。(8)一手抓建设和改革,一手抓法制。(9)用"一国两制"来实现国家的统一。王叔文教授指出,邓小平同志上述有关宪政理论的论述明确了中国宪政建设的指导思想、原则、任务和内容,构成了有中国特色的宪政理论,是对马克思主义宪法理论的坚持、丰富和发展。我们要切实保证宪法的实施,加强宪政建设,做到依法治国,建设社会主义法治国家,必须认真学习邓小平的宪政理论。在《把邓小平理论写入宪法非常重要》一文中,王叔文教授认为,邓小平的宪政理论是邓小平理论的重要组成部分,我国现行宪法是以邓小平的宪政理论为指导制定的。它科学总结了我国人民革命和建设的经验,以根本大法的形式,规定了我们国家的根本制度和根本任务,是一个符合我国国情的好宪法,是新时期治国安邦的总章程。还进一步明确,邓小平理论是当代中国的马克思主义,是毛泽东思想的继承和发展,把邓小平理论写入宪法,同马列主义、毛泽东思想一起,作为中国各族人民的指导思想,使序言关于指导思想的表述更加全面,清楚地表明了马列主义、毛泽东思想、邓小平理论,是一脉相承的科学体系。在当代中国,高举邓小平理论的伟大旗帜,就是真正高举马列主义、毛泽东思想的伟大旗帜。

在现行宪法刚刚颁布之后不久,为了进一步阐述四项基本原则对于现行宪法的指导意义,王叔文教授发表了《四项基本原则是新宪法的指导思想》一文。在该文中,他系统地回顾了四项基本原则成为宪法指导思想和基本原则的历史过程,辩证地论述了四项基本原则与宪法之间的相互关系,指出,现行宪法以四项基本原则为总的指导思想,不仅表现在它坚持了四项基本原则,而且表现在它根据新时期的需要,发展了四项基本原则。在《四项基本原则是我国宪法的根基》一文中,指出,在四项基本原则是宪法的根本原则这一重大问题上,需要从理论上弄清以下几点:(1)明确宪法《序言》总结革命斗争成果,规定四项基本原则的必要性;(2)明确宪法把四项基本原则规定为宪法的根本原则的重要性;(3)明确四项基本原则作为宪法根本原则的不可动摇性和不可修改性;(4)明确否定四项基本原则的违宪性；(5)明确破坏中国宪法根本原则的危害性等。

关于宪法的基本原则，我国宪法学界意见颇不一致。王叔文教授在《宪法是治国安邦的总章程》一书中认为，确定我国宪法的基本原则，需要从我国宪法的基本精神、基本内容以及宪法在法律体系中的地位出发。宪法作为国家的根本大法，是建设社会主义法律体系的基础，因此，确定宪法基本原则的标准与确定其他部门法基本原则的标准可以不完全相同。如果说确定某一部门法基本原则的标准是这些原则必须是该部门法所特有而不是各部门法所共有的，这些原则必须贯穿于部门法的全部，而不是局部，那么，宪法的基本原则可以是宪法所特有的，也可以是各部门法所共有的，既可以贯穿于宪法的全部，也可以体现在宪法的局部。从这样的标准出发，宪法的基本原则可以分为三个层次：一是四项基本原则，这是宪法总的指导思想，因而也是我国的基本原则，这些原则也是部门法所共有的原则。二是宪法本身特有的原则，如一切权力属于人民。三是涉及宪法的局部原则，如公民的权利和义务相一致性原则，等等。

(二)宪法的概念及历史发展

1. 关于宪法的概念

什么是宪法？在中国的宪法学论著中，通常把宪法叫作国家的根本法。从宪法在国家法律体系中的地位和作用，以及它与一般法律在法律效力上的区别来讲，这样的理解无疑是正确的，也是必要的。王叔文教授在《宪法》等学术论著中指出，当我们论及宪法的概念时，我们还必须联系宪法的本质进行考察。因为从哲学上讲，概念需要反映事物本质的、主要的、决定性的联系和特性。因此，我们在理解宪法概念时，除了必须认识它是国家的根本法，并规定一个国家的根本制度外，还必须认识它的本质特征，即它是一定经济基础之上的上层建筑，是统治阶级意志和利益的集中表现，反映阶级力量的对比关系。宪法的概念在形式上必须与法律的概念区分开来。宪法是具有最高法律效力的法律，按照通常的理解，是指它与一般法律的关系来说的。这个关系包括两方面的内容：一方面，宪法是日常立法的法律基础，是制定一般法律的根据；另一方面，一般法律必须符合宪法的基本精神和内容，不得和宪法相抵触，否则就没有法律效力，应该废除或者修改。王叔文教授还对宪法与宪法性法律之间的区分作了深入探讨。在社会主义国家宪法学界，围绕宪法性法律的概念和内容展开了热烈的讨论。例如，苏联的宪法学者对宪法性法律主要有两种不同看法:一种意见认为,宪法性法律应该是具有最高法律效力的法律文件,其中包括苏联宪法,各加盟共和国和自治共和国的宪法,以及最高苏维埃通过的关于修改和补充宪法的法律;另一种意见认为,宪法性法律是指在苏联宪法条文中规定指明需要制定的法律,如苏联部长会议法、苏联最高法院法、国家仲裁法、人民监督法、苏联检察院法等。

在我国,宪法中没有使用"宪法性法律"这一概念。但从我国制定宪法的实践来看,我国的宪法性法律应该只包括宪法、起宪法作用的法律文件及全国人民代表大会通过的关于修改宪法的决议。1949 年制定的起临时宪法作用的《中国人民政治协商会议共同纲领》,以后制定的 1954 年宪法、1975 年宪法、1978 年宪法和 1982 年宪法,以及第五届全国人民代表大会第二次会议《关于修正〈中华人民共和国宪法〉若干规定的决议》、第五届全国人民代表大会第三次会议《关于修改〈中华人民共和国宪法〉第 45 条的决议》,都是宪法性法律。在我国现行宪法条文中也直接地、明确地规定了要制定一系列法律,包括全国人民代表大会和地方各级人民代表大会选举法、全国人民代表大会组织法、国务院组织法、地方各级人民代表大会和地方各级人民政府组织法、人民法院组织法、人民检察院组织法、民族区域自治法和特别行政区基本法等。由于这些法律具有特别重要的意义,所以宪法对其制定作了专门规定,一般要由全国人民代表大会以基本法律的形式来制定。但把这些法律作为宪法性法律,显然是不适宜的。因为从我国现行宪法所确立的社会主义立法体系来看,这些法律的法律效力低于宪法,它们和其他法律相比,具有同等的法律效力,都是法律。在我国,把宪法性法律只理解为宪法、起宪法作用的法律文件和修改宪法的决议,符合我国制定宪法的实践,也有利于维护宪法的根本法地位和最高法律效力。

2. 关于中国宪法的历史发展阶段

过去,中国宪法学者在论述新中国成立后中国宪法发展的历史时,一般没有按历史时期划分。王叔文教授根据党的十三大提出的社会主义初级阶段的理论,在《社会主义初级阶段与宪法》等论文中,把中国宪法的发展分为两个历史阶段。一是过渡时期的宪法。从 1949 年 10 月中华人民共和国成立到 1956 年社会主义改造基本完成,是中国宪法的过渡时期。在过渡时期,中国先后实施了两部宪法性法律,这就是《共同纲领》和 1954 年宪法。二是社会主义初级阶段的宪法。1956 年中国社会主义改造基本完成以后,中国先后制定了三部宪法,这就是 1975 年宪法、1978 年宪法和

1982年宪法。1982年宪法是以党的十一届三中全会以来的路线、方针和政策为依据制定的,是一部具有中国特色的、适应社会主义现代化建设需要的宪法,是新时期治国安邦的总章程。王叔文教授认为,在制定现行宪法的时候,我们党还没有明确提出和系统阐明社会主义初级阶段的理论。但是,现行宪法是以党的十一届三中全会以来到党的十二大的一系列重要文件为依据制定的,反映了我们国家在指导思想上的拨乱反正,因此,还是从正确认识我国的基本国情出发的。党的十三大报告指出,我国的社会主义社会还处于初级阶段。根据社会主义初级阶段理论,我国的社会已经是社会主义社会,而不是过渡时期。因此,我国的现行宪法是社会主义的宪法,而不是过渡时期的宪法。现行宪法规定,"生产资料私有制的社会主义改造已经完成,人剥削人的制度已经消灭,社会主义制度已经确立";"社会主义制度是中华人民共和国的根本制度"。这些规定充分表明了它的社会主义本质。同时,我国社会主义社会还处在初级阶段,而不是已经实现社会主义现代化阶段,因此,现行宪法还是社会主义初级阶段的宪法。现行宪法是社会主义初级阶段的宪法,它适应我国社会主义初级阶段的需要,主要表现在以下四个方面:(1)正确地体现了"一个中心,两个基本点";(2)规定了集中力量进行社会主义现代化建设,发展生产力;(3)规定了经济体制改革和政治体系改革的基本原则;(4)规定了社会主义法制的基本原则。王叔文教授还进一步指出,正是由于在制定我国现行宪法中,发挥和发展了一系列马克思主义理论观点并把这些理论观点科学地、系统地、完整地体现在宪法序言和宪法条文中,从我国的国情出发,明确规定了我们国家的根本制度和根本任务,因而使我国宪法能成为建设有中国特色社会主义的强大武器。以上这些理论观点构成了建设有中国特色社会主义的马克思主义宪法理论的轮廓,规划了我们宪法理论研究发展的科学轨道。

(三)宪法的基本特征及其作用

王叔文教授先后在一系列学术论文、学术专著中,系统地探讨了宪法的基本特征及其作用,指出宪法作为根本大法,具有最高法律效力,是治国安邦的总章程;宪法在建设社会主义法律体系、加强社会主义法制建设等方面都具有非常重要的意义。

1. 关于宪法序言的法律效力

中国宪法学者对中国宪法序言有无法律效力展开了争论,有着不同意见。王叔文教授在《我国宪法实施中的几个认识问题》等论著中认为,中国宪法序言具有规范性和法律效力,主要表现在以下三个方面:(1)序言规定的基本原则是解释宪法的基础。例如,序言在根本任务中规定了以经济建设为中心,坚持四项基本原则,坚持改革开放的总方针,这是解释宪法各项条文的基础。(2)序言是进行日常立法的基础。它为日常立法确立了指导原则,因而也是解释法律的依据和基础。(3)序言是一切组织和公民的根本活动准则。序言规定的国家对内对外的基本原则和基本方针政策是一切组织和个人活动的依据和基础。同时,序言和条文部分比较起来,有自己的特点,更带有纲领性、原则性和理论性,概括了宪法的基本精神和基本原则。确认中国宪法序言具有法律效力,对于维护宪法根本大法的地位,保证宪法的贯彻实施,有着重大的意义。

在《论宪法的最高法律效力》一文,针对有的学者认为宪法只是政治纲领,宪法条文具有原则性,不能直接适用,必须要通过立法的方式来加以实施,王叔文教授明确提出宪法具有直接法律效力,并列举了宪法所具有的直接法律效力的四个表现方面:(1)宪法的各项规定是一切国家机关和公民活动的直接法律依据。例如,我国宪法规定了各少数民族聚居的地方实行区域自治。根据这一规定,我国先后建立了5个自治区,29个自治州,71个自治县(其中3个自治旗)(1981年统计数据)。(2)宪法的规定对一切国家机关和公民具有直接法律上的拘束力。例如,现行宪法规定,“社会主义的公共财产神圣不可侵犯”,“国家禁止任何人利用任何手段,扰乱社会经济秩序,破坏国家经济计划,侵吞、挥霍国家和集体的财产,危害公共利益”。任何单位和个人违反这些规定,都是违法行为,应受到法律制裁。(3)宪法规定的国家机关的权限和职责、公民的基本权利和义务,尽管在有关法律中也有同样的规定,但从法律依据来说,它们首先直接来源于宪法。例如,关于年满18周岁的公民的选举权和被选举权,在宪法和选举法中都作了同样的规定。但必须明确,亿万群众享有的选举权利是宪法直接赋予的。这正好表明选举权利具有基本权利的性质,它不仅受一般法律的保障,而且首先受到宪法的保障,因而我们通常也把这种权利叫作宪法权利。(4)宪法的一些规定也是有关国家机关在处理具体问题上的法律依据。比如,现行宪法规定:“全国人民代表大会代表有权向国务院、最高人民法院、最高人民检察院和国务院各部、各委员会提出质询。受质询的机关必须负责答复。”如果受质询的部门未履行宪法规定的义务,有关机关可以根据宪法的这一规定进行处理,以保障人大代表的质询权。针对一些学者质疑宪法的最高法律效力的观点,王叔文教授认为,宪法的最高法律效力不仅表现在它是一般立法的基础,而且还表现在它是一切国家机关和公民所必须遵守的最高行为准则。对宪法来说,这两方面的法律效力,是密切联系的、统一的、不可分割的,二者缺一不可。强调宪法是制定一般法律的依据,对于维护宪法的根本大法的地位,保证法制的统一,具有十分重要意义。同时也必须强调宪法是人们所必须遵守的最高法律行为准则。否认或者忽视宪法在这方面的最高法律效力,势必导致否认或者忽视宪法对人们的直接拘束力和强制力,对于保证宪法的贯彻执行,发挥其根本大法的作用也是十分不利的。因此,有的国家在宪法中明文规定宪法是直接有拘束力的法律。这种规定,显然是根据实际的需要。为了充分发挥宪法的作用,必须同时发挥宪法这两方面的最高法律效力,并且把它们密切结合起来。

2. 宪法在建设社会主义法律体系中的作用

在《论新宪法在建设我国社会主义法律体系中的地位和作用》、《论建立有中国特色的社会主义市场经济法律体系》、《宪法是建设社会主义法律体系的基础》等论著中,王叔文教授强调,现行宪法对建设中国社会主义法律体系起着指导作用,但这并不意味着现行宪法居于中国社会主义法律体系之外,而是它不可分割的有机组成部分。这不仅表现在宪法是日常立法工作的法律基础,是制定一般法律的依据,一系列宪法规范同时又是一个或几个部门法的法律规范,另一系列宪法规范则在一般法律中得到具体化、补充和发展。同时,宪法也是法律,它和其他法律一样,具有直接的法律效力,即具有直接的约束力和强制力。宪法的直接法律效力不仅表现在现行宪法在序言中明确规定,一切组织和个人都必须以宪法为根本的活动准则,而且也体现在宪法的各项规定中。现行宪法在中国的社会主义法律体系中,和其他各部门法一样,都是其中的组成部分。同时,现行宪法作为国家的根本大法,在中国社会主义法律体系中又处于特殊的法律地位,是建设社会主义法律体系的核心。

王叔文教授指出,宪法在中国社会主义法律体系中的指导作用,表现在它为中国立法确立了指导原则。它们主要是:(1)坚持以经济建设为中心,集中力量进行社会主义现代化建设原则。(2)坚持四项基本原则和坚持改革开放并把两者紧密结合起来的原则。(3)坚持和发展社会主义经济制度的原则。(4)坚持人民民主专政的国家制度的原则。(5)坚持和完善人民代表大会制度,坚持和完善共产党领导的多党合作和政治协商制度,大力发展社会主义民主原则。(6)坚持社会主义物质文明和精神文明一起抓的原则。(7)关于用"一个国家、两种制度"来实现国家统一的原则。(8)关于一手抓建设和改革,一手抓法制,健全社会主义法制的原则。

王叔文教授认为,宪法作为日常立法工作的法律基础,它主要表现在三个方面:(1)宪法是制定中国立法总体规划的基础。(2)宪法是制定我国一般法律的依据和基础。(3)宪法是建设中国特色社会主义立法体系的基础。宪法为日常立法工作提供宪法依据大致表现在四个方面:(1)宪法条文中概括地表明要制定一系列法律法规。宪法规定:一切组织和个人必须遵守法律,一切违反法律的行为必须予以追究,这些原则性规定表明国家要在宪法基础上,制定大量的法律以便做到有法可依。(2)在宪法条文中直接或间接地规定了要制定有关法律。例如,《宪法》第 31 条规定,国家在必要时得设立特别行政区。在特别行政区内实行的制度按照具体情况由全国人大以法律规定。(3)宪法明确规定需要制定有关法律,但未明确规定如何具体制定法律,这有待立法者根据实际情况来确定制定一个或一系列法律,或在某一个法律中结合加以规定。例如,宪法规定"依照法律规定"的表述有 16 处;"依照法律规定的程序"的表述有 5 处;"依照法律规定的权限"的表述有 5 处;"在法律规定的范围内"的表述有 3 处;"除法律规定外"的表述有 4 处;以及类似于"在遵守有关法律的前提下"、"受法律的儆虎"、"保护合法的权利和利益"和"禁止非法"的活动,等等。(4)宪法并未明确规定要制定有关法律,但从条文的内容来看,需要制定一系列法律来加以具体化。例如,《宪法》第 35 条规定的公民享有言论、出版、结社、集会、游行和示威的自由,为了保障公民正确地行使上述自由,需要制定一系列法律。

王叔文教授对宪法在建设社会主义市场经济法律体系中的作用也作了深入地探讨。他指出,宪法为建立社会主义市场经济法律体系规定了指导原则。社会主义市场经济法律体系必须以宪法和法律为依据和基础才能建立起来,宪法作为国家的根本大法,在市场经济法律体系中处于特殊的地位,是建设社会主义市场经济法律体系的核心,起着指导和基础的作用。

3. 宪法是治国安邦的总章程

关于宪法的基本社会功能,王叔文在他的著作《宪法是治国安邦的总章程》一书中作了系统地表述。另外，在《推进改革开放的总章程》、《宪法：依法治国的总章程》等论文中又进一步加以深化。王叔文教授认为，中国现行宪法的最根本的特点在于，以邓小平理论和党的基本路线为指导，以根本大法的形式，规定了我们国家的根本制度和根本任务，是一部具有中国特色的社会主义宪法，是治国安邦的总章程，也是依法治国的总章程。现行宪法制定和颁布以来，它对加强中国的社会主义民主和法制建设，维护国家的长治久安，保障改革开放和现代化建设的顺利进行，起到十分重要的作用，这些充分表明了它是一部适应中国社会主义现代化建设需要的好宪法。王叔文教授认为，宪法作为治国安邦的总章程，其根本大法的法律地位是由宪法在规范人们行为和社会关系中的重要作用决定的，宪法所确定的内容都是带有根本性的，包括：(1)宪法把有利于统治阶级的国家制度肯定下来，规定了国家的国体、政体以及国家结构形式。(2)宪法规定有利于统治阶级的经济制度。(3)宪法一般还规定了公民的基本权利和义务，即国家与公民之间的关系。(4)宪法还规定一个国家的国家机构，包括国家机关之间的相互关系、组织活动原则和系统等，以保证统治阶级进行管理。我国现行宪法关于国家的根本任务和建设高度的社会主义精神文明的规定，为研究我国宪法的基本内容，提出了新的课题。这就是除了国家制度、经济制度、公民的基本权利和义务以及国家机构之外，还应包括国家的根本任务和文化制度。这样，对我国现行宪法规定的基本内容，可以概括为以下六个方面：(1)国家的根本任务；(2)国家制度；(3)经济制度；(4)文化制度；(5)公民的基本权利和义务；(6)国家机构。认真研究现行宪法这六个方面的基本内容，对于建设具有中国特色的社会主义宪法学体系，对于保证和促进社会主义物质文明和精神文明的建设，是十分必要的。

(四)关于宪法修改

王叔文教授亲自参加了1982年现行宪法的起草工作，并且对现行宪法的起草作出了自己重要的贡献。在现行宪法颁布之后，他又根据中国社会主义法治建设发展遇到的新情况和新问题，及时地撰文呼吁修改宪法，使宪法适应社会主义法治建设的要求。

在《宪法修正案的基本精神、特点和意义》一文中，王叔文教授对宪法修改的基础理论问题做了澄清。他认为，宪法修改重要的基础理论问题就是如何正确理解和处理宪法稳定性和适应性的关系问题。为了维护宪法的权威和尊严，宪法应具有稳定性，随便废弃或修改，不利于加强社会主义法制。这是因为宪法是国家的根本大法，是一般立法的基础，它的修改不仅涉及国家经济体制、政治体制的某些改变，而且涉及一般法律的修改或废止。因此，对宪法的修改必须采取慎重的态度。但是，宪法规范的稳定是相对的而不是绝对的。随着经济、政治形势不断变化发展，需要对宪法进行修改，以适应新形势的需要，否则不利于改革和建设事业的发展。纵观世界各国宪法发展史，都是随着形势的变化发展，不断处理宪法的稳定性和适应性的关系，对宪法进行修改，从而使宪法适应形势发展的需要。

在《宪法修正案的基本精神和意义》一文中，王叔文教授总结现行宪法颁布以来所进行的三次修改，指出宪法修改有利于进一步提高宪法的权威。他认为，宪法能否具有权威，主要取决于三个方面的因素，即指导思想正确，内容比较完善，确保其贯彻执行。中国现行宪法所进行的三次修改都是基于社会主义法制建设出现的新情况和新问题而进行的，特别是现行宪法的修改适应了建设社会主义市场经济的要求，为改革开放的顺利进行提供切实有力的法律保障。与此同时，现行宪法在修改的过程中，将邓小平理论和依法治国、建设社会主义法治国家的治国方略也写进宪法，表明了中国现行宪法具有明确、开放和与时俱进的特征。当然，修改宪法应当根据具体情况来进行。应当正确地处理宪法的适应性和稳定性的辩证关系，只对需要修改的并已经成熟的问题作出修改，可改可不改的不做修改。

（五）关于宪法实施和宪法实施的监督

宪法实施和宪法实施的监督问题一直是王叔文教授关注的学术焦点问题。他不仅经常撰文来阐述宪法实施和宪法实施监督对于维护宪法权威、发挥宪法作为根本大法作用的意义，而且在担任全国人大代表期间，还先后多次通过代表议案向全国人大及其常委会有关机构建议应当重视宪法实施，特别是应当关注对宪法实施的监督。具体来说，王叔文教授在该问题上作了以下几个方面的理论探讨：

1. 宪法实施的基本原则

在《论宪法实施的保障》一文中，王叔文教授指出，我国的现行宪法是一部具有中国特色的、适应社会主义现代化建设需要的好宪法，现在关键在于切实保障宪法的实施。现行宪法对切实保障自身的实施给予了高度的重视，除了规定依靠我们的社会主义社会制度和人民民主专政国家制度保障宪法实施之外，还规定了一系列保障宪法实施的原则。王叔文教授在论述了宪法实施重要意义的基础上，全面地阐述了宪法实施的八项原则，包括：宪法具有最高法律地位的原则，宪法是社会主义法律体系基础的原则，宪法具有直接法律效力原则，国家维护社会主义法制统一和尊严的原则，一切组织和公民都必须遵守宪法的原则，对违宪行为必须予以追究的原则，法律面前一律平等的原则以及权利和义务紧密结合的原则等。正是由于宪法明确了以上八项原则，从而肯定了宪法根本大法的法律地位，规定了必须维护社会主义法制的统一和尊严，要求一切组织和公民平等地毫无例外地遵守宪法和法律，并强调了一切违反宪法和法律的行为必须予以追究。十分明显，这些原则不仅对保障宪法的实施至关重要，而且对加强社会主义法制建设，也具有十分重要的意义。

2. 宪法实施的保障制度

在《论宪法实施的保障》一文中，王叔文教授认为，根据中国现行宪法的规定，在中国，保障宪法实施的制度主要分为两个方面：一是宪法监督制度；二是宪法解释制度。关于宪法监督制度，根据现行宪法的规定，监督宪法实施权属于全国人大及其常委会。宪法在规定全国人大有权监督宪法实施的同时，还增写了全国人大常委会也有权监督宪法的实施，目的在于加强对宪法实施的经常性监督。此外，宪法还规定，地方各级人大在本行政区域内，保证宪法的遵守和执行。关于宪法解释制度，宪法明确规定，解释宪法权属于全国人大常委会。宪法规定的这两项制度，对于保障宪法的实施十分重要。王叔文教授还指出，宪法规定的宪法监督制度和宪法解释制度，既是保障宪法实施的两项基本制度，也是加强社会主义法制建设的两个至关重要的环节。根据宪法和法律的规定，在我国宪法监督、人大监督、行政监督、司法监督和社会监督等的监督体系中，宪法监督居于首要的地位。在我国宪法解释、立法解释、司法解释、行政解释与地方政权机关的解释等法律解释体系中，宪法解释也居于首要的地位。因此，宪法监督和宪法解释工作的加强，直接关系我国整个监督工作和法律解释工作的加强，关系宪法和法律的贯彻实施，关系以宪法为根本的社会主义法制建设的加强。

3. 宪法实施监督机构

关于宪法实施监督机构如何设立一直是中国宪法学理论研究的热点

问题。主要有三种意见:第一种意见主张,在全国人大下设一个与全国人大常委会平行的宪法委员会以监督包括全国人大常委会立法活动在内的宪法实施工作;第二种意见主张,应当建立独立的宪法法院来处理与宪法实施,特别是违宪问题相关的诉讼;第三种意见主张,在全国人大下设作为专门委员会的宪法委员会。对此,在《论宪法实施的保障》一文中,王叔文教授首先对设立宪法实施监督机构进行了详细论述。他认为,设立专门的宪法监督机构,在最高权力机关的领导下,协助全国人大及其常委会做好监督和解释宪法的工作,实属必要。首先,只有设立这样一个专门的宪法监督机构,才有利于建设以宪法为基础的有中国特色的社会主义法律体系。我国的社会主义法律体系必须建立在全部法律规范调整的社会关系的基础上,而社会关系是十分广泛的、复杂的和多层次的。宪法对我国社会关系中的根本性问题,都作了原则性的规定,为日常立法提供了法律基础。围绕着宪法的各项规定,能够不断完善各部门法,逐步建立起调整各方面社会关系的多部门的多层次的法律体系。但是,这一法律体系必须是完整的、相互协调、和谐一致的。只有建立专门的监督宪法实施机构,才有利于对宪法作出统一解释,使我国的社会主义法律体系能成为与部门法相互区分又相互联系的和谐一致的统一体。其次,只有建立这样一个专门的宪法监督机构,才有利于保证宪法真正成为一切组织和公民的根本活动准则。只有建立专门的宪法监督机构,对一切组织和个人的违宪行为,根据不同的情况,作出不同处理;对重大的违宪行为,建议由全国人大及其常委会直接追究和处理;对绝大多数违宪行为,则敦促有关机关处理,真正做到一切违反宪法的行为都受到追究。这样,使广大干部和群众清楚地认识到,宪法的确是人们的根本活动准则,具有直接的法律效力,任何人不得违反。也只有这样,才有利于强化宪法的权威和作用。王叔文教授主张,在全国人大下面设立宪法委员会较好。他认为,宪法委员会作为全国人大的专门委员会,它的设置、法律地位和职权都是宪法明确规定的,而且其成员是全国人大代表,有许多还是全国人大常委会委员。因此,从其权威性、代表性讲,作为协助全国人大及其常委会监督宪法实施和解释宪法的专门机构是比较合适的。

4.“违宪”问题

在《我国宪法实施中的几个认识问题》一文中,王叔文教授对“违宪”的含义做了较为深入的探讨。他指出,为了正确地理解什么是违宪,最根本的一条是必须从宪法本身的规定出发,即对违宪的解释必须符合宪法本身所规定的精神和内容。我国宪法关于违宪主体的规定,概括起来有以下几种:(1)《序言》中规定:“全国各族人民、一切国家机关和武装力量、各政党和各社会团体、各企业事业组织,都必须以宪法为根本的活动准则,并负有维护宪法尊严、保证宪法实施的职责。”(2)《总纲》中规定:“一切国家机关和武装力量、各政党和各社会团体、各企业事业组织都必须遵守宪法和法律。——任何组织或者个人都不得有超越宪法和法律的特权。”(第5条)(3)第二章规定:“任何公民享有宪法和法律规定的权利,同时必须履行宪法和法律规定的义务。”(第33条)“中华人民共和国公民必须遵守宪法和法律。”(第53条)从以上规定可以清楚地看出,违宪的主体不仅指国家机关和国家领导人,而且包括一切武装力量、政党团体、企业事业和全体公民。因此,应当肯定,违宪是指一切组织和公民的违反宪法的行为。王叔文教授在该文中还进一步探讨了与违宪相关的几个重要问题,包括:(1)对违宪行为的追究。首先,对重大的违宪行为,宪法明确规定由全国人大及其常委会直接追究和处理,这属于全国人大及其常委会监督宪法实施的职权范围。其次,对于绝大多数违宪行为,由于它们同时也违反了有关法律,就由有关机关负责追究和处理。应当指出的是,对于这些违反宪法、同时也违犯法律的行为的处理,不属于行使监督宪法实施权,而是对有关法律的具体适用,因而不涉及统一解释宪法的问题。但是全国人大常委会要经常对此进行监督,以保证宪法和法律实施。最后,也有一些违宪行为是宪法和法律中都没有规定制裁措施的。例如,违反宪法关于社会主义精神文明的规定,关于尊重社会公德的规定等,就没有具体的制裁措施,而主要是依靠批评教育,启发自觉。(2)对宪法实施的监督和保证。全国人大及其常委会作为监督宪法实施的专门机关,只负责处理重大的违宪行为;许多违反宪法同时又违犯法律的行为,均由其他国家机关依法负责处理。另外,也不能由于地方各级人大等机关负责处理某些违反宪法和法律的行为,而主张赋予它们监督宪法实施的职权。这是因为,监督宪法的实施是和解释宪法分不开的。为了维护社会主义法制的统一和尊严,对宪法必须有统一的解释。根据我国宪法规定,宪法的解释权只能由全国人大常委会行使,而不能分别由地方各级人大及其常委会行使,因此,只有全国人大及其常委会才能行使对宪法实施的监督权。(3)弄清违宪问题的重要意义。将违宪正确理解为一切组织和公民的违反宪法行为，对于加强我国的社会主义法制建设十分重要。如果仅把违宪理解为由全国人大及其常委会处理的违反宪法的行为，那么宪法中关于一切组织和公民都必须遵守宪法的规定，就完全失去了意义。特别是在目前不少人对宪法不够重视，认为宪法可有可无，可遵守可不遵守的情况下，强调一切组织和公民都必须遵守宪法和法律，一切违反宪法和法律的行为必须予以追究，更是十分重要。

（六）人民代表大会制度的理论和实践

王叔文教授在长期的理论研究中，能够结合自己担任全国人大代表的亲身经历，基于中国现行宪法关于人民代表大会制度基本原则的规定，撰写了大量的学术论著来论述中国人民代表大会制度的基本特征和主要内容。在这方面的主要著作有专著《我国人民代表大会制度》，论文《人民代表大会制度的理论和实践》、《人民代表大会制度是我国的根本政治制度》、《我国国家的一切权力属于人民》，等等。

在上述论著中，王叔文教授首先系统总结我国人民代表大会制度的理论基础和制度特征。他认为，现行《宪法》第 2 条第 1 款、第 2 款规定，“中华人民共和国的一切权力属于人民”，“人民行使国家权力的机关是全国人民代表大会和地方各级人民代表大会”。这些规定表明，人民代表大会制度是我们国家的政治制度，也就是我们国家的政体和政权组织形式。不仅如此，人民代表大会制度还是我们国家的根本政治制度。我国的人民代表大会制度具有以下几个方面的特征：

（1）人民代表大会制度是我国人民民主专政政权最适宜的组织形式。我国的人民代表大会是由广大人民群众的代表人物组成的，能充分代表广大人民的意志，行使国家权力。因此，人民代表大会制度作为我国的政体，能充分代表和反映我国的国体，和人民民主专政的国家性质完全相适应，因而是我国最好的最适宜的政治制度。

（2）人民代表大会制度是我国的基本制度。在我们国家，有很多制度如行政管理制度、财政税收制度、文化教育制度、司法制度、婚姻制度、军事制度等，这些制度只能反映国家生活的某一个方面。只有人民代表大会制度才能代表国家生活的全面，能从经济、政治、法律、文化和外交等各个方面，反映和代表我国的国家生活，因而是我国的基本制度。不仅如此，上述的这些制度都是在人民代表大会制度的基础上建立起来的。例如，全国人民代表大会通过的宪法中，明确规定我国人民法院的组织和活动的基本原则，包括人民法院是国家的审判机关；国家设立最高人民法院、地方各级人民法院和军事法院等专门人民法院；人民法院审理案件，除法律规定的特别情况外，一律公开进行，被告人有权获得辩护；人民法院依法独立行使审判权，不受行政机关、社会团体和个人的干涉等，这些原则性规定，是我国审判制度的基础。

（3）人民代表大会制度具有最广泛的群众基础。在我们国家，有许多群众组织，这些群众组织只是代表某一方面的群众。例如，工会是代表工人的群众组织，妇女联合会是代表妇女的群众组织。而人民代表大会则是代表全体人民的政治组织，它最便于广大人民群众经常通过这样的政治组织参加国家的管理，行使当家作主的权力。我国的各级人民代表大会都是经过民主选举产生的。现行宪法规定，年满 18 周岁的公民，除依法被剥夺政治权利的人外，都有选举权和被选举权。在这样广泛民主的基础上选举产生的各级人民代表大会，具有广泛的代表性、权威性和号召力，能够充分代表人民的利益和意志。同时，我国的人民代表大会制度坚持群众路线的原则。现行宪法明确规定：一切国家机关和国家工作人员必须依靠人民的支持，经常保持同人民的密切联系，倾听人民的意见和建议，接受人民的监督，努力为人民服务。同广大人民群众保持密切联系，这是无产阶级国家政权区别于一切剥削阶级国家政权的基本标志。我国的人民代表大会制度所以具有强大的生命力，就在于它坚持群众路线的原则，能最大限度地动员和组织人民群众，吸引广大群众管理和建设国家。

（4）人民能够通过各级人民代表大会统一行使国家权力。人民代表大会制度是我国的根本政治制度，还表现在这一制度能保证人民通过各级人民代表大会统一行使国家权力。我国的人民代表大会制度实行民主集中制和“议行合一”的原则，便于人民统一行使国家权力，这是我国人民代表大会制度的特点和优越性所在。我国的人民代表大会是“议行合一”的政权组织形式。“议行合一”是民主集中制的重要方面，是我国人民代表大会制度的社会主义本质的重要表现。根据我国宪法和法律的规定，我国人民代表大会实行“议行合一”的原则，表现在它能统一和集中行使国家权力，有权对国家生活中的重大问题作出决定，并有权监督其实施。

王叔文教授在系统地总结中国人民代表大会制度的理论与实践基础上，指出了中国人民代表大会制度相对于国外议会制度所具有的四个优越性是:人民代表大会制度是中国的基本制度;人民代表大会制度具有最广泛的群众基础;人民代表大会制度是发展社会主义民主的根本保证;人民代表大会制度是健全社会主义法制的基础。

关于如何进一步健全和完善中国的人民代表大会制度,王叔文教授主张,要进一步完善人民代表大会制度。首先,应当坚持邓小平理论的正确指导;其次,必须做到以宪法为依据;最后,应当妥善地处理好改革、发展和稳定三者之间的关系。与此同时,还应当做好以下几个方面的具体工作:(1)围绕着经济建设这个中心,完善人大及其常委会的各项职能;(2)加强人大及其常委会的组织和制度建设;(3)加强人民代表大会制度的理论研究和宣传等。

(七)关于公民的基本权利和义务

早在现行宪法起草过程中,王叔文教授就撰文详细地论述了中国现行宪法关于公民基本权利和基本义务规定的重要特征和意义,这些论述成为其后各种宣传现行宪法的著作所普遍采用和引用的观点。在《我国公民的基本权利和义务》一文中,他高度概括了中国现行宪法关于公民基本权利规定的主要特点有三个方面:一是体现了社会主义民主原则;二是强调公民在法律面前一律平等;三是公民基本权利的规定具有广泛性和真实性。与此同时,现行宪法在规定公民基本权利和基本义务上的最大的立法技术特点就是规定了公民权利和义务的不可分离原则,并且充分体现了社会主义民主和社会主义法制的高度结合。对于我国现行宪法所确立的公民权利与义务相一致原则的具体表现,他总结出三个特征:(1)公民享有权利受到宪法和法律的保障,同时又负有不得滥用这些的权力的义务。《宪法》第51条规定:"公民在行使自由和权利的时候,不得损害国家的、社会的、集体的利益和其他公民的合法的自由和权利。"(2)公民在享有宪法和法律规定的权利的同时,必须履行宪法和法律规定的义务。(3)一些基本权利同时也是基本义务,如现行宪法所规定的劳动的权利和义务以及受教育的权利和义务。对于权利与义务之间的一致性,他又进一步解释了这种一致性内在的理论和制度上的合理性,包括:(1)由于消灭了权利和义务分离的经济基础,公民的权利和义务是一致的,每个公民依照法律规定平等享有权利和履行义务。(2)国家、集体、个人利益的一致性,民主和集中的统一,自由和纪律的统一,在法律上表现为权利与义务的一致性。(3)公民的权利和义务具有同等重要的意义,它们起着相互促进的作用。公民权利越能够得到保障,就越有利于提高他们的政治热情和生产积极性,促使其自觉履行义务。另外,公民越能自觉地履行义务,四化建设事业越能向前发展,公民的权利就能越能得到保障。(4)权利和义务的目的相同,无论是行使权利,还是履行义务,都是为了一个共同的目的,这就是保障社会主义现代化建设的胜利发展,持续提高社会生产力,逐步改善人民的物质文化生活。

在《论香港特别行政区居民的基本权利和义务》一文中,王叔文教授明确指出基本法中所规定的香港特别行政区居民的基本权利和义务的根本特点,就在于它体现了"一国两制"的方针,是从香港实际出发的。首先,香港特别行政区关于保障香港居民和其他人的基本权利和自由的制度,以香港基本法为依据;其次,香港基本法关于香港居民的基本权利和自由的规定,是按照《中华人民共和国政府和大不列颠及北爱尔兰联合王国政府关于香港问题的联合声明》(以下简称中英联合声明)中所载入的中国政府有关的方针政策加以规定的;最后,在义务方面,只规定了"香港居民和在香港的其他人有遵守香港特别行政区实行的法律的义务"。这些充分说明香港基本法关于香港特别行政区居民的基本权利和义务的规定是比较妥当的。王叔文教授还强调指出,香港基本法关于居民权利和自由的规定,不仅在权利主体上有很大的特点,而且在权利内容上也具有很多特点,主要包括具有内容上的广泛性以及基本法对香港居民的权利和自由规定了多层次的保障等。

此外,在《澳门居民的基本权利和义务的特点》一文中,王叔文教授也比较详细地论述了澳门基本法对澳门居民基本权利和义务的有关规定,并与香港基本法关于香港居民基本权利和义务的有关规定作了对照,指出由于澳门地区所实行的法律制度和权利保护方式与香港地区有所不同,因此,在澳门基本法中,明确规定了罪行法定主义、明确保护妇女的合法权益和老人、儿童的合法权益,对名誉权和隐私权等都作了比较细致的规定,这些规定完全适应了澳门回归祖国以后保持原有的基本法律制度不变的要求,具有一定的创造性。

(八)关于"一国两制"的法律问题

王叔文教授先后参加了香港基本法和澳门基本法的立法起草工作,并在立法起草工作中发挥了重要作用。由于亲自参加了两部基本法的起草工作,对于两部基本法所确立的特别行政区法律制度不仅理解透彻,而且还充分地掌握了与两部基本法各项规定相关的背景材料。在完成两部基本法的起草工作后,王叔文教授先后主持了两个国家社会科学基金项目的研究,出版了《香港特别行政区基本法导论》和《澳门特别行政区基本法导论》两本著作。这两本著作由于结合了起草基本法的具体经验,因此,对两部基本法的立法精神把握准确,成为港澳地区学习和贯彻两部基本法的必备教材,对于推动两部基本法在香港特别行政区和澳门特别行政区的实施具有非常重要的理论意义和实践价值。

此外,王叔文教授还以"一国两制"原则为指导,撰写了大量的介绍两部基本法立法精神和基本制度的学术论文,产生了广泛的学术影响。以对香港基本法和澳门基本法的宣传为例,他指出,香港基本法和澳门基本法的最根本特点,就在于它把维护中国国家的主权、统一和领土完整与授权香港特别行政区实行高度自治紧密结合起来,是体现"一国两制"方针的全国性法律。根据香港基本法的规定,香港特别行政区享有的自治权具有高度、广泛的特点。香港基本法规定全国人大授予香港特别行政区的自治权的范围是十分广泛的,包括行政管理权、立法权、独立的司法权和终审权。香港特别行政区的行政机关和立法机关由香港永久性居民依照香港基本法有关规定组成,这体现了"港人治港"的原则,香港原有法律基本保留。香港特别行政区保持财政独立,其财政收入全部用于自身需要,中央人民政府不在香港特别行政区征税;实行独立的税收制度;保持其自由港、单独关税地区和国际金融中心的地位。香港特别行政区可自行制定经济、贸易和科学、教育、文化方面的政策。根据中央人民政府授权,依照香港基本法的规定自行处理有关的对外事务,以及负责维持特别行政区的社会治安等。此外,香港基本法还规定,香港特别行政区可享有全国人大及其常委会和中央人民政府授予的其他权力。澳门基本法对于保障澳门特别行政区享有高度自治权方面,也作了和香港基本法内容基本相同的规定。香港和澳门特别行政区享有的上述自治权,无论与我国一般地方政府的权力,民族自治地方自治机关的自治权比较,还是与其他实行单一制的国家的地方政权比较,都更为广泛、更为高度。即便与实行联邦的国家成员单位(如州)享有的权力比较,在某些方面,例如,特别行政区的财政收入不上缴,中央不在特别行政区征税,特别行政区享有货币发行权等,特别行政区也享有更为广泛的自治权。至于作为一个地方行政区域而享有司法上的终审权,这更是一个特殊的例外,考虑到香港和澳门实行与内地不同的社会制度和法律体系，这样规定是必需的。

特别行政区基本法对于中国人民实现国家的统一大业，对于国家的社会主义现代化建设，对于保持和发展香港的长期稳定繁荣，都具有十分重要的意义。特别行政区基本法是没有先例的法律文件，它的制定提出了许多值得研究的重大新课题。这些课题包括："一国两制"构想对起草基本法的指导意义，特别行政区基本法的基本原则，中央与特别行政区的相互关系，国家主权原则在基本法中的体现，特别行政区自治权的特点，特别行政区居民权利和义务的特点，特别行政区经济制度的特点，特别行政区政治体制包括行政管理制度、立法制度和司法制度的特点，特别行政区法律制度和法律体系的特点，以及特别行政区基本法的法律地位、解释和修改等。这些课题不仅涉及宪法学，而且也涉及法的基本理论、法制史、行政法、民法、经济法、刑法、诉讼法和国际法等学科，有待中国广大的各方面的法学者共同研究解决，为丰富马克思主义法学做出贡献。

王叔文教授对宪法与特别行政区基本法的关系进行了系统的论述，其中很多真知灼见至今仍然具有非常广泛的学术影响力。他指出，宪法是国家的根本法，香港基本法和澳门基本法是全国人民代表大会制定的基本法律。作为我国的基本法律，它和全国人民代表大会制定的刑事、民事、国家机构和其他基本法律一样，与宪法的关系是"子法"与"母法"的关系，即它们的制定必须以宪法为依据和基础，不得与宪法相抵触，这是它们的共性。同时，香港基本法和澳门基本法与宪法的关系，也有它的特性。这就是：由于它们是根据"一国两制"的方针制定的，我国宪法作为一个整体对特别行政区是有效的，但宪法中的某些条文规定，主要是关于社会主义制度和政策的规定，不作为制定基本法的依据。具体来说，宪法与特别行政区基本法的关系，主要体现在以下三个方面：

1.《宪法》第 31 条明确规定设立特别行政区和由全国人大制定特别行政区基本法，规定特别行政区实行的制度，这一规定自不待言的是制定特别行政区基本法的依据。在香港基本法和澳门基本法的一些规定中，明确地体现了这一点。例如，香港基本法在序言中指出：国家决定，在恢复行使主权时，根据我国《宪法》第 31 条的规定，设立特别行政区。《香港基本法》第 11 条规定，根据《宪法》第 31 条，特别行政区的制度和政策，包括社会、经济制度，有关保障居民的基本权利和自由的制度，行政管理、立法和司法方面的制度，以及有关政策，均以基本法的规定为依据。由此可以清楚地看出,《宪法》第31条既是设立特别行政区的依据,也是制定特别行政区基本法的依据。

2. 宪法作为国家的根本大法,是制定特别行政区基本法的依据。这一点明显地体现在香港基本法和澳门基本法中。例如,香港基本法在序言中明确指出:"根据中华人民共和国宪法,全国人民代表大会特制定中华人民共和国香港特别行政区基本法,规定香港特别行政区实行的制度,以保障国家对香港的基本方针政策的实施。"有的人认为,《宪法》第31条是制定香港基本法唯一的法律根据,因而提出基本法只同《宪法》第31条发生关系,这种见解是不正确的。事实上,除了《宪法》第31条外,还有许多宪法条文是制定特别行政区基本法的依据。香港基本法的许多规定,例如,全国代表大会授权香港特别行政区依照基本法的规定实行高度自治(第2条);香港特别行政区是中华人民共和国的一个享有高度自治权的地方行政区域,直辖于中央人民政府(第12条);香港特别行政区的立法机关制定的法律须报全国人大常委会备案(第17条);香港基本法的解释权属于全国人大常委会(第158条);香港特别行政区居民中的中国公民依法参与国家事务的管理(第21条);香港特别行政区悬挂中华人民共和国国旗和国徽(第10条)等,都是根据我国宪法的有关规定作出的。澳门基本法也有同样的规定。由于香港基本法和澳门基本法实行了"一国两制"的基本方针,宪法关于社会主义制度的条文规定不作为制定基本法的依据,这是必要的。但是,不能以此否定宪法是制定基本法的依据,也不能以此否定宪法的其他条文对制定基本法的有效性和约束力。

3. 两部基本法的规定不能与宪法关于维护国家的主权、统一和领土完整的规定相抵触。"一个国家,两种制度"的前提是一个国家,这个国家就是社会主义的中华人民共和国。因此,实行"一国两制",首先就必须维护中华人民共和国的主权、统一和领土完整。我国宪法对维护国家的主权、统一和领土完整作了明确规定。宪法在序言中指出,中华人民共和国是全国各族人民共同缔造的统一的多民族国家;并指出,中国坚持独立自主的对外政策,坚持互相尊重主权和领土完整、互不干涉内政、平等互利、和平共处的五项原则等。序言的这些原则性规定在宪法的许多条文规定中得到体现。两部基本法的规定不能与宪法关于维护国家的主权、统一和领土完整的规定相抵触。香港基本法和澳门基本法的各项规定正是体现了这一基本原则。例如,《香港基本法》在序言中明确指出:"为了维护国家的统一和领土完整,保持香港的繁荣和稳定,并考虑到香港的历史和现实情况,国家决定,在对香港恢复行使主权时,根据《宪法》第 31 条的规定,设立特别行政区。"在第 23 条中规定,香港特别行政区应自行立法禁止任何叛国、分裂国家、煽动叛乱、颠覆中华人民共和国及窃取国家机密的行为。这些规定强调了维护国家的主权、统一和领土完整的原则。同时,在实行"一个国家,两种制度"的基本方针中,还有一个"两种制度"的问题。根据我国宪法的规定,虽然国家的主体实行社会主义制度,但不在特别行政区实行社会主义的制度和政策,而是保留原来的资本主义制度。这在香港和澳门特别行政区基本法中也得到明确的体现。例如,《香港基本法》第 5 条规定:香港特别行政区不实行社会主义制度和政策,保持原有的资本主义制度和生活方式,50 年不变。

另外,王叔文教授还对宪法对特别行政区的适用性做了很有价值的学术探讨。他提出了三个方面的注意事项:

1. 宪法适用于特别行政区的理论和法律依据。我国宪法对特别行政区是否适用的问题,是一个重大的现实和理论问题。在起草香港基本法的过程中,有的意见指出,除《宪法》第 31 条关于设立特别行政区的规定外,其他宪法的条文规定都不适用于香港特别行政区。这种观点,当然是不正确的。我国宪法作为国家的根本大法,应适用于特别行政区。

首先,从理论上讲,根据《中英联合声明》,我国从 1997 年 7 月 1 日起,就恢复对香港行使主权。根据通常的理解,主权意味着国家具有独立自主地处理其国内和国际事务而不受他国干预或限制的最高权力。在对外关系上,每个国家都是独立的、平等的,享有独立权。在对内方面,国家享有统治权,对其领土内的一切人和事务享有排他的管辖权。作这样的理解,连资产阶级法学者也是承认的。例如,在《牛津法律大辞典》中指出:在国际法上,主权是指拥有充分的权力维护对外独立,对内忠诚和秩序以及在其领土内拥有制定、适用和解释法律制度的最高权和独立权。宪法与国家主权密不可分,它是国家主权在法律制度上的最高表现形式。这是因为宪法以根本大法的形式,规定了一个国家对内对外行使主权的基本原则和行使主权的中央国家机构。因此,国家主权的最高性决定了宪法具有最高的法律效力;国家主权在其领土内的统一行使,决定了宪法在全国范围内的统一适用。另外,如果宪法不能在全国范围内统一适用,只在一部分地区实施,这就限制了一个国家主权的行使范围,否定了主权的最高性。因此,世界各国宪法,不论是资本主义国家,还是社会主义国家,不论是联邦制国家,还是单一制国家,都规定一个国家的宪法在全国范围内统一适用。例如:《美国宪法》第6条规定,宪法是全国的最高法律,即使与任何州的宪法或法律相抵触,各州法官均应遵守。《1946年日本宪法》第98条规定,本宪法是国家的最高法规,违反宪法条款的法律、命令、诏敕以及关于国务的其他行为的全部或者一部分,均属无效。可见,宪法具有最高法律效力,在全国范围内适用,为世界各国宪法所公认,因为这是维护一个国家主权的重要标志。

其次,从法律依据上讲,根据我国宪法以及特别行政区基本法的规定,宪法作为整体应适用于特别行政区。这些规定,主要有以下三个方面:(1)我国宪法规定,宪法是国家的根本大法,具有最高法律效力,因此,它必须适用于特别行政区。香港基本法和澳门基本法都在序言中规定,它是根据宪法制定的,而不只是根据《宪法》第31条,因此,宪法应适用于特别行政区。(2)根据我国宪法规定,我国是单一制的社会主义国家。我国只有一个最高国家权力机关,这就是全国人民代表大会。我国只有一个最高国家行政机关,即中央人民政府,这就是国务院,它统一领导全国的地方各级行政机关。我国只有一部宪法,这就是中华人民共和国宪法。因此,宪法适用于特别行政区,这是我国单一制国家的国家主权的体现。两部基本法规定,全国人民代表大会授权特别行政区依照基本法的规定实行高度自治,享有行政管理权、立法权、独立的司法权和终审权;特别行政区是我国的一个享有高度自治权的地方行政区域,直辖于中央人民政府,正是说明了这一点。(3)宪法适用于特别行政区,在两部基本法的许多条文中都得到体现,第七章对外事务,第八章两部基本法的解释和修改,体现得更为明显和突出。例如,《宪法》第62条第3项规定,全国人民代表大会有权修改基本法律,香港基本法正是依据宪法的这一规定,在第159条中规定,香港基本法的修改权属于全国人民代表大会。又如,《宪法》第67条第4项规定,全国人大常委会有权解释法律,香港基本法正是根据这一规定,在第158条中规定,香港基本法的解释权属于全国人大常委会。

2. 宪法适用特别行政区需要遵循"一国两制"的基本方针。我国宪法虽然作为一个整体适用于特别行政区,但由于国家对特别行政区实行"一国两制"的基本方针,因此,在适用上应有其特点。有的意见希望明文规定，宪法哪些条文适用于特别行政区，哪些条文不适用。这样做法的困难是很大的，很难办到。但从原则上讲，有四点可以明确：(1)宪法作为一个整体对特别行政区适用；(2)宪法在特别行政区的适用，需要遵循"一国两制"的基本方针；(3)凡是宪法关于维护国家主权、统一和领土完整的规定，必须适用于特别行政区；(4)在"两种制度"方面，宪法关于社会主义制度和政策的条文规定，不适用于特别行政区。

宪法关于维护国家主权、统一和领土完整，应该在特别行政区适用的条文规定，概括起来，主要有以下三个方面：(1)宪法关于坚持中央统一领导的规定。前面已经谈到，我国是单一制的社会主义国家，由中央国家机关代表国家行使主权。只有坚持中央的统一领导，才有利于维护国家的主权。也只有坚持中央的统一领导，才有利于维护国家的统一和领土完整。因此，宪法关于中央国家机关的一系列规定，包括：全国人民代表大会是最高国家权力机关，全国人大常委会是它的常设机关，它们行使国家立法权和决定国家生活中的重大问题；国家主席的对内对外的职权；国务院即中央人民政府，是最高国家权力机关的执行机关，是最高国家行政机关；中央军事委员会领导全国武装力量等，都应该适用于香港特别行政区。(2)宪法关于国防、外交的规定。外交和国防是国家主权的重要标志，也是维护国家统一和领土完整的重要保证。我国宪法对外交、国防也作了许多原则性的规定。在外交方面，我国宪法规定，全国人大常委会有权决定驻外全权代表的任免，决定同外国缔结的条约和重要协定的批准和废除；国务院管理对外事务，同外国缔结条约和协定等。在国防方面，我国宪法规定，国家的武装力量属于人民，它的任务是巩固国防，抵抗侵略，保卫祖国，保卫人民的和平劳动，参加国家建设事业，努力为人民服务；全国人大有权决定战争与和平的问题；全国人大常委会在全国人大闭会期间，如果遇到国家遭受武装侵犯或者必须履行国际间共同防止侵略的条约的情况，决定战争状态的宣布，以及决定全国总动员或者局部动员；国务院领导和管理国防建设事业；中央军事委员会领导全国武装力量等。宪法关于外交、国防的这些规定，也应该适用于特别行政区。(3)宪法关于维护国家主权、统一和领土完整的其他规定。除了以上两方面的规定外，宪法关于维护国家主权、统一和领土完整的其他规定也应该适用于特别行政区。例如，宪法规定的，凡具有中华人民共和国国籍的人都是中华人民共和国公民；中华人民共和国公民有维护国家统一的义务；有维护祖国的安全、荣誉和利益的义务;不得有危害祖国的安全、荣誉和利益的行为;保卫祖国、抵抗侵略是中华人民共和国每一个公民的神圣职责,以及宪法关于国旗、国徽、首都的规定等。这些规定都关系到国家主权、统一和领土完整的问题,因此,也应该适用于特别行政区。

3. 宪法适用于特别行政区基本法中的体现。基本法在序言中明确规定,它是根据宪法制定的。这本身表明了宪法作为国家的根本大法,适用于特别行政区。同时,我们还从不同的角度,论述了宪法适用于特别行政区在基本法中的体现。在起草香港基本法的过程中,有的意见主张在香港基本法中列举宪法的哪些条文适用于香港特别行政区,哪些条文不适用于香港特别行政区。这样做存在很大困难,难以办到。同时,特别行政区基本法是根据宪法制定的,由它来规定宪法条文对特别行政区是否适用,这在法理上也是讲不通的。正因如此,《香港基本法》第 11 条第 1 款作了如下的规定:根据《宪法》第 31 条,香港特别行政区的制度和政策,包括社会、经济制度,有关保障居民的基本权利和自由的制度,行政管理、立法和司法方面的制度,以及有关政策,均以香港基本法的规定为依据。这样的表述,体现了“一国两制”的基本方针,表明了宪法关于维护国家主权、统一和领土完整的规定应适用于香港特别行政区;而在“两种制度”方面,有关香港特别行政区的上述制度和政策,则以香港基本法为依据,不适用宪法关于社会主义制度的规定。

主要论著

(一)著作

1.《宪法基本知识讲话》(合著),中国青年出版社 1962 年版。

2.《法学基本知识讲话》(合著),中国青年出版社 1963 年版,1979 年再版。

3.《中华人民共和国宪法讲话》(合著),湖北人民出版社 1979 年版。

4.《宪法讲话》(合著),湖北教育出版社 1984 年版。

5.《宪法是治国安邦的总章程》(独著),群众出版社 1987 年版。

6.《宪法》(独著),四川人民出版社 1988 年版。

7.《我国人民代表大会制度》(合著),群众出版社 1988 年版。

8.《中国法学 40 年》(副主编),上海人民出版社 1989 年版。

9.《现代中国法概论》(日文版)(合著),日本法律文化社 1989 年版。

10.《香港特别行政区基本法导论》(主编),中央党校出版社 1990 年版。

11.《澳门特别行政区基本法导论》(主编),中国人民公安大学出版社 1994 年版。

12.《现代中国宪法概论》(日文版)(合著),日本法律文化社 1994 年版。

13.《香港公务员制度研究》(主编),中央党校出版社 1997 年版。

14.《有中国特色的马克思主义法学理论》(合著), 群众出版社 1997 年版。

15.《市场经济与宪政建设》(主编),中国社会科学出版社 2001 年版。

(二)论文

1.“论守法”,载《政法研究》1962 年第 4 期。

2.“新宪法是实现新时期总任务的有力保证”,载《光明日报》1978 年 4 月 22 日。

3.“发扬社会主义民主　保障人民当家作主”,载《光明日报》1978 年 4 月 24 日。

4.“新宪法是加强社会主义法制的强大武器”,载《光明日报》1978 年 4 月 25 日。

5.“论选举”,载《法学研究》1979 年第 1 期。

6.“论宪法的最高法律效力”,载《法学研究》1981 年第 1 期。

7.“论公民的权利和义务不可分离”,载张友渔等著:《宪法论文集》续编,群众出版社 1982 年版。

8.“人民代表大会制度的新发展”,载《法学研究》1982 年第 3 期。

9.“论健全社会主义法制”,载《法学研究》1982 年第 5 期。

10.“宪法修改草案的特点”,载《光明日报》1982 年 5 月 3 日。

11.“扩大人大常委会的职权是完善社会主义政治制度的重大措施”,载《中国新闻》1982 年 5 月 10 日。

12.“依法保护公民私有财产的继承权”,载《中国新闻》1982 年 5 月 11 日。

13.“设立审计机关　加强监督管理”,载《中国新闻》1982 年 5 月 11 日。

14.“社会主义民主和法制建设的新阶段”,载《法学研究》1982 年第 6 期。

15.“宪法修改草案的主要特点”,载《百科知识》1982 年第 7 期。

16.“加强社会主义民主和法制的两项重要措施”,载《民主与法制》1982 年第 7 期。

17.“坚持四项基本原则　坚持理论联系实际”,载《民主与法制》1982 年第 8 期。

18.“坚持辨证唯物主义的典范——学习《中华人民共和国宪法修改草案》的体会”,载《哲学研究》1982 年第 8 期。

19.“人民代表大会制度是我国的根本政治制度”,载《红旗》1982 年第 10 期。

20.“设立审计机关的必要性”,载《半月谈》1982 年第 11 期。

21.“我国公民的基本权利和义务”,载《红旗》1982 年第 14 期。

22.“我们国家的一切权利属于人民 ”,载《文汇报》1982 年 12 月 22 日。

23.“切实保障宪法的实施”,载《光明日报》1982 年 12 月 28 日。

24.“新宪法的基本特点”,载《光明日报》1982 年 12 月 30 日。

25.“四项基本原则是新宪法的指导思想”,载《法制建设》1983 年创刊号。

26.“新宪法是新时期治国安邦的总章程”,载《红旗》1983 年第 1 期。

27.“从新宪法的制定看研究外国法学的重要性”,载《国外法学》1983 年第 5 期。

28.“新宪法的主要特点”,载《东岳论丛》1983 年第 6 期。

29.“开创法学研究新局面的强大思想武器”,载张友渔等著:《宪法论文集》,法律出版社 1983 年版。

30.“宪法一年来的伟大实践”,载《中国法制报》1983 年 12 月 30 日。

31.“为什么要学习宪法”,载《法律与生活》1984 年第 1 期。

32.“论新宪法在建设我国社会主义法律体系中的地位和作用”,载张友渔等著:《法学理论论文集》,群众出版社 1984 年版。

33.“新时期健全社会主义法制的强大思想武器——学习邓小平同志关于加强法制建设的论述”,载刘国光编:《学习〈邓小平文选〉发展和繁荣社会科学》,中国社会科学出版社 1984 年版。

34.“我国宪法学的现状及其发展”,载中国法学会编:《我国法学研究的现状与展望》,群众出版社 1984 年版。

35.“新宪法的伟大实践”,载《中国法学》1984 年第 2 期。

36.“论宪法与精神文明”,载《法学研究》1984 年第 2 期。

37.“新中国制宪工作的回顾”,载《法学研究》1984 年第 5 期。

38.“进一步进行宪法的法制教育”,载《天津法制日报》1984 年 5 月 5 日。

39.“论宪法在我国法制建设协调发展中的作用”,载《法学》1984 年第 9 期。

40.“设立特别行政区是我国的重要国策”,载《人民日报》1984 年 9 月 28 日。

41.“维护宪法尊严　保证宪法实施 ”,载《民主与法制》1984 年第 12 期。

42.“经济体制改革是实施宪法的重要保障”,载《中国法制报》1984 年 12 月 3 日。

43.“什么是宪法”,载《思想政治工作研究》1985 年第 12 期。

44.“认真学习和贯彻宪法的指导思想”,载《中国法制报》1985 年 12 月 13 日。

45.“新技术革命与法制建设”,载中国社会科学院研究生院编:《论现代自然科学与社会科学的结合》,湖南人民出版社 1986 年版。

46.“我国宪法学者面临的光荣任务”,载中国法学会法学研究会编:《宪法与改革》,群众出版社 1986 年版。

47.“论宪法在建设中的作用”,载《法学研究》1986 年第 4 期。

48.“香港居民的权利和义务”,载《瞭望》(海外版)1986 年第 8 期。

49.“未来香港居民基本权利和义务的特点”,载《瞭望周刊》1986 年第 33 期。

50.“就北京市关于游行示威的若干暂行规定答记者问”,载《北京日报》1987 年 1 月 6 日。

51.“进行宪法教育的重要法律文献”,载《北京日报》1987 年 3 月 16 日。

52.“宪法是治国安邦的总章程”,载《法制建设》1987 年第 5 期、第 6 期。

53.“新时期治国安邦的总章程”,载《法制建设》1987 年第 5 期。

54.“新时期治国安邦的总章程”,载《法制建设》1987 年第 6 期。

55.“社会主义初级阶段与宪法”,载《法学研究》1988 年第 1 期。

56.“香港特别行政区居民的基本权利和义务”,载《中国法研究季刊》(英文)美国哥伦比亚大学 1988 年第 1 期。

57.“我国宪法实施中的几个认识问题”,载《中国社会科学院研究生院学报》1988 年第 5 期。

58.“维护宪法尊严　保障宪法实施”,载《人民日报》1989 年 7 月 7 日。

59.“四项基本原则是我国宪法的根基”,载《法制日报》1989 年 8 月 14 日。

60.“大力加强社会主义法制建设”,载《法律与生活》1989 年第 10 期。

61.“正本清源进一步发展宪法学”,载《中国法学》1990 年第 1 期。

62.“基本法是体现‘一国两制’方针的全国性法律”,载《法学研究》1990 年第 2 期。

63.“论香港特别行政区居民的基本权利和义务”,载《法律科学》1990 年第 5 期。

64.“行政诉讼法充分体现了宪法的精神和原则”,载《中国法学》1990 年增刊。

65.“学习毛泽东思想关于民主和法制的理论”,载《中国法学》1991 年第 1 期。

66.“基本法充分保障香港居民的权利和自由”,载《瞭望周刊》1991 年第 13 期。

67.“法学要为经济建设和改革开放服务”,载《中国法学》1992 年第 1 期。

68.“论宪法的实施保障”,载《中国法学》1992 年第 6 期。

69.“贯彻十四大精神,认真实施宪法”,载《民主与法制》1992 年第 12 期。

70.“保障改革开放和现代化建设顺利进行的根本法律”,载《法制日报》1992 年 12 月 3 日。

71.“推进改革开放的总章程”,载《人民日报》1992 年 12 月 8 日。

72.“建设有中国特色的社会主义法律体系”，载《法制日报》1992 年 12 月 10 日。

73.“推进改革开放的根本大法”，载全国人大办公厅、法工委等合编：《宪法颁布十周年论文集》，法律出版社 1993 年版。

74.“宪法是建设社会主义法律体系的基础”，载《理论与现代化》1993 年第 1 期。

75.“在宪法的光辉旗帜下继续前进”，载《法制日报》1993 年 1 月 3 日。

76.“论澳门特别行政区基本法的特点”，载《中国法学》1993 年第 2 期。

77.“论修改宪法的基本精神”，载《阵地》1993 年第 3 期。

78.“宪法修正案突出了建设有中国特色的社会主义理论和党的基本路线”，载《法制日报》1993 年 5 月 3 日。

79.“宪法修正案的基本精神、特点和意义”，载《求是》1993 年第 6 期。

80.“运用法律武器同腐败作斗争”，载《阵地》1993 年第 6 期。

81.“论强化宪法的权威和作用”，载 宪法学研究会编：《宪法的权威与地方立法》，1993 年 6 月。

82.“澳门特别行政区基本权利和义务的特点”，载澳门基本法文献集编委会编：《澳门基本法文献集》，澳门时报出版社 1993 年版。

83.“靠法制保障市场经济健康发展”，载《生产力之声》1993 年 11 月号。

84.“怎样保证有法必依”，载《瞭望周刊》1993 年第 40 期。

85.“澳门法律本地化是实现‘一国两制’的重要保证”，载《法制日报》1994 年 4 月 17 日。

86.“有中国特色的社会主义政治制度”，载《阵地》1994 年第 5 期。

87.“有中国特色的社会主义政治制度——纪念人大成立 40 周年”，载《阵地》1994 年第 5 期。

88.“人民代表大会制度的理论与实践”，载《中国社会科学院研究生院学报》1994 年第 6 期。

89.“关于建立社会主义市场经济法律体系的几个问题”，载《人大工作通讯》1994 年第 23 期。

90.“论建立有中国特色的社会主义市场经济法律体系”，载《政法论坛》1995 年第 4 期。

91.“中国法律是反贪倡廉的有力武器——第七届国际反贪污大会文集”，载第七届国际反贪大会组委会秘书处学术部编：《反贪污与社会的稳定和发展》，红旗出版社 1996 年版。

92.“国家安全法制建设的里程碑”，载《法制日报》1996 年 3 月 5 日。

93.“‘一国两制’伟大构想意义深远”，载《人民日报》1996 年 7 月 19 日。

94.“香港基本法的特点和意义”，载《人民日报》1996 年 8 月 16 日。

95.“社会主义市场经济法律体系初具规模”，载《中国图片报》1997 年 3 月 7 日。

96.“党的十四大以来我国宪法学的新成就”，载《中国法学》1997 年第 5 期。

97.“宪法，依法治国的总章程”，载《法制日报》1997 年 12 月 3 日。

98.“加强宪法实施，保证依法治国”，载《法制日报》1997 年 12 月 13 日。

99.“宪政建设的科学指南——学习邓小平同志的宪政理论”，载《清华法律评论》1998 年第 1 辑。

100.“把邓小平理论写入宪法非常重要”，载《法学家》1999 年第 3 期。

101.“宪法修正案的基本精神和意义”，载《法学研究》1999 年第 3 期。

102.“澳门居民的基本权利和义务的特点”，载《澳门日报》1999 年 3 月 30 日。

103.“‘两国论’的要害是破坏统一祖国大业”，载《法制日报》1999 年 8 月 12 日。

（撰写者：莫纪宏）

肖蔚云

生　平

肖蔚云(1924 年 10 月 1 日 ~2005 年 1 月 21 日),湖南省祁阳县人。

肖蔚云教授少时志在文史,小学毕业后曾入私塾研习四书五经。读中学时,接触到陈独秀主编的《新青年》杂志及朱光潜和钱端升等著名学者的著作与文章,开始接受民主与科学精神。1944 年被岳云中学保送到西南联合大学文学院攻读历史专业,但由于当时日寇发动湘桂战役,攻占湖南,致使其无法按期入学。直到抗日战争结束后,他才有机会进入大学学习,由此走上了为民主与法治不懈奋斗的道路。

(一)负笈北京,投身革命

抗日战争胜利后,北京大学于 1947 年在北平恢复招生。但当时解放战争已经打响,湖南和北平之间隔着解放区,交通阻断。肖蔚云教授怀着读书救国的思想,辗转先到上海,又乘船到天津,终于在这一年的秋天来到北京大学报到。但这时他放弃了历史专业,而是入读了法律系。

当时,北京大学校内新旧两种势力的斗争异常激烈,肖蔚云教授的思想也开始发生转变。他认为正义在共产党一边,只有共产党才能救中国,因此,不久他就开始投身于学生运动的行列。1948 年夏他参加共产党领导的地下外围组织"民主青年联盟",投身革命,参加了游行、示威活动,并参与散发传单、侦察工厂地形,同时学习马列主义毛泽东思想以及党的城市政策,以多种不同形式参加党领导的第二条战线的斗争。1949 年 4 月北京大学成立纪念"五四"筹备委员会,他任该委员会常务干事(即主席),在"五四"纪念日到来前一星期,与时任北大学生会主席商议后,他写了一封给毛泽东主席的信,请毛主席来北大参加"五四"运动 30 周年的纪念会。在5 月 4 日前三四天收到了毛主席的亲笔回信,信中说,因工作缘故,不能到会,祝北大进步。毛主席的回信使肖蔚云教授感到无比兴奋,受到了莫大的鼓舞。1949 年 9 月他加入了中国共产党。

(二)留学苏联、任教北大、从事宪法学研究与教学

1951 年肖蔚云教授从北大毕业,留校任政治课教员,后又任北大东方

语言文字系书记、北大党委组织部副部长。1954 年北大在院系调整后，准备恢复法律系，时任北大副校长江隆基提议让他到苏联留学，读法学研究生，学成后参与组建北大法律系。1959 年他在苏联列宁格勒大学获国家法副博士学位，学成回国，从此走上法学研究和法学教育之路。当时，张友渔教授负责筹备中国社会科学院法学研究所，急需人才，他服从组织安排，先到社科院报到，但北大知晓后不愿放人，经交涉后，于 1959 年 10 月又回到北大。1960 年 2 月，任北大法律系副主任，开始从事宪法学的教学和研究工作，并负责北大法律系的教学、外事及资料等工作 20 余年（除"文化大革命"时被斗和"靠边站"外）。

1972 年"四人帮"欲停办北大法律系，肖蔚云教授当时刚恢复工作，任法律系革命委员会副主任，与法律系仅留下的 20 余位教师共同反对停办，在他们的坚决斗争下，才使当时全国仅存的两所政法高校之一的北大法律系得以继续存在。他还要求系资料室保存全部图书资料，为以后法律系的发展保留了基础。

肖蔚云教授从教近 60 年，1985 年任教授，1986 年任博士研究生导师，桃李满天下。为人正直，平易近人，但责己甚严。在教学思想上主要有两个突出的方面：一方面是要求学生掌握基本专业理论和基础知识，打下深厚的专业功底，理论联系实际，具有较高的分析问题和解决问题的能力；另一方面是要求学生具有勤奋、严谨的学风，坚持马克思主义的立场、观点、方法，做一个有益于人民和社会的人，其培养的硕士、博士已毕业者余人，不少人在不同岗位上发挥了重要作用。

（三）参与宪法修改、为中国宪法学奠基

十一届三中全会后，党和国家的工作重心开始转移。在此之前，共和国制定的第三部宪法已不能适应国家和社会发展的需要，亟须制定新的宪法。1980 年 9 月 10 日第五届全国人大第三次会议决定成立由叶剑英、彭真领导的宪法修改委员会，随后成立了由胡乔木、胡绳、王汉斌领导的秘书处。从 1980～1982 年肖蔚云教授参加了宪法修改委员会秘书处的工作，具体负责宪法总纲的草拟。

1982 年宪法的起草是党和国家政治生活中极其重要的大事，中央高度重视，全民积极参与宪法草案的讨论，因此秘书处的工作责任十分重大。宪法草案由中共中央政治局和中央书记处讨论 8 次，宪法修改委员会全体会议讨论 4 次，秘书处参与相关工作逾 2 年之久。肖蔚云教授和其他专家收集和分析了古今中外的宪法材料，提出在全国人大及其常委会下设各种专门委员会和宪法委员会的建议，其中设立专门委员会的建议被采纳，写入宪法。迄今为止，全国人大及其常委会共下设9个专门委员会，这些委员会的增设，对全国人大及其常委会的运作起到良好的辅助作用。

在参与1982年宪法起草工作之外，肖蔚云教授还参加了选举法、全国人大组织法和地方组织法等法律的修改工作。与此同时，他还承担了北大法律系繁重的教学任务，并且勤于著述，在宪法学研究方面做出了大量开创性的工作。1982年宪法通过后，他在宪法学研究方面出版了《论新宪法的新发展》(1983年)、《我国现行宪法的诞生》(1986年)等专著，参与编写了全国高校第一部宪法学教材《宪法学概论》(1982年)，在宪法学界产生重大影响，还在第一部全国政法院校统编教材《宪法学》中担任副主编。此外，在《人民日报》、《中国法学》、《法学研究》、《中外法学》、《北京大学学报》(社会科学版)等报纸杂志上发表190余篇论文，独自撰写、主编、与人合写著作、教材29部。2003年肖蔚云教授将多年来关于宪法学理论与实践方面的研究心得和论述结集出版，取名"论宪法"，由北京大学出版社出版。该书共计90万字，汇集了他参与宪法修改、从事宪法理论研究以及同时介入中国宪法实践等各个时期不同层面的理论与实践成果。鉴于肖蔚云教授在宪法学理论研究方面的丰富著述及其产生的重大影响，他被认为是新中国宪法学的奠基人之一。

(四)参与香港基本法起草工作，阐发"一国两制"重要理论

1984年12月19日中英两国政府正式签署了《中华人民共和国政府和大不列颠及北爱尔兰联合王国政府关于香港问题的联合声明》(以下简称《中英联合声明》)，1985年4月10日第六届全国人大第三次会议通过了关于成立香港特别行政区基本法起草委员会(以下简称香港基本法起草委员会)的决定。同年6月全国人大常委会通过香港基本法起草委员会名单，共59名委员，其中内地委员36人，香港地区委员23人。1985年7月1日，肖蔚云从时任全国人大常委会委员长彭真手里接过香港基本法起草委员会委员的任命书，开始了将"一国两制"理论法律化的辛勤而又无比光荣的工作。

1986年4月香港基本法起草委员会第二次全体会议决定，设立"中央与特别行政区关系"、"香港特别行政区的政治体制"、"香港特别行政区居民的权利和义务”、“香港特别行政区经济”和“香港特别行政区的教育、科学、技术、文化、体育和宗教”5 个专题小组。每个专题小组均有 2 名负责人:1 名内地委员;1 名香港委员。“政治体制专题小组”共 19 人,肖蔚云教授被任命为“政治体制专题小组”的内地方面的负责人。

起草香港特别行政区基本法(以下简称香港基本法)有关政治体制条文的工作异常艰辛。一方面,起草这样一部法律史无前例,没有现成的法律文本可供参考,《中英联合声明》中关于政治体制的部分又写得非常概括;另一方面,在起草时香港各界人士对政治体制中某些问题还存在较大分歧。香港基本法有关政治体制的条文共 6 节 62 条,包括行政长官、行政机关、立法机关、司法机关、区域组织和公务人员以及附件一《香港特别行政区行政长官的产生办法》、附件二《香港特别行政区立法会的产生办法和表决程序》。在香港基本法序言和正文九章中,该部分内容结构最复杂,条文最多,分量最重。如何协调各方面意见,从而合理地设计香港特别行政区的政治体制,肖蔚云教授承担了其中大量的重要工作。

政治体制专题小组经过讨论,在肖蔚云教授与另一位负责人查良镛先生(著名武侠小说作家金庸)的主持下,提出了起草香港基本法有关政治体制条文的指导思想和原则。一是要符合“一国两制”的方针和《中英联合声明》的精神;二是要维护国家的统一和领土完整,体现高度自治;三是要有利于香港的经济繁荣与政治稳定,兼顾各阶层利益;四是保持香港原有适应经济发展的特点,循序渐进,逐步发展适合香港的民主参与。因此,体现殖民地色彩的港督制不能原封不动地保留下来,也不能照搬内地的人民代表大会制,更不能移植西方的政治体制。经过政治体制专题小组两年多的争论和充分讨论,并于 1986 年 9 月、1988 年 6 月、1988 年 9 月三次在香港进行了比较集中的咨询,充分吸收香港特别行政区基本法咨询委员会和广大香港人士的意见,达成共识,最后形成了“一国两制”下适合香港的地方政权形式的主流方案,这就是“司法独立、行政机关和立法机关既相互制衡,又相互配合”,以行政为主导的政治体制架构,肖蔚云教授称之为行政长官制。

香港基本法起草委员会从 1985 年 7 月 1 日正式成立并开始工作,到 1990 年 2 月《香港特别行政区基本法(草案)》通过为止,工作时间长达 4 年零 8 个月,先后举行了 9 次全体会议、2 次主任扩大会议、3 次总体工作小组会议、73 次专题小组会议,2 次就草案在香港和全国其他地区广泛征求意见。其中,政治体制专题小组开会19次,开会最多、每次开会时间最长、协调时间最长,工作量相当繁重。在起草过程中,肖蔚云教授充分发扬民主,尊重委员们的不同意见,每次会议议程由小组多数决定,同时,又有高度的公开性,每次会议都要向传媒发布消息,介绍开会情况,及时告诉香港各界人士,真正做到开放、民主、透明。

作为香港基本法的起草人之一,肖蔚云教授以及其他香港基本法起草委员会委员的创造性工作得到党和国家领导人的高度评价。邓小平同志1990年2月17日在会见香港基本法起草委员会全体委员时,曾说道:"你们经过近5年的辛勤劳动,写出了一部具有历史意义和国际意义的法律著作。说它具有历史意义,不只是过去、现在,而且包括将来;说国际意义,不只是第三世界,而且对全人类都具有长远意义。这是一个具有创造性的杰作。"

1991年港英当局制定了一个所谓"人权法案条例",意图架空香港基本法,并大幅修改香港原有法律。香港基本法通过不到3年,时任港督彭定康在事先未与中方磋商的情况下,于1992年10月7日在香港立法局发表施政报告,抛出与《中英联合声明》、香港基本法、中英两国外长协议完全背道而驰的所谓"宪制方案",对过渡时期的香港政制作了重大改变。1993年年初彭定康将该方案以立法形式在《香港政府宪报》公布,无端挑起中英之间的争端。时任英国政府外交部法律顾问张伯伦在英国国会的听证会上也开始否定香港基本法。中英之间开始了17轮谈判,但英方单方面宣布中止谈判,并在香港立法局通过所谓的"政改方案"。

在涉及维护国家主权和民族利益的大是大非面前,肖蔚云教授思路清晰,立场坚定。就在彭定康抛出"宪制方案"后不到两周的时间,他在《人民日报》(海外版)发表了《一个偷天换日的宪制方案》一文,对该方案违反《中英联合声明》和香港基本法的精神进行了充分揭露。接着他先后分别在《今日港澳》、《紫荆杂志》、《法制日报》、《瞭望周刊》(海外版)、香港《文汇报》、《大公报》上撰文,通过回顾香港基本法政治体制问题起草的经过,揭露彭定康"政改方案"的事实真相,指出产生香港特别行政区首届立法会必须遵循的原则,对张伯伦否定香港基本法的言论进行了充分驳斥,强调只有维护香港基本法,才能维护香港的繁荣与稳定。

为做好特区政府的筹备工作,1993年7月肖蔚云教授又担任了香港特别行政区筹备委员会预备工作委员会(以下简称预备工作委员会)委员，并担任政务专题小组的负责人。他着重研究了将香港基本法以及全国人大的有关决定进一步具体化和贯彻、实施的办法。在两年半的时间里，预备工作委员会的5个专题小组共提出了40多项建议和意见。政务专题小组提出了关于筹组香港特别行政区第一届政府，设立香港特别行政区临时立法会，组建香港特别行政区司法机关等问题的建议。

1996年1月26日香港特别行政区筹备委员会成立，肖蔚云教授担任委员和推选委员会小组负责人。在预备委员会的意见和建议的基础上，筹委会进一步做出了十几项决定，例如，香港特别行政区第一届政府推选委员会的具体产生办法、行政长官的具体产生办法、临时立法会的产生办法等，将预委会的建议和意见更加具体化。1996年11月2日、12月11日和21日，举世瞩目的香港特别行政区第一届政府推选委员会、第一任行政长官和临时立法会终于相继选举产生，"港人治港"、高度自治这一新的历史时期从此开始。

（五）参与澳门基本法起草工作，为澳门法治建设做出贡献

1987年4月13日中葡两国政府在北京正式签署《中华人民共和国政府和葡萄牙共和国政府关于澳门问题的联合声明》，存在了400多年的澳门问题得到了圆满解决。1988年4月3日第七届全国人大第一次会议决定成立澳门特别行政区基本法起草委员会（以下简称澳门基本法起草委员会）。同年9月15日，第七届全国人大常委会第三次会议通过了澳门基本法起草委员会名单，委员共48人，其中内地委员26人，澳门委员22人。肖蔚云教授从时任全国人大常委会委员长万里手中接受了委员任命书。在起草香港基本法的紧张而又繁忙的工作过程中，又同时着手澳门特别行政区基本法（以下简称澳门基本法）的起草。

1989年11月20日澳门基本法起草委员会第三次全体会议决定成立5个专题小组，分别是：中央与澳门特别行政区关系、居民的基本权利与义务、政治体制、经济、文化与社会事务专题小组。肖蔚云教授担任政治体制专题小组负责人。澳门基本法关于政治体制的条文包括7节58条，包括行政长官、行政机关、立法机关、司法机关、市政机构、公务人员和宣誓效忠各节，以及澳门基本法附件一、附件二和关于首届政府、立法会和司法机关产生办法的决定。在起草澳门基本法时虽然有已经通过的香港基本法可供参考，但澳门的情况与香港又有所不同，澳门各界人士对澳门特别行政区的政治体制的看法也存在分歧，因而要从澳门的实际出发来规定相应制度。在最终的文本中,澳门基本法对澳门特别行政区的行政长官、主要官员在外国有无居留权及司法机关的体制都作出了与香港特别行政区不同的规定。

澳门基本法起草委员会从 1988 年 9 月 5 日成立到 1993 年 1 月澳门基本法(草案)通过,工作时间长达 4 年零 4 个月,共举行了 9 次全体会议,70 次专题小组会议、3 次主任扩大会议,先后两次就草案广泛征求澳门人士和内地的意见。经过将近四年的共同努力,澳门基本法关于政治体制的条文的起草工作,最终圆满顺利地完成。

1993 年 3 月 31 日第八届全国人大第一次会议通过澳门基本法。此后,肖蔚云教授还参与了澳门特别行政区政府的筹备工作。澳门回归后,受澳门科技大学董事会邀请和委托,他于 2000 年创建澳门科技大学法学院,并任该院院长,为澳门法律人才的培养做出了重大贡献。他还于 2002 年获得时任澳门特别行政区行政长官何厚铧颁授的澳门特别行政区荣誉奖状。2004 年冬,他再次赴澳门科技大学法学院讲学,因病抢救无效,于 2005 年 1 月 21 日不幸逝世。

学术贡献

肖蔚云教授是新中国宪法学的奠基人之一,毕生的研究也主要集中在宪法学领域。在他学术生涯的后期,由于先后担任香港基本法起草委员会委员和澳门基本法起草委员会委员,他将大量的精力投入“一国两制”理念的法律化和相关理论的阐述与建构中。其生前将自己的著述分别编辑,形成了《论宪法》、《论香港基本法》和《论澳门基本法》三部文集,由北京大学出版社于 2003 ~ 2004 年出版,从中可以窥探他学术研究的全貌。

(一)宪法研究

1. 肖蔚云教授强调深入研究宪法基本理论、基本原则。他认为,研究宪法基本理论是研究宪法的基础,只有深入研究宪法基本理论,特别是马克思主义的宪法基本理论,才能更加深入地理解宪法,理解宪法的实质、特点、地位、发展趋势和它在国家与社会生活中的重要作用。与人合编的《宪法学概论》(北京大学出版社 1982 年出版,2002 年修订版)一书中,以 1 章 15 节的篇幅比较全面系统地论述了宪法的概念、本质、结构、创制、渊源、修改、解释、效力、作用和保障等内容，丰富了宪法的基本理论。

肖蔚云教授认为，宪法的基本原则就是宪法的根本准则和方针，它体现了统治者的根本意志和利益，反映了制宪者的根本要求，决定了宪法的发展道路，规定了公民行为的根本准则，确立了立法活动的基础。因此必须坚持宪法的基本原则，例如，坚持人民主权原则，即要体现以人为本的原则，一切立法、执法、司法活动都要坚持以人为本，使宪法能得到很好的实施。

2. 肖蔚云教授特别重视宪法指导思想，认为宪法的指导思想具有非常重要的作用和意义。第一，宪法的指导思想决定宪法的基本原则、内容和发展方向；第二，它影响国家的经济发展和社会稳定；第三，它决定和影响其他法律的内容；第四，它决定和影响文化教育和思想道德的发展。他一贯坚持我国宪法的指导思想，坚持党的基本路线，维护四项基本原则。1999 年我国现行宪法部分修改时，他即建议增写邓小平理论，将邓小平理论上升为国家意志，使我国宪法的指导思想能够与时俱进，还对一些偏离马克思主义宪法基本理论和我国宪法的基本原则的观点进行了批评。

3. 肖蔚云教授十分注重增强宪法意识，维护宪法权威。他认为宪法意识是指人们对宪法的内容、地位、作用和重要性等的思想认识。增强宪法意识有利于加强人民主权的思想；有利于保障公民的基本权利；有利于提高宪法权威，实行依法治国，特别是依宪治国；有利于国家机关、政党、团体、公民遵守法律，依法办事。所以只有不断增强宪法意识，才能维护宪法权威，使宪法得到全面实施。

4. 肖蔚云教授对我国现行宪法给予高度评价，认为它是新中国成立以来最完善的一部宪法。现行宪法代表和反映了全国人民的根本利益，体现以人为本，坚持从实际出发，实事求是，力求合乎辩证唯物论的观点，具有严格的科学性；既总结了正面的经验，又总结了反面经验，特别是“文化大革命”的反面教训；既具有时代特色和气息，包括邓小平理论、“三个代表”重要思想、依法治国、实行社会主义市场经济、三个文明建设协调发展、尊重和保障人权、公民的合法私有财产不受侵犯和实行各项具体制度改革，又具有相对的稳定性；同时他又指出宪法要适应社会的发展，几次宪法修改都具有现实必要性和重大的历史意义。在现行宪法颁布实施 10 周年及 20 周年之时，肖蔚云教授写了两篇长文，指出了宪法的十个方面理论成果、五点主要实践经验、在经济建设和改革开放中的重大作用，为维护现行宪法的权威做出了积极的贡献。

5. 在1982年宪法起草过程中，肖蔚云教授在《宪法》第3条的最初建议稿中具体阐明了人民代表大会制度中民主集中制的主要内容。这就是各级人民代表大会都由民主选举产生，对人民负责，受人民监督。国家行政机关、审判机关、检察机关都由人民代表大会产生，对它负责，受它监督。秘书处又增写了中央和地方国家机构的职权划分，遵循在中央的统一领导下，充分发挥地方的主动性、积极性的原则等内容。这就将我国人民代表大会制的民主集中制具体化、法律化，为此他发表了《新宪法对民主集中制的发展》一文对之进行理论化的阐释。

6. 肖蔚云教授还发表了多篇论文来阐述我国人民代表大会制度的产生、发展及其在国家的政治生活中发挥的重大作用。他指出，从一切权力归农会到一切权力属于人民、建立人民代表大会制度是我国人民的伟大创造；1982年宪法加强和完善国家权力机关及其他国家机关是我国人民代表大会制度发展的新阶段；宪法增写了邓小平理论、“三个代表”重要思想等新的重要内容，为人民代表大会制度注入新的活力；坚持党的领导、人民当家作主和依法治国的有机统一，为人民代表大会制度的发展提出重要指导方针。

7. 鉴于“文化大革命”的严重教训，肖蔚云教授在起草《宪法》第5条的最初建议稿中具体提出了关于健全社会主义法制的内容。其要点是：维护社会主义法制的统一和尊严；一切法律和法规都不得与宪法相抵触；一切国家机关、社会团体都必须遵守宪法和法律；一切违反宪法和法律的行为都必须予以追究。这些内容不但确立了社会主义法制原则，也为我国实行依法治国，建设社会主义法治国家打下良好的基础。

8. 肖蔚云教授认为，我国现行宪法的一个显著特点是公民享有广泛和真实的民主权利。公民的基本权利和自由不但在条文数量上多于我国前几部宪法，而且在总结“文化大革命”严重教训的基础上其内容也比前几部宪法有所增加。第十届全国人大第二次会议又部分修改宪法，增写尊重和保障人权与合法的私有财产不受侵犯的内容，这使我国公民的基本权利和人权保障又进入新的里程碑，公民的基本权利和人权将得到更好发展。他同时指出，要重视保障公民基本权利和维护社会稳定的关系，既能保障公民的基本权利和人权，又能维护社会的稳定。

9. 肖蔚云教授强调在立法与司法审判中确立宪法的根本法律依据地

位。在《制定法律必须坚持以宪法为依据》一文中,他指出了当时在起草法律过程中不以宪法为依据的种种表现,提出要克服本位主义和部门利益思想,必须坚持以宪法为依据,坚持实事求是。关于宪法在审判案件中占据何种地位,他在《宪法是审判工作的根本法律依据》一文中明确指出,司法机关在审判案件中可以适用宪法原则。也就是说,在普通法律中如果没有相应的规定。可以引用宪法中原则性的规定,因为一切国家机关、社会团体和公民都必须以宪法的规定为自己的行为准则。在《我国跨世纪宪法的理论与实践经验》一文中,他更加明确指出,审判工作在一定情况下应该适用宪法,特别是对保障公民的基本权利有利,在普通法律没有具体规定,而宪法又有原则性规定的,在一定级别的法院的审判中,应当可以适用宪法,但这并不是法院在审查法律的合宪性。

10. 肖蔚云教授认为,宪法的保障是宪法的重要内容,它关系宪法是否能够真正得到贯彻实施,国家制度和社会制度是否能够得到巩固,公民基本权利是否能够得到保障的重大问题。在 1982 年他接连发表两篇文章,全面论述了宪法保障,指出我国以最高国家权力机关的常设机关保障宪法的实施,要加强全国人大常委会对宪法实施的监督,要进一步明确宪法的监督程序,使一切违宪行为能够得到纠正。

(二)港澳基本法研究

在香港基本法的起草和预委会、筹委会繁忙的工作的同时,肖蔚云教授还致力于香港基本法的推广,并率先在北京大学法律系开设“香港基本法”硕士和博士学位课程,最早开始“一国两制”法律理论的研究。1990 年 5 月就在香港基本法通过后不到 1 个月,肖蔚云教授主编的《一国两制与香港基本法律制度》就由北京大学出版社出版发行,这是国内第一部“一国两制”法律理论和基本法研究专著。随后,他分别在内地和香港出版了《香港基本法与一国两制的伟大实践》、《香港基本法讲座》等著作,并在《法学杂志》、《北京大学学报》、《中国法律》、《中外法学》、《紫荆》、《求是》、《人民日报》、《文汇报》、《大公报》等报纸杂志上发表了大量专文,全面论述了香港基本法与“一国两制”的伟大理论与实践。1993 年年初,肖蔚云教授又出版了《一国两制与澳门基本法》。这些著述构成了他比较系统的“一国两制”法律理论。这些观点的主要内容有:

1. 肖蔚云教授认为,邓小平关于“一国两制”的理论内容丰富,博大精深,主要可概括为十二点,即对“一国两制”要有全面的认识,要讲它的两个方面，而不是只讲一个方面；在“一国两制”中“一国”是前提和基础，二者不是平分秋色；在“一国两制”中要讲两个不变，内地不在特别行政区推行社会主义，50年不变，特别行政区也不要改变内地的社会主义制度；在特别行政区实行高度自治，这种自治的性质仍然是中央授权的地方自治，权力来源于中央，它不是完全自治；特别行政区原有社会、经济制度和生活方式长期不变，原有法律基本不变；对香港、澳门、台湾地区的政策长期不变，影响不了大陆的社会主义；对台湾地区的政策可以更宽；正确理解中央与特别行政区的关系；特别行政区行政机关和立法机关由当地人组成，“港人治港”必须以爱国者为主体；特别行政区要有一个符合实际的稳定的政治制度，实行以行政为主导；在特别行政区成立前的过渡时期不要出现大波动，要平稳过渡；“一国两制”要成功体现于基本法。

2. 根据香港基本法的成功实践，肖蔚云教授提出贯彻“一国两制”、基本法要处理好十项关系，即“一国”与“两制”的关系；中央与特区的关系；行政与立法的关系；行政与司法的关系；政制与经济的关系；解释法律与司法独立的关系；修改法律与稳定的关系；民主与法制的关系；文字表达与立法原意的关系；条文与整体的关系。在十项关系中，重点要处理好三个关系，即“一国”与“两制”的关系；中央与特别行政区的关系；特别行政区内的行政与立法、司法的关系。

3. 肖蔚云教授提出，要全面准确地贯彻基本法，才能保证特别行政区的经济繁荣和社会稳定。第一，要坚持基本法的指导思想，即“一国两制”方针；第二，坚持基本法的立法精神和原意；第三，联系特别行政区实际贯彻基本法；第四，注意基本法法律条文之间的互相联系，而不能孤立看一个条文，或断章取义；第五，注意基本法法律条文和内容、精神的统一，条文文字固然重要，但不能只从字面上解释而不顾条文的精神和内容。

4. 肖蔚云教授指出，要维护以行政为主导的特别行政区政治体制。特区行政长官既是特区首长，又是特区政府首长，地位高，职权大，立法会议员的提案权受到一定限制，体现行政主导。这是“一国两制”下适合特别行政区的地方政治体制。这有利于提高行政工作效率，有利于特别行政区的经济繁荣和社会稳定。在这种政治体制下，强调行政与立法既要相互制约，又要相互配合，不实行立法会议员对主要官员投不信任票的制度，维护行政主导。

5. 肖蔚云教授进一步总结了实施基本法的主要经验，指出：第一，坚持“一国”是实施基本法的首要问题;第二,维护“两制”是特别行政区经济繁荣的重要保证;第三,正确处理中央与特别行政区关系是实施基本法的根本点;第四,坚持以行政为主导是实施基本法政治体制的主要问题;第五,维护特区各阶层利益是保持特区社会稳定的重要条件。

6.“一国两制”法律理论和基本法的研究既有很强的原则性、系统性,又有深远的前瞻性。早在1999年针对香港特别行政区终审法院有关居留权案件的判词,肖蔚云教授与三位专家向新华社发表了谈话,指出了香港终审法院意图审查全国人大常委会立法这一做法的错误,捍卫了全国人大常委会的权威,在香港引起巨大反响,他们四位因此被称为“四大护法”。他先后撰写《论香港基本法的完备性和对一些问题的认识》、《略论香港终审法院的判词及全国人大的释法》等文章,指出:基本法的解释权属于全国人大常委会,基本法没有授予特区法院有审查法律是否违反基本法的权力。维护了宪法和基本法的权威,维护了“一国两制”基本方针。

2003年12月5日肖蔚云教授与三位法律专家就时任主席胡锦涛对香港政制发展发表的高度关注和原则立场谈话,向新华社记者论述了胡主席谈话的重要意义。2004年1月16日他在香港向各界人士就政制发展作了长约80分钟的演讲,对香港基本法的主要精神,作了精彩论述,在香港引起强烈反响,对香港政治体制发展的正确讨论,做出了重要贡献。2004年3月14日肖蔚云教授与三位专家又到香港,第二次就认真全面贯彻基本法作了演讲。

正如他在《实施香港基本法的伟大意义》一文中所指出的,研究“一国两制”下基本法理论,对维护国家主权、统一和领土完整,维护特别行政区的高度自治、繁荣和稳定,维护特别行政区的法治和人权,正确处理中央与特别行政区的关系和特别行政区政治体制问题,正确解决基本法实施过程中遇到的问题,均具有巨大的理论和现实意义。

主要论著

(一)著作

1.《加强社会主义法制讲话》(合著),群众出版社1979年版。

2.《选举法讲话》(合著),人民出版社1980年版。

3.《宪法学概论》(合著),北京大学出版社1982年版,国家教委教材二等奖。

4. 宪法论文集《论宪法实施保障》、《论各国对宪法实施的保障》（合著），群众出版社 1982 年版。

5. 治国安邦的总章程（新宪法是新时期治国安邦的总章程、新宪法与社会主义精神文明）（合著），红旗出版社 1983 年版，红旗优秀理论文章（1979～1983 年）。

6.《中华人民共和国宪法讲话》（合著），法律出版社 1983 年版。

7.《宪法学》（副主编），群众出版社 1983 年版。

8.《进一步实施宪法，严格按照宪法办事》（我国人民在法律上和事实上享有空前广泛和真实的民主权利）（合著），法律出版社 1985 年版。

9.《我国现行宪法的诞生》（独著），北京大学出版社 1986 年版。

10.《我国社会主义经济制度》（独著），群众出版社 1987 年版。

11.《法律基本问题系列讲座》（宪法与四项基本原则）（合著），北京大学出版社 1987 年版。

12.《中国现代经济法》（宪法）（合著），黑龙江人民出版社 1988 年版。

13.《论新宪法的新发展》（独著），山西人民出版社 1990 年版。

14.《一国两制与香港基本法律制度》（主编），北京大学出版社 1990 年版，北京市科研一等奖、北京大学科研一等奖、国家教委首届人文社科优秀成果一等奖。

15.《一国两制与澳门特别行政区基本法》（主编），北京大学出版社 1993 年版。

16.《香港基本法与一国两制的伟大实践》（独著），海天出版社 1993 年版，北京大学教材优秀奖。

17.《香港基本法讲座》（独著），中国广播电视出版社 1996 年版。

18.《澳门与澳门基本法》（合著），中国检察出版社、澳门日报社 1998 年版。

19.《北京大学法学百科全书宪法行政法卷》（主编，合编者姜明安），北京大学出版社 1999 年版。

20.《香港基本法的成功实践》（主编），北京大学出版社 2000 年版。

21. *One Country, Two System-An Account of the Drafting of the Hong Kong Basic Law*, Jan. 2001, Peking University Press.

22.《论香港基本法的三年实践》(主编,合编者饶戈平),法律出版社2001年版。

23.《依法治澳与稳定发展》(主编之一),澳门科技大学2003年版。

24.《宪法学概论》(合著),北京大学出版社2002年版。

25.《论香港基本法》(独著),北京大学出版社2003年版。

26.《宪法学参考资料》(上、下册)(主编,合编者王禹、张翔),北京大学出版社2003年版。

27.《论澳门基本法》(独著),北京大学出版社2003年版。

28.《论宪法》(独著),北京大学出版社2004年版。

29.《依法治澳和特区发展》,澳门法务局等2004年版。

(二)论文

1.“深入揭批‘四人帮’,加强社会主义法制”,载《北京大学学报》1978年第3期。

2.“批判‘四人帮’在教育领域破坏法制的罪行”,载《人民教育》1978年第12期。

3.“国家和法律是互相依存的”,载《人民日报》1978年11月7日。

4.“切实保障被告人的辩护权”(合作),载《人民日报》1979年2月17日。

5.“马克思主义怎样看待人权问题”(合作),载《红旗》1979年第5期。

6.“我国选举法的社会主义民主原则”,载《北京大学学报》1979年第5期。

7.“论宪法实施的保障”,载《法学研究》1982年第3期。

8.“宪法草案与前几部宪法的比较研究”,载《北京大学学报》1982年第4期。

9.“深刻认识讨论宪法草案的重要意义”,载《高教战线》1982年第7期。

10.“什么是宪法”,载《中国法制报》1982年5月7日。

11.“为什么要修改宪法”,载《中国法制报》1982年5月21日。

12.“宪法修改草案的特点和基本精神”,载《中国法制报》1982年5月28日。

13.“宪法修改草案序言的基本内容”,载《中国法制报》1982年6月4日。

14.“我国的基本政治制度”,载《中国法制报》1982年6月11日。

15.“我国人民代表大会制度的新发展”,载《人民日报》1982年6月14日。

16.“谈谈全国人大常委会的重要改革”,载《光明日报》1982年6月17日。

17.“宪法草案发展了我国的国家制度”,载《法学》1982年第7期。

18.“宪法修改草案和建设精神文明”,载《中国法制报》1982年7月2日。

19.“宪法修改草案和健全社会主义法制”,载《中国法制报》1982年8月27日。

20.“我国国家主席制度的恢复和发展”,载《人民日报》1982年12月8日。

21.“我国公民的基本权利与义务的一致性”,载《学理论》1983年第1期。

22.“新宪法对民主集中制原则的发展”,载《法学研究》1983年第1期。

23.“我国的国家性质”,载《中国法制报》1983年1月7日。

24.“健全社会主义法制”,载《中国法制报》1983年1月14日。

25.“我国的社会主义经济制度”,载《中国法制报》1983年1月21日。

26.“人民法院和人民检察院”,载《中国法制报》1983年2月11日。

27.“新宪法与前几部宪法的比较研究”,载《中国法学文集》编辑组编:《中国法学文集》(第1辑),法律出版社1984年版。

28.“关于新中国的制宪权”,载《中国法学》1984年第1期。

29.“试论宪法的最高法律地位”,载《电大法学》(沈阳)1984年第2期。

30.“宪法的概念”,载《自修大学》1985年第2期。

31.“宪法与经济立法”,载《中国法学》1985年第1期。

32.“宪法与经济体制改革”,载《宪法与改革论文集》,群众出版社1986年版。

33.“宪法与经济体制改革”,载《法学研究》1986年2月。

34.“中国的经济立法与宪法”,载《中国经济法论文集》,大学出版印务公司(香港)1986 年版。

35.“政制专题小组的主流方案是怎样形成的”,载香港《明报》1988 年 12 月 26 日。

36.“论香港特别行政区基本法规定的政治体制”,载《法律科学》1989 年第 1 期。

37.“对未来香港特别行政区政治体制的探讨”,载《北京大学学报》1989 年第 1 期。

38.“再谈基本法(草案)的附件一,附件二”,载香港《明报》1989 年 3 月 23 日。

39.“必须维护我国宪法的权威和尊严”,载《法制日报》1989 年 9 月 25 日。

40.“谈谈香港基本法草委会第八次全体大会”,载《人民日报》(海外版)1989 年 2 月 20 日。

41.“研究宪法必须以马列主义毛泽东思想为指导”,载《中外法学》1989 年第 5 期。

42.“对宪法学研究的反思”,载《中国法学》1990 年第 4 期。

43.“论中华人民共和国宪法与香港特别行政区基本法的关系”,载《北京大学学报》1990 年第 3 期。

44.“香港特别行政区政治体制中的几个主要法律问题”,载《中国法学》1990 年第 4 期。

45.“建立新的行政与立法的关系——谈香港特别行政区基本法的政治体制”,载《人民日报》(海外版)1990 年 4 月 9 日。

46.“我国宪法及其规定的国家根本制度不容否定——驳在‘修宪’问题上的资产阶级自由化观点”,载《求是》1990 年第 22 期。

47.“一部艰辛而又有创造性的杰作”,载《中外法学》1990 年第 3 期。

48.“应宣传社会主义的本质特征和基本原则”,载《人民日报》1990 年 10 月 31 日。

49.“论一国两制下中央与香港特别行政区的法律关系”,载《北京大学学报》1991 年第 4 期。

50.“谈谈法学硕士论文的写作问题”,载《中外法学》1991 年第 2 期。

51.“进一步推广香港基本法”,载香港《文汇报》1991 年 7 月 9 日。

52.“继续深入学习,宣传和贯彻我国现行宪法”,载《法学杂志》1992

年第 2 期。

53.“香港基本法政治体制及其衔接”,载《人民日报》(海外版)1992 年 4 月 9 日。

54.“从我国对罪犯的改造看人权”,载《法律学习与研究》1992 年第 4 期。

55.“更好地了解基本法的迫切性”,载香港《文汇报》1992 年 6 月 30 日。

56.“略论起草关于保障公民基本权利法律的一个问题”,载《宪法学研究会论文集》,中国人民公安大学出版社 1992 年版。

57.“一个偷天换日的宪制方案”,载《人民日报》(海外版)1992 年 10 月 20 日。

58.“澳门基本法草案与香港基本法的比较探讨”,载《北京大学学报》1992 年第 5 期。

59.“我国宪法在改革开放和现代化建设中的重大作用”,载全国人大办公厅、法工委等合编:《宪法颁布十周年纪念文集》,法律出版社 1993 年版。

60.“对起草政治体制条文的回顾”,载《澳门基本法文献集》,澳门日报社 1993 年版。

61.“略论澳门特别行政区基本法的政治体制”,载澳门《行政》杂志 1993 年第 19/20 期。

62.“只有维护基本法,才能维护香港的繁荣稳定”,载《紫荆》1993 年 4 月号。

63.“彭定康‘政改方案’与事实真相”,载《法制日报》1993 年 4 月 4 日。

64.“张伯伦否定基本法的意图何在”,载香港《文汇报》1993 年 11 月 13 日。

65.“坚决维护基本法,实现香港平稳过渡”,载《法制日报》1993 年 12 月 19 日。

66.“回顾香港基本法政治体制问题起草的经过”,载《今日港澳》1993 年第 2 期。

67.“产生香港特别行政区首届立法会必须遵循的原则”,载《瞭望》1993 年第 29 期。

68.“宪法在经济建设和改革开放中的作用”,载《中外法学》1993年第1期。

69.“要进一步加强人大的监督作用”,载《法学杂志》1993年第1期。

70.“加速实现公务员本地化”,载《澳门日报》1994年4月20日。

71.“A Study of the Political System of the Hong Kong Special Administrative Region under the Basic Law”, *Law School of Colombia University*, New York, 1988.

72.“中国人在21世纪对法律文化的贡献”,载《北京大学学报》1994年第5期。

73.“‘一国两制’的概念与主要内容”,载香港《文汇报》1994年10月10日。

74.“起草香港基本法的依据是什么?”,载香港《文汇报》1994年10月17日。

75.“香港基本法是怎样起草的?”,载香港《文汇报》1994年10月24日。

76.“香港基本法的制定为什么取得成功?”,载香港《文汇报》1994年10月31日。

77.“香港基本法的重要作用和意义”,载香港《文汇报》1994年11月7日。

78.“香港基本法结构和序言主要内容”,载香港《文汇报》1994年11月14日。

79.“香港特别行政区是我国不可分离的部分”,载香港《文汇报》1994年11月21日。

80.“香港特别行政区享有高度自治权”,载香港《文汇报》1994年11月28日。

81.“行政机关和立法机关由香港永久性居民组成”,载香港《文汇报》1994年12月5日。

82.“原有资本主义制度和生活方式五十年不变”,载香港《文汇报》1994年12月12日。

83.“原有法律基本不变”,载香港《文汇报》1994年12月19日。

84.“关于香港的土地制度,语言和区旗,区徽”,载香港《文汇报》1994年12月26日。

85.“基本法——联合声明的具体化，法律化”，载香港《大公报》1994年12月19日。

86.“略论内地法律与澳门法律之异同”，载《人民日报》（海外版）1994年12月1日。

87.“香港特别行政区基本法的法律地位”，载香港《文汇报》1995年1月3日。

88.“中央与香港特别行政区的关系及特区的法律地位”，载香港《文汇报》1995年1月9日。

89.“基本法规定属于中央最高国家机关的职权”，载香港《文汇报》1995年1月16日。

90.“基本法规定属于香港特区的高度自治权”，载香港《文汇报》1995年1月23日。

91.“中央职权与香港特别行政区高度自治权的联系”（上），载香港《文汇报》1995年1月30日。

92.“中央职权与香港特别行政区高度自治权的联系”（下），载香港《文汇报》1995年2月6日。

93.“香港特别行政区居民”，载香港《文汇报》1995年2月13日。

94.“香港特别行政区居民的基本权利和义务的特点”，载香港《文汇报》1995年2月20日。

95.“香港特别行政区居民的基本权利和义务”，载香港《文汇报》1995年2月27日。

96.“两个国际公约继续适用于香港特别行政区的妥善规定”，载香港《文汇报》1995年3月6日。

97.“设计香港特区政治体制的几个原则”，载香港《文汇报》1995年3月13日。

98.“行政与立法互相制衡而又以行政为主导”，载香港《文汇报》1995年3月20日。

99.“行政，立法互相配合与行政会议”，载香港《文汇报》1995年3月27日。

100.“行政长官的法律地位”，载香港《文汇报》1995年4月3日。

101.“经受考验证明强大生命力”，载香港《文汇报》1995年4月6日。

102.“行政长官的资格”，载香港《文汇报》1995 年 4 月 10 日。

103.“行政长官的产生”，载香港《文汇报》1995 年 4 月 17 日。

104.“行政长官的职权与廉政、审计机构”，载香港《文汇报》1995 年 4 月 24 日。

105.“香港特别行政区行政机关”，载香港《文汇报》1995 年 5 月 1 日。

106.“香港特别行政区第一届政府”，载香港《文汇报》1995 年 5 月 8 日。

107.“立法会的性质与职权”，载香港《文汇报》1995 年 5 月 15 日。

108.“立法会的产生”，载香港《文汇报》1995 年 5 月 22 日。

109.“立法会议员与第一届立法会”，载香港《文汇报》1995 年 5 月 29 日。

110.“司法机关的性质与组织”，载香港《文汇报》1995 年 6 月 5 日。

111.“司法机关的原则”，载香港《文汇报》1995 年 6 月 12 日。

112.“香港特别行政区法官和律师制度”，载香港《文汇报》1995 年 6 月 19 日。

113.“区域组织”，载香港《文汇报》1995 年 6 月 26 日。

114.“香港基本法与香港的回归”，载《北京大学学报》1995 年第 2 期。

115.“香港特别行政区公务人员”，载香港《文汇报》1995 年 7 月 3 日。

116.“基本法规定的经济制度和土地契约”，载香港《文汇报》1995 年 7 月 10 日。

117.“香港特别行政区的财政和税收”，载香港《文汇报》1995 年 7 月 17 日。

118.“香港特别行政区的工商业与航运”，载香港《文汇报》1995 年 7 月 24 日。

119.“香港特别行政区的民用航空”，载香港《文汇报》1995 年 7 月 31 日。

120.“香港特别行政区的金融和货币”，载香港《文汇报》1995 年 8 月 7 日。

121.“香港特别行政区的贸易”，载香港《文汇报》1995 年 8 月 14 日。

122.“香港特别行政区的教育、科学和文化”，载香港《文汇报》1995年8月21日。

123.“香港特别行政区的宗教、体育和劳工”，载香港《文汇报》1995年8月28日。

124.“香港基本法与市场经济”，载《市场经济与法律》，北京大学出版社1995年版。

125.“香港特别行政区的专业资格与民间团体”，载香港《文汇报》1995年9月4日。

126.“评‘三违反’的‘政改方案’”，载香港《文汇报》1995年9月11日。

127.“香港特别行政区筹委会预委会”，载香港《文汇报》1995年9月18日。

128.“香港特别行政区临时立法会”，载香港《文汇报》1995年9月25日。

129.“关于终审法院的协议”，载香港《文汇报》1995年10月2日。

130.“香港基本法是一部什么样的法律”，载《中国法律》1995年第3期。

131.“香港法基本法制定后的五年”，载《中国法律》1995年第4期。

132.“关于全国人大和地方人大维护宪法实施的不同职责”（合作），载《人大工作通讯》1995年第17期。

133.“制定法律必须坚持以宪法为依据”，载《人大工作通讯》1996年第1期。

134.“1997年后香港与中央及内地的司法关系”，载《中外法学》1996年第2期。

135.“集中体现一国两制的基本法总则”，载《中国法律》1996年第1期。

136.“论中央与香港特别行政区的法律关系”，载《中国法律》1996年第2期。

137.“香港特别行政区居民基本权利和自由的根本保障”，载《中国法律》1996年第3期。

138.“香港特别行政区行政与立法机关的关系”，载《中国法律》1996年第4期。

139.“香港现行政治制度的特点”,载《人民日报》1996 年 9 月 27 日。

140.“香港特别行政区终审法院和其他司法机关”,载《中国法律》1997 年第 1 期。

141.“实施香港法基本法的重大意义”,载《中国法律》1997 年第 2 期。

142.“坚持基本法保证香港顺利回归”,载《法学杂志》1997 年第 2 期。

143.“基本法与香港法治 法治在香港”,载(论文集)1997 年 1 月。

144.“符合香港实际的民主与选举文化”,载《求是》1997 年第 4 期。

145.“一国两制成功典范”,载香港《文汇报》1997 年 7 月 18 日。

146.“香港特别行政区基本法的主要内容”,载《城建工作研究》1997 年总第 65 期。

147.“以行政为主导的香港特区政治体制”,载香港《文汇报》1997 年 7 月 18 日。

148.“论中央对香港特别行政区高度自治权的保障与监督”,载《内部文稿》1997 年第 14 期。

149.“维护繁荣与稳定的香港特别行政区经济政策”,载《中国法律》1997 年第 3 期。

150.“香港特别行政区的教育、科学与文化政策”,载《中国法律》1997 年第 4 期。

151.“坚持平稳过渡,做好澳门回归工作”,载《澳门日报》1997 年 10 月 15 日。

152.“香港特区明天更辉煌”,载《文汇报特刊》1997 年 8 月。

153.“草委会运作与基本法诞生”,载《文汇报特刊》1997 年 8 月。

154.“1997 年后内地法律与香港法律的关系”,载魏振瀛、王贵国主编:《中国内地与香港地区法律比较研究》,北京大学出版社 1998 年版。

155.“又一部成功的重要法律”,载《法制日报》1998 年 3 月 29 日。

156.“一国两制构想与国家统一战略”,载北京大学马克思主义学院编:《邓小平理论专题讲座》,北京大学出版社 1998 年版。

157.“论以行政为主导的香港特别行政区政治体制”,*The Basic Law of the H. K. SAR: From Theory to Practice*, Butterworths, Asia 1998。

158.“论香港基本法对香港特别行政区法治的保障”,载《中外法学》

1999年第2期。

159.“修改宪法的重大现实意义和深远历史意义”,载《人民论坛》1999年5月。

160.“论香港基本法的完备性”,载《法制日报》1999年7月1日。

161.“略论香港法基本法的成功实践”,载《法学杂志》1999年第4期。

162.“澳门特别行政区基本法的基本精神”,载《律师与法制》1999年第7期。

163.“21世纪中国宪法学的基本思路”,载《法学家》2000年第3期。

164.“港澳行政主导政制模式的确立与实践”(合作),载《法学杂志》2000年第3期。

165.“论香港基本法的完备性和对一些问题的认识”,载肖蔚云主编:《香港基本法的成功实践》,北京大学出版社2000年版。

166.“略论香港终审法院的判词及全国人大常委会的释法”,载《浙江社会科学》2000年第5期。

167.“对法律案进行统一审议的必要性”,载《山东人大工作》2000年第10期。

168.“论实施香港基本法的十项关系”,载肖蔚云、饶戈平主编:《论香港基本法的三年实践》,法律出版社2001年版。

169.“正确处理基本法中的两个关系”,载《澳门基本法推广协会会讯》(总第1期) 2001年6月。

170.“略论中央与特别行政区的关系”,载《澳门基本法推广协会会讯》(总第2期) 2001年12月。

171.“深入学习宣传全面贯彻落实宪法”,载《法制日报》2001年12月5日。

172.“论香港基本法政治体制的基本原则”,载香港《大公报》2002年4月7日。

173.“宪法是审判工作的根本法律依据”,载《法学杂志》2002年第3期。

174.“香港特区五年来取得的十项主要成就”,载《紫荆》2002年第3期。

175.“全面准确贯彻基本法,保证澳门的稳定与发展”,载《澳门基本法推广协会会讯》(总第3期)2002年6月。

176."我国跨世纪宪法的理论与实践经验",载《北京人大》2002年第12期。

177."宪法具有最高法律效力",载《北京日报》2002年12月3日。

178."公民有何基本权利和自由",载《人民日报》2002年12月4日。

179."我国跨世纪宪法的理论与实践经验——纪念现行宪法颁布20周年",载《中国法学》2002年12月9日。

180."社会主义政治文明建设的主要内容",载《人民日报》2003年1月21日。

181."修改宪法的重大现实意义与深远历史意义",载顾昂然、乔晓阳主编:《党政干部宪法教育读本》,中共中央党校出版社2003年版。

182."澳门基本法的成功实践",载《澳门月刊》2003年4月。

183."制定澳门基本法的基本经验",载《澳门基本法推广协会会讯》(总第5期)2003年6月。

184."增强宪法意识 维护宪法权威",载《法学杂志》2003年第5期。

185."维护宪法权威与修改宪法",载《法学杂志》2004年第1期。

186."论香港政制的发展",载香港《大公报》2004年1月17日。

187."'三个代表'重要思想写入宪法的重大深远意义",载《人民日报》2004年2月4日。

188."要认真全面贯彻基本法",载香港《文汇报》2004年3月16日。

189."我国人民代表大会制度的形成和蓬勃发展",载《中国人大》2004年第7期。

190."略论实施澳门基本法的主要经验",载澳门法务局等:《依法治澳和特区发展》,2004年5月。

191."关于'一国两制'的几个问题",载赵存生、王东主编:《邓小平与当代中国和世界——国际学术研讨会论文集》,北京大学出版社2004年版。

192."新中国宪法五十年",载《求是》2004年第18期。

193."关于香港特别行政区基本法的几个问题",载《法学杂志》2005年第2期。

(撰写者:王磊　蒋朝阳　王禹　张翔)

许崇德

生　平

许崇德(1929 年 1 月 15 日 ~2014 年 3 月 3 日),上海市青浦金泽镇人,汉族,中共党员。

1947 年考入复旦大学法律系,1951 年到中国人民大学法律系国家法教研室攻读研究生,1953 年研究生毕业后留校任教。1971 ~1978 年间曾在北京师范学院(现首都师范大学)工作。中国人民大学复校后,返校任宪法教研室主任、研究生导师组组长。1986 年被评为教授、博士研究生导师,2005 年被授予中国人民大学首批荣誉教授,2013 年被授予一级荣誉教授。

20 世纪 80 年代后,先后被中国政法大学、中国人民公安大学、山西大学、武汉大学、清华大学、华侨大学、河南科技大学、山东工商学院、北京师范大学等聘为兼职教授或者名誉教授,并应邀于澳门大学、香港城市大学、韩国首尔大学、中央大学、美国纽约州立大学、耶鲁大学、日本立命馆大学等作短期讲学。

曾参加 1954 年宪法起草委员会秘书处的工作,见证了新中国第一部宪法制定的全过程。1979 年曾参加《地方各级人民代表大会和地方各级人民政府组织法》与《选举法》的草拟及修改工作。1980 ~1982 年期间,作为宪法修改委员会秘书处成员,参与现行宪法的起草工作。1985 年、1988 年受全国人大常委会两度任命,担任香港特别行政区基本法起草委员会(以下简称香港基本法起草委员会)委员与澳门特别行政区基本法起草委员会(以下简称澳门基本法起草委员会)委员,参与完成两部特别行政区基本法(以下简称基本法)的起草工作。1995 年、1998 年由全国人大常委会任命为全国人大香港特别行政区筹备委员会委员与澳门特别行政区筹备委员会委员,亲身经历了两个特别行政区的成立过程,积极维护基本法权威,被香港社会誉为“四大护法”之一。

1998 年为全国人大常委会作法制讲座,开讲第一课宪法。2002 年为中共中央政治局第一次学习会讲解宪法。

担任过的社会职务主要有:中国法学会理事、学术委员会委员,中国宪法学研究会副总干事、名誉会长,香港法律研究会副会长兼秘书长,中国联合国协会理事,中国政治学会副会长、顾问,中国社科院政治学研究所学术委员会委员,中国人民大学第二分校校长,北京联合大学文法学院院长,北京市宪法学研究会副会长,第七届全国人大内务司法委员会特约研究员,最高人民检察院咨询委员会委员,香港基本法澳门基本法研究会名誉会长等。

2000年以后获得的荣誉主要有:2000年获北京市第一届首都精神文明建设奖;2004年获北京市第八届哲学社会科学优秀成果特等奖;2004年中央电视台组织全国观众投票,高票当选2004年度法治人物;2004年获全国人大常委会办公厅颁发的第十四届宣传人民代表大会制度好新闻评选三等奖;2004年获中国人民大学优秀教学成果鼓励奖;2004~2012年被多种杂志选登为封面人物;2005年获《法制日报》2004年度法制新闻人物提名奖;2005年获中共中央党校函授教育20周年优秀教师奖;2005年获中国法学会颁发的新中国宪法学发展贡献奖;2006年获中国政治学会颁发的政治学发展特殊贡献奖;2007年获第五届吴玉章人文社会科学特等奖;2009年获北京市教育委员会、北京市学位委员会颁发的突出贡献荣誉证书;2009年获"首都教育60年人物"称号;2010年获中国政治学会成立30周年杰出贡献奖;2010年获中国人民大学法学教育发展贡献奖;2012年获中国人民大学党风廉政建设宣传教育工作联席会议办公室授予的书画展最佳作品奖;2012年获中国法学会"全国杰出资深法学家"称号等。

指导硕士研究生10届,博士研究生56名,发表学术论文320余篇,出版著述85种。2007年由学习出版社出版学习理论文库《许崇德自选集》、2007年由中国人民大学出版社中国人民大学名家文丛《许崇德自选集》,2009年出版《许崇德全集》12卷,编有《香草诗词》3卷,出版《许崇德诗草》、《学而咏怀——许崇德诗词集》及杂文集《涓水台痕》各1册。

于2000年退休后,仍坚持教学和研究工作,每年招收博士研究生,上讲台授课,编书撰写论文。2000年以后撰写的论文达85篇。担任中共中央马克思主义理论研究和建设工程课题组《法理学》、《宪法学》教材首席专家。

学术贡献

(一)大学生活的"宪法学情结"

少年时期的许崇德教授就学于嘉兴中学。时值抗战胜利,他从报纸上看到梅汝璈大法官代表中国参加远东国际军事法庭的审判,最终匡扶正义,将日本战犯绳之以法,认识到法律的威力,遂报考复旦大学法律系,学习法律。在复旦求学期间,张志让教授讲授宪法,循循善诱,令许崇德教授萌生了对宪法学的兴趣。加之他少年时历经坎坷,吃尽民穷国弱的苦头,对国民党政权的腐败深有感触,因此,一接触宪法学这门课程,更加深了对国家根本法重要性的认识。

大学毕业后,许崇德教授被分配到中国人民大学法律系学习国家法(宪法),恰合本人愿望。在研究生学习阶段,认真研读马列原著,刻苦学习马克思主义理论,同时,在苏联教授的指导下,学习马克思主义宪法学的基本知识。

(二)参与共和国第一部宪法起草工作,致力于宪法学研究

1953 年许崇德教授参加了农村的粮食统购和全国普选试点工作,后到宪法起草委员会办公室的资料组工作。在资料组,主要任务是参与搜集材料,集体编印参考读物供内部使用。包括宪法文本的编纂和编写《宪法名词解释》。在宪法起草工作结束之后,又被调配到大会秘书处的提案办公室协助工作。主要工作任务是阅读、研究各地提出的提案,拟出初步意见,供大会的提案委员会讨论时参考。提案委员会每次讨论时,许崇德教授都在会场服务,管理文件,做好记录。可以说,许崇德教授亲身见证了新中国第一部宪法的诞生。宪法制定后,"中国国家法"课程更名为"中国宪法",并与同事合编宪法讲义,获学界普遍好评。

此后,接二连三的政治运动长期干扰许崇德教授的教学与研究。1958 年被抽调去昌平县参加人民公社化运动。1960 年被下放丰台区看丹乡劳动锻炼一年。返校后,他继续从事教学和研究工作。从 1962 ~ 1964 年,在当时全国唯一的法学刊物《政法研究》连续发表三篇文章,但由于同事提醒他有可能被视为"滋生资产阶级名利思想",不得不忍痛搁笔。

1963 ~ 1964 年参加了三期农村"四清"。前两次在京郊,第三次在陕西长安县,前后一年有余。1965 年夏返回北京,在人民大学法律系进行了

两三个月的“国家与法的理论”课程研究。接着，被选派到北京市东城区人民法院参加司法改革实践，参加“群众办案”工作。1966年“文化大革命”爆发，他先到东方红炼油厂基建队当拌泥工，接着被下放到江西“五七干校”，每天负责淘粪积肥。1971年年初被调回北京，进入北京师范学院（首都师范大学）工作，任政教系中共党史教研组组长兼支部书记，主要工作是带领工农兵大学生学工学农学军。1978年9月中国人民大学复校，许崇德教授回到法律系，担任宪法教研室主任。

（三）参与修宪与国家立法

1979年许崇德教授参加《地方各级人民代表大会和地方各级人民政府组织法》与《选举法》的草拟及修改工作。1980年9月至1982年12月，作为宪法修改委员会秘书处成员，参与现行宪法的草拟。1985年、1988年，受全国人大常委会任命，先后任香港基本法起草委员会委员、澳门基本法起草委员会委员。1996年、1998年又被全国人大常委会先后任命为香港特别行政区筹备委员会委员、澳门特别行政区筹备委员会委员。在这些实际工作中，许崇德教授都发挥了法学家应有的作用。

（四）学术生命“喜逢春”

1983年许崇德教授开始招收宪法学硕士研究生，1987年开始招收博士研究生。他长期给法律系本科生、研究生讲授中国宪法。长期的教学和立法实践推动他在科研方面取得丰硕成果。

从1979～1999年20年间，许崇教授德独著、主编或参与写作的教材著述多达48部，公开发表论文185篇。1982年出版《国家元首》，介绍各国元首制度。1983年出版《新宪法讲话》，发行23万册。他曾与皮纯协教授合著《选举制度问答》，与武汉大学何华辉教授合写《宪法与民主制度》、《分权学说》，与张友渔教授等合著《中华人民共和国宪法讲话》，与陈为典教授等合编《什么是政治学》，与张正钊教授共同主编《人权思想与人权立法》等。受国家教委委托，先后主编了《中国宪法教学大纲》、《宪法学自学考试大纲》，主编全国高校文科统编教材《中国宪法》及其配套参考书《中国宪法参考资料选编》。主编了《城市政治学》、《各国地方制度》、《宪法与民主政治》、《港澳基本法教程》、《宪法学（外国部分）》、《宪法学（中国部分）》以及21世纪法学系列教材《宪法》。此外，还承担了《中国大百科全书·政治学卷》“政治制度”部分、《中华法学大辞典》（宪法学卷）等工具书的编撰工作。1999年领衔主编《中华人民共和国法律大百科全书》，全书 11 类共 13 册，获第 12 届中国图书奖。

（五）著述立言，所撰宪法史，赢得盛誉

2000 年 10 月许崇德教授从法学院退休，但他执着于所热爱的宪法学研究，仍然笔耕不辍。新世纪以来，他主编或写作的教材、著述达 25 部，发表论文 130 多篇，多篇佳作在《人民日报》、《中国法学》、《法学研究》等刊物发表，作品屡被《新华文摘》转载。

2004 年 3 月 1 日，撰写的《邓小平理论　永放光芒——重读邓小平同志关于“一国两制”的重要论述》一文由新华社统一发稿，《人民日报》等 20 多家报纸同时刊载。2005 年在《中州学刊》发表的《〈反分裂国家法〉的立法依据和性质探析》、2006 年在《法学》杂志发表的《以科学发展观学习宪法》等论文，先后被《新华文摘》全文转载。与另一同志合写的《中华人民共和国宪法》（英文版）于 2001 年作为国际法律大百科全书丛书之一由荷兰克鲁瓦公司出版，2013 年重写再版。2006 在《中国人大》杂志发表的《“宪法司法化”质疑》，被《北京日报》以《关于“宪法司法化”这个提法》为题转载。

2003 年许崇德教授集毕生之学术积累，历时五载而完成的专著《中华人民共和国宪法史》，由福建人民出版社出版。全书 70 万字，博得学界的广泛赞誉，并于 2004 年荣获北京市第八届哲学社会科学优秀成果特等奖。2005 年修订再版，2007 年又获第五届吴玉章人文社会科学特等奖。

2002 年许崇德教授还担任国家“十五”重点图书出版规划项目《中华人民共和国法库》宪法卷主编。2003 年，担任中组部组织编写的《〈全国公开选拔党政领导干部考试大纲〉学习读本》法律卷主编。2009 年主编“一国两制”知识丛书。2013 年开始主编一套宪法知识丛书。

许崇德教授退休后，被中国人民大学返聘，继续指导博士研究生，讲授“法学前沿”课程。

许崇德教授是新中国宪法学发展的奠基者之一，也是新中国宪政建设史的重要见证人。他参与制宪修宪，起草基本法，在国家需要时，常能振臂发声、讲法“护法”，这都缘于他对国家、对民族的无限热爱。他立志坚卓，皓首穷经，笔耕不辍。他传道授业，登坛讲宪，修身克己，谦逊为人，宽厚包容，桃李满园。他是一位令晚辈仰止的杰出的宪法学家、政治学家和法学教育家。

主要学术思想和学术观点

(一)宪法学基本理论

1. 宪法的本质

许崇德宪法学思想由一套严密的宪法学范畴所构成。在各种论文和著作中,许崇德教授强调基本概念与范畴的重要性,提出了系统的理论框架。

许崇德教授认为,现代世界的任何一个国家里都存在许多法。除宪法外,还有刑法、民法等。宪法既然是法的一种,就具有法的基本特征。宪法与其他一般的法相比,具有共同性:都是统治阶级意志表现;都经过特定程序而成为国家意志;都具有强制力,由国家强制力保证其实施。另外,宪法还具有与其他一般法不具有的特殊性。宪法同其他一般法的差别在于宪法是根本法,不是一般的法。第一,根本法的内容不同于其他一般的法。一般的法只涉及社会生活的某一方面。宪法作为根本法,其内容涉及社会生活、国家生活的全面,规定着国家的根本制度和根本任务,是人们最根本的活动准则。第二,根本法是其他一般法的立法依据。由于宪法规定国家的根本制度和国家生活中最重要的原则,所以其他一般法的制定都要以宪法为立法基础。第三,根本法的法律效力高于其他一般的法。一般法不得同宪法相抵触。否则,应被修改或撤销。第四,根本法的修改程序不同于其他一般法律。由于宪法的崇高地位及其内容的根本性,不宜轻易改动,因此,修改宪法必须经过较之一般法律的修改程序更为严格,甚至繁复的程序。[①] 从宪法与法的联系与区别出发,强调宪法的"法"的属性,由此构建作为法的宪法规范体系。

许崇德教授认为,宪法是规定国家根本制度和根本任务,确认和保障公民基本权利,集中表现各种政治力量对比关系的国家根本法。[②]由于宪法所规定的是国家生活和社会生活中最根本的问题,因而它是一国政治力量对比关系的全面、集中表现。从本质上说,是统治阶级根本意志和根

---

① "我国宪法的诞生与宪法的基本精神",载许崇德著:《许崇德全集》(第4卷),中国民主法制出版社2009年,第1045~1047页。

② 许崇德著:《宪法学》,中共中央党校出版社2003年版,第8~9页。

本利益的集中体现。宪法反映阶级力量对比关系,表现在如下三个方面:第一,宪法是阶级斗争的产物。宪法总是由在阶级斗争中取得胜利,从而掌握国家政权的阶级制定的,总是对阶级斗争的总结。第二,宪法规定了社会各阶级在国家中的地位和相互关系。宪法是统治阶级制定的,因而统治阶级在制定宪法时,首要的任务就是把统治关系法律化,使统治阶级的统治地位合法化,以得到法律的保障。第三,宪法随着阶级力量对比关系的变化而变化。除阶级力量对比关系外,政治力量对比关系还包括与阶级力量对比关系有直接联系的同一阶级内各阶层、各个派别之间的力量对比关系,以及与阶级力量的对比关系既有若干联系又有重大区别的各种社会集团之间的力量对比关系。宪法在具体内容的规定上,都必须考虑这些政治力量对比关系,考虑不同政治力量的利益。①

2. 关于宪法序言的法律效力

我国宪法的序言和条文是否有同等的法律效力?对中国宪法序言的法律效力,学界有三种观点:一是认为序言同条文同样具有最高法律效力;二是认为序言是一种历史陈述,没有法律效力;三是认为序言一部分具有法律效力,如对国家根本任务的规定,而其他则没有法律效力。

许崇德教授长期关注宪法序言问题,提出系统的理论观点,解决了学术界的理论难题。在《中国宪法学发展的回顾与展望》中,他认为,序言应该跟正文一样具有法律效力,因为:第一,宪法是一个整体,绝不能把宪法分割成有效力的部分和没有效力的部分。全国人大在通过宪法时,从整体上赋予了宪法以最高法律效力。作为宪法不可分割的有机组成部分,序言当然不能脱离有效的宪法整体而成为没有法律效力的独立体。第二,假使序言的内容没有法律效力,那么,人民已经争得的成果就失去了有效的保障,"一个中心、两个基本点"基本路线以及国家重大方针政策就会失去宪法保障。第三,序言相对其他条文来说,具有指导性意义。只有掌握序言的精神实质,才能深刻了解每个条文的意义和作用。在宪法的序言中,带有规范性的内容和不带有规范性的内容之间是相互联系、紧密结合的。它们构成一个严密的整体,不可分割开来。有些表现为记叙性的文字段落,如相互孤立地看,虽然存在不含有宪法规范的内容,但是它们同其他表现为规范性的文字段落是联结在一起的。这些不含有规范性

① 许崇德主编:《宪法学》(第2版),高等教育出版社2005年版,第30~31页。

的表述都是相关规范的前提、由来和背景。如果没有历史背景以及必要的铺垫,相关的宪法规范便是无源之水,甚至会难以成立。①

3. 关于人民民主专政

许崇德教授认为,我国的人民民主专政从总体上来说,经历了资产阶级民主革命和社会主义革命两个历史时期。中华人民共和国成立以前,在革命根据地建立的人民民主专政,虽然以工人阶级为领导,并以工农联盟为基础,但它所肩负的乃是资产阶级性质的民主革命任务。由于它只是实行对封建土地所有制的变革,而不触动民族资产阶级的生产资料所有制,也不改变农民和其他劳动者的个体所有制,所以那个时期的人民民主专政还不是无产阶级专政。新中国成立后,开始从新民主主义到社会主义过渡,人民民主专政的任务亦随之改变。新中国的人民民主专政从实质上看,就是无产阶级专政。新中国的人民民主专政具有自己的特点:第一,中国经历了漫长的封建制度国家,1840 年以后中国社会又逐步地沦为半殖民地半封建的社会。无产阶级就是在这样的社会基础上建立起自己的政权,所以其必然反映出中国社会的历史特点。第二,中国是农民占绝对优势的人口众多的国家。无产阶级政权必然应更重视农民。第三,无产阶级政权用和平方式,在联合民族资产阶级的同时,使其接受改造,从而最终消灭剥削阶级。第四,社会主义初级阶段内将长期保持以公有制为主体的多种所有制结构。不同的经济成分的承担者们的地位和利益,必然都在政权中得到反映。第五,统一战线,即工人阶级为领导的、以工农联盟为基础的、比工农联盟更为广泛的劳动者与非劳动者的联盟的存在。②

许崇德教授指出,人民民主专政需要工人阶级的领导,因为工人阶级最有远见,大公无私,最富于革命的彻底性。工农联盟是人民民主专政的基础。新民主主义革命的胜利主要依靠工人和农民两个阶级的力量,社会主义革命和社会主义建设也要依靠这两个阶级的联盟。知识分子同工人、农民一样,是人民民主专政的主要依靠力量。新中国成立以来,中国社会的阶级结构也在发生变化。关于阶级性、阶级的特点、阶级要求和阶

① “中国宪法学发展的回顾与展望”,载许崇德著:《许崇德全集》(第 3 卷),中国民主法制出版社 2009 年版,第 9962 ~9963 页。

② 许崇德主编:《中国宪法》(第 4 版),中国人民大学出版社 2010 年版,第 84 ~85 页。

级利益等观念，亦随着社会的发展而发展。[1]人民民主专政的阶级基础极其广泛，其联合范围在不断扩大。2003 年 10 月许崇德教授在《修宪的基本精神》一文中指出，根据宪法序言的规定，中国的人民民主专政的团结面非常广泛。党的十六大报告中明确提出，在社会变革中出现的新社会阶层，都是中国特色社会主义事业的建设者。把这个精神写进宪法，表明我们的政权更加巩固，人民民主专政联盟的范围更加广泛和扩大了。（2004 年修宪时，将"社会主义事业的建设者"写入宪法）。[2]

4. 宪法规范的构造与体系

宪法规范是宪法学的基本范畴，也是宪法作为法的基本要素。宪法规范是指调整宪法关系并具有最高法律效力的各种规范的总和。许崇德教授认为，宪法规定具有如下特征：第一，宪法规范具有最高性。作为宪法规范总和的宪法是在一个国家法律体系中处于最高地位的根本法。宪法具有最高的法律效力，所以作为宪法组成细胞的宪法规范也必然具有最高性。第二，宪法规范具有根本性。宪法规范的内容涉及国家的根本制度和根本任务。第三，宪法规范具有广泛性。宪法规范的内容广泛，涉及国家生活的各方面，其调整的社会关系的主体广泛，包括各民族、各团体、一切国家国家机关和工作人员、各企事业单位和一切公民在内。第四，宪法规范具有稳定性。宪法的变动和修改需要经过更为严格的程序。第五，宪法规范具有历史性和前瞻性。所谓历史性是指宪法规范的制定要顾及国家的历史，要确认人民在历史上的创造成果，还要总结历史的经验教训。所谓前瞻性，是指宪法规范要展望未来，指明前进的方向和奋斗目标。第六，宪法规范具有原则性、概括性和灵活性。原则性是指，宪法规范涉及的大都是极为重要的原则问题，只能作原则性的规定，更为具体详细的内容由一般的法律、法规加以规定。概括性是指宪法规范具有简明扼要的特色。灵活性是指，宪法规范留有余地，不僵硬刻板。[3]

宪法规范也是法律规范的一种，但如何区别于一般的法律规范，突出宪法规范的特点？学界一直有争论。1979 年，许崇德教授专门比较了 1954 年、1975 年、1978 年宪法规范的表述，发表了《论宪法规范的显明性》

---

① 许崇德主编：《中国宪法》（第 4 版），中国人民大学出版社 2010 年版，第 86 ~ 87 页。
② 许崇德："修宪的基本精神"，载《瞭望新闻周刊》2003 年第 42 期。
③ 许崇德著：《宪法学》，中共中央党校出版社 2003 年版，第 13 ~ 15 页。

一文，提出宪法规范应具显明性的观点。他说，宪法是国家的根本大法，它规定着社会制度和国家制度的基本原则。同时，宪法又是普通立法的基础，一切法律的制定均须根据宪法，不得与宪法的规定相抵触。因此，表现着国家根本制度和重大国策的宪法规范更应当具有高度的显明性。另外，也必须看到，正是由于宪法的根本法地位，决定了它对于重大问题只能作原则性规定。而且我国的宪法带有纲领性。因而欲使宪法达到高度的显明性，事实上会有一定程度的困难。何况宪法一经通过，在相当长的时间内是稳定的，而客观实际却在不断变化中，这样便难免赶不上形势的发展，久而必将显露不贴切的地方，加之文字表达也总会产生各种不同的理解，所以要求绝对明确，毫无弹性，那是不大可能的。但即便如此，也丝毫不能成为我们忽视宪法规范显明性的理由。

许崇德教授认为，1954 年、1975 年、1978 年这三部宪法中，若论规范的显明性，首推五四宪法。五四宪法制定于新中国成立之初，处在社会大变动的时期。在大变动中，能制定出这样一个规范如此显明、确切的宪法，实在难能可贵。可是，五四宪法规范的显明性这个优点，在七五宪法里几乎没有被保存下来。七五宪法对五四宪法进行了大幅度地删减，不少地方表现为政策界限不清，规范遗漏、脱节。七八宪法对七五宪法的欠明确之处有所澄清和补正。通过分析上述三部宪法的经验和教训，许崇德教授认为，宪法规范必须做到内容清晰，界限分明。规范制成为条文，务求表达清楚，意义确切，造句严谨，文字鲜明。如下几点值得注意：第一，应采用精确的法律名词，而不要任意使用政治术语和文学词汇；第二，国家或者公民凡是应当享有权利、承担义务的，都必须作出明确的许诺和要求，而不是用争取或者劝说的语气来写条文；第三，要根据客观实践提出的要求，使规范日臻严密，更加明确起来；第四，留待普通法律解决的问题，要顾及中国立法的实际状况，而不要都用“依法……”一笔带过。凡是宪法条文采用“依法……”方式的，在实际中必须有法可依。[①]

5. 宪法的适应性与稳定性

许崇德教授一直思考如何平衡宪法与社会变迁之间的关系问题。在他的思想体系中，稳定性与变革性之间的价值是并重的，但两者发生冲突

① “论宪法规范的显明性”，载许崇德著：《许崇德全集》（第 1 卷），中国民主法制出版社 2009 年版，第 53～65 页。

时更侧重于保护稳定性的价值，力求通过稳定宪法，稳定社会关系与法律秩序。在《保持宪法的适应性和稳定性》一文①中，指出适应性和稳定性是宪法应有的特性。宪法的适应性是指宪法同客观实际相适应。宪法适应客观实际有两方面的含义：

其一，宪法如实地反映客观实际，确认已经争得了的成果，在总结经验的基础上，建立相关的制度和政策来巩固现实中已经存在的胜利成果。

其二，宪法不仅要反映已经存在的事物，而且还要反映客观实际的发展要求，在总结经验、确认成果的同时，指导客观实际的发展。无论从宪法确认胜利成果来看，还是从反映现实发展的要求来看，宪法的适应性实质上都体现了宪法同客观实际的关系。正确反映客观实际，指导客观实际，这就是宪法的适应性。不然就不具有适应性。

其三，宪法的稳定性是指，宪法的内容和形式相对持久、不变或者基本不变。宪法的稳定性表现在多个方面，主要包括宪法理论基础的稳定、宪法基本原则的稳定、宪法体系的稳定以及宪法诸规范的基本稳定等。这些方面的综合就构成宪法的总体稳定。宪法的稳定性，说到底也是宪法同客观实际之间关系的显示。宪法的稳定性如何，完全取决于客观实际的稳定程度。一个政权巩固、社会稳定的国家，那里的宪法必然是稳定的。否则，如果政局动荡，天下大乱，那么，这里的宪法就不会有什么稳定性可言。

其四，某些国家即使在政治上比较稳定，但由于他们的宪法本身缺少灵活性和前瞻性，时空的包容度狭窄，没有给客观现实的发展与变化预留必要的空间，因此在实践中很容易发生宪法与客观实际相脱节的现象，这也是它们不得不频繁变动宪法，造成宪法规范缺乏稳定性的原因。保持宪法的稳定性具有重要意义：宪法的稳定性固然取决于客观实际的稳定，但反过来，宪法的稳定也有利于社会的稳定。假如处理不好，宪法失去了稳定性，也可能会给社会带来损害。

对于宪法适应性与稳定性的关系，许崇德教授认为，宪法的适应性表现在宪法的内容与宪法所作用的客观社会之间的一致。保持这种一致状态，宪法是稳定的。否则，就会影响稳定性。由于客观社会永远处在不断变化中，因此宪法的适应性也是恒动的，宪法总是在“适应—不适应—新

① 许崇德：“保持宪法的适应性和稳定性”，载《湖南社会科学》2003年第6期。

的适应”的状态中运动前进。宪法从适应到不适应，通常是由客观社会的发展变化引起的。而宪法从不适应达到新的适应，则是以修宪的方式来实现的。当宪法适应于客观实际时，宪法是稳定的、不变的；当宪法不再适应客观实际，为了达到新的适应而修改宪法时，旧的稳定就要被打破。宪法修改的幅度越大、频率越高，则宪法稳定性受到的冲击越大，反之，所受影响必然会小些。宪法的稳定性是相对的、有阶段性的。当然，宪法的稳定在一定程度上标志着社会政治的稳定。

6. 宪法的基本原则

许崇德教授认为，宪法的基本原则是指体现在宪法中的精神，也是宪法在制定过程中所遵循的根本方针和准则。它在宪法的内容里贯彻始终，也是实施宪法所必须遵循的原则。①许崇德教授区分了资本主义国家的宪法原则和社会主义国家的宪法原则，认为资本主义国家的宪法基本原则包括人民主权原则、分权原则、基本人权原则、法治原则和保护私有财产的原则。社会主义国家的宪法原则包括：(1)社会主义原则。社会主义宪法确认、巩固和发展社会主义公有制和无产阶级人民民主专政。(2)权力属于人民原则。一切权利属于人民是宪法确认的社会主义民主制度的本质内容。(3)民主集中制原则。宪法确认国家的根本组织、国家机关的活动以及处理人民内部关系都实行民主集中制。民主集中制是民主与集中的结合。(4)人民权利原则。人民权利原则反映人民在国家生活中的主人翁地位。宪法规定人民享有广泛的权利和自由，并规定了实现权利和自由的法律保障和物质保障。(5)社会主义法制原则。社会主义法制的基本要求是依法办事，实现公民在法律面前一律平等，反对特权。社会主义宪法为健全法律制度提供原则，强调国家机关及其工作人员、全体公民都必须遵守宪法和法律。(6)民族平等和国际主义原则。宪法宣布各民族一律平等；确认国内各民族的权利；促进团结合作与共同繁荣。在对外关系中确认国家无论大小，地位平等。宪法支持被压迫民族的解放斗争，促进人类进步事业的发展。②

7. 宪法与宪政关系

许崇德教授认为，宪政是指以民主事实为政治内容的宪法的实施。

---

① 许崇德著：《宪法学》，中共中央党校出版社 2003 年版，第 17 ~ 26 页。

② 《许崇德全集》（第 8 卷），中国民主法制出版社 2009 年版，第 2651 ~ 2653 页。

宪政的基本前提是制宪，基本内容是民主事实的制度化，基本要义和核心内容是“人民主权”。宪政的水平和程度归根结底取决于一国的政治、经济及文化的发展程度。宪政的根本目的是保障和实现人权。[①]宪政是依据宪法实行的民主的政治。这个“民主的政治”不是无序的、随心所欲的政治。它是民主制度化、法律化了的政治。宪政，政治而带有“宪”字，表明了它是依照宪法的规定而运行的政治。宪政和宪法在实质上乃是一个事物的两面：宪法是宪政的前提和依据；宪政是宪法的运行和实施。如果没有宪法，也就谈不上宪政；同样，如果没有宪政，宪法也不过是写了文字的纸张而已。宪政的民主性质与程度如何，在于它所依据的宪法及其内容如何。我国现行《宪法》第5条规定：“中华人民共和国实行依法治国，建设社会主义法治国家。”依法治国就是在宪法和法律的范围内施政，我们要努力建设的是以宪法为基础的民主政治。可见，宪政乃建设社会主义法治国家中的应有之义。我国宪政所依据的中华人民共和国宪法是优越的社会主义民主宪法。针对学界有观点提出，毛泽东在1940年《新民主主义的宪政》发表之后就不用宪政提法，而以“人民民主专政”代替了“宪政”。许崇德教授认为，宪政有资产阶级宪政与无产阶级宪政之分，人民民主专政并没有资产阶级与无产阶级之分。二者之间并无可比性。“人民民主专政”是表明政权性质，是讲国体的问题；而宪政是表明制定并实施宪法，根据宪法管理国家，它讲的是统治的方式问题。这两个是不同范畴的事物，不存在代替的问题。许崇德教授认为，中国现阶段的社会主义宪政是实行“保持国家统一、民族团结、经济发展、社会进步和长治久安的政治”，是“符合中国国情、在国家经济、政治、文化和社会生活中发挥重要作用、保障中国改革开放和社会主义现代化建设顺利进行”的民主政治。[②]

8. 依法治国首先是依宪治国

党的十五大提出“依法治国，建设社会主义法治国家”，后来又写入宪法。关于依法治国与宪法的关系，许崇德教授在1998年为全国人大常委会作宪法讲座时，曾明确提出，依法治国首先是依宪治国。他在《战略机遇期应充分实施宪法》一文中作了论证：第一，宪法与其他一般的法不同。后者只是相应地规范国家生活的某个具体方面，而宪法则规定全面的、重

① 许崇德主编：《宪法学》（第2版），高等教育出版社2005年版，第32～33页。

② 许崇德：“宪政是法治国家应有之义”，载《法学》2008年第2期。

大的社会和国家事务。第二,与一般法律相比较,宪法所体现的是党最重要的主张和人民最根本的意志。第三,宪法规定的是国家最根本的制度,如果宪法受到了损害,那就是损害了国家的根本制度,无异于动摇了国家的根基。因此,依法治国首先应是依宪治国,宪法是依宪治国的基础。①

9. 对"宪法司法化"提法的质疑

2001 年,中国法学界有学者提出"宪法司法化"的命题,学界并就此展开了激烈的争论。对此,许崇德教授认为,"宪法司法化"是一个语义不清的词语。"宪法司法化"的提法,不外乎想表达两个意思:其一,宪法可以同一般法律一样,作为法院判案的依据;其二,法院可以就某种行为或者某规范性文件是否抵触宪法作出解释。关于前一个意思,其实法律界早已有"宪法适用于审判过程"或者"宪法作为判案的准绳"等说法。关于后者,亦早已有"由法院进行违宪审查"之谓。法学界已有的说法显然比"宪法司法化"表述得更明白,更能为普通群众所理解。奈何弃之不用,偏要另造一种说法,实在令人费解。许崇德教授进一步指出,"宪法司法化"的提法并不确切。且就这"化"字而言,"化"是表明对某个事物的改造或者转变,大体上都含有前者转变为后者的意思在内。如果说"宪法司法化"可以成立,那岂不是说宪法应转变成为司法了吗? 有人说:"宪法司法化"就是把宪法适用到司法工作中去,这个说法也是不对的,在中华人民共和国宪法的整个文本中,根本没有"司法"一词。只有一处即第 89 条规定"国务院管理'司法行政'工作"。但那指的是行政,"司法行政"与"司法"在性质上迥然不同,不能画等号。在宪法中写的只有"审判权"、"审判机关"、"审判工作"以及"人民法院"等词汇,而从不出现"司法"一词。当年在宪法起草过程中,曾明确拒绝使用"司法"一词。这在较大程度上同我国不采用西方"三权分立"体制的指导思想有关。如果不问缘由,倡导所谓"宪法司法化",草率地用那曾为宪法所拒绝使用的"司法"去"化"宪法,是同宪法起草的原意背道而驰的,是对宪法的不尊重。此外,"宪法司法化"不仅语义不清晰,而且表述的内容欠妥。全国人大及其常委会解释宪法,监督宪法的实施,已由宪法明文规定。这个体制从我国的国情出发,符合人民代表大会制度的本质要求。它迄今已延续半个多世纪,成了

① "战略机遇期应充分实施宪法",载许崇德著:《许崇德全集》(第 4 卷),中国民主法制出版社 2009 年版,第 1098 页。

我国社会主义宪政制度不可分割的组成部分。我国宪法确定了的体制，是不宜轻易改变的。事实表明，我国的宪法监督制度正朝着逐渐完善的方向发展。如果硬要用最高法院行使违宪审查权的美国式体制去取代它，我国民主集中制的人民代表大会制度势必会朝着西方"三权分立"的方向转变。①

10. 关于宪法的实施问题

许崇德教授在《战略机遇期应充分实施宪法》一文中认为，现行宪法颁布以来，基本上得到了实施。这主要是指，诸如人民民主专政的国体、民主集中制的人民代表大会制度、社会主义经济制度、民族区域自治制度、公民基本权利的保障制度、特别行政区制度，以及中国的各级各类国家机关的组织、职权、工作程序等，都是依据宪法规定，并在宪法铺设的轨道上有序地运行着。

另外，保障宪法实施的监督制度尚须逐步完善。许崇德教授指出，在缺乏行之有效的宪法监督制度这个问题上，我们是有历史教训的。我国第一部宪法1954年宪法是一部很好的宪法，毛泽东亲自主持并参与制定，而且他曾在多次会议上强调宪法必须实行。但当时没有建立必要的宪法保障机制，除了在宪法里写了一句由全国人民代表大会"监督宪法的实施"之外，别无其他具体措施。后来的事实表明，正是因为缺乏健全的制度保证，所以一经风浪，就难以抵挡了。1982年公布的现行宪法在保留原来规定的全国人大行使宪法监督职权的基础上，又赋予全国人大常委会以监督宪法实施的职责。由于常委会是经常行使国家权力的机关，这样就弥补了因为全国人大每年只举行一次会议、会期又不长，从而不可能对宪法实施进行经常性监督的不足。1982年12月10日，第五届全国人大第五次会议通过的《全国人民代表大会组织法》第37条规定的全国人大各专门委员会的工作之一是：审议全国人大常委会交付的被认为同宪法相抵触的国务院的行政法规、各部、委命令、规章，地方性法规和其他规范性文件，并提出报告。许崇德教授认为，这个对专门委员会工作任务的规定，有助于全国人大及其常委会行使监督宪法实施的职权。2000年3月15日第九届全国人大第三次会议通过《立法法》。该法第90条、第91

① "'宪法司法化'质疑"，载许崇德著：《许崇德全集》（第4卷），中国民主法制出版社2009年版，第1284～1288页。

条对全国 人大常委会行使违宪审查的程序作了具体规定。许崇德教授认为,立法法的上述条文明确规定了谁可以向全国人大常委会提出违宪审查的要求的问题,并解决了常委会在接受审查要求后应该怎样处理的一系列程序问题,这使违宪审查有了可操作性,因而具有重要意义。同时,他还认为,立法法仍有不足之处,比如,该法没有涉及对政治行为是否符合宪法的审查,而仅限于对规范性文件进行审查,并且即使是规范性文件,亦只限于对行政法规、地方性法规、自治条例和单行条例的审查,而没有对法律的审查作出规定。

关于如何完善我国的宪法监督制度,许崇德教授认为,保障宪法的实施,建立中国特色的宪法监督机制,有多种模式可供选用,考虑到中国的具体国情,设立宪法法院或者由普通法院行使宪法监督职权的模式,都不符合我国的根本体制,因而是不足取的。他建议在全国人大设立专门的宪法委员会,以协助全国人大及其常委会工作,从而使全国人大及其常委会监督宪法实施的职权落到实处。宪法委员会隶属于最高国家权力机关,向全国人大及其常委会负责。①

11. 宪法学体系

许崇德教授认为,中国宪法学是以中国宪法为研究对象的一门学科,但并不是同以宪法典的形式表现出来的全部宪法规范完全重合的。尽管宪法中包罗了一般法律最根本的原则,但宪法课程却不能把所有这些原则都作为自己的研究内容。宪法课程所提供的理论、知识只是法学专业理论、知识总量中的一部分。在确定宪法课程的内容和学习范围时,必须考虑它在整个法学专业知识总量和知识结构中的地位,以及同其他课程的关系,如相互协调,避免重复等。

宪法课程同作为根本法的宪法典之间,在内容和范围方面的重合性是基本的,如国家的本质和形式、国家机构的组织、职权,以及公民的基本权利义务等。但同时,又有不重合的方面,大体上分三种情况:(1)根本法中有的内容如计划生育问题,同宪法课程的中心内容关系并不紧密,故可不作为研究对象。(2)根本法中有许多内容属于其他学科的主要研究对象,可以由别的课程负担,故在宪法课程中就不必重复。例如,宪法中关

① "战略机遇期应充分实施宪法",载许崇德著:《许崇德全集》(第 4 卷),中国民主法制出版社 2009 年版,第 1098 ~ 1103 页。

于经济制度、所有权、继承权、婚姻家庭等的规定。(3)有的问题在宪法中几乎没有规定，或者本身甚至不是一种宪法规范，例如，政党制度、人民代表的选举程序、政协的具体组织等，但鉴于其重要性以及它们同国家政权关系的紧密性，所以宪法课程有必要设立专章或专节加以研究和论述。总之，虽然宪法学科必须反映宪法文本的基本内容，但在恪守该原则的前提下，可以因地因时制宜，灵活地处理课程的具体内容。

在体系上，许崇德教授认为，宪法学的体系是反映中国宪法学科内在规律的理论、知识结构的排列。它以宪法文本的结构为依据，但并不是它的复制。在《中国宪法》一书中，他指出其确定教材体系的三个原则：一是紧密围绕着课程的主要研究对象，使读者比较容易掌握系统的宪法理论和知识；二是考虑到同其他课程在内容上的分工，以便尽量突出本课程的专业特点；三是以中华人民共和国宪法的结构为课程体系的基础，并根据需要作一些调整。教材的课程体系作了几点大胆的创新，突出了宪法专业的特点：(1)把政权的阶级构成、社会经济制度、社会主义精神文明和国家的根本任务四个方面的问题一并列入第四章——“国家性质”。(2)国家形式包括政权组织形式和国家结构形式两个方面，把它安排在“国家性质”之后作为第五章。另外，因国旗、国徽是国家的标志，同属国家形式问题，也将其列入该章。(3)教材中第六章至第九章依次为中央国家机关、地方制度、审判制度和检察制度、选举制度，大体上相当于宪法典第三章“国家机构”的内容。这样，宪法课程的体系同宪法典的结构既相似，又有不同之处，后来的教学实践证明，这是一种比较好的内容安排。①

(二)“一国两制”、港澳基本法研究

1. 对“一国两制”的理解

1987年，许崇德教授在《“一国两制”的新课题》一文中指出，“一个国家，两种制度”是我党从中国的具体情况出发，创造性地运用马克思列宁主义，为解决历史遗留的台湾问题和香港、澳门问题，争取用和平手段实现祖国统一大业，并保持港、澳、台地区的稳定和繁荣，以利于社会主义现代化建设事业顺利进行而制定的伟大方针。2008年，他结合几代领导人对“一国两制”的论述，在《“一国两制”是我国的基本政治制度》一文中，总结归纳了“一国两制”所包含的11个要点：

① 许崇德著：《许崇德全集》(第9卷)，中国民主法制出版社2009年版，第3155～3168页。

第一，“一国两制”的前提是“一国”。中华人民共和国是统一的单一制国家，只有一部宪法、一个中央人民政府。台湾、香港、澳门地区同各省、自治区、直辖市一样，都是中华人民共和国不可分离的组成部分。强大的祖国是中国各个地方和各个民族的坚强后盾。所以，全国都要以大局为重，维护中央的权力；全力以赴地维护国家主权、领土完整。

第二，“两制”是指社会主义与资本主义。“两制”是指存在于我国的社会主义和资本主义两种不同类型的社会制度。

第三，“两制”体现在国家各方面的制度中。在我国，“一国两制”不仅体现在社会经济方面，即大陆实行以公有制为基础的社会主义经济制度，特别行政区实行以私有制为内容的资本主义经济制度，而且在统一的国家内，“两制”还体现在法律、政治、文教等各个制度方面。例如，内地实行社会主义法律体系，而香港是普通法地区，澳门也实行资本主义性质的法律。内地实行人民代表大会制度，而香港、澳门则实行以行政主导为特征的行政长官负责制等。

第四，“两制”有主次之分，社会主义是主体。宪法规定：中华人民共和国是社会主义国家。正是社会主义这个主体决定了我国的根本性质。从“两制”所占的比重来看，实行社会主义的内地无论在人口、面积、生产总值等方面，都远远大于实行资本主义的台、港、澳地区。

第五，“一国两制”不影响中国是社会主义国家。“两制”的存在不会影响国家整体的社会主义性质。从全国来看，虽然保存着台、港、澳地区的资本主义，但它不会影响中国是社会主义国家。

第六，“一国两制”是“和平共处”原则在国内的应用。和平共处是我国外交政策的重要原则之一。“一国两制”的总设计师邓小平又把和平共处外交政策创造性地应用到处理国内事务中来，这是他雄才大略的表现。

第七，“一国两制”是改革开放的产物。“一国两制”构思的出现，需要适宜的环境。政治条件尚不具备的时候，“一国两制”理论是不可能产生的。只有在党的十一届三中全会确立了“解放思想，实事求是”的正确路线，“一国两制”伟大构想才能顺应时代的要求产生出来。

第八，“一国两制”是一个大系统。“一国两制”是一个包藏内容极为丰富的大系统，是有关的理论、原则、方针、政策的总和。从“一国两制”所包含的原则来看，其中有基本原则，也有在不同领域、处理不同问题的多个层次的具体原则。从“一国两制”所包含的政策来看，有总方针总政策，还有大量社会经济方面、法律制度方面、政治体制方面、文化及宗教等方面的一系列具体政策。总之,有关的理论、原则、方针政策的总和构成了“一国两制”这个大系统。

第九,“一国两制”是在统一国家内实行特殊地区的自治。我国的地方制度呈现多种形式:不仅有省、直辖市、市、县、乡、镇等一般地方,享有一定的自主权,还存在民族自治地方,享有广泛的自治权。同时,还存在特别行政区,享有中央授予的高度自治权。特区实行高度自治是“一国两制”的重要原则。当然,高度自治不等于完全自治。高度自治不能没有限度。限度在于:其一,自治的程度取决于中央的授权。其二,严格按照基本法办事。高度自治绝对不能超越中央的授权和法律的规定。

第十,“一国两制”是中国的长期国策。特别行政区不实行社会主义制度和政策,保持原有的资本主义制度和生活方式,50 年不变。这表明了国家基本方针的长期性。保持原有制度 50 年不变,是基于对中国具体情况的正确分析,特别是考虑到内地与港、澳、台地区之间暂时存在经济发展水平的差距所决定的。

第十一,“一国两制”是不断丰富和发展着的伟大理论。“一国两制”理论不是停滞的,“一国两制”不是凝固的、停滞的,而是不断发展、不断丰富着自己内容的,它来源于实践,来源于中央和包括港、澳、台居民在内的全国人民的创造。其在一定的历史背景下形成,并随着客观实际的发展变化而与时俱进。①

2. 基本法全面体现“一国两制”

许崇德教授在《基本法是特区民主的法律保障》一文中指出,保障民主是基本法的基本精神。基本法确定的高度自治、港人治港、澳人治澳,对于香港、澳门地区来说,无疑是最大的民主。②他在《全面体现“一国两制”的法律》一文中进一步指出,基本法是一部史无前例的法律文件,主要表现在以下几个方面:

第一,香港特别行政区基本法(以下简称香港基本法)所体现的“一国两制”是史无前例的。早在 1981 年,当香港问题的解决提到议事日程上

① 许崇德:“‘一国两制’的新课题”,载《中国人民大学学报》1987 年第 4 期。

② “基本法是特区民主的法律保障”,载许崇德著:《许崇德自选集》,学习出版社 2007 年版,第 402 页。

来时,中央就深思熟虑,按照“一国两制”构想,拟订了12条对香港地区的基本方针政策。这12条方针政策后来作为中国政府的声明写在《中华人民共和国政府和大不列颠及北爱尔兰联合王国政府关于香港问题的联合声明》(以下简称《中英联合声明》)里。它可以概括为四个方面的内容:一是香港回归后,根据我国宪法成立香港特别行政区,直辖于中央人民政府。二是香港特别行政区高度自治,由香港当地人自己管理。三是香港现行的社会经济制度不变,生活方式不变,法律基本不变。四是照顾英国和其他国家在香港地区的经济利益。

第二,香港基本法对特别行政区制度的设计是史无前例的。按照宪法的规定,全国人大决定特别行政区的设立及其制度。在《中英联合声明》中,我国政府也承诺对香港地区的方针政策及其具体说明将由全国人大制定基本法加以规定。香港特别行政区是我国建立的第一个特别行政区,要在我国的国家体制下,设计一套特别行政区的制度,以贯彻落实中央对香港的地区基本方针政策,这是史无前例的。香港基本法以新的思维,妥善地处理了宪法与基本法的关系、香港特区的法律地位及其权力来源、少量的全国性法律在香港特区实施、特区立法报全国人大常委会备案、基本法的修改权和解释权等重大宪制问题;规定了香港特区实行行政主导的政治体制;确定了循序渐进发展符合香港实际情况的民主制度的原则;等等。这些都是香港基本法最为关键的内容,从而既保障了国家主权和统一,又保障了香港特别行政区的高度自治。

第三,香港基本法的起草方式和过程是史无前例的。由全国人大决定成立的香港基本法起草委员会,除内地委员外,还有23名香港委员,香港基本法起草委员会还在香港成立了香港特别行政区基本法咨询委员会,广泛收集香港各界人士的意见。起草过程中的每一次会议都由媒体作公开报道。香港基本法草案两次在全国范围内公布征求意见,在香港进行全民讨论,这在我国立法史上是空前的。

许崇德教授指出,香港基本法之所以能够顺利实施,最根本的原因在于它正确地体现了“一国两制”方针和中央对香港的基本方针政策。香港基本法代表着包括香港同胞在内的全体中国人民的共同意志和根本利益。这部法律既是中华人民共和国法律体系的组成部分,又是香港特区法律体系的组成部分,在香港,特区的一切制度和政策都以香港基本法的规定为依据。香港的任何法律均不得同基本法相抵触。基本法内容丰富，涉及面广。它贯彻了"一国两制"、"港人治港"、"高度自治"三项重要原则。文章指出，香港回归十年来，中央人民政府和香港特区政府牢牢地把握这些根本原则，卓有成效地贯彻实施了香港基本法，取得了巨大成绩。香港是伟大祖国的一部分，祖国前程似锦，当然香港未来也必定是前程似锦。①

3. 基本法的性质、地位和原则精神

许崇德教授在《香港回归中的几个法律问题》一文中，指出香港基本法由全国人大通过，是中国 12 亿人民意志的集中表现，是中华人民共和国社会主义法律体系的一部分。它的地位低于宪法，但高于国务院行政法规、地方性法规等，香港基本法是香港的最高法律，其他一切法律都不能与基本法相抵触。另外香港基本法不仅在香港特别行政区实施，而且在全中国实施。

他将香港基本法的主要原则精神概括为如下五个方面：第一，坚持主权的原则。"一国两制"首先是"一国"，香港基本法规定香港特别行政区是中华人民共和国不可分离的部分。第二，港人治港，高度自治的原则。香港特别行政区享有行政管理权、立法权、独立的司法权和终审权。第三，保持稳定繁荣的原则。首先是安定，保持资本主义经济制度、生活方式 50 年不变，"不变"就是保持安定。我们规定法律基本不变、司法制度不变，除建立终审法院外，其他的都不变。一切实质性的官员诉讼程序、制度不改变。香港基本法规定保护私有财产，保护来港投资，资金自由流动，维护香港的自由港地位及国际金融中心、国际贸易中心、国际航运中心地位。第四，在香港发展民主。香港基本法规定香港居民拥有非常广泛的基本权利，有 41 项权利，比宪法规定的还多，如罢工权、选择职业的自由等。香港基本法设计的是适合于香港的民主制度，可归结为：行政主导，司法独立；立法与行政相互制约又相互配合。第五，原则性和灵活性相结合。"一国两制"就是这一结合的最大体现。②

许崇德教授在《香港基本法具有高度民主性》一文中指出，香港基本法是一部具有高度民主性的法律，表现民主特色的内容在香港基本法中

① 许崇德："全面体现'一国两制'的法律"，载《人民日报》2007 年 6 月 7 日。

② "香港回归中的几个法律问题"，载许崇德著：《许崇德全集》（第 4 卷），中国民主法制出版社 2009 年版，第 776 ~ 779 页。

到处可见。比如,香港基本法确定的港人治港、高度自治,对于香港人来说,无疑是最大的民主。香港基本法明确规定,香港特别行政区“实行高度自治,享有行政管理权、立法权、独立的司法权和终审权”。还规定“香港特别行政区的行政机关和立法机关由香港永久性居民依照本法有关规定组成”。许崇德教授认为,这样的民主是中央带领广大香港人们争来的。此外,根据香港基本法,香港同胞不仅可以治港,而且可以治国。全国人民代表大会每次会议都有香港的人大代表出席,同全国其他省市代表一起,讨论并决定国家的重大问题。同时,香港还有100多政协委员,参加全国政协的工作,与国内其他的委员一起,参政议政,协商国是。中央通过宪法和基本法保证香港同胞不仅仅是特区的主人,而且是全中国的主人。①

4. 在香港建立行政主导的必要性

许崇德教授在《行政主导是特别行政区政体的精髓》一文中,呼吁香港确立行政主导的强势政府。他举法国历史为例,法兰西第四共和国采用责任内阁制,导致政局的不安定;而根据1958年宪法,第五共和国确立行政主导的体制,有效地遏制了政局的不稳定。许崇德教授指出,虽然“行政主导”这四个字并没有在香港基本法文本中直接写出来,但它作为贯彻在香港基本法中的原则精神是显而易见的。行政主导是特别行政区政体体制的精髓。一方面,香港基本法给行政长官明确定位,规定行政长官是特区首长,同时又是特区政府的首长。行政长官代表香港特别行政区,对中央人民政府和香港特区负责。这些规定凸显了行政长官的权威和崇高地位。其他如香港基本法第72条关于政府方案优先列入议程的规定,以及附件二关于表决程序等的规定,都体现了行政主导的原则。另一方面,香港基本法授予行政长官以较为广泛重要的职权,以充分发挥其治港的作用。香港基本法规定行政长官在当地产生后由中央政府任命。这个“任命”意味着中央政府将全面管理好香港的重任委托给行政长官。作为香港特区政治体制有机组成部分的立法机关、司法机关以及公务人员,应同心协力,推进和保障行政主导这个基本原则的实现。确立行政主导的强势政府,有利于正确发挥行政长官的实际作用,保证国家机关的功

① “香港回归中的几个法律问题”,载许崇德著:《许崇德全集》(第4卷),中国民主法制出版社2009年版,第1145~1147页。

能和效率,维护香港的安定与繁荣,因而是完全必要的。[①]

5. 对基本法中"授权"的解读

在《香港基本法若干用语解读》一文中,许崇德教授对"授权"与高度自治作了解读。许崇德教授认为,基本法使用"授权"二字是为了说明权力的来源问题。香港作为享有高度自治权的地方单位,其自治权不是固有的,而是中央授予的。中国这样的单一制国家与联邦制国家不一样。联邦制国家由若干个原先具有主权的政治实体所组成,而单一制国家则本来就是浑然一体的独立主体,为了便于管理,把自己的领土分为许多地方区域,并由宪法规定或经过授权,使各个地方拥有一定的权力。香港作为中国的地方行政区域,其行使的权力当然都是中央授权的。这体现在香港基本法第 2 条有关"全国人民代表大会授权香港特别行政区依照本法的规定实行高度自治,享有行政管理权、立法权、独立的司法权和终审权"的规定中。有人说,以前香港是英国的属地,所以香港特别行政区的权力来自英国,是由英国交还给香港的。许崇德教授认为这种说法是错误的。香港作为中国领土的一部分,其主权从来都属于中国。只是在 1942 年后香港被英国强行占领,因而在长达一个半世纪的时间内阻碍了中国政府行使对香港的主权。中国的中央政府从英国政府手中收回香港并恢复对香港行使主权后,随即由全国人民代表大会决定授权香港特别行政区依照香港基本法的规定实行高度自治,使香港特别行政区享有行政管理权、立法权、独立的司法权和终审权。

中央对特别行政区的授权,是一次授完,还是以后可以继续授权呢?对这个问题许崇德教授认为,中央对特区的授权,不是一次授完。因为香港基本法规定,特区还可享有全国人大及其常委会和中央人民政府授予的其他权力。2006 年 10 月 31 日,全国人大常委通过决定,授权香港特别行政区对深圳湾口岸的港方口岸区实施管辖,就是香港基本法之外的新的授权。中央是否可以将授出的权力全部或者一部分收回来呢?对此,许崇德教授认为,从理论上讲,除非法律另有规定,中央在必要时,可以将授出的全部或者一部分权力收回。他进一步区分了"授权"和"分权"这两个概念,指出,"授权"是一种行为,是指有权一方把自己的部分权力授予

① "行政主导是特别行政区政体的精髓",载许崇德著:《许崇德全集》(第 4 卷),中国民主法制出版社 2009 年版,第 1264 ~ 1266 页。

另一方行使。而“分权”则是一种状态，指一方和另一方各自按照宪法规定了的状态，自行其是，不需要经过“授”或“受”的行为及程序。此外，“授权”中，授出的一方可以撤销授予，收回权力。而“分权”就不会发生任何一方向对方收回权力的问题。①

6. 对基本法中的“普选”的解读

在《香港基本法若干用语解读》一文中，许崇德教授指出，“普选”与“一人一票直接选举”不同，不能硬把它们拉到一起画等号。“普选”是指选举权的普遍性，是相对于存在诸如性别、种族、居住期限等种种选举资格的限制而言。“一人一票”则指选举权的平等性，是相对于存在诸如有的特权者一人可以投几票的不平等而言。直接选举乃是相对于间接选举而言。无论理论还是实践中，直接选举和选举权的普遍性都不存在必然联系。许崇德教授以美国总统的选举为例进行了说明，美国总统的选举可称得上“民主普选”，但美国总统也不是“一人一票直接选择”产生的。美国的选民只是以直接选举的方式选出了“选举人”，再由选举人选出美国总统。许崇德教授认为，香港基本法中规定“最终达到普选的目标”是针对当时的情况写的。其精神是：要在当时的基础上继续循序渐进，将来的选举要发展到比 1997 年的推举，甚至比 2002 年的选举更具普遍性，即最终达至普选的目标。但由于考虑到普选的形式与内容比较复杂，世界各国实行的模式千差万别，显然不便预作具体规定，所以香港基本法只是点到为止。香港是否实行普选，以及何时实行普选，中央具有最终的决定权。

对于有人提出，特别行政区是否搞普选，此乃香港自治权范围内的事，无须中央干预。许崇德教授认为这种说法是错误的。行政长官的产生问题并不完全是香港自治权范围内的事，原因是第一，《宪法》第 62 条规定，全国人民代表大会“决定特别行政区的设立及其制度”，香港特别行政区行政长官的产生方式是特别行政区政治的重要制度之一。所以，按照《宪法》第 62 条的规定，不应说这样的事与中央无关。第二，《香港基本法》第 45 条规定：特别行政区行政长官在当地产生，并由中央人民政府任命。可见，香港是否实行普选的问题，同中央的职权有关联，中央是不能

① “香港基本法若干用语解读”，载许崇德著：《许崇德全集》（第 4 卷），中国民主法制出版社 2009 年版，第 1324～1328 页。

不加以过问的。中央在法定的范围内过问香港的某些事物，其出发点是为了香港的根本利益。[①]

7.《反分裂国家法》的立法依据和性质

2005 年 3 月 14 日十届全国人大三次会议通过的《反分裂国家法》，是一部同“一国两制”有关的法律。许崇德教授撰文指出，《反分裂国家法》是遏制“台独”势力分裂祖国活动的锐利武器，是党和政府长期以来对台方针政策的法律化，是全国人民维护领土主权完整和完成祖国统一大业的强烈意愿的宣言书，具有极其重大的现实意义。许崇德教授认为，《反分裂国家法》的立法依据是中国宪法。维护国家统一、主权和领土完整，是我国宪法的基本精神。宪法序言第 9 个自然段明确规定：“台湾是中华人民共和国的神圣领土的一部分。完成统一祖国的大业是包括台湾同胞在内的全中国人民的神圣职责。”许崇德教授指出，既然是“神圣职责”，立法机关就有责任和义务来制定该法，这是《反分裂国家法》制定的宪法依据。同时，他认为，《反分裂国家法》理论依据是邓小平理论和“三个代表”重要思想，事实根据是世界上只有一个中国、大陆与台湾同属一个中国的事实。该法的英文译名是“Anti-Secession Law”而非“Anti-Separation Law”，这有助于国际上对中国这一立法的认同。该法是国内法，而不是国际法，其国内法属性是由台湾是中国的一部分、解决台湾问题属于中国内政这个事实决定的。该法是和平法，而不是战争法，其打击的目标是“台独”分裂势力，而对普通平民及在台的外国人的正当权益则尽最大可能予以保护。尽管《反分裂国家法》明文规定不排除“采取非和平方式及其他必要措施”，但仍处处展现出和平姿态，是一部具体的、实实在在的和平法。[②]

（三）公民的基本权利

1. 基本权利的主体

许崇德教授认为，只有“公民”方能担当法律上的权利义务主体资格，并对人民、国民、公民、选民进行区分。他指出，《中国人民政治协商会议共同纲领》（以下简称《共同纲领》）规定“人民”享有权利，“国民”履行义

---

① “香港基本法若干用语解读”，载许崇德著：《许崇德全集》（第 4 卷），中国民主法制出版社 2009 年版，第 1330～1332 页。

② 许崇德：“《反分裂国家法》的立法依据和性质探析”，载《中州学刊》2005 年第 3 期。

务，而宪法则规定"公民"依法享有权利和履行义务。[1]他援引1954年宪法起草委员会的意见予以说明：人民是国家一切权力的所属者，即国家的主人翁。公民是法律上权利义务的主体，享受宪法所保障的权利，担负宪法所规定的义务。人民通常用于"集体"意义的，而"公民"总是用于"个别"意义的。"人民"是政治概念，指的是各民主阶级；"公民"是法律概念，表明在法律上的地位。不是所有人都是"选民"，未满18周岁的人不是选民，有精神病的人不是选民，依照法律被剥夺选举权的人不是选民。[2]

在《人权入宪的重大意义》一文中，许崇德教授在说明宪法缘何称同一内容的权利为"公民基本权利"，而不称"人权"时，提及"人"偏重于自然属性，"公民"偏重于社会属性，强调人的社会性，并把人视为在法律上享有权利、承担义务的人。他同时认为，"人权"的人与"公民基本权利"中的"公民"二者在范围上也难说有多大差别；我国《宪法》第33条规定："凡具有中华人民共和国国籍的人都是中华人民共和国公民。"许崇德教授认为，根据这个规定，中国人都是中国公民，人就是公民。二者作为权利主体亦是重合的。人权一经由宪法和法律确认并保护，它就是一种法定权利，成为法律所调整的社会关系。[3]

2. 基本权利在宪法中的地位

许崇德教授认为，公民是构成国家的基本粒子。公民和国家的关系从法律上说，当然是一种权利义务关系。而这种权利义务的最基本内容是由国家根本法予以确定的。公民的基本权利一旦为宪法所确定和宣布，国家就要负起保障公民基本权利的责任和义务。同样地，宪法所规定的公民的基本义务也就是赋予国家的权利，即国家有权要求公民依照宪法的规定履行义务。因此，公民的基本权利和义务反映了公民在国家生活中的地位，从而也体现了一个国家的民主制度。由此可见，公民的基本权利和义务是宪法的一个极为重要的问题。许崇德教授对公民基本权利的重视性的认识还体现在关于罢工自由的讨论中。1982年宪法草拟的过程中，对于宪法应否保留罢工自由的问题，有过两种相互对立的意见。他认为保留罢工自由，在客观上会有好处。比如，在某种迫不得已的情况

① 许崇德著：《中华人民共和国宪法史》，福建人民出版社2005年版，第239页。

② 同上书，第132～133页。

③ 许崇德："人权入宪的重大意义"，载《法学家》2004年第4期。

下，公民在法律允许的范围内进行罢工，将被认为是正当的。反之，假如取消此项自由，那就意味着在任何情况下都不允许罢工。后者总归是民主的欠缺。而且在实际生活中，也是不利于保障公民的正当权益的。[①]

许崇德教授认为，宪法宣布的权利、自由当然不是绝对的、无限制的。它要受法律的制约，也要受实际的制约，如阶级的限制，经济文化的发展水平的限制。他举例论证基本权利受限制的宪法依据。第一，《宪法》"第33条规定：'任何公民享有宪法和法律规定的权利，同时必须履行宪法和法律规定的义务'。这个条文显示了在社会主义制度下公民权利义务的统一性，同时也是对公民享有权利的一种制约。"第二，"权利的享有必须'依法'或者符合一定的条件。例如，第41条规定：'有依照法律规定取得赔偿的权利。'这就是要求'依法'。第36条规定：'国家保护正常的宗教活动。'这里'正常的'便是宪法设置的受保护的条件。"第三，《宪法》第51条规定："公民在行使自由和权利的时候，不得损害国家的、社会的、集体的利益和其他公民的合法的自由和权利。"许崇德教授认为以上三个方面的规范是完全必要的。它既保证每一个公民得以充分享有并行使自己的基本权利，又保证全社会的正常秩序和稳定安宁。[②]

3. 人权观念

在人权的属性方面，许崇德教授认为，包括人权在内的权利只是一定社会关系在法律上的确认，它是由特定的社会生产方式所决定的人与人之间的权利义务。超阶级的、抽象的普遍人权是根本不存在的，绝非像资产阶级理论家所宣扬的那样，人权是天赋的，与生俱来的，更不是什么个人理性和自由意志的产物。只有经国家和法律认可，得到保护，这些权利才能确立为人与人之间的权利义务关系。否则，任何权利都是空话。在人类的初级阶段即原始社会里，由于生产力极度低下，人们的劳动成果除了最低限度地养活自己外，没有可供他人剥夺的东西。因此，任何人都不会也无法得到占有别人剩余劳动的可能性（即权利），人人都必须为了维持自己的生命而劳动。那时的劳动也分不清是权利还是义务。在这样的条件下，根本不可能产生权利的概念和要求。氏族社会成员对于长老的服从也仅仅处于自愿和尊敬心理和习惯。在他们之间同样不存在什么权

① 许崇德著：《中华人民共和国宪法史》，福建人民出版社2005年版，第239页、第494页。

② 同上书，第492～493页。

利义务关系。只有生产力的发展,使人们的劳动的收获除了养活劳动者本人之外还有剩余的东西,从而出现了某一部分人的特权即权利。所以人权在最早的形态是财产所有权。可见,包括人权在内的权利是历史的范畴。它是人类划分阶级,产生国家与法律之后才有的。[①]在阶级社会里,人权具有鲜明的阶级性。尤其是那些政治权利,如选举权、言论、出版、集会、结社、游行示威等权利,同国家政权性质直接相关联,其阶级性更为突出。[②]

在人权与民主的关系方面,许崇德教授认为,人权强调个人的权利、自由和个人的人格尊严,强调其目的是使个性活着个人的才干得到满足和充分发挥。因而,它实际上是同“人民主权”、“人民当家作主”等原则联系在一起的。因为只有建立了人民政权,实现了人民当家作主,才足以保障人权。反之,如果每一个个人没有任何权利和自由,那也就谈不上什么人民主权或者人民当家作主了。而且,人权在历史上的提出及其本意多少含有反对压迫、侵略和专横的性质。故人权通常又被当做民主的组成部分,被视为衡量特定社会的国家生活和民主制度的价值标尺之一,也就不是偶然的了。[③] 在人权保护的国际合作方面,他认为,人权的内容大体上应相当于目前各国宪法所列举的基本权利。尽管关于人权的内容和范围,各种说法互有出入,但人权大体上包括的那些基本的、较为普遍的权利和自由,可以说彼此在认识上也是相去不远的。因此,在实践中,尤其是在建立和完善人权保障制度、进行人权领域内的国际合作等方面,即使是在不同制度的国家之间,亦仍然有可能求同存异,在一定程度上找到改善人权状况的共同基础和标准。[④]

在人权的宪法保障方面,许崇德教授认为,人权从根本上说属于一个国家的主权范围,主要依靠国内法予以保障。我国宪法专章规定公民的基本权利和自由,宪法其他部分也涉及对公民基本权利的保障。实施宪

---

① “实施宪法,保障人权”,载许崇德著:《许崇德全集》(第2卷),中国民主法制出版社2009年版,第576页。

② “社会主义国家制度是实现社会主义人权的根本保证”,载许崇德著:《许崇德全集》(第2卷),中国民主法制出版社2009年版,第486~487页。

③ “社会主义国家与人权”,载许崇德著:《许崇德全集》(第2卷),中国民主法制出版社2009年版,第514~515页。

④ “实施宪法,保障人权”,载许崇德著:《许崇德全集》(第2卷),中国民主法制出版社2009年版,第574~575页。

法,在实际生活中落实宪法关于公民基本权利、自由的条款,其后果乃是使人权受到保障。社会主义国家从为维护劳动人民的基本权利出发,非常重视人权立法。我国宪法反映了对于人权立法和人权保障制度问题的重视。不仅宪法本身在对于各项基本权利的宣布的同时,规定了切实的保障措施,为实现宪法规定的基本权利创造物质保证条件。我国根据宪法规定而进行的同人权有关的立法为人权的实现提供了具体的立法保障。根据宪法,我国大力加强社会主义法制建设,各级法院、检察院认真贯彻社会主义民主原则,为人权的实现提供了可靠的司法保障。[①]同时,许崇德教授也指出,人权的发展是一个历史过程,中国是一个发展中国家。社会主义人权的实现,不能脱离整个社会发展水平和状况。由于我们处于社会主义初级阶段,经济和文化发展相对落后,人民权利的广泛实现受到一定制约和限制。[②]

总体上,许崇德教授坚持马克思主义人权观,认为人权是一种社会关系,人与人的关系是由一定的社会制度决定的,归根结底是生产方式的产物,且受法律实证主义理论濡染甚深,或者为两种人权观的混合。他认为,人权等同于基本权利,公民权利来源于国家法律规定,取决于物质基础及其建立在之上的社会关系,宪法上的公民权利是人民作为国家主人的反映。在坚持权利义务统一的思想前提下,承认基本权利和自由须受到限制,通过立法实施人权。尤为可贵的是,先师将其人权理论置于国际斗争的背景之下,关注人权与主权的关系,而对罢工自由的看法在彰显其浓重的民生关怀的同时,亦透露出其独立自由的学术精神。[③]

(四)国家制度

1. 人民代表大会制度

许崇德教授是国内最早地研究和论述人民代表大会制度理论的学者之一,早在20世纪七八十年代,就有一系列相关著述,提出了很多直到今天仍非常有价值的观点,对于后来者对人大制度的了解和发展,起到不可

---

① “实施宪法,保障人权”,载许崇德著:《许崇德全集》(第2卷),中国民主法制出版社2009年版,第574页、第579页。

② “社会主义国家制度是实现社会主义人权的根本保证”,载许崇德著:《许崇德全集》(第2卷),中国民主法制出版社2009年版,第488页。

③ 郑贤君:“人权的民主阐释——评许崇德教授的人权思想”,载许崇德、韩大元主编:《中国宪法年刊》(第9卷),法律出版社2014年版,第155页。

替代的"先行者"作用。他关于人大制度的基本观点是:人民代表大会制度是我国的根本政治制度和政权组织形式,以民主集中制为基本原则,有很大的优越性,是适应我国的国家本质、服务人民民主专政需要的最适宜的政权组织形式。具体而言,一是保证国家权力属于人民;二是实行"议行合一",既有利于发扬民主,又能保障国家权力运行的效率;三是体现了中央与地方的一致性,保证了中央统一领导和地方积极能动相结合。[①]

在《人民代表大会制度是我国的基本政治制度》(1985年)和《进一步健全人民代表大会制度》(1985年)两篇论文中,许崇德教授全面阐述了人大制度何以是我国的"基本政治制度":性质上,人大是我国国家一切权力属于人民的体现;构成上,各级人大是由人民通过真正的民主普选而选出的代表所组成;组织上,其他一切国家机关由人民代表大会产生,对其负责,受其监督;在人大内部,作为常设机构的人大常委会也要向人大负责,人大则向人民负责,人大制度就是民主集中制的政权组织形式。并且提出了如何充分发挥人大制度的优越性:党要坚持代表人民,尊重民意代表机关;真正赋予人大以权威,即落实人大的决定权、监督权、任免权、立法权;提升法制意识,在思想上重视人大制度;最后,要加强常委会和地方人大建设等。这些观点在现在看来,都已成为常识,但在当时无疑是"拓荒"式的真知灼见,并且其中提到的一些问题,如人大的权威、党和人大的关系等至今仍然未得到彻底地妥善解决,因此许崇德教授当年的论述,对于当下的研究依旧意义重大。在后来的文章里,他系统地梳理了新中国人大制度从新中国成立前的雏形一路不断发展、完善[②]和地方人大常委会设立、变迁[③]的历史,成为研究人大制度的宝贵资料。

在《谈谈地方人大对法院的监督问题》一文中,许崇德教授针对国家权力机关和司法机关的关系这一重要而复杂的命题作了较为全面的阐述。他指出,在我国的国家机关体系中,人大高于法院,有权监督法院,但必须遵循两个宪法原则:(1)人大的职权是有限的,对法院的监督不能超越自身权限;(2)必须坚持审判独立。界定了人大监督法院的五种法定方式:听取和审查工作报告、组织调查委员会、质询、罢免和撤销职务以及视

① 许崇德:"中国宪法学教学大纲",载许崇德著:《许崇德全集》(第8卷),中国民主法制出版社2008年版,第2667页。

② 许崇德:"我国人民代表大会制度的发展和完善",载"中国网"2004年9月6日。

③ 许崇德:"地方人大常委会的设立及其变迁",载《中国政法大学学报》2004年第6期。

察。还指出监督在本质上是一种公权力运作的方式，法院一般应予合作，但人大不得借此包办替代法院的工作、不得对法院的工作发号施令，监督权不能滥用，必须建立在扎实的证据之上，并依法定程序进行。这些观点无疑能帮助当时的国家机关工作人员树立起法律和程序意识，促进依法履职。

许崇德教授还关注与人大制度密切相关的选举制度。在他看来，我国的选举制度具备普遍性、平等性、直接选举和间接选举并用、无记名投票、选民或原选举单位可监督代表并行使罢免权等原则，是与人大制度相契合、符合社会主义民主原则的。① 同时，他注意到了选举实践当中一些容易被忽视的问题，如参选率。② 他认为参选率一方面能反映选民对选举的关心程度，取决于选民的民主愿望和政治觉悟；另一方面也是在检验选举的宣传和组织动员工作的成效。因此参选率十分重要，通过它可以检验整个社会主义民主制度，发现其中不健全的环节，需要认真对待。针对当时一些地方参选率过低的问题，指出这说明选民积极性不够，归根结底是三个原因：(1)选民没有感到自己在选举中处于主动地位，即不能真正按照自己的意志推举、选择代表人选；(2)选民不认为选出来的代表能够真正代表自己的意志与利益；(3)选民没有感受到人大代表有足够的权威，通俗地说，就是不认为选出人大代表能够解决自己的问题、实现自己的主张。参选率其实是关系选举民主正当性的大问题，但在相当长的时期内都未引起足够的重视，这实际上说明人大本身的权威缺失。许崇德教授敏锐地发现了这一问题，并做出了鞭僻入里的分析。

此外，针对地方人大及其常委会在履职过程中如何保证宪法遵守执行的问题，许崇德教授认为，首先是要加强对宪法的宣传教育，然后要求地方人大在职权行使中贯彻宪法的基本精神，尤其是在立法和决策中，须进行充分的合宪性审查，保障公民的权利和自由，在行使监督权的过程中，要用于做违宪审查，纠正其他国家机关的违宪行为。③ 许崇德教授还指出，将全国人大的会议制度化和规范化是落实人大制度、使其有效发挥

---

① 许崇德："中国宪法学教学大纲"，载许崇德著：《许崇德全集》(第 8 卷)，中国民主法制出版社 2008 年版，第 2668 页。

② 许崇德："我国参选率刍议"，载《法律学习与研究》1988 年第 5 辑。

③ 许崇德："浅谈地方人大及其常委会保证宪法遵守执行"，载胡建森主编：《公法研究》(第 2 辑)，商务印书馆 2004 年版。

作用的重要举措。①

2. 国家元首制度

对我国国家元首制度的研究，是许崇德教授最为重要的学术贡献之一。他是国内最早对国家元首制度展开系统研究的学者，1982 年出版的个人独著《国家元首》一书，概括了国家元首的定义、特征、功能、历史、职能责任、权利义务等诸多方面，并介绍了各国的元首制度，启迪了当时的中国学界，也为后来者对国家元首制度研究打下了基础。许崇德教授认为，国家元首属于阶级的和历史的范畴，对外代表国家，对内根据宪法行使元首权，其地位记载于宪法中，分为继承和选举产生、个体和集体、终身和有任期、虚权和实权四大类，并着重梳理了我国国家元首制度的产生、发展和相关宪法规定。② 并认为，作为我国国家元首的国家主席，在我国的政治生活中的作用是非常大的。在国家主编的职权中，一部分是有重大意义的实质性权力；另一部分则是由集体决定的程序性和礼节性的权力。但在上述权力的行使之外，国家主席还能通过其他的一些活动来对政治施加实际影响：如发表演讲、谈话、做出批示和题词等。在许崇德教授看来，社会主义法制国家里，国家机关以及国家领导人都必须以法律作为活动根据和行为的准则，国家主席自然不例外；而在未来，我国的国家主席的权力可能从形式性更多地向实质性转变；国家主席可以通过个人活动影响政治，但必须符合人民的利益。③ 不得不承认，后来的实践证明，许崇德教授当年对我国国家元首制度的研究，以及他对国家主席未来发展的判断，都是正确的。

3. 地方制度

许崇德教授对于我国的地方制度也有所研究。④ 他认为，每一个国家在政权的结构方面，都存在央地关系的问题，我国亦不例外。我国的地方制度是在摧毁旧制度的基础上重新建立起来的，但这不代表新的地方制度与历史就没有联系，譬如，行政区域的建制和划分，新中国就一定程度上加以沿用，并在沿用的基础上进行了改造。地方制度关系整个国家的治理和人民政权能否稳固，应予重视。许崇德教授认为，我国宪法上的地

① 许崇德："全国人大会议的制度化和规范化"，载《中国人大》2005 年第 3 期。
② 许崇德："论国家元首问题"，载《法学研究》1982 年第 3 期。
③ 许崇德："论国家主席在政治生活中的作用"，载《法学》1984 年第 2 期。
④ 许崇德："略论我国地方制度的特点"，载《社会科学战线》1986 年第 2 期。

方制度有如下几个方面的特点：(1)在中央统一领导下积极发挥地方的积极性；(2)在社会主义建设中充分发挥城市的作用；(3)在少数民族聚居区实行民族区域自治；(4)在城乡基层采用更为直接的民主形式，主要是人大代表的直选和直接监督，以及居委会和村委会制度；(5)在“一国两制”方针指导下建立特别行政区。根据这五个方面的特点，他为我国的地方制度总结出了四点结论：(1)我国地方制度具有多层次性，即一般地方、民族自治地方、特别行政区；(2)我国地方制度具有灵活性，中央和地方国家机构的职权划分不是只有一种模式，而是根据不同地方主体和中央的关系各有不同；(3)我国地方制度具有独创性，是创造性地运用马克思主义的产物；(4)我国地方制度具有原则性，这一原则便是国家的统一不可分割和实现四个现代化建设，这是关于地方制度的一切做法和一切形式的根本原则。

(五)宪法实施

许崇德教授对宪法实施的研究倾注了相当多的心血。他认为，我国的宪法有五大基本精神：坚持社会主义本质特征；发展社会主义民主、加强社会主义法制；维护民族团结和国家统一；改革开放；实事求是、一切从实际出发，因此宪法实施也应当遵循这五大基本精神，他强调，宪法为国之根本，忽视宪法、不实施宪法，就是丢掉立国的根本，虽然“文化大革命”中公然践踏宪法的状况已不再有，但宪法实施仍然存在很多问题，譬如，违宪的构成要件或何为“违宪”尚无明确定论，宪法监督的主体、对象、程序、标准、效力等问题也都有争议。[①] 许崇德教授认为，我国宪法的实施有三层保障：第一层是正确的理论保障和丰厚的物质保障；第二层是监督机制的保障；第三层是根本保障，即党的领导下人民群众宪法意识的加强。

许崇德教授在20世纪八九十年代提出了“实施宪法促进经济体制改革和改革开放”的观点。关于前者，他认为，首先，要正确地、全面地理解宪法关于社会主义经济制度的规定，八二宪法中有关我国的经济制度与五四宪法时已不相同，不能将八二宪法规定的经济制度与五四宪法时期的多成分经济结构等同起来，在分配制度上则要按劳分配和建立责任制，反对平均主义；其次，要正确理解宪法规定的国家经济职能，我国实行计划经济但不排斥商品经济，该交给市场的要交给市场，要处理好政企关

① 许崇德：“我国宪法与宪法实施”，载《法学家》1998年第6期。

系、简政放权;许崇德教授还对宪法上的国家机构提出了五点改革建议,分别是进一步明确经济管理部门的职责、不再将经济组织作为行政机构、各国家机关加强为经济改革的服务、改进国家机构的工作作风、加强城市政权建设。[①] 关于后者,他认为,也需要全面地理解宪法对社会主义经济制度,通过解释宪法,为改革开放寻找合宪性依据,[②]这种用宪法为执政施政做论证的态度,直到今天仍值得很多领导干部学习。

针对当时许多人对于集体领导、集体责任制的迷信,许崇德教授指出,人大作为决策机关,固然理应是合议制,但其他国家机关,尤其是行政机关,也实行集体领导制,则会严重影响效率,不能因为过去历史上存在的个人专断就盲目追捧集体责任制、排斥个人负责制。他认为,在我国宪法规定的国家机构中,起码各级人民政府、中央军委、国务院所属各部委这三类主体应当采用首长负责制,才能更好地实施宪法。[③] 这一观点在后来成了共识,为前述主体所采用。

许崇德教授将宪法保障和人权保障结合起来。在《实施宪法,保障人权》(1992 年)一文中,他对"人权"的概念与内涵进行了辨析,批判了资本主义人权的虚伪性,将人权和社会主义联系在一起,提出了"社会主义人权"的概念,指出社会主义国家通过实施宪法来保障人权,以保障人权为目的实施宪法,具有真实性。在"人权"概念尚未"脱敏"的当时,这样的观点是有学术担当的,最终人权概念被写入宪法,里面当有许崇德教授的一份理论贡献。

(六)国家机构的理论和实践

许崇德教授曾经在论著中全面、系统地梳理了新中国国家机构发展演变的过程。他指出,我国的国家机构的框架,是以《共同纲领》为基础,经过 1954 年宪法才正式确立起来的,经过新中国成立初期短暂的中央人民政府委员会时期,最终建立了以人大为核心的现行体系。在"文化大革命"的 10 年中虽然受到了冲击,但 1982 年宪法恢复和健全了我国的国家机构,2004 年新的宪法修正案又使我国的国家机构得到了进一步完善。许崇德教授从我国国家机构的发展历程出发,认为我国国家机构的创建

① 许崇德:"经济体制改革与宪法实施",载《法学评论》1985 年第 2 期。

② 许崇德:"实施宪法,促进改革开放",载《法学家》1993 年第 1 期。

③ 许崇德:"论我国宪法实施中的首长负责制问题",载中国法学会法学研究会编:《宪法与改革》,群众出版社 1986 年版。

与发展必须坚持党的理论指导，应保持中国特色的结构形式，必须适应社会主义民主发展的需要，必须坚持民主集中制原则以保持活力，而坚持社会主义性质和方向是我国国家机构发挥更大作用的根本保证。①

许崇德教授重视对国家机构的研究，是因为他认为国家的任务和职能主要由国家机构实现，我国的国家机构能否不断改善，关系社会主义现代化建设的进程，因而，规定国家机构的原则及其组织、活动是作为国家根本法的宪法的重要内容。他以扎实的实证研究为基础，指出八二宪法在实施初期对我国国家机构的规定是以四项基本原则为指导思想，使人民代表大会成了有权威的人民权力机关（从代表性扩大、社会主义民主发展、各委员会等机构建立并开展工作、最高国家权力机关加强立法、人民民主专政发挥威力等方面予以论证），推进了人民政府的机构改革和领导体制改善（主要是从精简人员、提升效率、增强责任等方面论证）。在肯定成绩的同时，他也正视了不足，如社会主义法制需要进一步完善，宪法中关于国家机构的“依照法律的规定”的留白需要立法来填补；地方规范性文件的制定权限规定不明；机构精简后出现了很多承担原有行政管理职能的非政府机关，使得精简不过“新瓶装旧酒”；以及机构改革后如何落实岗位责任制，如何改进领导和工作方法，机构缩编后机关服务工作如何社会化、企业化等问题均需要探讨。现在来看，许崇德教授在20世纪80年代初就指出这些问题，无疑是相当有预见性的。②

此外，许崇德教授也关注了各个具体的国家机关及其相互之间的关系，前者如我国最高国家行政机关在新中国宪法中发展、演进之历史。③后者如国家的中央军委和党的中央军委之关系，以及军委与国防部之关系。④ 他认为，国家的“中央军委”同党的“中央军委”在事实上是同一个实体，组成人员（主席、副主席、委员）、职权（领导全国武装力量）是一致的，不过在性质和地位上有所差别；国家的中央军委是全国武装力量的领导机构，而国防部是国家行政机关，具体管理国防建设事业。当然，许崇

① 许崇德、牛文展：“我国国家机构的发展与完善”，载《重庆社会科学》2005年1月。

② 许崇德：“实施新宪法，加强国家机构的建设——纪念新宪法颁布一周年”，载《中国法学》1984年第1期。

③ 许崇德：“宪法关于我国最高国家行政机关的发展变化”，载《中学政治课教学》1983年第4期。

④ 许崇德：“宪法中的‘中央军委’同党的‘中央军委’是什么关系？军委同国防部是什么关系？”，载《中学政治课教学》1983年第4期。

德教授关于我国国家机构最重要的探索是针对国家主席的长期研究，形成了一系列极富价值的成果，在此不再赘述。

（七）宪法学教材与体系

在新中国宪法学理论与实践的探索中，许崇德教授一直追求学术理想，希望通过丰富的教学活动，探求中国宪法学知识体系的“中国元素”，把教学与编写教材作为宪法学者一生的工作。

1953年许崇德教授于中国人民大学研究生毕业后留校任教，开始了宪法学教学与研究的生涯。一生共出版19部教材，其中参编①的有6部（参见表1），独著的有4部（参见表2），主编的有9部（参见表3）。本文将按照参编、独著和主编的三种类别，分别对许崇德教授对宪法学教材的学术贡献与特色加以阐述。

1. 参编宪法学教材

许崇德教授参编的宪法学教材共有6部（参见表1）。他参编的第一部宪法学教材是1964年出版的《中国宪法讲义》（初稿），参编的最近一部宪法学教材是2011年出版的马克思主义理论研究和建设工程（以下简称马工程）重点教材《宪法学》。他参编的另外4部宪法学教材，有3部是在20世纪80年代完成的，分别是1983年的《宪法学》、1987年的《中国宪法讲义》和1989年的《宪法学》，还有1部是1995年的《宪法学》。

《中华人民共和国宪法讲义（初稿）》②，是许崇德教授参与编写的第一本宪法学教材，由中国人民大学出版社1964年9月铅印出版，当时刚好正值1954年9月第一届全国人民代表大会第一次会议全票通过五四宪法10周年。全书分为十章。第一章“中华人民共和国宪法概论”；第二章“中华人民共和国的领导核心——中国共产党”；第三章“中华人民共和国国家性质”；第四章“中华人民共和国政治制度”；第五章“中华人民共和国是统一的多民族的国家”；第六章“中华人民共和国经济制度”；第七章“中华人民共和国选举制度”；第八章“中华人民共和国国家机构”；第九章“中华人民共和国公民的基本权利和义务”；第十章“中华人民共和国国旗、国徽、国歌和首都”。该教材是中国人民大学法律系国家法教研室集体编写

① 此处“参编”指狭义的参编，不包括“主编”。

② 全书24万字，只印刷了800册，校内使用。

的第一本教材，也是一本比较系统的宪法学教材。[1] 这本教材反映了五四宪法颁布实施十年来的实践与研究成果，在一定程度上满足了教学的要求。

1983 年许崇德教授作为副主编参编了《宪法学》教材，该教材由群众出版社出版，是高等学校法学试用教材，主编是吴家麟，副主编为许崇德和肖蔚云。[2] 许崇德教授担任了该书第十三章"国家机构概述"和第十五章"国家元首"以及第十四章"代表机关"的主要执笔人。这部分内容涉及宪法中的国家权力组织与运行，是他比较擅长的研究领域。在教材中，他结合国家宪政体制发展与国外宪法学理论的发展变化，较系统地介绍了相关的理论与制度体系，为法学院学生获取专业知识提供了基础。该教材是改革开放以来的第一本宪法学统编教材，奠定了中国宪法学教材的基本框架与体系。三位主编和副主编都是新中国宪法学理论体系的创立者和宪法实践的参与者，其思想与理论体现在教材之中。在从 1980 ~ 1999 年出版的 70 多种宪法学教材中应用最广、发行量最大，[3]1983 年 11 月第一次印刷便是 10.5 万册，1989 年 3 月进行了第 13 次印刷，是新中国第一本系统的全国高等学校统编宪法学教材，[4]也是一部系统的具有广泛

---

① 新中国第一本宪法教材是由中央政法干部学校国家法教研室编著的《中华人民共和国宪法讲义》，法律出版社 1957 年版。该书的体例除了导论外，共有八章，第一章"中华人民共和国宪法是人民民主主义和社会主义的宪法"；第二章"中华人民共和国的国家性质"；第三章"中华人民共和国的政治制度"；第四章"中华人民共和国的民族关系"；第五章"中华人民共和国过渡时期的经济制度"；第六章"中华人民共和国国家机构"；第七章"中华人民共和国公民的基本权利和义务"；第八章"中华人民共和国的国旗、国徽和首都"。

② 作者还包括王向明、皮纯协、何华辉、吴杰、张光博、廉希圣等，大多具有人大法律系的背景。

③ 童之伟："中国 30 年来的宪法学教学与研究"，载《法律科学》2007 年第 6 期。

④ 该教材分为五编，十八章。第一编"绪论"，共三章，第一章"宪法学概述"；第二章"宪法的概念和本质"；第三章"宪法的产生和发展"；第二编"国家制度"，共包括第四章至第七章，第四章"国家阶级本质"；第五章"政权组织形式"，第六章"选举制度"，第七章"国家结构形式"；第三编"经济制度"，共包括第八章、第九章两章，第八章"两种不同类型的经济制度"，第九章"中华人民共和国的经济制度和两个文明建设"；第四编"公民的基本权利和义务"，共包括第十章至第十二章，第十章"资产阶级国际公民的基本权利和义务"，第十一章"社会主义国家公民基本权利和义务"；第十二章"中华人民共和国公民的基本权利和义务"；第五编"国家机构"，共包括第十三章至第十八章，第十三章"国家机构概述"（执笔人：许崇德），第十四章"代表机关"（执笔人：许崇德、王向明）；第十五章"国家元首"（执笔人：许崇德）；第十六章"最高行政机关"；第十七章"地方机关"；第十八章"审判机关和检察机关"。

影响的宪法学教材。[①] 在20世纪80年代初,我国的宪法学研究经过十年"文化大革命"的浩劫,从停滞刚刚走上正轨,理论框架简单沿袭于苏联宪法学,加之我国八二宪法刚刚颁布实施,有必要在教材中对现行宪法的条文和基本精神进行解释、论证与宣传,一定程度上此教材承载着在法科学生中介绍和普及我国宪法规范和宪法制度的功能。[②] 许崇德教授参编的这本《宪法学》教材中有关宪法的概念的定义,[③]产生了广泛且深远的影响。该教材也重视基本权利的研究,将公民的基本权利和义务设为一编,内容约占全书篇幅的12%。[④] 这本《宪法学》教材的出版在我国宪法学发展史上占有重要的历史地位,奠定了中国宪法学教科书的基本框架和体系。[⑤]该教材"在宪法学基本范畴、体系和方法等方面进行了有益的探索,成为体现中国宪法学学术特色的重要范本,在一定意义上创立了中国学派的宪法学体系",这样一个体系直到20世纪90年代初期以前,都成为同类宪法学教材的模板。[⑥]

1985年许崇德教授应中央广播电视大学的聘请,主讲了《宪法》课程,1987年由中央广播电视大学出版社将录音讲稿整理出版了《中国宪法讲义》。[⑦] 该教材以1982年宪法为主要内容,分为九章。第一章"宪法的基本原理";第二章"中华人民共和国的国体";第三章"中华人民共和国的政体";第四章"中华人民共和国的国家结构形式";第五章"中华人民共和国

① 资料来源 http://www.linklaw.com.cn/article.asp? id=4887,访问时间2014年5月14日。

② 秦前红、任丽莉:"宪法学教材建设与宪法学研究关系探微",载《河南省政法管理干部学院学报》2010年第3期。

③ 该教材将宪法的概念定义为:"宪法是国家的根本法,是民主制度的法律化,是阶级力量对比的表现。说宪法是国家的根本大法,这是从法律特征方面着眼的;说宪法是民主制度的法律化,这是从政治内容方面着眼的;说宪法是阶级力量对比的表现,这是从阶级实质方面着眼的。宪法和其他社会现象不同之处,和其他法律部门不同之处,就在于宪法是这三者的统一体。"参见吴家麟主编:《宪法学》,群众出版社1983年版,第46页。

④ 吴家麟主编:《宪法学》,群众出版社1983年版。

⑤ 韩大元:"中国宪法学的学术使命和功能的演变——中国宪法学30年发展的反思",载《北方法学》2009年第2期。

⑥ 朱福惠、许振东:"'吴家麟宪法学思想暨宪法学发展研讨会'纪要",载《法学》2005年第8期。

⑦ 王向明、许崇德应中央广播电视大学的聘请,于1985年主讲了《宪法》课程。北京广播电视大学将当时的录音讲稿作为教材,以《宪法学讲义》的名称由北京广播电视大学1985年内部发行。中央广播电视大学出版社正式出版时更名为"中国宪法讲义"。详见王向明、许崇德编著:《中国宪法讲义》,中央广播电视大学出版社1987年版之"写在前面的几句话"。

的社会主义经济制度”;第六章“社会主义精神文明建设”;第七章“中华人民共和国公民的基本权利和义务”;第八章“中华人民共和国的国家机构”(该章由许崇德教授编写);第九章“中华人民共和国的国旗、国徽和首都”。该教材获中国人民大学优秀成果奖。

除了前面讲到的校内使用的教材外、全国高等学校统编教材和校外讲授的教材,许崇德还参加了自学考试教材的编写。分别参编了由北京大学出版社1989年出版的全国高等教育自学考试教材《宪法学》(法律专业)①和1995年出版的全国高等教育自学考试教材《宪法学》(律师专业)。②

2. 主持编写马工程《宪法学》

在宪法学教材建设中许崇德教授重大的学术贡献是组织编写了马工程《宪法学》③教材,该教材是中宣部马克思主义理论研究和建设工程重点教材。许崇德教授作为首席专家,负责整个教材的体系与重大理论问题的把握,花费了大量心血。《人民日报》、《光明日报》在有关报道中写道:“83岁高龄的工程首席专家许崇德,腿脚不便,仍带领课题组,在宾馆一住就是两个多月,对教材进行反复修改”,并对他的贡献给予了高度评价。④

在宪法学体系上,本书除了导论外,共分为八章。第一章“宪法学基本原理”;第二章“宪法的历史发展”;第三章“宪法的指导思想和基本原则”;第四章“国家性质与国家形式”;第五章“国家基本制度”;第六章“公民的基本权利与义务”;第七章“国家机构”;第八章“宪法实施的监督”。教材根据近年来教学实践和宪法学研究的发展,对章节体系结构进行了调整和创新。教材一方面集中体现了马克思主义国家理论、政权理论对宪法学的指导作用,系统阐释了我国的国家性质、政权形式、国家机构、公民权利、宪法实施与监督等基本问题;另一方面对宪法学研究以往较少关注的经济制度、文化制度、社会制度等内容进行了系统概括,并以专章“国

① 本书主编魏定仁,撰稿人有许崇德、阎嗣岑、张世信、魏定仁、何华辉、贵立义、肖秀梧。

② 本书主编魏定仁,由许崇德、张宝贵、魏定仁、王磊撰稿。

③ 马工程《宪法学》教材编写组共设首席专家三名,包括中国人民大学法学院许崇德教授、韩大元教授,中国社会科学院法学研究所李林教授;成员共有11名,包括首都和外地若干重点高等院校从事宪法学教学和研究的专家和学者。

④ 朱松龄著:《甘为法学献春秋——许崇德传》,江苏人民出版社2013年版,第113页。

家基本制度”来整合经济、政治、文化和社会制度，拓展宪法学研究领域，丰富宪法与国家关系的理论，是对宪法学教材体系的创新。此外，教材还设专章对宪法指导思想和基本原则进行了论述，集中概括了我国宪法指导思想的理论内涵，强调马克思列宁主义、毛泽东思想和中国特色社会主义理论体系是我国宪法的根本指导思想，是宪法最重要的理论基础，加强了对宪法学基础理论和宪法实践新经验的介绍，等等。这些创新内容是弥补以往教材在知识结构和体系方面的不足，努力使宪法学教材体系更加科学化，更好地体现新中国成立以来特别是改革开放30多年以来我国宪法理论和实践取得的重要成果，发展完善了中国特色社会主义宪法学的学科体系。

在方法论上，许崇德教授特别强调宪法学的基本概念和文本的意义。他认为，宪法学是一门逻辑严密、体系严整的科学，由具有一系列独特的概念术语和基本范畴。比如，国家、宪法、政党、人民、权利等都是宪法学中的基本范畴，有其特定的内涵和作用。这些基本概念、基本范畴和基本原理是宪法学学科的基础。学习宪法学，既要注重从整体上把握学科的理论构架，又要注重把握具体丰富的基本概念、基本范畴和基本原理，从而切实提高运用理论分析问题、解决问题的能力。如果不能够掌握各种基本概念的含义、区别和相互关系，就无法准确理解宪法规范的含义，无法掌握宪法学的基本知识，从而也无法分析和解决具体问题。在整个宪法学教材的编写中，许崇德教授始终坚持的一个观点是，《中华人民共和国宪法》是宪法学的基础，两者是“源”与“流”的关系。马克思主义宪法学的基本原理、党的主张和人民的意志都集中贯彻、体现在《中华人民共和国宪法》文本中，而宪法学的基本概念和基本范畴也多来自宪法文本，解释宪法文本的概念和确定宪法规范含义是宪法学的基本任务。他在教材的导论中提出，学习宪法学，必须严格遵循《中华人民共和国宪法》，无论是教材编撰，还是课程讲授，都必须依据宪法文本而不能脱离它；必须基于文本精神而不能任意创造宪法内容。要注重理解宪法条文的文字含义和相互关系，注重研究宪法条文的历史根源和时代背景，正确理解和把握宪法条文的规范目的和规范价值。

表 1　许崇德教授参编的宪法学教材

序号	作者	书名	出版社	出版时间	备注
1	中国人民大学法律系国家法教研室①	中华人民共和国宪法讲义	中国人民大学出版社(校内发行)	1964 年	许崇德教授参编的第一本宪法学教材
2	主编:吴家麟,副主编:许崇德、肖蔚云	宪法学	群众出版社	1983 年	“文化大革命”结束后国内第一部宪法学教材
3	王向明、许崇德等	中国宪法讲义②	中央广播电视大学出版社	1987 年	该教材获得中国人民大学优秀成果奖
4	魏定仁、许崇德等	宪法学	北京大学出版社	1989 年	全国高等教育自学考试教材(法律专业)
5	魏定仁、许崇德等	宪法学	北京大学出版社	1995 年	全国高等教育自学考试教材(律师专业)
6	《宪法学》编写组③	宪法学	高等教育出版社、工人出版社	2011 年	马克思主义理论研究和建设工程重点教材

在学术的科学性问题上,在教材的编写过程中,许崇德教授坚持学术观点,坚持宪法学专业精神,倾注了很多的心血。这本教材以中国宪法实践为基础,在教材的内容与体系上体现了最新学术观点,形成了宪法学教材的学术风格。

许崇德教授突出的学术由于贡献,这本教材于 2011 年 11 月出版后获得学界的好评。认为,与以往的同类教材相比,这部教材比较充分地体现了马克思主义中国化的最新成果对于宪法学的指导,体现了中国特色社会主义的丰富宪法实践,体现了马克思主义宪法学理论研究的最新进展,

① 许崇德教授为教研室工作人员,参与了此书的编著。

② 王向明、许崇德合编《宪法学讲义》由北京广播电视大学 1985 年出版发行。该教材以 1982 年宪法为主要内容,分为宪法的基本原理、国体、政体、国家结构形式、精神文明建设、公民的基本权利和义务、国家机构(该章由许崇德编写)、国旗、国徽和首都九章。1987 年更名为“中国宪法讲义”,该教材获中国人民大学优秀成果奖。

③ 许崇德教授为编写组首席专家之一。

力求丰富和发展中国特色社会主义法律体系的理论内涵和法理基础。

3. 独著宪法学教材

许崇德教授独著的宪法学教材共有四部(参见表2)。他的第一部宪法学独著,是于现行八二宪法刚通过不久的1983年由浙江人民出版社出版的《新宪法讲话》,最近一部独著是由中共中央出版社在2003年6月出版的《宪法学》。另外的两部独著是1986年由天津出版社出版的《中国宪法学》和1987年由北京大学出版社出版的《宪法学自学考试大纲》。

许崇德教授的第一本独著宪法教材《新宪法讲话》由张友渔教授作序,全书分为八章,[①]当时应八二宪法刚刚通过,学习、普及宪法学知识的参考需要而撰写的。许崇德教授在写于1982年12月4日的本书《作者小记》中说道:"新宪法是一部比较完善的社会主义宪法,内容丰富,所涉深远。若要详加阐述,只得待它日写成较大的著作。现在既应学习参考之急需,故以简要的原理,择新宪法中的几个主要问题,尽可能地结合条文,顺次加以说明。"[②]该教材对于及时宣传八二宪法产生了积极影响。在同一时期,为了更好宣传八二宪法,他还撰写了多篇文章,被收录在《中华人民共和国宪法讲话》一书中。[③]

1986年许崇德教授出版了他的第二部独著的宪法学教材《中国宪法学》,该教材体例,除了绪言外共有十章。第一章"宪法概论";第二章"宪法的历史发展";第三章"国家性质";第四章"政权组织形式";第五章"国家结构形式";第六章"经济制度";第七章"建设社会主义精神文明";第

---

① 这八章分别是:第一章"我国社会主义的根本大法";第二章"新宪法的指导思想和国家的根本任务";第三章"中华人民共和国的国体和政体";第四章"社会主义经济制度";第五章"建设社会主义精神文明";第六章"公民的基本权利和义务";第七章"国家机构";第八章"学习和贯彻新宪法"。

② 许崇德著:《新宪法讲话》,浙江人民出版社1983年版,第175页。由于宣传和学习新宪法之需要,同时期我国还出版了其他的一些宪法书籍,例如,张庆福和皮纯协合作编著了《新时期的根本大法》一书,由河南人民出版社出版(1983年2月第1版)。1983年4月,法律出版社出版了由中央人民广播电台理论部编的《中华人民共和国宪法讲话》一书(1983年版),该书分为十六讲,由参加八二宪法修改工作的张友渔(第一讲)、王叔文(五讲)、肖蔚云(五讲)、许崇德(五讲)四位同志撰写。

③ 1983年4月,法律出版社出版了由中央人民广播电台理论部编的《中华人民共和国宪法讲话》一书(1983年版)。该书分为十六讲,由参加八二宪法修改工作的张友渔(第一讲)、王叔文(五讲)、肖蔚云(五讲)、许崇德(五讲)四位同志撰写。

八章“公民的基本权利和义务”；第九章“国家机构总则”；第十章“国家机构分则”。这是一部比较成熟的宪法学教材，概念清楚，结构合理，体例规范，突出宪法学的中国特色，是一部理论联系实际的宪法学教材。

许崇德教授独著的宪法学教材，除了上文介绍的《新宪法讲话》和《中国宪法学》外，还有其为自学考试和成人高等教育而编写的宪法学教材。1987 年《宪法学自学考试大纲》[①]出版，该大纲除序言外，分为十章。第一章“宪法绪论”；第二章“宪法的历史发展”；第三章“国家性质”；第四章“国家形式”；第五章“公民的基本权利和义务”；第六章“中央国家机关”；第七章“地方制度”；第八章“司法制度”；第九章“选举制度”；第十章“政党制度”。这部《宪法学自学考试大纲》不仅为全国范围的法学专业自学考试的考生提供了宪法学学习的重点、难点和要点，还为他们介绍了学习方法，成千上万的自考生通过此书成功迈进了宪法学的神圣知识殿堂。

在《宪法学自学考试大纲》出版之后，许崇德教授独著了另外一本“既适合自学，又适合于党校、行政学院、高等院校和其他成人高等教育有关专业教学使用”[②]的教材，即 2003 年 6 月由中共中央党校出版的《宪法学》，[③]之后在 2005 年 5 月和 2008 年 5 月根据需要对该教材进行了两次修订，但体例和基本内容保持不变。除了导言外，该教材共有七章。第一章“宪法的基本原理”；第二章“宪法的产生发展”；第三章“中华人民共和国的国家本质”；第四章“中华人民共和国的国家形式”；第五章“社会主义经济制度和三个文明建设”；第六章“中华人民共和国公民的基本权利和义务”；第七章“中华人民共和国的国家机构”。与许崇德教授所编著的高校统编教材相比，他所编著的适合自学和成教的教材明显要趋于简单和通俗易懂，体现了他的宪法学大众化情怀。

① 该大纲由中国人民大学许崇德教授负责编写，何华辉（武汉大学）、魏定仁（北京大学）同志参加了初稿的讨论。最后由张国华（北京大学）、吴祖谋（河南大学）、肖秀梧（中南政法学院）同志审定定稿。参见许崇德：《宪法学自学考试大纲》之“后记”，北京大学出版社 1987 年版。

② 参见由中共中央党校出版社 2003 年出版（2005 年及 2008 年修订）的许崇德《宪法学》一书之目录之前的“说明”。

③ 为了方便教师更好使用此教材进行教学工作，2004 年 5 月许崇德教授还编著了由中共中央党校函授学院出版发行的《宪法学》教学参考资料（供教师使用）。

表 2　许崇德教授独著的宪法学教材

序号	作者	书名	出版社	出版时间
1	许崇德	新宪法讲话	浙江人民出版社	1983 年版
2	许崇德	中国宪法学	天津人民出版社	1986 年版
3	许崇德	宪法学自学考试大纲	北京大学出版社	1987 年版
4	许崇德	宪法学	中共中央党校出版社	2003 年版

4. 主编宪法学教材

许崇德教授主编的宪法学教材共有 9 部(详见表 3)。他主编的第一部宪法学教材是 1985 年由中国人民大学出版社出版的《中国宪法教学大纲》,最近出版的一部宪法学教材是 2014 年由中国人民大学出版社出版的《宪法》(第 5 版)。

1985 年许崇德教授主编《中国宪法教学大纲》。本教学大纲目录,除了前言外,共有十章,第一章"宪法基本原理";第二章"宪法的历史发展";第三章"人民民主专政制度";第四章"人民代表大会制度";第五章"社会主义经济制度";第六章"社会主义精神文明建设";第七章"地方制度";第八章"公民的基本权利和义务";第九章"国家机构";第十章"国旗、国徽、国歌和首都"。该教学大纲虽然全书仅 70 多页,但内容精炼且丰富,每一章都分为"教学目的"、"教学内容"等模块,并在每一章的最后都附有"思考题"和"阅读目录",不仅编写规范,而且具有实用性和创新性。

随后在 1988 年许崇德教授与王向明、宋仁共同编著的《中国宪法教程》由人民法院出版社 1988 年 4 月出版,许崇德教授为统稿人。全书除了前言外,分为八章。第一章"宪法的基本原理";第二章"中华人民共和国的国体";第三章"中华人民共和国的政体";第四章"中华人民共和国的国家结构形式";第五章"中华人民共和国经济制度";第六章"社会主义精神文明建设";第七章"公民的基本权利和义务";第八章"国家机构"。该书后来分别在 1991 年、1994 年和 1998 年进行了再版和重订。[①] 1994 年

① 再版和重订时,对原来全书体系做了某些调整,写作班子也增加了新的力量。参见许崇德等编著:《中国宪法教程》(新编本),人民法院出版社 1994 年版,第 4 ~ 5 页之"再版说明"和"重订说明"。

进行重新修订时，作者增加了新人，[①]体例也有了很大的变化。[②] 值得一提的是，同在1988年中国人民大学法律系国家法教研室编写出版了《中国宪法教程》，许崇德教授为该书的审校修订人之一。该书以现行宪法文本的体系为基础，共有十章内容，分别是"宪法基本理论"、"历史发展"、"人民民主专政制度"、"人民代表大会制度"、"社会主义经济制度"、"社会主义精神文明建设"、"地方制度"、"公民的基本权利和义务"、"国家机构、国旗、国歌和首都"。在体系上，首次加入了宪法的历史发展部分，"从总结旧中国宪政运动的历史的经验和解放以来我国宪法发展的历史经验的角度，阐明它的继承性和创造性"。[③] 该书还首次比较系统地加入了"地方制度"一章，后来人大法律系还专门招收地方制度方向的博士研究生，其立意均旨在加强对地方制度的研究。[④]

1989年，许崇德教授受国家教委委托，主编全国高校文科统编教材《中国宪法》由中国人民大学出版社1989年出版，1996年第2版，2006年第3版，2010年第4版。该书以我国现行宪法典为基础，对传统的宪法学内容与学科体系进行了部分调整。这本教材影响深远，先后印刷达14次之多。对此，许崇德教授只是说："我在《中国宪法》教材中的结构创新的尝试，曾引起不少同行们的兴趣。"寥寥数语，尽显其谦逊为人的作风。[⑤] 该教材分为十一章，[⑥]突出了宪法学专业的特点，对宪法学教材体例作了

---

① 作者除了主编许崇德之外，增加了王彦君、赵建华和王亚琴。

② 新的体例全书分为了三编。第一编"总论"，共有三章，第一章"引言"；第二章"宪法的概念和本质"；第三章"宪法的历史发展"；第二编"国家性质"，包含第四章至第七章。第四章"中华人民共和国国体"；第五章"中华人民共和国经济制度"；第六章"社会主义精神文明建设"；第七章"公民的基本权利和义务"。第三编"国家形式"，包含第八章至第十二章。第八章"中华人民共和国政体"；第九章"中华人民共和国国家结构形式"；第十章"国家机构"（上）；第十一章"国家机构"（中）；第十二章"国家机构"（下）。

③ 中国人民大学法律系国家法教研室编著：《中国宪法教程》，中国人民大学出版社1988年版，第2页。

④ 需要指出的是1988年版由中国人民大学出版社出版（由中国人大学法律系国家法教研室编著），从1991年版开始由人民法院出版社出版（主编许崇德，编写人员也发生变化）。

⑤ 韩大元、胡锦光、牛文展："新中国宪法学发展的亲历者"，载许崇德著：《许崇德全集》（第1卷），中国民主法制出版社2009年版，第3～4页。

⑥ 第一章"《中国宪法》导言"；第二章"宪法的基本理论"；第三章"宪法的历史发展"；第四章"国家性质"；第五章"国家形式"；第六章"中央国家机关"；第七章"地方制度"；第八章"审判制度和检察制度"；第九章"选举制度"；第十章"政党制度"；第十一章"公民的基本权利和义务"。

几点明显的创新,①许崇德教授的主要贡献是:

首先,从国家政权的阶级本质、经济基础和精神文明建设等,即从政治、经济和意识形态等方面说明国家性质,构成整个宪法学教材体系的第四章——“国家性质”这一章。这样的体例,为后来的很多教材所采用。

其次,本教材中将第五章“国家形式”分为三节。第一节“政权组织形式”;第二节“国家结构形式”;第三节“国家标志”。并将它们安排在第四章“国家性质”之后。这样的体例安排是个全新的尝试。

最后,本教材中第六章至第九章,大体相当于宪法第三章“国家机构”的内容。该教材把“地方制度”和“政党制度”各单独列一章,②作为宪法学教材体系的组成部分,有着重要的理论和实践意义。国内很多学者都给予许崇德教授的《中国宪法》一书很高的评价。例如,杜强强副教授在《拜访许崇德老师的点滴记忆》一文中写道:“许老师思维清晰缜密,针对各种问题发表的意见总是特别有说服力……他的著作更体现了他的一贯风格,详略得当,一语中的,毫无赘语冗言,许崇德教授主编的《中国宪法》即是一例。”③值得一提的是,为了广大师生可以更好地使用《中国宪法》教材,许崇德教授还在1990年编著了由中国人民大学出版社出版的与《中国宪法》配套的《中国宪法参考资料选编》。④

1996年许崇德教授主编了《宪法学》(外国部分),由高等教育出版社出版,韩大元教授任副主编。全书除了导言外,按英、美、法、葡、朝鲜、韩国、日本、俄国八个国别相应分为八章。第四章“葡萄牙宪法”由许崇德教授执笔。“本书是按国别编写,而不采用打破国界按问题论述的方式。这是因为各国宪法千差万别,各有特色,很难抽象出某些问题来概全。按国别编写较有利于读者对所涉国家的宪法得到系统的完整的认识。”⑤在随后的2000年,许崇德教授主编了与《宪法学》(外国部分)相对应的《宪法学》(中国部分),胡锦光教授任

① 胡锦光:“人大宪法学和行政法学的特色与学术贡献”,资料来源 http://www.linklaw.com.cn/article.asp? id=4887,访问时间2014年5月14日。

② 分别为第七章和第十章。

③ 杜强强:“拜访许崇德老师的点滴记忆”,资料来源 http://www.calaw.cn/article/default.asp? id=9504,访问时间2014年5月16日。

④ 本书主编许崇德,副主编王玉明,编者还有叶峰、陈克、胡锦光。本书由许崇德、吴杰、何华辉、廉希圣、魏定仁同志任编审人。本书参考资料给予刊印的部分分为四编,第一编“宪法的理论和历史”,第二编“国家性质”,第三编“国家组织”,第四编“公民的基本权利和义务”。

⑤ 许崇德主编:《宪法学》(外国部分),高等教育出版社1996年版,第402页,编后记。

副主编,该教材分为五编十九章,[①]“在结构体系上,本教材与传统的宪法学教材相比较,作了一些变化。试图通过这些变化,以使宪法学的内容在安排上更为合理,更突出宪法的科学性和法律性,也使学生更容易学习和掌握宪法学的基本知识和基本原理”。[②] 许崇德教授在本书中负责第十六章“国家机构的沿革和原则”、第十七章“中央国家机关”、第十八章“地方国家机关”(第四节、第五节除外)的写作,并负责全书的审改定稿。

在现行宪法第三次修改后,1999 年 10 月许崇德教授主编的《宪法》一书在中国人民大学出版社出版,此书多次再版,发行量已达至几十万册。[③]该教材为“十一五”国家级规划教材、21 世纪法学系列教材、教育部全国普通高等学校优秀教材(一等奖),并被教育部确认为 2011 年普通高等教育精品教材。该教材在体例上大致延续了《中国宪法》,但有三处较大异同:其一,将政党制度纳入了“国家性质”这一章之第二节,更名为“与国家性质相适应的政党制度”;其二,将“地方制度”纳入第七章“国家机构”的相应内容中;其三,将问题与思考题的参考答案及《中华人民共和国宪法》附在本书之后,从而更有益于通过本书进行学习、教学和研究。该书顺应了宪法研究的新形势,更为注重宪法的法律性和规范性、宪法规范与社会实际的关系、宪法权威和地位的保障,更为注重宪法学的学术规范性。[④]

在统编规划教材、精品教材之余,许崇德教授还主编了一些比较浅学易懂的函授和成教教材。2000 年主编中共中央党校函授教材《宪法学》,[⑤]由当代

① 第一编宪法总论,包含第一章至第三章(第一章“宪法学导论”,第二章“宪法基本原理”,第三章“中国宪法的产生与发展”);第二编“中华人民共和国的基本制度”(上),包含第四章至第七章(第四章“人民民主专政制度”,第五章“共产党领导的多党合作与政治协商制度”,第六章“社会主义经济制度”;第七章“社会主义精神文明建设”);第三编“中华人民共和国的基本制度”(下),包含第八章至第十二章(第八章“人民代表大会制度”,第九章“选举制度”,第十章“民族区域自治制度”,第十一章“一国两制”,第十二章“国家象征”);第四编“公民的基本权利和义务”,包含第十三章至第十五章(第十三章“权利义务概述”,第十四章“公民的基本权利”,第十五章“公民的基本义务”);第五编“国家机构”,包含第十六章至第十九章(第十六章“国家机构的沿革和原则”,第十七章“中央国家机关”,第十八章“地方国家机关”,第十九章“审判机关和检察机关”)。

② 许崇德主编:《宪法学》(中国部分),高等教育出版社 2000 年版,第 516 页,后记。

③ 韩大元、胡锦光、牛文展:“新中国宪法学发展的亲历者”,载许崇德著:《许崇德全集》(第 1 卷),中国民主法制出版社 2009 年版,第 3 ~4 页。

④ 胡锦光:“人大宪法学和行政法学的特色与学术贡献”,资料来源 http://www.linklaw.com.cn/article.asp? id =4887,访问时间 2014 年 5 月 14 日。

⑤ 本教材包括宪法基本原理、宪法的历史发展、国家性质、国家形式、中央国家机关、地方制度、审判机关和检察机关、选举制度等内容。

世界出版社出版。2002年主编的《中国宪法概论》由中共中央党校出版社出版。该书分为六章,第一章"中国宪法导言";第二章"中国宪法发展简史";第三章"中华人民共和国的国家性质";第四章"中华人民共和国的国家形式";第五章"中华人民共和国公民的基本权利和义务";第六章"中华人民共和国的国家机构"。该教材"深入浅出地阐述了我国宪法学的基本理论和基础知识。本书适合于党校、行政学院、高等院校及其他成人高等教育有关专业教学使用"。①

表3 许崇德教授主编的宪法学教材

序号	作者	书名	出版社	出版/再版时间(年)
1	许崇德②	中国宪法教学大纲③	中国人民大学出版社	1985
2	全国法院干部业余法律大学中国宪法教研组④	中国宪法教程⑤	人民法院出版社	1988、1991 1994、1998
3	中国人民大学法律系国家法教研室编著⑥	中国宪法教程	中国人民大学出版社	1988
4	许崇德	中国宪法	中国人民大学出版社	1989、1996 2006、2010
5	许崇德	宪法学(外国部分)	高等教育出版社	1996
6	许崇德	宪法	中国人民大学出版社	1999、2004 2007、2009、 2014
7	许崇德	宪法学(中国部分)	高等教育出版社	2000、2005
8	许崇德	宪法学⑦	当代世界出版社	2000、2001
9	许崇德	中国宪法概论	中共中央党校出版社	2002、2005

① 参见许崇德主编:《中国宪法概论》,中共中央党校出版社2002年版(2005年11月第4次印刷)之目录前的"说明"。

② 许崇德教授编写时职称为副教授,编写者有王向明、皮纯协、许崇德、董成美、魏定仁。

③ 本教学大纲为高等学校法学教学大纲。

④ 许崇德教授为统稿人。

⑤ 本教材为全国法院干部业余法律大学教材。

⑥ 全书由王向明、许崇德审校修订。

⑦ 本教材为中共中央党校函授教材。

5. 通过编写教材,探寻宪法学体系

许崇德教授从他参与编著的第一本宪法学教材《中华人民共和国宪法讲义》1964 年出版,至 2014 年他编著的最近一部宪法学教材《宪法》(第 5 版)出版,刚好 50 年的时间。在这 50 年里,许崇德教授所编著的宪法学教材共有 19 部(详见表 4),其中在 20 世纪 80 年代编著的教材最多,有 10 部,60 年代的 1 部,90 年代的 3 部,2000 年之后的有 5 部。书名有《宪法》、《宪法学》、《中国宪法》、《中国宪法学》、《中国宪法讲义》、《中国宪法教程》等,其中以《宪法学》命名的最多,共有 8 部。许崇德教授所编著的宪法学教材涵盖了宪法讲义、宪法大纲、中国宪法、外国宪法、宪法统编教材、宪法自学考试教材、宪法成教及函授教材等,内容非常丰富。为了达至更佳学习效果,他还认真编著出版了与他编写的一些教材相配套的供学生使用的学习指导纲要和供教师使用的教学参考资料。①

许崇德教授认真编著宪法学教材的同时,不忘与时俱进地对教材体系与内容进行创新。② 许崇德教授建议宪法学教材的内容应增加两部分,他认为目前的中国宪法学尚未囊括宪法典规定的全部重要内容。在中国宪法学的学科体系里至少还应增加两个问题,分列为两章:一是“中华人民共和国军事制度”;二是“中华人民共和国的外交政策总路线”。③ 我国的军事制度是国家的重要制度,它的宪法依据是宪法序言、第 29 条、第 55 条、第 62 条、第 89 条、第三章第四节、第 124 条和第 130 条。我国的外交政策总路线由宪法序言第 12 自然段作了明确的规定。这是宪法的重要内容之一,本身具有重要的理论意义和实践意义。④

许崇德教授作为新中国宪法学的奠基人之一,为新中国宪法学发展做出了杰出的贡献,其中在有关教材建设方面体现的思想成为“许崇德宪法学”的重要组成部分,为中国宪法学体系的发展留下了宝贵的学术遗产。

---

① 例如,许崇德教授在 2002 年主编了《中国宪法概论》一书之后,为了便于读者更好地使用本教材进行学习和教学,分别于 2002 年和 2004 年编著并由中共中央党校函授学院印刷出版了《中国宪法概论》学习指导纲要(供学员使用)和《中国宪法概论》教学参考资料(供教师使用)。

② 例如,1985 年和 1987 年许崇德教授接受国家教委委托先后编著了《中国宪法教学大纲》和《宪法学自学考试大纲》,力图对传统宪法学教材的体系结构进行必要的创新。

③ 这部分内容在马工程《宪法学》中有所体现,但仍缺乏体系化的表述。军事制度与外交制度在宪法学体系中如何体现仍是中国宪法学探讨的重要课题。

④ 韩大元、胡锦光、牛文展:“新中国宪法学发展的亲历者”,载许崇德著:《许崇德全集》(第 1 卷),中国民主法制出版社 2009 年版,第 13 页。

表4　许崇德教授编著的宪法学教材①

序号	作者	编/著	书名	出版社	出版/再版时间(年)
1	中国人民大学法律系国家法教研室	参编	中华人民共和国宪法讲义	中国人民大学出版社(校内发行)	1964
2	许崇德	独著	新宪法讲话	浙江人民出版社	1983
3	主编:吴家麟,副主编:许崇德、肖蔚云	参编	宪法学	群众出版社	1983
4	许崇德	主编	中国宪法教学大纲	中国人民大学出版社	1985
5	许崇德	独著	中国宪法学	天津人民出版社	1986
6	王向明、许崇德	参编	中国宪法讲义	中央广播电视大学出版社	1987
7	许崇德	独著	宪法学自学考试大纲	北京大学出版社	1987
8	全国法院干部业余法律大学中国宪法教研组	主编	中国宪法教程	人民法院出版社	1988、1991 1994、1998
9	中国人民大学法律系国家法教研室编著	主编	中国宪法教程	中国人民大学出版社	1988
10	魏定仁、许崇德	参编	宪法学	北京大学出版社	1989
11	许崇德	主编	中国宪法	中国人民大学出版社	1989、1996 2006、2010
12	魏定仁、许崇德	参编	宪法学	北京大学出版社	1995
13	许崇德	主编	宪法学(外国部分)	高等教育出版社	1996
14	许崇德	主编	宪法	中国人民大学出版社	1999、2004 2007、2009 2014

① 资料来源:根据国家图书馆(网址:http://www.nlc.gov.cn/)和中国人民大学图书馆(网址:http://www.lib.ruc.edu.cn/)藏书资料,综合整理。

续表

序号	作者	编/著	书名	出版社	出版/再版时间(年)
15	许崇德	主编	宪法学(中国部分)	高等教育出版社	2000、2005
16	许崇德	主编	宪法学	当代世界出版社	2000、2001
17	许崇德	主编	中国宪法概论	中共中央党校出版社	2002
18	许崇德	独著	宪法学	中共中央党校出版社	2003、2005 2008
19	《宪法学》编写组	参编	宪法学	高等教育出版社、工人出版社	2011

主要论著

(一)专著

1.《许崇德全集》(共 12 卷)(独著),中国民主法制出版社 2009 年版。

2.《中华人民共和国宪法史》(独著),福建人民出版社 2003 年版。

3.《宪法学》(独著),中共中央党校出版社 2003 年版。

4.《学而言宪》(中国法学家自选集)(独著),法律出版社 2000 年版。

5.《中国宪法》(朝鲜文,卞相弼译)(独著),韩国东玄出版社 1995 年版。

6.《宪法学自学考试大纲》(独著),北京大学出版社 1987 年版。

7.《中国宪法学》(独著),天津人民出版社 1986 年版。

8.《新宪法讲话》(独著),浙江人民出版社 1983 年版。

9.《国家元首》(独著),人民出版社 1982 年版。

(二)合著

1. *Constitution, People's Republic of China*(合著,英文出版),荷兰克罗佛公司 2001 年版。

2.《中国宪法教程》(合著)(全国法院干部业余大学教材),人民法院出版社 1998 年版。

3.《中国宪法讲义》(合著),中央广播电视大学出版社 1987 年版。

4.《分权学说》(合著),人民出版社 1986 年版。

5.《选举制度问答》(修订本)(合著),群众出版社 1984 年版。

6.《中华人民共和国宪法讲话》(合著),法律出版社 1983 年版。

7.《宪法与民主制度》(合著),湖北人民出版社 1982 年版。

8.《选举制度问答》(合著),群众出版社 1980 年版。

(三)编著

1.《〈全国公开选拔党政领导干部考试大纲〉学习读本》(由中组部组织编写,全书共 12 册)(法律部分)(编著),党建读物出版社 2003 年版。

2.《中华人民共和国法库》(宪法卷)(编著),人民法院出版社 2002 年版。

3.《中国宪法概论》(编著),中共中央党校出版社 2002 年版。

4.《宪法学》(中共中央党校函授教材)(编著),当代世界出版社 2000 年版。

5.《宪法学》(中国部分)(编著),高等教育出版社 2000 年版。

6.《中华人民共和国法律大百科全书》(全书 11 类,共 13 册)(编著),河北人民出版社 1999 年版。

7.《宪法》(中国人民大学"21 世纪法学系列教材")(编著),中国人民大学出版社 1999 年版。

8.《法学基础理论·宪法学》(全国律师资格考试指定用书)(编著),法律出版社 1998 年版。

9.《宪法学》(外国部分)(编著),高等教育出版社 1996 年版。

10.《中国宪法》(修订本)(编著),中国人民大学出版社 1996 年版。

11.《宪法学》(编著),北京大学出版社 1995 年版。

12.《宪法与民主政治》(编著),中国检察出版社 1994 年版。

13.《建设有中国特色的社会主义民主政治》(编著),人民出版社 1994 年版。

14.《港澳基本法教程》(编著),中国人民大学出版社 1994 年版。

15.《香港法律与律师制度》(编著),经济管理出版社 1994 年版。

16.《中华法学大辞典》(宪法学卷)(编著),中国检察出版社 1994 年版。

17.《行政法审判案例》(编著),台湾月旦出版社 1993 年版。

18.《各国地方制度》(编著),中国检察出版社 1993 年版。

19.《人权思想与人权立法》(编著),中国人民大学出版社 1992 年版。

20.《中华人民共和国常用法律疑难条文释义》(编著),中国劳动出版社1992年版。

21.《行政管理与行政法》(编著),中国广播电视出版社1991年版。

22.《新中国行政法学研究综述》(编著),法律出版社1991年版。

23.《中国宪法参考资料选编》(高校文科教学参考用书)(编著),中国人民大学出版社1990年版。

24.《中国宪法》(高等学校文科教材)(编著),中国人民大学出版社1989年版。

25.《宪法学》(全国高等教育自学考试教材)(编著),北京大学出版社1989年版。

26.《城市政治学》(编著),光明日报出版社1988年版。

27.《人民代表必备》(编著),人民出版社1987年版。

28.《什么是政治学》(编著),群众出版社1985年版。

29.《大众法学》(编著),知识出版社1985年版。

30.《中国宪法教学大纲》(编著),人民大学出版社1985年版。

31.《法学基础》(编著),中共中央党校出版社1984年版。

32.《中国大百科全书法学卷》(编著),中国大百科全书出版社1984年版。

33.《政治与政治科学》(两册)(编著),群众出版社1982年版、1984年版。

34.《宪法学》(高校法学试用教材)(编著),群众出版社1983年版。

35.《中外宪法选编》(编著),人民出版社1982年版。

36.《中华人民共和国宪法讲义》(编著),中国人民大学出版社1964年版(校内发行)。

(四)论文

1.“现行宪法体现政治体制改革的成果和趋势”(合写,合作者邹奕),载《学习与探索》2012年第7期。

2.“充分认识宪法在中国特色社会主义法律体系中的统帅作用”,载《求是》2011年第7期。

3.“‘法理台独’理论根源之批判”(合写,合作者朱松岭、易赛键),载《福建师范大学学报(哲学社会科学版)》2010年第3期。

4.“祖国统一大业60年进程”,载《新视野》2009年第6期。

5."论我国的宪法监督",载《法学》2009 年第 10 期。

6."共和国宪法六十年",载《法学家》2009 年第 5 期。

7."'一国两制'是我国的基本政治制度",载《法学》2008 年第 12 期。

8."我国社会主义民主集中制的新发展",载《新视野》2008 年第 3 期。

9."宪政词辨",载《法学杂志》2008 年第 2 期。

10."宪政是法治国家应有之义",载《法学》2008 年第 2 期。

11."香港基本法是创造性的杰作——纪念香港基本法实施十周年",载《新视野》2007 年第 5 期。

12."基本法实施十年回顾",载《法学家》2007 年第 3 期。

13."彭真对现行《宪法》若干理论创新问题的贡献",载《法学杂志》2007 年第 1 期。

14."以科学发展观学习宪法",载《法学》2006 年第 9 期。

15."《反分裂国家法》的立法依据和性质探析",载《中州学刊》2005 年第 3 期。

16."对现行《宪法》作用及宪政的认识",载《法学杂志》2005 年第 2 期。

17."坚持依法执政 完善领导方式",载《北京行政学院学报》2005 年第 1 期。

18."地方人大常委会的设立及其变迁",载《政法论坛》2004 年第 6 期。

19."五十年光辉历程",载《法律科学》(西北政法学院学报)2004 年第 5 期。

20."与时俱进 治国安邦——十届全国人大二次会议通过宪法修正案",载《求是》2004 年第 6 期。

21."我国宪政建设的里程碑——十届人大修宪的重要意义",载《法学杂志》2004 年第 2 期。

22."我国宪法推进三大文明协调发展",载《新视野》2004 年第 2 期。

23."修宪的基本精神",载《瞭望新闻周刊》2003 年第 42 期。

24."保持宪法的适应性和稳定性",载《湖南社会科学》2003 年第 6 期。

25."中国《宪法》:人民权利保障书",载《人权》2003 年第 1 期。

26.“党的领导是我国宪法生命力的源泉”，载《法学家》2003 年第 5 期。

27.“现代宪法产生过程的特点”，载《法学研究》2003 年第 1 期。

28.“论现行宪法的形成与发展”，载《法学家》2002 年第 6 期。

29.“中国共产党指引宪法与时俱进”，载《中国法学》2002 年第 6 期。

30.“坚持‘三个代表’深化学习宪法”，载《新视野》2002 年第 2 期。

31.“‘宪法司法化’是宪法学的理论误区”（合写，合作者郑贤君），载《法学家》2001 年第 6 期。

32.“中国共产党八十年与中国宪法的发展”，载《法学家》2001 年第 4 期。

33.“澳门特别行政区的法律地位”，载《郑州大学学报》（哲学社会科学版）1999 年第 5 期。

34.“为建立澳门特区作好法律准备”，载《法学杂志》1999 年第 5 期。

35.“社会主义初级阶段的基本经济制度”，载《法学家》1999 年第 3 期。

36.“邓小平‘一国两制’理论的法律表现”，载《浙江社会科学》1999 年第 3 期。

37.“迈向新世纪的根本大法——论九届全国人大对宪法的修改”，载《现代法学》1999 年第 2 期。

38.“‘一国两制’理论研究及立法贡献”，载《法学家》1999 年第 1 期。

39.“我国宪法与宪法的实施”，载《法学家》1998 年第 6 期。

40.“香港无证儿童案件评析”，载《法律科学》（西北政法学院学报）1998 年第 2 期。

41.“略论香港特别行政区的政治制度”，载《中国人民大学学报》1997 年第 6 期。

42.“由‘议会主导’到‘行政主导’——评当代宪法发展的一个趋势”，（合写，合作者王振民），载《清华大学学报》（哲学社会科学版）1997 年第 3 期。

43.“‘一国两制’方针下的政治体制”，载《法学家》1997 年第 5 期。

44.“一部了解香港法律制度的优秀读本——《香港法律制度》评介”，载《法学家》1997 年第 3 期。

45.“简析香港特别行政区实行的法律”，载《中国法学》1997 年第 3 期。

46.“论澳门法律工作者的培育”,载《法学家》1995 年第 2 期。

47.“社会主义宪政的不平凡历程——新中国第一部宪法颁布 40 周年纪念”,载《中国法学》1994 年第 5 期。

48.“八届人大通过宪法修正案的巨大意义”,载《党校论坛》1993 年第 6 期。

49.“在宪法指引下加速改革开放——对八届人大修宪的一点体会”,载《法学评论》1993 年第 3 期。

50.“关于加深对宪法修改的理解”(合写,合作者徐秀义),载《法学杂志》1993 年第 3 期。

51.“地方权力机关监督之现状管窥”(合写,合作者郑军合),载《法律科学》(西北政法学院学报)1993 年第 2 期。

52. 许崇德、陈克:“试论香港原有法律的保留问题”(合写,合作者陈克),载《法学评论》 1992 年第 2 期。

53.“宪法规范与社会现实”(合写,合作者胡锦光、韩大元),载《法律学习与研究》1992 年第 4 期。

54.“从参加宪法、基本法的起草看中国法学家的作用”,载《法律学习与研究》1992 年第 2 期。

55.“关于人权问题的思考”,载《法律学习与研究》1992 年第 1 期。

56.“论‘一国两制’对实现国家统一的战略意义”,载《中国法学》1990 年第 2 期。

57.“社会主义国家制度是实现社会主义人权的根本保证”,载《教学与研究》1990 年第 1 期。

58.“十年宪法学的回顾与展望”(合写,合作者王玉明),载《法律学习与研究》1989 年第 6 期。

59.“谈谈地方人大对法院的监督问题”,载《学习与辅导》1988 年第 12 期。

60.“我国参选率刍议”,载《法律学习与研究》1988 年第 5 期。

61.“十三大对宪法理论和实践的伟大意义”,载《法学杂志》1988 年第 1 期。

62.“关于实行村民自治的若干问题探讨”(合写,合作者叶峰),载《法律学习与研究》1988 年第 2 期。

63.“三权分立与议行合一的比较研究”(合写,合作者何华辉),载

《法学评论》1987 年第 5 期。

64.“谈宪法学研究的核心问题”,载《政法学刊》1987 年第 3 期。

65.“‘一国两制’的新课题”,载《中国人民大学学报》1987 年第 4 期。

66.“我国地方政权机关建设的新发展”,载《法律学习与研究》1987 年第 4 期。

67.“体制改革与法制建设”(合写,合作者胡锦光、任志宽),载《法律学习与研究》1987 年第 1 期。

68.“略论我国地方制度的特点”,载《社会科学战线》1986 年第 2 期。

69.“具有中国特色的社会主义政党制度”(合写,合作者皮纯协),载《西北政法学院学报》1985 年第 3 期。

70.“经济体制改革与宪法实施”,载《法学评论》1985 年第 2 期。

71.“重视开展市政学的研究”,载《政治学研究》1985 年第 1 期。

72.“论国家主席在政治生活中的作用”,载《法学》1984 年第 2 期。

73.“加强社会主义精神文明建设——纪念新宪法颁布一周年”,载《法学杂志》1984 年第 1 期。

74.“实施新宪法,加强国家机构的建设——纪念新宪法颁布一周年”,载《中国法学》1984 年第 1 期。

75.“论新宪法对我国机构改革的积极作用”,载《中国政法大学学报》1983 年第 3 期。

76.“我国选举制度有哪些新的发展”,载《法学》1983 年第 5 期。

77.“新宪法是建设社会主义民主与法制的根据”,载《法学》1983 年第 2 期。

78.“人民代表大会制度的新发展”(合写,合作者何华辉),载《政治与法律丛刊》1983 年第 1 期。

79.“新宪法是建设社会主义精神文明的强大武器”,载《法学研究》1983 年第 1 期。

80.“论国家元首问题”,载《法学研究》1982 年第 3 期。

81.“国体的新规定　政体的新发展——读宪法修改草案的一点体会”,(合写,合作者何华辉)载《武汉大学学报》(社会科学版)1982 年第 4 期。

82.“国家的一切权力属于人民——对修改我国宪法的管见”,载《西南政法学院学报》1981 年第 1 期。

83.“宪法应否保留罢工自由?”,载《法学杂志》1981 年第 3 期。(署名“锺岱”)

84.“浅论‘三权分立’”(合写,合作者何华辉),载《法学研究资料》1980 年第 5 期。

85.“美国总统的反人民本质”,载《法学研究》1964 年第 1 期。

86.“列宁对资产阶级宪法的批判”,载《法学研究》1963 年第 4 期。

87.“肯尼迪叫卖的‘法治’”(合写,合作者孙国华、郭宇昭), 载《法学研究》1962 年第 2 期。

88.“加强社会主义思想教育,建议修改宪法教学大纲”,载《法学》1957 年第 6 期。

(撰写者:韩大元　胡锦光)

何华辉

生　平

何华辉(1925 年 11 月 7 日 ~1996 年 1 月 17 日),湖南益阳人。

1946 年考入北京大学法律系,1951 年毕业,同年被选派入中国人民大学国家法研究生班,主要从事宪法学的研究。1953 年研究生毕业后被分配到武汉大学法律系从事宪法学的教学与研究工作,1954 年宪法颁布后,其与人合著的《什么是人民代表大会制度》是较早系统阐述我国人民代表大会制度的专门著述之一。1957 年被错划为“右派”,1978 年平反并恢复工作。历任助教、讲师、副教授、教授。1991 年开始招收博士研究生。曾任中国法学会宪法学研究会副总干事、中国政治学会理事等职。在数十年的教学与研究工作中,共发表论文、译文 60 余篇,主编、参编或独著、合著的教材、著作共 13 部,是新中国宪法学科的奠基人之一。

(一)燕园青年才俊 珞珈讲坛初啼

唯楚有材,于斯为盛。在中国近现代历史上,湖南一地,人才辈出,法学领域更是颇多潇湘风流人物。作为中国宪法学的开拓者之一,何华辉教授也是湘籍法学家群体中的一员大将。1925 年 11 月 7 日他出生于湖南益阳的一个小作坊主家庭。楚地自古文教兴盛,他自幼即聪慧过人,是当地远近闻名的早慧才子。1946 年他从湖南省省立第一中学毕业,高分考入当时青年才俊最为倾心的北京大学,就读于法律系攻读法科专业。彼时北大校长乃是著名学者胡适先生。胡校长雄心勃勃致力于北大全面复兴,要“把北大做到最高学府,做成功今日最高的学术研究机关”,在全国范围内不遗余力地为北大延揽人才,这对于求学阶段的何华辉教授而言可谓是恰逢其会,其兴趣点不仅仅局限于法科一隅,而是旁及政治、经济、历史、社会学等诸多学科门类,为其日后进行更深入的学术研究奠定了坚实基础。

1951 年何华辉教授从北京大学本科毕业后由于学业优异被选派进入中国人民大学法律系国家法研究生班,从事宪法学专业的专门学习与研究,乃是我国自主培养的最早的法科研究生之一。1953 年,研究生班学业届满之后，被分配到武汉大学法律系任教，自此结下与珞珈山的不解之缘。

初到武汉大学，何华辉教授年纪不过28岁，正值青春年华，活力无限。由于研究方向乃是宪法，因此主要负责讲授国家法、苏联国家法、人民民主国家法和资本主义国家法等课程。对于教学工作，尽管青年教师经验或许尚有不足，但是他为学生授课生动活泼，挥洒自如。加之对学生高度负责，很快赢得了学生们的一致好感。另外，学术基础扎实，自己更是勤勉上进，在学术界得以迅速崭露头角。

人说三十而立，正值大有为年华的何华辉教授凭借自身才华与努力得到了时任武汉大学校长李达先生的赏识，承担起校长法律秘书的重要工作。1954年新中国首部宪法颁布后，在李达先生的主持下，何华辉教授作了大量的基础性研究工作，参与了《中华人民共和国宪法讲话》一书的写作，其后又与人合作撰写了《什么是人民代表大会制度》一书，该书系统阐述了作为国家根本制度的人民代表大会制度的基本问题，上述这些研究对新中国宪法学的创立起到了非常重要的作用。与此同时，娇妻在侧，并先后为他诞下一双儿女，一家四口，其乐融融，生活似乎展开了无限美好的前程。

可以说，初到珞珈山的头几年，大概是何华辉教授一生中最幸福最充实的一段光阴。然而，个人命运永远无法逃脱国家命运的摆弄，1957年起席卷全国的"反右"运动带给他的是长达20余载的下放改造，并且无情摧毁了他之前珍惜的一切美好事物。

（二）廿载乱世蹉跎 此身虽在堪惊

1957年何华辉教授由于"反党言论"被打成"右派"，尽管曾有人找上他试图以"揭发"某位前辈学人来换取不被戴上"右派"帽子，但是出于对前辈学人的敬重更出于对自身为人底线原则的坚守，他拒绝了出卖师长，于是这位年仅32岁的青年教师被迫离开自己心爱的教研舞台而黯然接受下放劳动的命运。众所周知，从1957年"反右"到"文化大革命"结束的20年间，是我国学术界遭受苦难的20年，法学界首当其冲，许多法学教授受到重点批判、残酷斗争，被赶下讲台，许多法学院系被撤销，法学教师命运稍好的可能改行去其他院系工作，差的则下放农村，生活的困顿和前途的迷惘可想而知；还有的则被批斗致死，家破人亡。

乱世中的武大法学院同样风雨飘摇，何华辉一开始被发送八里湖农场劳改,1961 年“反右”形势有所缓和,他虽未摘帽但蒙开恩得以回哲学系受监管,但是 1970 年形势再度逆转他又以“右派”分子身份被发配武汉大学的湖北沙洋分校。尽管名为分校,但是其实质还是沙洋改造农场,在沙洋的近 10 年时间里,这位科班出身的青年法学学者的主要工作是喂猪和填饱自己肚子。

如果说对何华辉教授而言离开武汉大学只是失去了施展才华的舞台需要承受身体上的巨大折磨,那么妻子携带一双子女的不告而别则给他带来了精神上的无边痛苦。妻离子散,众叛亲离,在那段人生最黑暗的岁月里,甚至曾经有过一死了之的灰暗念头在他心中一闪而过。也正是在层层块垒难消的抑郁中,他烟不离手,身体健康每况愈下,这也为其年老之后的缠绵病榻埋下祸根。

如果说是国家动荡将何华辉教授抛离了原本顺利的人生轨迹,那么也同样是国家安定让他的人生慢慢进入迟来的正轨。1976 年全国政治气候转暖,他从沙洋劳改农场回到了武大哲学系资料室监督劳动,距离重回自己魂牵梦绕的讲台终于只差一步之遥。

1978 年下半年在中共中央以及胡耀邦、邓小平等党和国家领导人艰苦卓绝的努力下,何华辉教授与全国 50 余万“右派”一样得以被摘掉帽子从而重新拥有正常的人生。从 1957 年被戴上“右派”帽子从此进入噩梦般的人生到 1979 年平反恢复工作。何华辉教授的人生历程是那一个时代知识分子的命运缩影,有先天下之忧而忧、后天下之乐而乐的担当,有为天地立心、为生民请命、为往圣继绝学的理想抱持,更有着历经苦难而不悔的坚韧。这一代知识分子身上所表现出的强烈悲情色彩是时代烙印的提炼升华,也是后来人不能理解也难以模仿的独特气质。

正因为这种命运的坎坷与悲情,使那一代知识分子的人格魅力更加凸显,何华辉教授毕生坚持法治,致力于推进国家民主和人权保障事业,恐怕正是从这 20 余年巨大不幸经历中积累的宝贵财富。只是 20 余年如一梦,话到沧桑句便工,身躯残破却更要因此仗义执言,这恐怕是那一代宪政学人抑或法学学人的宿命吧。

(三)老骥奋蹄治学 传世道德文章

1979 年尽管何华辉教授已经五十有四,但是他依然满腔热情的投入武大法律系的重建与恢复工作当中。他与韩德培、姚梅镇、马克昌等几位教授为武大法科重新奠定国内领军地位贡献殊多。1980 年法律系恢复招收本科生，何华辉教授为本科生主讲“宪法学”等课程。

同时，何教授倾注了大量心力在八二宪法修改的理论研究中，相继发表了《也谈人权问题》、《学习中华人民共和国三部宪法的几点体会》、《论宪法监督》、《浅论三权分立》等重要论文，并与许崇德教授合著了《宪法与民主制度》一书，为历经“文化大革命”劫难之后宪法学理论的重生和发展做出了重要贡献。在这些论著中，他提出我国不能照搬西方的三权分立学说，但可以借鉴其权力分工和相互制约的思想；提出了完善我国宪法监督机制，促进宪法的贯彻实施，以及完善人民代表大会制度的问题，为确立宪法权威，清除法律虚无主义的干扰做了理论准备；他还对中华人民共和国成立以来的三部宪法进行了比较研究，较为全面地总结了30多年来我国立宪和行宪的经验和教训。在为新宪法的修改颁布进行理论准备的同时，何教授还应宪法修改委员会之邀，亲自参加了新宪法草案的修改讨论过程，提出了一系列有价值的意见。新宪法颁布以后，他把理论研究的主要精力转到解释新宪法、推动实施新宪法方面来，相继发表了《人民代表大会制度的新发展》、《我国政权性质的宪法规范的历史考察》、《加强农村基层政权建设的重大措施》、《我国新宪法同前三部宪法的比较研究》等重要论文，并与人合著了《治国安邦的总章程——新宪法讲话》一书，对我国1982年宪法的学理解释工作作出了应有的贡献。

自20世纪80年代中期以来，何教授开始为建立新的比较宪法学理论体系辛勤耕耘，1985年发表了《建立新的比较宪法学刍议》一文，对比较宪法学的研究对象、基本范畴进行了全面论证。1988年专著《比较宪法学》一书由武汉大学出版社出版，该书的问世标志着我国比较宪法学研究上了一个新的台阶，对比较宪法学体系的更新做出了独创性的贡献。

何教授曾应司法部、教育部的邀请在上海、西安、大连、北京等地举办的宪法教师培训班上主讲外国宪法和资产阶级宪法专题研究。在教学科研之余，还致力于中外法学交流。1985年应邀去美国、加拿大讲学，在耶鲁大学、新泽西州州立大学、渥太华大学等校讲授中国宪法。1986年作为中荷交流计划的中方学者，在荷兰鹿特丹大学、莱顿大学等六所大学法学院讲演中国宪法的专题。

由于历史原因，何教授在1980年时职称还只是助教，恐怕是当时武汉大学最年长的助教老师，但功夫不负有心人，1981年晋升为讲师，同年晋升为副教授，1982年晋升为教授，一跃成为同辈中的佼佼者。

1982年开始招收硕士研究生之后，又为研究生开设了"比较宪法学"、"外国宪法学"、"西方政治思想史"等课程。韶华易逝，他只能用更为勤奋的治学来弥补在牛棚猪圈间蹉跎的时光。在为本、硕学生授课之余，何教授笔耕不辍，先后发表50余篇具有重要影响的学术论文，独著或与人合著学术著作14部，诸多观点对于中国宪法学学科发展乃至于中国民主法制社会建设都起到了深远影响。也正是基于他在宪法学界的影响力，1984年中国法学会宪法学研究会成立时，他即被推举为学会首届副理事长。1989年英国剑桥传记中心将他选入《世界名人传》。1991年作为宪法学家被载入《中国法学家词典》和《中国当代名人传》。1993年武汉大学一百周年校庆时，位列59名首批博士生导师之一。

对于何华辉教授在20世纪80年代的学术活动，他的挚友，中国宪法学界另一位泰山北斗级的人物许崇德教授曾经慨叹过："他一生中生命最旺盛的宝贵岁月已浪掷殆尽，不可再得了，八十年代，他以接近花甲之年，重整书囊，意气风发地大干起来，他焚膏继晷，兀兀穷年。著述连续问世，硕果累累大观。"

（四）千古师表垂范 桃李满园芬芳

在治学态度上，何教授一生奉行的原则是四个字：求实、创新。他认为，求实就是尊重事物的本来面目，遵从客观规律，也可以说就是实事求是，不唯上，不唯书，只唯实。所谓创新，就是研究问题要在别人的基础上有所前进，或解决一些别人未解决的学术问题。创新是学术研究的生命，没有创新也就没有学术，也就称不上学者。

对于门下弟子，何教授一直有着极高要求，不仅仅培养学生们学术能力，同样看重学生道德人格的修炼。他曾跟学生们说起他和马克昌教授到韩德培教授家里去拜访时，通常要站着向韩教授请安、汇报，倘无韩先生的口头直接示意，他们两人不会贸然落座。不是简单粗暴的说教，而是春风化雨润物无声，其意在以此具体鲜活之经历亲炙弟子们如何尊师重道。在对学生的日常指导中，他更是始终强调做人重于做学问。学者应当有学问，但为学先为人。人要正直敢于担当，"善养吾浩然之气"。应如孟子所言，"要有恻隐之心，羞恶之心，辞让之心，是非之心"。做人绝非一句空话，在人的不同活动范围内是有着相应不同的要求的。人既然是国家、社会、民族的一员，便自然应该深具对于国家、社会、民族的赤子之情，应该有着起码的社会正义感与社会责任感；另外，人同样又是微观社会关系当中的一环，同乡、同学、同事，在不同的圈子当中应该摆正身位低调做人，协调好与他人之间的关系。他常对自己的学生讲，同学之间务必搞好团结，兹是体大。因为大家将来很可能都是中国宪法学界有头脸的人物，团结问题搞不好，影响的是宪法学学科整体的发展。

何教授还希望自己的学生成为品德高尚、知行合一、忠于国家、热爱事业的人，成为能独立思考、不阿附权贵，不讲假话的人。何教授的弟子回忆当时学生们经常去先生家谈学问、聊家常，尽管先生曾经遭受过22年的不公正待遇，但他却用常人难有的宽容和理解来看待自己所经历的劫难，从来不和学生提及他受过的委屈，总是乐观地对待人生，豁达地笑谈得失。先生曾多次对学生说，要趁着年轻时多读书、读好书，只有打下扎实的基础，以后做科研时才能驾轻就熟。

何教授性格刚正耿直，疾恶如仇，眼睛里掺不得半点沙子。他对弟子的关爱不仅体现在多方面关心帮助他们的学习、生活、事业、就业等，还体现在对弟子的严格要求上，一旦发现弟子在做人处世方面的不足，便会很严肃地提出批评，甚至采取旁人难以理解的严厉方式予以责难。他批评弟子时，眼神非常严峻，话语虽不多，却透露着无形的震撼力和说服力。尽管一贯的严厉让学生们颇有敬畏之心，但是在学生们的学术创作上，何教授则是高度的宽容，只要学生们能说出比较充分的理由，想写什么题目都可以。他绝没有像有的导师那样，不管别人愿不愿意，硬是要学生写自己承担的研究课题的一部分，充分体现了对学生自主性的尊重。

何教授于1982年开始招收硕士研究生，1992年开始招收博士研究生，先后毕业研究生20余人。在他的众多学生中，有的飞赴美国的哈佛、耶鲁等世界顶级名校，有的飞赴加拿大、法国等国家，成为改革开放后最早取得博士学位或者硕士学位的学生之一；有的在国家和地方的政法部门担任重要领导职务；有的已经成为中国宪法学界的领军人物……他为那个百废待兴的时代培养了大批的优秀法律人才。

（五）高朋深情厚谊 学人相知典范

20世纪90年代初，何教授，邀集了吴家麟、李龙、刘德厚等几位教授，在他的老同学许崇德、萧蔚云、张光博教授，老朋友王叔文教授以及张庆福、廉希圣、魏定仁、蒋碧昆诸教授的支持下，在原有硕士点基础上创建起博士点并开始招收和培养宪法学博士研究生。武大宪法学博士点是中国最早的几个博士点之一，博士点的创建凝聚了何华辉教授的巨大心血。

在中国法学界，何华辉教授以其高洁的品性及出众的才学结识了不少知交好友，其中，尤其以何教授与许崇德教授之间的深情厚谊为人津津乐道，被称为法学界的“管鲍之交”。1951 年何教授与许教授同时被选派到中国人民大学国家法研究生班，同窗数载，从此奠定两人终生不渝的友谊。何教授年长许教授四岁；何教授为湖南人，许教授为上海人；何教授本科就读北大法律系，许教授本科就读复旦大学法律系；何教授象棋棋艺超人，酷爱观看体育项目，许教授擅长诗词书法篆刻；何教授终身烟不离手，许教授生活得雅致情趣；何教授让人觉得严厉而充满敬畏，许教授则显得平和而易亲近。尽管两位教授秉性爱好颇有相异，但所谓君子和而不同，或许正是这种差异性让他们更倍加珍惜彼此间的深谊。

何教授从 1957 年被打成“极右”，中间历经 22 年，直至 1979 年才得以平反。用许教授的话来说是“华辉兄蒙受冤屈，茕茕孑立，浪掷了精力正旺、弥足珍贵的二十多个春秋”，“长期的磨难造成他体弱多病，双耳失聪，陷于另一种性质的困境之中”。其间，他的母亲在湖南老家被活活饿死，妻子不堪打击被迫与他离婚。何教授因此陷入深度的绝望之中，在湖北沙洋劳改农场曾几度自杀未成。当时，周围人见其避之唯恐不及，许教授不顾政治风险，也不顾交通的不便，千里迢迢赶赴沙洋看望同窗好友，给予他在困境中最宝贵的关怀和温暖。

1982 年被借调到宪法修改委员会工作的许崇德教授受命组织专家座谈委员会，许教授不假思索地首先写上了老友何华辉的名字。彼时何教授虽已被平反后重返讲台，但生活仍然十分窘迫。当接到通知时，生活不善自理的他，竟然穿了一双带着破洞的袜子走进了人民大会堂，而这一幕碰巧被主持宪法修改的领导人彭真看见。以后每当提及此事时，何教授自己也不禁觉得有趣。许、何两位教授在学术上相互砥砺共同合作。20 世纪 80 年代，当中国宪法学整体荒凉落寞的时候，他们两人合撰的《宪法与民主制度》、《分权学说》却犹如黎明破晓前的一丝曙光，或者是跃出海平面的一轮朝阳，对于开创新时期宪法学研究立下很好的典范。书中关于民主、分权制衡的一些观点虽经过近 30 年的岁月沧桑，但依然透露出洞见的光芒。他们两人不分彼此，不计得失，真诚以待，志同道合。除开上述两本著作外，他们一起还合写过多篇文章，合编过几部教材。许教授曾经对《光明日报》记者汪逸吟回忆两人合作的方式：“我起草，他修改的，我的名字在前面，他起草，我修改的，他的名字在前面。”从成果质量和在当时的影响看，这些合作是成功的，可以说是同学或朋友间合作的典范。

何教授从20世纪90年代初起就辗转病榻手无握管之力，无法继续从事写作。但他以老弱之躯，勉力调教自己的弟子，希望在弟子身上来延续自己对学术的执着与忠诚。这是老一辈知识分子特有的气质类型、精神禀赋，坚毅沉着，对弟子关爱有加，虽久经磨难，却大度豁达。1995年年初何教授自感即将走完生命的最后历程，让他最为挂怀的就是几个博士研究生能否顺利完成学业。于是他郑重托付许崇德教授和武汉大学的马克昌教授关照最后的几个学生。1997年6月三位同学博士答辩时，许教授已是年近古稀之年。为了完成老友的嘱托，依然从北京南下武汉，亲自主持博士答辩。

从20世纪80年代，许教授就被武汉大学聘为政治学兼职教授，因此他常有来武大讲学的机会，很多次他不住招待所，就住在何教授家里。20世纪90年代何教授客厅墙上最显眼处一直挂着一幅"七绝"诗词条幅，那就是许教授亲自创作、书写并请专人装裱后送给何教授的。其内容为"忆红楼同窗，忽忽已四十年于兹，特作诗以纪念。京汉名都学士稠，文章荦荦弄潮流。绿杨暗锁红楼月，几度阴晴已白头"。青年风流、岁月蹉跎、政治对命运的裹挟，诸般人生的复杂情愫跃然纸上。

2006年作为何教授去世10周年的纪念，他的学生们组织汇编了《何华辉文集》。许教授在序言中深情写道："噙着既悲又喜的泪水捧读了华辉兄的这部书稿。悲的是我的挚友，一位满身正气、才华横溢的学人早在10年之前就走完了他坎坷而辉煌的人生路程，无怨无悔地离我而去了。喜的是他毕生勤奋而积累起丰硕的学术成果尚留人间，并由他生前培养的一批有作为的精英学子搜集、编撰成了这部传世遗著。"

2014年许崇德教授因病在北京逝世，两位老先生若在泉下相逢，想必还能再接着诗文唱和把臂同游。

（六）黄昏相遇最美 伉俪相守情深

1978年下半年在度过了漫长的劳改岁月后，何华辉教授终于回到阔别许久的珞珈山，重新站在讲台从事挚爱的教学工作。然而，尽管恢复了待遇与工作，但有些事却再也回不来了。20多年的疯狂岁月不仅虚耗了无数青年的大好光阴，更因其吊诡窒息的政治环境让无数家庭支离破碎，给曾经和美恩爱的夫妻造成无法挽回的伤痛。已近耳顺之年的何教授一个人工作生活在武汉大学，茕茕孑立，形影相吊，尽管家庭生活的巨大悲剧并没有迟缓他的教研工作，但是了解他的师友们无不希望他能够再结良缘，得到更好的照顾，摆脱孤苦伶仃的境遇。

1982 年的一天，在武汉大学物理系许定安教授的介绍下，何华辉教授在他那 12 平方米的简陋小屋里第一次见到了赵宗荃女士。赵女士时年 42 岁，是武钢第三小学的教师。赵女士在回忆与何教授的第一次见面时说："室内设备简单，书架周围地板上堆积着报纸和打开或夹着纸条的书籍。小屋为我的到来打扫过，单人沙发前留有下脚的位置。随我进屋的还有沙洋的难友。何先生是一位身体瘦弱、衣着简朴的老人，但精神很好，中气十足，言谈中有试探性的问话，也有一些坦诚和幽默。中午时分为留住我，他亲自下厨烧菜，可能是因为紧张和不会，三道菜烧糊了两道，不知是谁偷偷拿来一个热好的梅菜罐头，才算是解了围。初次见面感觉除了有明显的年龄差距外，还显露出先生不会照料自己的生活。这一次见面我没有为他留下可能和希望，但从相约我下次来做客的时间和地点及再三的叮嘱，看得出他的真诚和对家庭的渴望。"

尽管赵女士没有为何先生"留下可能和希望"，但是何教授却对赵女士发动了信笺攻势。自见面以后，何教授便坚持每天给赵女士写信，甚至有时一天三封。信的内容简短而有诚意，有时谈谈工作进度，有时写一首短诗，但最主要也是最重要的是每封信都在提醒，别忘记再次相约武大的时间和地点。

在这些短笺的"催促"下，赵女士不得不第二次、第三次走进那个杂乱狭小的陋室。而每一次赵女士来访，何教授必要提前到车站去接，彼时交通欠发达而通信又极不便，有时他要在车站等上很长时间。一个 57 岁的瘦弱老人，以他在农场劳动练就的本领，数小时地蹲在车站旁等候他期盼的人，感人肺腑，更深深打动了赵女士。赵女士劝他说，你以后别来接我了，你有接我的时间，还不如在家烧一壶水、焖上米饭呢，省得我们到家没饭吃。何教授却执意要接，赵女士只得随他。

随着双方交往的深入，赵女士逐渐与何教授的同事、学生有了接触。而这些人无不希望何赵二位能够成就良缘，学校人事处处长更是提出将赵女士调入武汉大学玉成其事。另外，何教授主动与赵女士的子女真诚的沟通，希望两人的婚事能够得到子女的理解与祝福。最终，在多方面的共同努力下，何教授与赵女士在 1982 年的冬天喜结连理。在历尽人生和时代的双重风霜之后，他终于迎娶了令他一见倾心的赵宗荃女士。从此，何华辉教授在暮年拥有了生命的春天。

直到现在，不仅是何教授门下的直系弟子，甚至很多法学院的学生都还会津津乐道求学时在何教授家大快朵颐，享受赵女士烹制的美味佳肴的幸福往事。赵宗荃女士在走进何教授的生活之后，便全方位地承担起先生对学生们的责任感与舐犊心。何教授爱徒如子，作为师母，她觉得自己也责无旁贷，经常留住一些去见老师的学生在家吃饭，让他们改善一下伙食，甚至学生的爱人、恋人也一起在她家吃饭；有的学生一段时间没去她家，或生病了，她就把做好的饭菜送到学生宿舍；凡是有学生远行或毕业，她必以家宴饯行；报考何教授博士生的学生在考试完毕会全体得到赵女士亲手烹调的家宴款待；何先生的住房条件改善之后，有的学生会住在先生家里，有的已工作的学生因离家远，夫妇都住在何老师家里……

何教授烟瘾极大，乃是下放农场改造期间养成的恶习，每天几乎烟不离手，因此染上了严重的哮喘病。据何华辉教授的学生回忆称，20 世纪 80 年代末，他已不怎么能自如活动，到了 90 年代，出门就只能坐轮椅。由于他哮喘病加重，健康状况每况愈下，每年冬天都要离开武汉到海南过冬，病重时上下飞机都得用轮椅抬，洗澡不能自理，呼吸要借助氧气，发展到后期晚上睡觉甚至无法躺下。

这期间赵女士对何教授的照顾无微不至，同时她还兼照顾他的弟子们。何华辉教授一生的挚友许崇德教授评价赵女士称：“何华辉教授的事业得助于夫人赵宗荃女士的牺牲精神。老赵同志茹辛耐苦，功不可没。友侪及学子们都不会忘记她的。”1995 年冬由于何教授考虑往返武汉海南之间兴师动众，决意在武汉过冬，孰料就此一病不起，于 1996 年 1 月 17 日不幸辞世。在先生弥留之际，何教授还惦记博士点的建设和在校博士生的继续培养问题，并留下遗言，将他名下的学生托付给马克昌和许崇德教授照顾。

回顾何华辉教授一生，尽管历经磨难却最终成就非凡，为学为人皆堪为师表。武大老校长曾评价何教授称“华辉同志惟学术是从，唯真理是从，在宪法学领域中探幽发微 40 余年，坚持马克思主义而又博采众长，卓然成家。在他的指导与带领下，武汉大学的宪法学走在国内本学科的前列，这是华辉同志以心血凝成的硕果”。

学术贡献

(一)主要研究领域及学术贡献

何华辉教授的学术研究主要围绕宪法领域的基本理论问题展开,以国家政权形式、公民基本权利、政党制度、宪政历史延革作为学术关切的重点。何华辉教授的研究始终立足于发掘宪法实施制度的中国化路径,努力廓清宪法研究中的非法学因素,坚持民主、法治、人权等核心价值。

他在一个特殊的时代环境里围绕宪政基本理论概念进行了开创性的研究与思考,在许多方面发前人之所未发,其研究始终以规范国家权力运作与保障人民权利作为出发点,特别是其撰写的《比较宪法学》一书文字洗练、陈义高远,立论扎实,体系和内容方面创新开拓而卓然一家,该书对我国比较宪法学的研究对象,范围及研究方法提出了独到见解,对建立新的比较宪法学体系作了开创性的尝试,被学界誉为我国比较宪法学研究成果的代表性成果。何华辉教授在宪法学科之外研究还旁及法制史、司法制度、经济制度与跨文化领域的比较研究。

1. 宪法学基本概念研究

第一,合理的宪法概念。何华辉教授认为,合理的宪法概念应该是:宪法是集中表现统治阶级意志的国家根本法。以往社会主义国家的学者在解释宪法的概念时,普遍强调宪法的阶级性,虽然这有助于理解宪法的实质内容,但却忽视了其形式上的特征。而且即便在实质方面的界定,也仍然存在明显缺陷,诸如宪法是特定社会经济基础的上层建筑的宪法概念就不太恰当,因为其他法律,乃至政治、文学、艺术和宗教等,都是建立在特定社会经济基础之上的上层建筑。他认为,科学概念是反映科学研究对象所具有的特殊属性的一种思维形式,它要求反映出一个事物得以区别于其他事物的本质特征。宪法的本质特征是集中反映统治阶级意志,其本质特征决定了它在法律体系中的形式方面的特殊属性。尽管这种特殊属性只是形式上的,但它能使宪法的本质属性表现得更加明显、更为深刻,因而也应该成为宪法概念的重要组成部分。

第二,宪法形式分类的意义。何华辉教授认为,社会主义国家的学者一直以未能揭示出宪法的本质为由去指责西方传统的宪法形式分类方法,是一种较为轻率且过于片面的认识。一般来说,社会主义国家学者认为这种宪法形式的分类方法是一种虚伪的分类,因为其无法揭示宪法的本质。何教授认为,这种批评带有一定程度的片面性,如果把传统的分类方法放在一定的历史范围内加以考察,会发现我们对这种分类方法的指责过于苛刻。他指出,当宪法本身属于同一本质因而尚无本质上的区分时,要求前辈学者对宪法进行本质上的分类,是违背科学研究中的历史唯物主义原则的。即使从宪法发展的全过程考察,形式上的分类方法虽然没有揭示宪法的本质,但也不应对其全盘否定。因为这种分类方法对于我们理解同一本质的资本主义各国宪法的特点,进而探索这一特点产生的原因及其后果以及帮助人们理解不同本质的宪法特点也有帮助。

第三,宪法实质分类的意义。何教授认为,对于宪法是否虚伪,要做审慎的判断。资本主义类型的宪法是一种假中有真、真中有假、虚实共存的宪法,并非完全是虚假的。例如,国家的资产阶级专政性质在宪法中被表现为全体国民的主权是其虚构成分,但私有财产神圣不可侵犯的原则也有其真实存在性,尽管私有财产神圣不可侵犯的原则是通过对财产权的平等保护来实现,可实际上受到特别保护的只是富有者的财产。而社会主义宪法的确是一种非虚假的宪法,但并非一切条款均与现实完全一致,其中包含着某些纲领性的成分,有的是作为奋斗目标加以规定的,有的是经过短期的努力奋斗就可以实现的。他认为,这种纲领性的成分虽然不是完全实现了的东西,在宪法中却有必要加以规定,而且规定它是为了努力实现它,这和资本主义类型宪法用以粉饰门面的虚假规定有原则上的区别。

第四,资本主义国家宪法产生的一般规律和特殊方式。何华辉教授认为资本主义国家之所以必然产生宪法,是因为三个方面的条件促成的。其一,在政治上有制定根本法的必要。资产阶级在建国初期,面临着防止封建复辟、防止工农革命、培养本阶级人才等重要任务,因而就需要将民主形式规定为法律,再把这种法律提到国家根本法的地位。其二,在经济上有制定根本法的需要,在资本主义国家,其剥削方式日趋隐蔽,要求资产阶级创造一种新的隐蔽的统治形式以适应经济上的需要,制定一个民主形式普遍化的宪法正好能够适应这一需要。其三,在法律形式上具备了制定根本法的条件。资本主义生产关系突破了原来的自然经济的老式框架,发展了商品经济,民事方面的法律关系地位日益突出,各种部门法分离独立的倾向已经显露出来,为根本法的产生提供了可能条件。

第五,关于宪法序言的效力。何华辉教授认为,宪法序言的产生是由制宪者的需要和宪法的规范性特点决定的。宪法序言通常记载制宪者通过和平或非和平手段取得的胜利成果,乃是确认制度性的根本问题,宪法正文的规定不能违背序言所体现的原则。但是,尽管序言的地位和作用如此重要,但何华辉教授认为,在对待序言效力问题上应该具体分析,区别对待。要言之,记载历史事实的部分应当完全没有法律效力,确认基本原则的部分须和宪法文本的规范结合起来才有法律效力,而属于规范性的部分则具有完全的法律效力。

第六,区分人治与法治。何华辉教授创造性地提出了区分人治与法治的根本标准,人治与法治并不是简单地从是否有人的作用和是否运用法律来决定的。国家治理中有人的作用不等于人治,有法的存在不等于法治,划分法治与人治的最根本的标志,应是看在法律与个人意志发生矛盾冲突的时候,是法律的权威高于个人意志,还是个人意志凌驾于法律之上。凡是法律权威高于个人意志的治国方式都是法治,相反则是人治。同时,他还对法治与法制的概念作了明确区分。他认为,法治以法制作为基础和前提条件,法制以法治作为目标和归宿。如果一个国家没有一整套法律和法律制度,或者法制不健全,就谈不上法治。事实上,建立和健全自己的法制,其目的正在于实现法治。

第七,公民基本权利。何华辉教授论证了公民基本权利条款在我国社会主义宪法中的重要地位。他指出,公民基本权利和义务是宪法中极其重要的内容,它不仅反映了我国公民在国家生活中的法律地位,而且也体现了我国社会制度和国家制度的社会主义本质。他强调我国社会主义经济制度是人民民主专政的基础,也是进行现代化建设的重要保证,它的巩固和发展关系着国家和人民的根本利益。提出,在为公民基本权利进行分类时应该将公民还原成为人这个基础属性,并且根据人的基础属性来相应作政治生活、社会生活、个人生活的区分。从而在基本权利问题上谋得共识,形成能够为学界广泛接受的分类原则。

第八,宪法与宪政关系。何华辉教授对于西方发达国家与亚洲国家的宪政革命历程有着深入研究。基于历史实证研究之上,他提出一国宪政水平取决于该国宪法得到实施的水平,而宪法实施又高度依赖于宪法监督机制的运作。宪法监督的重要性不仅在于保证宪法本身的贯彻执行,更为重要的是宪法是一个国家民主制度的基石和法律制度的核心。

另外，还特别指出，任何一国宪政体制的确立都有其历史原因与现实需要，而在宪政制度建设中，政党制度发挥着重要作用，宪政体制决定着政党斗争的性质，而政党斗争又成为宪政体制演进发展的重要推动力量。

第九，对我国民主现状的评估。何华辉教授认为，"民主"一词指人民的权力，它应该包括内容和形式两个方面的含义：体现国家阶级本质的特定内容和与之相适应的表现形式。民主内容决定民主形式，但民主形式对民主内容有极重要的影响，它可以促进特定阶级民主的发展，也可以导致这种民主的衰亡。由于受到"左"的思潮影响，忽视民主形式的思想在我国仍然存在，这种思想倾向必须加以克服。他认为，我国民主内容的发展可具体的归结为扩展民主主体、缩小专政对象和扩张公民享有的民主权利的范围，而民主形式的发展可归结为实现民主的方式方法日趋完善。

第十，马克思主义不反对人权主张。针对部分宪法学者发表文章否定人权口号的主张，何华辉教授发表了《也谈人权问题》一文，指出有关作者误解了马克思、恩格斯在人权问题上的立场，并且指出人权只能是阶级的人权，不可能是完全普通的人权。在论及人权问题与消灭阶级的关系时，指出，应当对人权问题给予阶级分析，把社会主义制度下维护人权的斗争置于消灭阶级的要求范围之内。

2. 国家制度形态研究

第一，区分政体与政权组织形式。何华辉教授认为，政体与政权组织形式并不能够等量齐观，两个概念侧重不同。政体着重于体制，政权组织形式着重于机关，体制粗略地说明国家权力的组织过程，机关则具体涉及各机关之间的相互关系。而且，就世界各国而言，有社会主义的共和制国家与资产阶级的共和制国家，它们的政体相同，但它们的政权组织形式、各个国家机关之间的关系却迥然有别。由于视政体和政权组织形式为同一事物，往往导致片面的研究政权组织形式，忽视对政体的分析研究。所以，他主张有必要区分政体和政权组织形式各自的含义。

他指出，政体和政权组织形式都是实现国家权力的形式，两者有密切联系，但他们又有区别，两种实现国家权力的形式各有侧重点。政体着重于体制，政权组织形式着重于机关。整体粗略地说明国家权力的组织过程和基本形态，政权组织形式则着重于说明实现国家权力的机关以及各机关之间的相互关系。且进一步提出，决定资本主义政权组织形式与社会主义政权组织形式根本分野的核心因素有两点：其一是国体；其二是政权组织原则。

第二,政治体制改革。在政治体制改革问题上,何华辉教授既反对全盘西化也反对盲目排外。他强调中国的政治体制是贯彻的议行合一原则,因此反对按照三权分立原则去改革我国的政治体制。但是,在政治理论的角度上看,我们不应完全否定三权分立学说——这个原则在反对封建专制主义的斗争中起过进步作用。它推动了资本主义生产关系的发展,促进了资产阶级民主制度的建立。它的历史功绩不宜轻易加以抹杀。同时,在当代一些存在行政专横、寡头统治、公开践踏资产阶级民主行径的资本主义国家里,这个原则仍不失为这些国家的进步力量用来进行斗争的一种暂时手段。即使在从根本上排斥这个原则的社会主义国家,也可借鉴其中某些具体经验加以改造利用,明确国家机关之间的内部分工,加强国家机关之间的协调配合。社会主义国家的政治体制在其建立与发展的过程中,有它自己独特的根本不同于资本主义国家的理论原则。我们反对全盘西化但并不拒绝吸收西方国家政治体制中可以为我所用的某些具体经验。

第三,政党制度研究。何华辉教授深刻阐述了政党政治与宪法规范的发展以及与宪政体制之间的相互关系。他提出了政党政治之宪法惯例的概念,提出了政党政治之宪法惯例与宪法规范具有同等效力的重要命题。认为,代表资产阶级不同利益集团的各个政党之间的矛盾冲突必然表现为政党之间的斗争,这种斗争一般围绕着宪政体制进行,他特别强调宪政体制决定着政党斗争的特征,而政党斗争又成为宪政体制演进发展的重要推动力量。

这种力量表现在两个方面:一方面在于补充新内容。在政党政治制逐步发展的过程中,涉及关于政党的组织与活动的规定日益增多。这些新补充的宪法内容虽然没有改变原有的宪政体制,但绝不能由此低估它对原有的宪政体制的巨大影响和作用。从宪政体制的实际运用来说,政党斗争给宪政体制增添的新内容使西方各国国家机关间的分权与制衡关系变为执政党内部的权力分配与协作关系或政党之间的分权制衡关系。另一方面在于改变旧体制。他认为,一个国家的宪政体制的确立,总有它独特的历史原因和现实需要,要改革旧的宪政体制,建立新的宪政体制,不可能一蹴而就,资本主义国家中通过暴力、政变方式改变宪政体制的实例屡见不鲜,但是政党斗争所引起的宪政体制的改变却并不多见。

何华辉教授认为，政党的主要职能在于维护政权或夺取政权。其中代表统治阶级的政党把维护本阶级的政权放在首位。这与宪法确认和巩固统治阶级政权的价值取向存在高度的一致性。但在政党政治尚不完备，政党制度尚未形成时，政党在宪政中的实践活动找不到宪法依据，因而不得不运用自己的创造能力开创先例，于是也就产生了许多关于政党活动的宪法惯例。随着政党政治的发展和政党制度的形成，一些国家出现了关于政党组织与活动的宪法规范。现在，政党政治已进入宪法惯例与宪法同时适用的时代。

第四，司法制度研究。何华辉教授明确指出，司法制度乃一国宪法学体系中不可分割的部分，并明确将司法制度纳入其宪法学理论体系中，从而在国内较早地提出政治问题不予审查、立法权自律和推定合宪性等至今仍属热点问题的违宪审查原则。特别是在司法独立方面，先生不仅创造性地揭示了司法独立的基本内涵，而且提出了当今学术界风靡一时的高薪养廉主张，堪称引领学术前沿。

他指出，宪法意义上的司法独立具有两种含义：一是司法权的独立，即司法权相对于立法权和行政权而言是独立的。这种含义的司法独立为采用三权分立制的西方国家所赞赏，却为实行议行合一制的国家所扬弃。二是司法机关在审理案件中实行法官独立，只服从法律的原则。这种含义的司法独立，两种不同类型的国家都在提倡，其实现至少需要具有两个条件，即法官的权能保障与法官的职业保障。

他认为，所谓法官的权能保障，即法官在执行职务、行使审判权时，应具有独立的能力。这是两种不同类型的国家在不同理论运用上的一种殊途同归。宪法关于法官独立只服从法律的规定，能防止立法机关、行政机关公然干涉审判工作，对法官的审判职能起着重要的保障作用。但是，法官若对其地位能否保持产生疑虑，那么宪法关于法官独立只服从法律的规定便很难真正贯彻执行。因此，法官的职业保障是法官的权能保障的必要条件。他认为法官终身制能保证法官消除丧失职位的顾虑，更有利于审判独立。但是在实行民主集中制的社会主义国家里，人民代表机关是一切其他国家机关的组织者和监督者，是统一集中地行使国家权力的机关，如果在任期有限的人民代表机关之外，设置终身任职的法官，便会和民主集中制、国家权力机关对审判机关的监督发生矛盾。

实行法官限期任职制的西方国家，则多有法官可以连任以及在法官任职期间除特定原因、经特定程序之外不得免除、停止、调动其职务的规定，从而有利于保持法官职业的稳定，保障审判独立。

何华辉教授强调，法官的生活待遇涉及法官在行使职权时能否不受物质引诱，依法审判，因而也是审判独立中的一个重要问题。现代国家对法官的工资待遇一般都比较优厚。有的国家还在宪法中明确规定法官的报酬在其任职期间内不得减额。先生坦承，在法官生活待遇方面，西方国家比社会主义国家更为重视，值得社会主义国家学习。

第五，比较宪法研究。何华辉教授对中国宪法学特别是比较宪法学的发展做出了开创性的贡献。他认为，一般的肯定辩证唯物主义和历史唯物主义对于宪法学研究的指导意义是远远不够的。关键的问题在于怎样根据宪法学的学科特点和宪法学研究的当前任务创造性的理解和运用这种有普遍意义的方法论。对于宪法学而言，最重要的是要解决对宪法现象与社会物质生活条件的关系的认识问题。社会物质生活条件决定着社会的思想观念和政治法律设施，因而宪法的产生根源和纷繁复杂的宪法现象发展变化的终极原因，都必须到相应的社会物质生活条件中去寻找。

作为比较宪法学家，何教授对于唯物辩证法中普遍联系的观点有其十分独到的理解。一部宪法从内容到形式都是一个互相联系的整体，对于宪法的认知，既要整体把握，也要培养对于宪法局部清醒的认知。同一社会物质生活条件下产生的宪法，往往因为民族特点、文化历史传统以及具体的阶级力量对比关系的差异，而使宪法规范的表现形式也发生差异。此外，宪法的研究属于社会科学范围，谈论社会的政治法律现象不能忘记其基本历史联系。必须以历史联系的观点对宪法进行比较研究，这样才能揭示出宪法的产生和发展的规律。

对于宪法学的比较方法，何教授在两个方面做了重大贡献：

首先，确立比较宪法学的方法与原则。何华辉教授以辩证唯物论作为根本指导思想，着眼于揭示研究对象本质的需要，从宪法实质与宪法表现形式相联系的角度，提出并论证了对宪法规范进行比较研究的三种基本方法，这些方法也构成比较研究宪法规范的原则或标准。他提出，比较宪法学是人从比较对照的角度加深对宪法的产生、本质及其发展规律的研究和认识的科学。比较宪法学的这一学科规律性，就决定着它的研究对象、研究的范围和内容。针对过去的比较宪法学研究通常没有深入的理论分析、叙述起来往往在宪法形式的范围内堆砌罗列的情况，他提出按研究对象的不同将比较宪法学的内容分为两大部分，并对展开比较研究的范围、原则、方法等主要方面提出了系统的观点。

这些比较方法和原则的提出，是比较宪法学研究方法论的重要突破，要言之，主要有三个方面：

第一，比较研究资本主义各国宪法在同一本质下的不同表现形式。一切资本主义国家的宪法都确认、维护生产资料的资本主义私有制和资产阶级专政，它们的本质都是维护资产阶级的经济和政治利益，但这一本质在不同的国家、不同的时期，甚至同一国家的不同时期都有不同的表现形式。对于资产阶级政治统治的不同表现形式及其实际运用和理论说明都需要进行深入的比较研究，不能简单化、教条化的进行解释。

第二，比较研究社会主义各国宪法在同一本质下的不同表现形式。社会主义宪法确认、维护生产资料的社会主义公有制和无产阶级专政，它的共同本质是维护无产阶级、广大劳动人民的经济和政治利益。同样地，不论在历史上或在现实中，不论是中国还是其他社会主义国家，维护这种利益的方式也有不同，因而在宪法规范中也有不同的表现形式。所有各种不同表现形式都应加以比较研究，而且这种研究应当为我国的政治体制改革服务，为完善人民代表大会制度服务。

第三，比较研究两种不同历史类型宪法所反映的不同本质以及不同的与相同的表现形式。两种不同历史类型的宪法表现不同阶级的意志和利益，各自维护它所由制定的阶级的政治和经济统治，这种不同的本质是比较宪法学所要研究的一个极其重要的方面。但是资本主义国家的宪法规范常常对本质问题不做完全真实的反映，有的规范甚至具有虚假性，因此，必须进行仔细的去伪存真地分析研究工作，才能把它的本质揭示出来，才能比较出它和社会主义宪法的本质差异。

其次，撰写《比较宪法学》。《比较宪法学》这部近30万言的著作是何华辉教授在研究环境极其困难的条件下完成的专著。这是中国宪法研究史上继王世杰、钱端升教授所著《比较宪法》之后具有划时代意义的比较宪法学专著之一。它的问世不仅标志着一种全新的比较宪法学体系的诞生，而且也标志着我国整个宪法学研究，特别是比较宪法学研究迈上了一个新的台阶。

《比较宪法学》出版后，立即引起学术界的高度关注，不仅国内各著名高等院校将其列为宪法学、行政法学和政治学专业研究生的必读参考书，而且也被国外一些著名大学法学院列为公法研究生的重要参考书。该书还先后获武汉大学优秀教材一等奖、武汉市社会科学联合会优秀科研成果二等奖、湖北省社会科学联合会优秀科研成果二等奖和国家教委优秀教材二等奖等诸多荣誉。

3. 制度经济学研究

何华辉教授提出，在合理的宪法经济制度的概念中，经济制度是一个国家用宪法、法律所确认和规定的各种生产资料所有制和它们所构成的经济成分，国家对各种经济成分的基本政策与管理国民经济的原则等方面的制度总和。其中包含着相互联系的三个部分，其中生产资料所有制应该列入概念之首。他同时矫正了社会主义国家宪法学者对宪法经济制度之概念的不恰当表述，并在国内宪法学界率先论证了经济计划与市场机制的关系。早在 1986 年的宪法学讲义中，就提出了资本主义也有计划，社会主义也需要引入市场因素的重要论断，并预言社会主义国家宪法将在这个问题上有所突破。

他指出，资本主义和社会主义两种不同历史类型的国家在经济计划与市场机制的结合上有相似之处，但它们结合的产生发展过程却截然相反：资本主义国家先强调市场经济后产生国家干预，社会主义国家先实行计划经济后重视市场机制。市场机制与计划经济表面上似乎是对立的，但实际上却存在密切关系。因为商品货币关系不仅存在于非社会主义经济机制中，而且也存在于合作经济与国有经济之中；商品经济的发展是社会主义经济发展不可逾越的阶段；社会主义的计划经济必须自觉依据和运用价值规律。因此，社会主义国家引进市场机制，肯定会产生良好效果。它将使计划决策由集中决策变为多层次决策；将加强各个层次经济活动的配合和联系，使微观经济活动适应宏观经济活动决策的要求；将促进社会主义的竞争，促使企业提高自己的竞争能力。

何华辉教授认为，国内外宪法学者对经济制度概念的表述各有优劣，总的看来存在两个问题：首先，在客观因素的表述上，没有明确表述由所有制所构成的经济成分，只说明了所有制的性质和形式。因为所有制的形式可以理解为社会主义公有制的两种形式，即全民所有制和集体所有制。如果所有制不构成经济成分，就只能是马克思所说的不以人们意志为转移的物质关系，不可能加入人们的主观因素。其次，在主观因素的表述方面,虽然社会生产目的、分配社会产品的制度比较明确,但它和管理国民经济的原则却有重叠之处。

(二)法律教育与人才培养

1. 人才培养

在进行学术研究和学术交流的同时,何华辉教授倾注了大量精力用于研究生的培养。针对当时宪法学研究人才匮乏的现实,他将培养一批德才兼备的宪法学新生力量作为头等大事。自1982年起招收硕士研究生,1991年起招收博士研究生,何华辉教授先后共培养了20多位博士、硕士研究生,并且门下研究生大多活跃在当今中国法学教育第一线,并已成为法学研究和教育队伍中的重要力量。

何教授在指导和培养学生的过程中,一直强调做人重于做学问。他认为,学者当然应当有学问,但做学者首先要做人,做人与做学问相比,做人更重要。做人不过关,学问越大对社会越没好处。在他看来,做人不是一句空话,是有特定内容的。人是各种社会关系的总和,受到社会关系潜在的要求与制约。从大处讲,作为国家、民族、社会的一员,对于这些尽管抽象但确实与每人息息相关的概念,应当有一个公民基本的热爱与忠诚,应当培养一个现代公民所应具备的各种素养与责任心;从小处讲,同乡之谊、同窗之谊、同事之谊,各种人际关系也是我们生活中必须面对与处理的问题,要想顺利的发展成长就不可能不去花精力处理协调好这些利益关系。

尽管何教授对学生要求严厉,但他对于学生生活方面却也关怀备至。他知道学生大多生活条件不佳,因此每逢佳节便会设家宴款待学生,让诸多学子在自己家美食一顿,有的学生有事不能赴宴,他还会嘱咐师母将菜亲自送至宿舍,凡遇上学生生活困难,也每每慷慨解囊,在学生出国深造、考博等大事上更是全力提携。

2. 中外法学交流

1985年何华辉教授应邀赴美国、加拿大讲学,在耶鲁大学、新泽西州立大学和渥太华大学讲授中国宪法。1986年他作为中荷学术交流计划的中方学者,在荷兰鹿特丹大学、莱顿大学等6所大学法学院讲演中国宪法专题。回国后,即撰写了《访美杂感》、《访荷杂感》等系列文章介绍西方法学教育的现状,并相应提出中国法学教育改革的看法与认识。1988年又应日本早稻田大学比较宪法研究所的邀请,为纪念该所成立30周年撰写了《中国宪法之特色》。这些学术活动扩大了西方学术界对中国法学界特别是宪法学界的了解，增进了中外法学交流和学术合作。

主要论著

（一）著作

1.《什么是人民代表大会制度》，湖北人民出版社 1955 年版。

2.《比较宪法学》，武汉大学出版社 1988 年版。

3.《分权学说》，人民出版社 1986 年版。

4.《宪法与民主制度》，湖北人民出版社 1982 年版。

5.《治国安邦的总章程》，武汉大学出版社 1983 年版。

6.《人民代表大会制度的理论与实践》，武汉大学出版社 1992 年版。

7.《何华辉文集》，武汉大学出版社 2006 年版。

（二）论文

1.“中华人民共和国的国体——谈谈人民民主专政”（合写，合作者邓波），载 1982 年《长江日报》，具体日期无法明确。

2.“中华人民共和国的政体——人民代表大会制”（合写，合作者邓波），载 1982 年《长江日报》，具体日期无法明确。

3.“我国公民的基本权利和义务”（合写，合作者邓波），载 1982 年《长江日报》，具体日期无法明确。

4.“人民代表大会制度的新发展”（合写，合作者许崇德），载《政治与法律》1982 年第 1 期。

5.“略论我国一九七五年宪法”（合写，合作者许崇德），《法学论集》1981 年版。

6.“我国新宪法同前三部宪法的比较研究”（合写，合作者许崇德），载《中州学刊》1983 年第 1 期。

7.“建立新的比较宪法学刍议”，载《中国法学》1985 年第 2 期。

8.“三权分立与议行合一的比较研究”（合写，合作者许崇德），载《法学评论》1987 年第 3 期。

9.“简论坚持和完善人民代表大会制度”，载《法学评论》1991 年第 1 期。

10.“社会主义民主旗帜的伟大胜利”，载《政治与法律》1992 年第 6 期。

（撰写者：秦前红）

吴家麟

学术简历①

吴家麟(1926年6月～　),福建省福州市人。

1951年北京大学法律系毕业后,进入中国人民大学法律系国家法研究生班学习。1951年年底调入中国人民大学法律系国家法教研室任教。历任中国人民大学法律系讲师、宁夏大学副教授、教授、特聘教授、副校长、校长,宁夏回族自治区人大常委会委员;兼任中国法学会理事、中国政治学会理事,中国法学会宪法学研究会副总干事,中国法律逻辑学会副会长,中国高教学会理事,宁夏法学会、宁夏高考学会名誉会长,宁夏写作学会会长,《中国大百科全书》(法学卷)编委兼宪法、行政法分支副主编。1984年获国家级有突出贡献的中青年专家称号。1989年被评为全国优秀归侨、侨眷知识分子。1992年起享受国家特殊津贴。2012年9月获得中国法学会授予的"全国杰出资深法学家"称号。

福州市系福建省省会,历史上因州北有福山而得名,又因市内遍植榕树,绿荫掩映,秀美宜人,故又被称为"榕城"。福州历史文化悠久,有尊师重学之传统,因此人才辈出,如宋代名相李纲,近代抗英民族英雄林则徐、一代鸿儒严复、文学巨匠谢冰心等,皆为世人尊崇。吴家麟教授的父亲吴庆云是保定军校三期毕业生,为国民党军低级军官;母亲郑锦珊,贤惠端庄,相夫教子。幼年的吴家麟随父母移居厦门,在禾山炮台(厦门大学对面)住了三四年,后因父亲过世举家迁回福州,就读于大同小学。日本帝国主义发动侵华战争,战火蔓延至东南沿海,福州也未能幸免。为了躲避战火,人们大多迁徙闽北,学校也搬迁至内地闽清六都,吴家麟教授一人孤身在外求学到初中毕业,生活清苦,时日艰难,但并未荒废学业,仍励志求学,奋发进取。初中刚毕业,吴家麟教授母亲逝世,从此失去生活来源,走投无路之下只好辍学去宁化做了两年多的度量衡鉴定工作。后来,在

① 吴家麟教授的生平部分主要根据韩大元、朱福惠、徐振东、陈珺珺著:《学界名家、师之楷模吴家麟先生之生平》一文修改整理而成。该文载《厦门大学法律评论》2005年第9辑。

父亲保定军校同窗好友的资助下,得以继续求学,并作为战区生就读于福州高级中学(现为沙县中学所在地),后班级回迁福州东街三牧坊福州高级中学原址继续学习。吴家麟教授年少时对社会知之甚少,更不懂法律为何物,但一次偶然的境遇却把他与法学终生连接在一起。在福州高级中学就读时,学校不远的地方就是福建省高等法院,法院经常开庭,允许社会旁听,因好奇,他走进法院旁听,竟然对法律产生了浓厚的兴趣。法庭上的公开辩论,原告律师与被告律师之间的精彩舌战让先生最为着迷。在法庭上,控辩双方慷慨激昂、针锋相对,唇枪舌剑的辩论场面,律师们身着锦绣长袍,风度翩翩,气宇轩昂,挥洒自如,才思敏捷的形象令他为之折服。以至于将律师作为自己以后择业的志向,梦想着自己也能成为像他们一样的博学多识、匡扶正义的雄辩之人。

1947 年高中毕业后,在父亲好友的资助下,他专程到上海报考各地的名牌大学,法律专业自然成了报考重点。发榜之时,他被北京大学、复旦大学、中山大学、厦门大学作为正取生录取(当时录取分为正取与备取,正取为已经正式录取,是第一批录取,名字在报纸上公布。备取为预备录取)。他选择了北京大学法律系,从此,与法学结下了不解之缘。

1949 年北平和平解放,为响应中国共产党建设新中国的号召,各种人才纷纷云集北京,为建设新中国而努力。一批民主人士从香港辗转北上,准备参加新的政治协商会议。几位学界精英还应邀到北大兼课,吴家麟教授的授业恩师张志让先生就是其中之一。张志让先生是江苏武进人,早年留学美国,1915 年就读于美国加利福尼亚大学,后入哥伦比亚大学法律系学习,毕业后又入德国柏林大学学习法律,回国后,从事法学研究和文化教育工作。张志让先生精通英语和德语,学识渊博,先在北洋政府的大理院任推事(相当于最高法院法官),后任复旦大学校长。1937 年,沈钧儒等“七君子事件”爆发,张志让先生作为律师团首席律师为“七君子”辩护,他在苏州法庭上仗义执言,据理力争,表现出了无私无畏、敢言善辩的大律师风范。中央人民政府成立后,张志让先生担任最高人民法院副院长,参与了 1954 年宪法的制定。当时张志让先生还在北大法律系兼课,讲授宪法学和新哲学两门课程。吴家麟教授当时是宪法学课的课代表,与张志让先生接触很多。在课堂上,张先生渊博的学识、雄辩的口才深深地吸引着同学们。张志让先生性情豪爽,乐于助人,虽然事务繁多,少有闲暇,但对同学的生活和学习却关怀备至,给予了很多鼓励和帮助。吴家麟教授倾慕张志让先生的学识与风骨，对宪法学课尤其热衷。在张志让先生的热情支持下，由吴家麟教授出面组织了一个学生的宪法学研究小组，开始了对中外宪法问题的探讨，这更加深了他对宪法学这门学科的兴趣。吴家麟教授聪敏好学，求知欲很强，在张先生的激励与期许下，刻苦攻读宪法学，努力充实自己。张志让先生是吴家麟教授进入宪法学领域的启蒙者和引路人，其思想与理论乃至处世态度对他影响至深。张志让先生于1978年因病逝世，享年85岁。张先生古道热肠，在极左的年代也经历了若干的烦恼与波折，但其意志坚定，不畏艰难，为新中国的法学研究与教育做出了重要贡献。

1951年北大法律系毕业后，吴家麟教授被选入中国人民大学法律系研究生班学习。在选择专业的时候，毫不犹豫地选择了宪法学。当时的宪法学沿用苏联的名称，称为"国家法"。1951年年底，由于工作之需，调入中国人民大学法律系担任教师，从事宪法学教学和科研工作。1954年9月第一届全国人民代表大会通过了新中国第一部宪法，该宪法标志着中国社会主义民主建设进入了一个新的发展阶段。吴家麟教授自始就对新宪法给予了极大关注，新宪法正式颁行后，出版了自己第一部论著《宪法基本知识讲话》①，积极宣传新宪法的精神和意义。这是新宪法颁布后第一本系统宣传宪法的书，也是一本宪法的基础读物。介绍了马克思列宁主义关于宪法概念和本质的学说，从阶级本质、内容、形式和作用等方面说明了宪法的基本范畴；分析了我国宪法制定的意义与历史功能。在本书中，他提出的宪法概念和分析宪法问题的基本方法，对新中国宪法学的建立与发展产生了重要的学术影响。该书由中国青年出版社出版，在全国产生了重大学术影响。

当时，中国宪法学处于新旧法学交替转换时期，遵循西方宪法理念的宪法学已基本废止，而马克思主义法学尚处于初创摸索阶段。新宪法颁布后，宪法学一时成为显学，有关宪法学的著述文章纷纷见诸报端。但具中国特色的宪法学理论还处于萌芽状态，大学法学课程的设置以及课程名称基本上从苏联移植而来，宪法学教材主要是翻译莫斯科大学法律系使用的俄文版教材，所以承袭苏联宪法学是当时中国宪法学研究的实际

① 吴家麟编著的《宪法基本知识讲话》，1954年7月由中国青年出版社出版，全书共73000字，第1版印刷90万册。

情形。吴家麟教授在中国人民大学法律系国家法教研室专门讲授宪法学课程，当然把很多精力放到研究苏联宪法上。但他并不完全照搬苏联国家法学的理论，而是将马克思主义原理运用于中国宪法的理解上来，对新中国宪法的原则、特点有自己独到的见解和认识。所以，吴家麟教授的宪法课生动饱满，风趣幽默，神气十足，凭借着对马克思主义宪法学的理论功底以及对中国宪法的深刻理解，使原本枯燥艰深的宪法课变得气氛轻松，经常博得学生满堂喝彩。他还经常在报刊上发表文章，为新中国社会主义法治建设建言献策。这时，他在法学界已经是一位崭露头角、思想活跃的青年才俊。由于出色的工作和科研业绩，1954 年国家首批评定高等学校教师职称时，他被评为讲师。

1957 年是当代中国法治发展的非常年代。“反右”斗争使中国走上了左倾的发展轨道，人治思想逐渐抬头，法律虚无主义盛行，在极左思潮影响下，以权代法、以言代法盛行。目睹这一现象，作为充满社会责任感的学者，吴家麟教授没有顾及个人之利害与得失，对中国的宪法实施和法治建设提出了自己的意见和主张。1957 年 5 月他在中国政治法律学会召开的一次征求意见座谈会上发表了一些激进观点，谈到了人民代表大会制度的问题，认为我国的人民代表大会制度是优越的，比资本主义制度有着无比的优越性，但是在运用这一政治制度的某些环节上有毛病，甚至有严重的毛病。党是人民代表大会的领导力量，但两者应有界限，应有区别，既要实现党的领导，又不能以党代政。他还提出，中央有全国人大常委会而地方却没有，主张设立地方人大常委会。① “应该加强对国家机关工作人员的民主和法制教育，中央领导机关首先在严格遵守法制方面作出榜样。”这些言论成为了吴家麟教授学术生涯的重要转折点，也注定了他未来的生活将充满曲折与坎坷。吴家麟教授因言获罪，被划成“右派”而遭到严重批判，并下放至北京南苑农场劳动，客观上不允许他继续从事宪法学教学和研究工作了。一个才华横溢的学者一下子陷入无尽的政治漩涡中，不能潜心于自己的学术事业，其身心之磨难可想而知。在当时的法学界，“打棍子”、“抓辫子”、“扣帽子”的行径盛行，各种“帽子”满天飞。与教授遭遇相同命运的知名法学家还有钱端升、王铁崖、韩德培、谢怀拭、江

① 朱福惠、徐振东整理：“‘吴家麟宪法学思想暨宪法学发展研讨会’纪要”，载《法学》2005 年第 8 期。

平、何华辉等人，他们都因呼唤法治而成为文字狱的牺牲品。吴教授下放劳动，北京郊区乡村的田间地头都撒下了他的汗水，劳动强度特别大，住帐篷，吃咸菜，宛如普通农人一样辛苦劳作。这些经历令他对人生有了新的感悟，在真实的世界中历练出了自己坚强的品性。

1961 年吴家麟教授前往宁夏工作，一去就是 30 多年，直至 20 世纪 90 年代末正式退休，才离开宁夏，回到老家福州。可以说，他把自己的大部分人生奉献给了宁夏，奉献给了宁夏人民。初至宁夏，被分配到宁夏大学任教，讲授形式逻辑、哲学史和说理文写作课程。虽然与法学和政治学相去甚远，但给自身带来的麻烦和风险也较少。应教学之需，先生遂重起炉灶，改换门庭，奋发耕耘，倒也乐此不疲。虽然迫于当时自己的处境以及法学沦为政治斗争的侍女之形势，他暂时脱离了法学界。但正如他所说，在“我的感情上一直未能割断与法律界的联系，可谓身在逻辑界，心系法律界，我总想能找个机会为法律教育事业做点贡献，哪怕是微不足道的贡献”。在随后的十几年讲授逻辑课的时间中，发表了一系列相关文章，为后来从事法律逻辑学的研究打下了坚实的基础，有鉴于以往法律学科的逻辑教学严重脱离法律工作之实际，吴教授利用通晓法学与逻辑学之优势，致力于探讨逻辑与法律相结合的路子，力求做到学以致用。他在法律逻辑领域所做出的学术贡献，学术界给予了高度评价。

1966 年中国进入十年浩劫。受政治运动和极左思潮的影响，宪法形同具文，法学也弃之如敝屣，法治荡然无存。在“文化大革命”中，吴家麟教授被赶下讲台当了农工，干起最脏最累的活。但幸运的是，他作为先前之“右派”分子，并无资格参与“全民大辩论”与写大字报，从而可以置身于政治斗争之外，得以幸免更大的灾难。在昏暗的岁月里，吴家麟教授不仅没有怠惰时日，反而惜时如金，临池不辍，矢志学术，把宝贵的时间用于钻研马克思主义经典著作，积累下了坚实的理论功底。他指出，理论根底扎实了，对于部门法学，尤其是宪法学的理论研究而言，研究起来就会得心应手，应付裕如了。古人有云：天道酬勤，吴家麟教授后来在法学研究领域进一步取得的丰硕业绩，靠的就是一个“勤”字。

党的十一届三中全会以“解放思想、实事求是”为导向，几近枯竭之法学研究与法学教育若久旱逢甘霖，枯木逢春，顿时呈现一片盎然生机。1978 年我国的第三部宪法颁布。该宪法在总体上以五四宪法为基础，试图克服七五宪法之谬误，但由于左的思想仍然存续，还保留了七五宪法之痕迹，局限明显。后虽经两次改正，仍无法适应社会主义建设之需。其间，吴家麟教授开始关注七八宪法之诞生，并以笔名“政其武”在报纸杂志上发表文章。1979年他被错划为“右派”的问题得到改正，也终于恢复了自己中断20多年的宪法教学与研究工作。学术环境之宽松，政治桎梏之祛除，吴教授好似飞鸟出笼，鱼跃大海，才华终得以显现。同年，他晋升为副教授，并被任命为宁夏大学副校长。此时，吴家麟教授不仅要忙于教学与研究，还要参加校务，所剩空余时间已为数不多，但殚精竭虑，执着于法学研究，为社会主义法治建设积极建言献策。他相继在《人民日报》等刊物上发表多篇论文，系统阐释社会主义民主与资产阶级民主之间的区别，使人们对于社会主义民主的本质和特征有了较为清晰的认识。20世纪80年代初，鉴于当时国家政治民主生活中领导干部中存在的民主观念薄弱，民主作风较差，党政不分，以致全国人大不能发挥其作为最高国家权力机关的监督职能的实际情形，吴家麟教授在《光明日报》上撰文指出，必须从体制上进行改革，从思想上提高认识，在行动中发挥民主，才能使全国人大成为名副其实的最高国家权力机关；并且深刻分析了坚持党的领导与维护宪法尊严之间的关系。他指出，既要坚持党的领导，又要维护宪法尊严，应该成为宪法修改之指针，两者是统一的。树立法制权威和维护法制尊严，首先必须树立宪法的权威和维护宪法的尊严。法治意味着任何个人都要在法律的约束之下进行活动，不承认有凌驾法律之上或超越法律之外的个人的或阶级的特权，法律的权威高于个人的权威。为了树立宪法的权威和维护宪法的尊严，除了要有一部比较完备的宪法，使国家机关及其工作人员有法可依，有章可循之外，还要有一套监督宪法实施的办法和制度。各级党组织和每个党员都不得有任何违反宪法的行为，而且要带头维护维护宪法的尊严和保证宪法的实施。1982年，吴家麟教授分别在《宁夏大学学报》和《民主与法制》上刊登文章，宣传新宪法草案的内容与精神，并对新宪法草案提出了自己的意见与认识。此外，他还以各种方式向新宪法起草小组提出了自己对修宪的建议与看法，他的一些意见和主张以及法学研究成果后来被宪法起草小组采纳。

八二宪法颁布后，围绕新宪法的介绍与阐释，学者们展开了全面而细致的讨论，宪法学研究春笋茁壮成长起来，进而枝繁叶茂，一片兴旺的景象。当时，国内还没有一部系统完整而又反映新宪法内容与特色的宪法学教材。主持司法部法学教材编辑部工作的王珉灿先生找到了吴家麟教授,委托他主编《宪法学》教材。凭着对法律逻辑学知识体系及其意义的深邃认知,吴家麟教授建议王珉灿先生将《法律逻辑学》列入首批法学教材的编写系列,并接受王珉灿先生之委托,担任主编。虽然当时学界对法律逻辑学的研究还不够深入,对学科对象还不够清楚,体系还不够规范,但他认为,万事开头难,有胜于无,从粗到精总比从无到有要容易一些,可以通过这项工作来抛砖引玉,促进这一学科更好地发展。这样,在司法部法律教材首批教材编写计划中,吴家麟教授是唯一主持两门学科教材编写工作的学者。1983 年他又被任命为宁夏大学校长,承担的责任更大,任务更艰巨了,既要面对行政管理工作和社会事务方面的压力和挑战,同时又要投入宏大而又艰巨的宪法学教材编写工作去,他不得不夜以继日,不得片刻之停息,只能废寝忘食地工作,经常以办公室为家,直至宪法学和法律逻辑学教材问世。1983 年 5 月他主编的高等法学教材《法律逻辑学》在群众出版社出版,该书首次明确使用"法律逻辑学"这一学科名称。同年,群众出版社出版了由吴教授主编的高等法学教材《宪法学》,该书"以马克思主义关于国家和法律的学说为指导,系统地论述了宪法的本质和发展过程,介绍了各种类型宪法和各国政治制度的内容和主要特点,并根据我国 1982 年宪法的条文和基本精神作了全面介绍和学理分析"。该书是新宪法颁布后国内发行的第一部宪法学教材,产生了重大的学术影响,而且作为全国大专院校通用教材之时间也很长,它的体系内容和编排模式成为后来各类宪法学教材之重要范本。由于该书之创造性成就,后来获宁夏第二届社会科学优秀成果一等奖。吴家麟教授还参与了《中国大百科全书》(法学卷)的编撰工作,任宪法分册之主编并撰写部分词条。鉴于他在法学研究领域之卓著贡献,1984 年获得国家级有突出贡献的中青年专家称号,1985 年晋升为教授。

对于八二宪法,吴家麟教授给予了高度评价,认为新宪法为建设高度文明、高度民主的社会主义国家提供了重要的法律保障。为此,他从 1983 年开始在《法学评论》等刊物上发表了一系列的论文,对我国新宪法在政治、经济和思想文化方面呈现出的重要特点进行了分析和论述,认为新宪法是阶级性与科学性有机的统一,其科学性具体表现于完整性、准确性、现实性、全面性和规律性五个层面,并将其称为"一部有中国特色的社会主义宪法"。随着我国经济建设的飞速发展,对政治体制改革提出了更高的要求。然而,在我国政治生活中存在的一个突出问题就是权力的过分集中,尤以党政不分、以党代政之现象为严重。他于1986年相继在《法学》、《政法论坛》、《宁夏社会科学》等刊物上发表论文,指出实行党政分开是政治体制改革之关键,认为党的领导不是包办代替,力主党政分立,各司其职,实行决策民主化。他在另两篇文章《确立法制思想,坚持依法治国》(1986年发表于《政法论坛》)、《论法治》(1986年发表于《百科知识》)中对当时在法学界存在的"法律唯工具论"提出了质疑,并从依法治国方略这一最高层面对法律的价值和功能进行了深入分析。他认为,在人与法的问题上,应当树立人服从法的观念,树立法律的权威,防止以权代法、以人代法、以言代法的现象出现。为此,还得妥善处理好党与法、政策与法律、人情与国法、改革与法律之间的关系。吴家麟教授是当时较早提出"依法治国"这一概念和术语的学者。1986年5月他与爱妻汤翠芳教授合著的《说理文概论》在宁夏人民出版社出版。该书的文风与写法也从一个侧面反映了他渊博之学识,深邃透彻之哲理。该书不事雕琢,平实浅近,语言严谨通达而富自然之美感。后来该书于1989年获宁夏第四届社会科学优秀成果二等奖。

1988年吴家麟教授在《人民日报》发表《怎样使纸上的宪法变成现实的宪法》一文,对现行宪法实施的经验以及存在的主要问题阐述了自己的看法。他指出,制定宪法不是为了装潢门面,更不是为了糊弄人民,而是为了对国家的富强和人民之幸福起到真正保证作用。其关键就在于如何使宪法之各种规范切实贯彻于实际生活之中,即把"纸上的宪法"变为"现实的宪法"。要保障宪法之实施,必须设有监督宪法实施之机构以及监督宪法实施之机制。后来,他在为纪念现行宪法颁布八周年而写的《论设立宪法监督机构的必要性和可能性》(1991年发表于《法学评论》)一文中呼吁,鉴于我国现行的由全国人大及其常委会来监督宪法实施的宪法保障机制存在若干不足,有必要在全国人大之下设立宪法监督委员会作为专门之宪法监督机构来保障宪法之实施。

吴家麟教授思维敏锐,勇于打破陈规,不迷信权威,不囿流俗。早在1981年,针对当时存在的"竞选是资本主义国家的东西,社会主义国家不能搞竞选"的流行观点,先生在《"竞选"小议》和《论差额选举》等文章中切中要害地指出,没有差额的选举就不能算是真正的民主选举;我们必须解放思想,勇于冲破竞选这一"禁区",破除"社会主义国家不能搞竞选"这一根深蒂固的偏见。长期以来,我国法学界一直都把"议行合一"看成是社会主义国家政权组织的普遍原则，并将之与资本主义之“三权分立”相对立，以此作为姓“资”还是姓“社”的区分标准，并与“民主集中制”相混用。吴教授于1992年在《中国法学》撰文，对“议行合一”学说进行了深刻反思，并旗帜鲜明地提出了“议行不宜合一”之主张。他从巴黎公社是怎样实行议行合一的、为什么巴黎公社要实行议行合一、马克思和列宁是怎样肯定议行合一的、议行合一的利弊何在、我国政权组织原则是民主集中制还是议行合一、议行合一与议行统一是否相同六个方面论证了议行不宜合一，在中国法学界产生了极为巨大的学术影响力。

吴家麟教授风度翩翩，温文尔雅，1956年5月与爱妻汤翠芳女士结婚。夫人既是先生亲爱的妻子，又是先生最得力的助手。两伉俪相濡以沫近50年，其间，夫妻情爱虽历经风雨沧桑，但始终纹丝不动，且情意更浓。吴家麟教授与夫人相识、相知、相识于中国人民大学。当初，一个是在法学界脱颖而出、抱负理想的青年学者，一个是年轻漂亮、性格开朗、能歌善舞且优雅智慧、多才多艺的活跃分子，志同道合、心意相通使他们幸福地结合。然而，天有不测之风云，人有旦夕祸福，20世纪50年代的“反右”斗争，吴先生因对我国法制建设提出一些意见而被错划为“右派”。两人的关系面临严峻的考验。单位派人去做新婚妻子的思想工作，强迫她与先生划清界限，并且为她列出了两条路可供选择：与吴教授离婚，可保留团籍，否则开除团籍。汤翠芳女士远在香港的父母也让她至香港定居，但她深知此时吴教授最需要自己，不忍离深爱的丈夫而去，唯愿与吴先生长相厮守，同甘共苦。在层层压力面前，不肯屈服，就是不与吴教授分手。吴家麟教授后来在回忆起那段艰难的日子时，对爱妻汤翠芳女士的感激之心溢于言表：“如果那时她弃我而去，那么我就不会有今天，甚至不会活到今天。在20多年的艰难岁月里，她承受了一般妇女所承受不了的重大压力，平素争强好胜、不落人后的她，在那些年里不得不低下头来走路，夹着尾巴做人。因为她理解我，相信我，同情我，深深地爱着我，所以不仅不嫌弃我，还无微不至地关心我，照顾我。我们俩相依为命，相濡以沫，相亲相爱，相互鼓励。虽然那时外面的世界是‘风刀霜剑严相逼 ’，而我们的小家庭却幸福温馨，春意融融。真挚的爱温暖了我的心，成为我得精神支柱。”这足见吴教授与爱妻情意相投，互尊互爱，情深似海。汤翠芳女士支持吴教授研究宪法、弘扬法治的事业，自己在家独揽家务，相夫教子，默默耕耘，在吴先生繁忙之际，经常为其搜集和整理材料，修改抄写文稿，吴教授有今日之学术成就，夫人汤翠芳女士功不可没。

学术贡献

吴家麟教授对我国宪法学理论体系的建构和发展做出了重要贡献，是新中国宪法学理论体系的主要创始人之一，他从事法学教育与研究工作长达50多年，在宪法学、法律逻辑学、法理学乃至政治学领域都取得了丰硕成果，先后在国内各种报纸杂志上发表文章近百篇，出版学术著作10余部。吴家麟教授通过对各种宪法学理论观点的分析与评判，特别是他对马克思主义方法论的运用，在我国宪政、法治建设过程中确立了自己鲜明的学术风格，从而推动了中国宪法学理论体系的形成和发展。可以说，吴家麟教授的宪法学思想已经成为中国宪法学学术宝库中值得继承和发扬的重要学术财富。在依法治国、建设社会主义法治国家的今天，重新解读吴家麟教授的学术贡献和学术思想具有重要的学术意义，以下从他的学术贡献和学术思想两个方面进行概括和总结。

吴家麟教授是新中国培养的第一代宪法学家，被誉为“新中国宪法学家泰斗”，“吴家麟宪法学以其独特的学术风格和影响力，已经成为宪法学学术宝库中值得继承和发扬的重要学术财富”，对中国法学特别是宪法学理论体系的建构作出了重要的学术贡献。①

（一）创建中国宪法学理论体系

新中国成立后，随着社会主义政权的建立，近代的宪法理论完全不适应国家法制建设的需要。在新民主主义阶段，虽然在革命根据地已经有新民主主义宪法的实践，并且形成了新民主主义的宪政理论，但新中国的宪法是社会主义民主和法制建设的体现，因此，必须借鉴苏联的经验。20世纪50年代，随着五四宪法的制定与实施，翻译苏联法理学和国家法教材，学习苏联国家法的理论和概念体系是新中国法学教育的基本内容。吴家麟教授和同时代的青年学者一样，接受过苏联法理学和国家法理论的教育，在此种背景下，他的学术贡献在于，一方面，宣传马克思主义法学理论；另一方面，以马克思主义法学理论为指导，不断探索中国宪法学的

① 转引自韩大元教授在吴家麟宪法学思想暨宪法学发展研讨会上的讲话，参见朱福惠、徐振东整理：“吴家麟宪法学暨宪法学发展研讨会纪要”，载《法学》2005年第8期。

范畴和概念,从而为建构中国宪法学理论体系做出了贡献。

吴家麟教授编著并于1954年7月出版的《宪法基本知识讲话》是探索中国宪法学理论体系的开始。该书共分五部分:第一部分简要介绍宪法的概念与本质,从马克思主义的阶级分析方法出发,论述宪法的阶级本质和根本法特征;第二部分批判资本主义宪法的反动本质;第三部分介绍苏联宪法的历程,阐述苏联社会主义宪法的民主性;第四部分研究东欧社会主义国家宪法的性质及其过渡时期的特征;第五部分阐明1954年宪法的基本精神、意义和作用。该书虽然受到历史条件的局限,在宪法本质方面侧重论述宪法的阶级性,但该书对宪法概念和法律特征的认识具有重要的学术影响,在论述宪法的概念时,认为宪法是国家的根本大法,宪法的根本性表现在其与普通法律的差异,此种差异体现在:第一,宪法的效力不同于普通法;第二,宪法的法律效力不同于普通法;第三,宪法的制定和修改程序不同于普通法。吴家麟教授的论述对以后中国宪法学教材产生了重大影响,现在的中国宪法学教科书仍然沿用其宪法是国家根本法的论述方式。

吴家麟教授在1957年被划为“右派”后,当时的政治形势不容许他在宪法学理论上继续进行探索,但20世纪70年代末至80年代初,随着党的十一届三中全会的召开,在政治思想上开始拨乱反正,并且确立了建设社会主义民主与法制国家的目标。1982年宪法的颁布实施进一步推动了法学理论的繁荣,在学术环境开始宽松的条件下,吴家麟教授为全面探索和构建我国宪法学理论体系做出不懈的努力。1981年他在《西南政法大学学报》发表《我国的法学为什么会落后?》的文章,系统而全面在分析了我国法学落后的思想根源、政治因素和理论困境。文章对“有马克思主义的新中国法学为什么会落后呢?”这一问题进行追问与解析,提出其根本原因是受哲学上的主观唯心主义、法律取消主义、历史虚无主义、封建专制主义和左倾教条主义的毒害;同时在法律领域广泛流传的“贴标签”、“划禁区”、“打棍子”、“画等号”、“对着干”的做法有直接的关系;法学界长期以来没有正确处理“学术与政治”、“阶级与真理”、“阶级性与继承性”、“革命性和科学性”、“指导作用与代替作用”的关系也是导致中国法学落后的原因。该文虽然针对中国法学落后的原因进行分析,但对中国宪法学理论体系的建构具有重要影响,表现在:第一,文章提出法的“阶级性与继承性”之间的关系,认为法的阶级性与继承性之间是统一的,而不仅仅是对立的。法学作为意识形态既具有阶级性，同时也具有相对的独立性和历史继承性，这是由法律调整的社会关系所决定的。第二，文章提出马克思主义是法学的指导思想，但不能用马克思主义代替法学。① 吴家麟教授的这一篇文章从解放思想的角度论证了中国法学发展的基本方向，从而为宪法学者重新审视中国宪法学的理论体系、概念和范畴奠定了法理基础。

吴家麟教授对中国宪法学理论体系的贡献体现在1983年主编的高等学校法学教材《宪法学》一书，②该教材是新中国成立以后，中国宪法学家共同编写的教科书，该书初步奠定了中国宪法学理论体系，表现在：第一，该书将宪法学分为四部分，即宪法原理、宪法制度、公民的基本与义务和国家机构。宪法原理部分包括宪法的概念、本质，宪法的产生与发展，国家的性质、政权组织形式；宪法制度包括选举制度、国家结构形式、经济制度等；公民的基本权利与义务部分包括公民权利与义务的概念、具体享有的权利以及权利与义务的特点；国家机构部分包括代表机关、国家元首、行政机关、审判机关和检察机关等。这四个部分的架构将宪法学知识按照理论逻辑予以归纳，以后的宪法学教材基本上采取这种编写体例，只是在章节内容的编排以及内容的选取上有所不同。第二，该书将宪法学理论的叙述与八二宪法的文本结构和内容有机结合，既全面介绍宪法学的原理，又以八二宪法文本的结构为依据依次讨论宪法制度、公民的基本权利与义务、国家机构。从而将宪法学一般理论与中国宪法实践相结合，形成较为完整的中国宪法学理论体系。

从20世纪80年代开始，吴家麟教授还为建立中国的宪法学概念与范畴体系进行不懈的探索。第一，他以马克思主义理论为指导，系统论述了法的阶级性、社会性与继承性之间的关系，从而为宪法学独立学科体系和学术品格拓展了空间。中国的宪法学理论必须坚持马克思主义，法的阶

---

① 吴家麟："我国的法学为什么会落后？"，载《西南政法学院学报》1981年第1期。

② 吴家麟主编：《宪法学》1983年2月第1版，1992年9月第2版，由法学教材编辑部编审，群众出版社出版，至1994年6月共印刷17次，累计发行893000册，吴家麟为主编，北京大学教授肖蔚云、中国人民大学教授许崇德担任副主编，武汉大学教授何华辉、中国人民大学教授王向明、中国人民大学教授皮纯协、中南政法学院教授刘庆华、中国人民公安大学教授吴杰、吉林大学教授张光博、中国政法大学教授廉希圣、西南政法学院副教授薛国安、华东政法学院副教授金永健参加编写。该教材是改革开放以来我国宪法学编教材中使用时间长、发行量大的宪法学教材之一，产生了重大的学术影响。

级性是其本质属性，但法是阶级性和社会性的统一，马克思主义并不否定法的社会性，这是因为法调整经济与社会事务而产生的，因此，不是所有的法规范都具有阶级性。而法的社会性表明法规范具有继承性，这是马克思主义历史观的体现。[①] 第二，他论述了宪法学与政治之间的关系，从而为宪法学的学术概念体系和知识体系的完整性拓展了空间。他提出坚持党的领导与树立宪法权威并不矛盾，树立宪法权威，加快立法步伐，使国家政治生活和社会生活的各个领域有法可依，是加强党的领导体现。[②] 第三，他提出并充分论证了中国宪法的基本概念，如民主、法治、基本权利与义务等。同时，他还对中国宪法学的基本范畴体系进行了初步探索，如社会主义民主与法制、人治与法治、宪法实施与宪法监督、宪法规范体系等进行理论上的分析，他对这些概念和基本范畴的研究对宪法学理论体系的中国化产生重要影响。

（二）推动宪法学研究方法的多元化与创新

20 世纪 50 年代，中国宪法学处于起步阶段，其研究方法主要是马克思主义阶级分析方法，50 年代末到 70 年代末，由于政治原因，宪法学的研究已经基本中断。直到 80 年代以后，随着宪法学成为显学，宪法学研究方法的运用才进入多元时代。虽然吴家麟教授学术生涯的大部分时间处于学术环境极差的状况，但他仍然在宪法学研究中推陈出新，不断推动宪法学研究方法的创新。

第一，采用阶级分析方法，用敏锐的学术眼光将阶级分析方法的运用与宪法学自身的学术品格和理论知识相结合，从而在运用马克思主义阶级分析方法时既能把握宪法的阶级性，同时又能从宪法的阶级性中窥见宪法学原理与知识的社会性和历史继承性。他认为马克思主义的辩证唯物主义和历史唯物主义是法学研究的指导思想，法律的本质属性是阶级性，因此阶级分析方法是宪法学研究必须运用的观察问题的基本方法。他在《宪法基本知识讲话》一书中系统论证了宪法是阶级力量对比关系的表现。1983 年主编的《宪法学》一书，他认为马克思主义宪法学的根本方法是建立在唯物辩证法基础上的阶级分析方法，他在定义宪法的概念时，

① 吴家麟："法律的阶级性、社会性和继承性试析"，载《宁夏社会科学》1985 年第 1 期。

② 吴家麟："坚持党的领导与维护宪法尊严"，载《光明日报》1982 年 7 月 11 日。

提出宪法是统治阶级意志与利益的集中表现。[①] 吴家麟教授在运用马克思主义阶级分析方法的同时，认为阶级性是宪法的根本属性但并非唯一属性，一个国家的民族特点、历史传统以及经济和文化水平等，都会对宪法产生影响。所以，他主张除阶级分析方法外，还要采取历史分析的方法，，“研究宪法学时，一定要用历史的态度来考察政治形式问题。”[②]他对马克思主义阶级分析方法的理解深刻而系统。他的许多宪法学研究成果均采用了马克思主义辩证唯物主义和历史唯物主义的方法。所以，他认为当时中国的宪法学整体上应当是马克思主义主义宪法学。这既是当时政治和社会发展的实际需要，也是这一代新中国宪法学者自觉接受马克思主义并将其运用于分析宪法现象的必然结果。吴家麟教授的可贵之处在于运用阶级分析方法阐述法与宪法的阶级本质属性时，能够从法的规范性、社会性、历史继承性的角度科学揭示宪法的法律特征，并且从法的规范和历史分析的角度对宪法的产生与历史发展、宪法的根本法特征、公民权利与义务的概念以及宪法监督等进行一般法理分析，因此，吴家麟教授的宪法学教材和论文，并不是一般的政治读物或者政治宣传口号，而是既符合马克思主义主义的哲学原理，又有较为强烈的法律科学的特色。

第二，比较研究方法的运用。比较研究方法是法学研究的重要方法之一，吴家麟教授认为历史研究方法和比较研究方法都是马克思主义的研究方法，他极为重视比较研究方法在宪法学研究中运用，虽然他并没有专门的比较宪法学著述，但是他是比较研究方法的积极倡导者和实践者，他的多数研究成果都运用了比较的方法。编著的《宪法基本知识讲话》虽然文字不足 10 万字，但该书在论证过程中大量采用了比较研究的方法，不仅比较社会主义国家宪法与资本主义国家宪法的区别，同时还概括苏联东欧国家社会主义宪法的特点。通过比较不仅可以加深对宪法本质的认识，还可以进一步认识中国 1954 年宪法的特点。在主编的《宪法学》一书中对比较研究方法大加赞赏，认为比较宪法是宪法学的重要组成部分，比较是马克思主义的一个重要方法，因为有比较才能鉴别，有鉴别才能分清优劣好坏，才能决定取舍。[③]《宪法学》一书在论述国家制度时，首先对

① 吴家麟主编：《宪法学》，群众出版社 1992 年第 2 版，第 27 页。
② 同上书，第 9 页。
③ 同上书，第 10 页。

外国的相关制度进行介绍和比较，如在论述选举制度时，对英国、美国、法国以及苏联的选举进行了比较，从而对外国宪法上的选举程序、形式、竞选制等有了明确的认识，再论述中国的选举制度时，对中国选举制度的原则和特征有更加深刻的理解。

（三）创立法律逻辑学，倡导建立人大学

1. 创立法律逻辑学

吴家麟教授是新中国法律逻辑学的创始人，1982 年 9 月他主编的高等法学教材《法律逻辑学》在群众出版社出版，他对该书的内容从学科定位、体例安排以及案例的选择与分析，进行了认真的研究，形成了完整的学科理论体系、知识结构和概念体系。《中国哲学年鉴》（1984 年）对该书的评价是：它“系统地阐述传统逻辑基本原理，联系法律工作实践，对侦查、检察、审判工作中的逻辑问题，进行较系统地分析与概括，为法学研究和法律工作提供传统逻辑的方法”。这本书后来多次重印，再版多次。[①] 此后，国内各综合性大学之法律系以及各政法院校普遍开设了“法律逻辑学”课程，法律逻辑学的各个分支学科也渐次建立起来，如审判逻辑学、辩护逻辑学、侦察逻辑学等相关著述相继问世，可以说，吴家麟教授对中国法律逻辑学的学科建设做出了重要贡献。

吴家麟教授认为，法律逻辑学是形式逻辑的分支学科，是思维科学的一个部门。法律逻辑学任务是将形式逻辑的一般原理应用于法学和法律工作的实际。因此，法律逻辑学在研究概念、判断和推理等思维形式时，不研究这些思维形式的具体内容，其具体研究对象包括四个部分，即概念、判断、推理等思维形式的逻辑结构；定义、划分、概括、限制、比较、分析等逻辑方法；定义、划分、判断、推理、论证等逻辑规律；同一律、不矛盾律、排中律、充足理由律等逻辑规律。他在《法律逻辑学》一书中按照上述四个方面编排内容，形成我国法律逻辑学的基本理论体系和概念体系。他还撰文阐释法律逻辑学的主要内容，提出“五要”：概念要明确，判断要恰当，推理要有逻辑性，论证要有说服力，思维要遵守逻辑规律。[②] 他不仅对法律逻辑学的学科体系进行学术建构，同时他还将法律逻辑在司法实践

① 吴家麟主编：《法律逻辑学》，群众出版社 1983 年 5 月第 1 版，1988 年 4 月第 2 版，共发行 409000 册。

② 吴家麟：“建立法律逻辑学的必要性及其研究内容和方法”，载《福建论坛》1982 年第 5 期。

中的运用进行学理探讨。1982 年 6 月，编著的《破案审案与逻辑》一书由法律出版社出版，他提出法律工作者要学好逻辑，因为学习逻辑能够帮助法律工作者提高认识能力和分析能力，还可以提高批判能力和论证水平。[1] 全书通过对 20 个中外案件侦破工作的介绍，详细论证了逻辑推理在案件侦破工作中的运用，不仅生动而具有说服力，而且体现出极高的逻辑推理水平。

2. 提出建立人大学的构思

吴家麟教授认为，中国国家机构体系是人民代表大会为中心的权力结构，因此人大建设是国家机构建设的重点。1992 年《人大研究》杂志倡议建立人大学，他在《人大研究》上发表文章，论述建立“人大学”的必要性、可能性和条件，支持建立人大学的构思。他在文章是明确提出：“人民代表大会制度是我国的根本政治制度。能否充分发挥人民代表大会的作用，是涉及人民是否真正当家作主的至关重要的问题。为此，必须把人民代表大会制度作为一门科学来研究。”[2]他认为我国建立人大学的时机已经成熟，其理由是马克思主义国家学说以及人民代表大会制政体可以为我们研究人民代表大会制度提供理论指导；新中国成立以来，国家致力于人民代表大会制度建设，人民代表大会制度具有丰富的实践经验；从事人大研究的人才越来越多，成果越来越多。所以，他呼吁整合研究力量，推进人民代表大会制度的研究。

(四)新中国宪法学学科建设的开拓者

吴家麟教授毕生为中国宪法学的学科建设而努力奋斗，他担任宁夏大学校长 10 余载，虽行政事务缠身，但从未放弃学术研究，在理论研究方面结出累累硕果。据统计，至 1994 年止，他在各种报刊上先后发表了近 100 篇学术论文，涵盖了哲学、逻辑学、法学、政治学等诸多领域。1996 年吴教授已是古稀之年，身体不如从前，且诸病缠身，方自教学第一线引退家居，但他仍执着追求，不断学习，继续钻研学问，为一字追根，为一意探源。用吴教授的话来说，就是“三日不读书，便觉语言无味”。

吴家麟教授从事宪法学、法律逻辑学教育与研究 40 多年，以建设中国的社会主义民主与法治为毕生之学术信仰，并为此呕心沥血，躬耕不

---

① 吴家麟编著：《破案审案与逻辑》，法律出版社 1982 年版，第 4 ~ 5 页。

② 吴家麟：“建立人大学的几个断想”，载《人大研究》1992 年第 4 期。

息。应聘为全国多个法政院校兼职教授，并以培养宪法学和法律逻辑学人才为己任，他指导学生论文，从拟定题目，设计论文框架直至最终完成，皆一再细心揣摩，为学生传授、解惑、释疑、改正，学生无不感到受益匪浅。接受他指导的学生，现今大多活跃于学界，成为知名学者。他与学生相处，平易近人，亲切随和，对学生遇事慈严相济，严而不苛，爱而不溺，深得学生之爱戴。

吴家麟教授从20世纪80年代中期开始即担任中国法学会宪法学研究会副总干事长，并担任中国法律逻辑学会副会长等学术职务，积极参与学会组织工作和学术活动，不断培养年轻宪法学者和法律逻辑学者，为中国宪法学研究会的建设和发展辛勤工作。他以自己的学术成就和独立的学术品格为年青一代宪法学人树立了榜样，不断激励中青年学者勤勉治学，从而塑造了中国宪法学会以学术为生命、团结互信的品格。他具有坚定的信念和坚强的毅力，充满乐观主义精神。虽然被错划为"右派"后的20多年里受到不公正的待遇，虽饱尽社会沧桑，命运坎坷曲折，但艰难潦倒不足以夺其志，屡遭贬谪不足易其心，刚毅执着不足显其质，始终为中国法治之昌盛、宪政之隆兴而不懈努力。他在逆境中从不对国家的前途悲观失望，也不因遭受打击而胆战心寒，从不放松对法学、逻辑学的研究。因此，他在1979年起短短的10多年间，在科学研究方面取得累累成果，产生了重大的学术效益和社会效益。《关于社会主义民主的几个问题》一文获得宁夏回族自治区社会科学论著一等奖，《故事里的逻辑》一书获得二等奖；《宪法学》教材第一章、第二章、第三章获得自治区第二次社会科学优秀成果奖一等奖，《破案审案与逻辑》（第1辑）获二等奖；《法律的阶级性、社会性和继承性试析》获得宁夏回族自治区第三次社会科学优秀成果奖二等奖。①

吴家麟教授品性率真，刚正不阿，勇于直言，在学术研究中追求思想独立的精神，具有很强的批判精神和创新意识。② 他敢于突破理论禁区，追求真理，为实现民主与法治的理想而不断探索。他严谨的治学风格，博大精深之学识涵养，以天下为己任的胸襟，不计个人利害得失之品性，足

① 崔方："宪法学家——吴家麟"，载《宁夏社会科学》1987年第3期。

② 童之伟教授在吴家麟宪法学思想暨宪法学发展研讨会上的讲话，参见朱福惠、徐振东整理："吴家麟宪法学暨宪法学发展研讨会纪要"，载《法学》2005年第8期。

以成为后辈同人之师表和典范。

主要学术思想和学术观点

吴家麟教授从事宪法学研究 50 多年，其宪法学学术思想极为丰富，涉及宪法学的理论体系、宪法学的概念与范畴、宪法的制定和实施、宪法的修改、公民的基本权利与义务等各方面，概括起来，他的学术思想主要体现在以下五个方面：

（一）提出并从法理角度全面论述法治，科学和合理地区分人治与法治、法治与法制，形成具有系统的具有中国特色的法治思想

吴家麟教授所处的时代，虽然社会主义制度的优越性已经不容置疑，但社会主义制度是要实行法治还是要实行人治，这一根本理论问题并没有明确结论。我国宪法文本确认社会主义法制原则，将法律面前人人平等以及反对特权作为社会主义法制的基本内容。吴家麟教授是改革开放以来，我国法学界较早提出法治并且论证法治的学者之一，他的法治思想大致可以分为具有逻辑关联性的四种基本观点。

1. 系统论证了人治与法治的区别，认为法治与人治的根本区别是权力至上还是法律至上，如果权力至上就是人治，如果法律至上就是法治

众所周知，20 世纪 80 ~ 90 年代不用说研究法治，即使谈论法治也有政治风险。吴家麟教授 1986 年就在学术报告会上明确提出法治并且论述了人治与法治的区别，认为人治与法治是两种根本对立的治国方案。所谓人治，是指人高于法，权大于法、法服从人和树立个人的最高权威，而法治的基本内涵就是：法高于人、法大于权、人服从法和树立法律的最高权威。[①] 历史事实表明：人治是专制制度的产物，而法治则是民主制度的产物。吴家麟教授认为，世界上各国尽管国情千差万别，但任何一个国家，只要选择了法治的道路，而且搞的是真正的法治，就必须具备一个共同条件，那就是：法律具有至高无上的权威性。这是因为，人治与法治的根本区别，并不在于治理国家需要的是发挥人的作用还是法的作用，而是在于人的地位与法的地位的高低。两者的区别主要体现在四个方面：一是人高于法还是法高于人？搞人治的主张人高于法，搞法治的主张法高

① 吴家麟："社会主义市场经济不是法治经济吗？"，载《人大研究》1994 年第 7 期。

于人。二是权大于法还是法大于权？搞人治的主张权大于法，搞法治的主张法大于权。三是法要服从人还是人要服从法？搞人治的主张法律要服从掌权者个人的意志，搞法治的主张任何人，包括最高统治者、最高领导者都要服从法律。四是树立个人的最高权威还是树立法律的权威？搞人治的主张树立个人的权威，搞法治的主张树立法律的最高权威。[①]吴家麟教授指出，法治与人治的区别不是是否需要法律或者人治理的问题，而是权大还是法大的问题。他认为，党大还是法大的提法不够科学，因为我国宪法规定，一切政党、一切社会团体和公民都必须遵守宪法和法律，中国共产党章程也规定：党必须在宪法和法律范围内活动。因此，不能拿党和法律做比较，而是要把权力和法律做比较。法治就得树立法律至上的观点，如果法律不能至上，有人可以凌驾于法律之上，那就不是法治。所以，法律至上是法治的灵魂。[②]

2. 论述了法治的本质特征和法治国家的条件

吴家麟教授深刻地论述了法治的本质特征，认为法治的特征可以概括为一个精神、两点要求、三大前提和四条原则。一个精神是指法治的精神，这种精神就是政治上的民主，没有民主就没有真正意义上的法治。两点要求：一是要求建立民主的政治制度，实行民主政治；二是要依法治国、依法办事，是政治上的民主和法律的权威相结合的产物。三大前提就是经济前提、政治前提和法律前提。经济前提就是市场经济的存在与发展；政治前提就是实行民主政治，即社会主义的民主制度；法律前提就是形成比较完备的法律体系。四条原则就是权威性、平等性、制约性和保障性。

吴家麟教授提出，法治国家需要具备五个条件：一是实行良法之治，法律要民主化；二是法律要有极大的权威，要居于至高无上的地位；三是实现法律面前人人平等的原则；四是政府权力受到制约；五是公民权利得到保障。这五个条件不仅体现法治国家的基本准则，也是社会主义法治国家建设的基本目标。

3. 全面论述了法治与法制的区别，认为狭义的法制是指法律和制度，而广义的法制包括法治，即包括法律制度和制度的执行

吴家麟教授从我国宪法规定社会主义民主与法制着手，论述法制和

---

① 吴家麟著：《吴家麟自选集》，宁夏人民出版社 1996 年版，第 287 页。

② 同上。

社会主义法制的内容和本质特色。他引用董必武在1956年关于法制的论述,认为"有法可依,有法必依"是对法制的广义表述,党的十一届三中全会在此基础上增加了"执法必严,违法必究",是对法制含义的深刻揭示。法制是一个国家法律制度的总称,而法律包括立法机关制定的法律、法令以及行政机关发布的行政命令和条例等;制度是指与法律的执行相关的立法程序、司法制度以及监督守法的制度等。但法制虽然包含法治,但并不等于法制就是法治,在某种程度上来讲,法治比法制更加重要,因为制定法律本身不是目的,执行法律才是法律所要达到的目的。①

吴家麟教授提出社会主义国家必须加强法制建设,维护法制权威。他从社会主义民主与社会主义法制的相互关系来讨论社会主义法制的重要性。他认为社会主义民主与社会主义法制之间的关系可以概括为三个方面:其一,社会主义民主和社会主义法制是统一不可分割的整体;其二,社会主义民主是社会主义法制的前提和基础;其三,社会主义法制是社会主义民主的体现与保障。吴家麟教授通过对民主与法制概念的历史考察,从中国社会主义政治制度的合理性以及宪法对民主与法制的规定这一视角对此予以解释,明确提出:"不要社会主义民主的法制,决不是社会主义法制;不要社会主义法制的民主,决不是社会主义民主。"

4. 论述法治具有民主性、平等性、公开性、严肃性和权威性五个特征

吴家麟教授提出:广义的法制 = 狭义的法制 + 法治 = 法律和制度 + 依法治国、依法办事。② 所以,社会主义法制的核心是法治,法治的民主性是指民主是法治的前提与基础,法治是民主的保障。民主与法治相互联系、相辅相成。法治的平等性是法治的根本原则,法与平等相联系,宪法规定公民在法律上一律平等,就是要求包括国家的最高统治者在内都必须受到法律的约束。所以,法治的平等性就是反对法律上的不平等和法律外的特权。法治的公开性是法律的规范性产生的重要特征,法律是规定人们行为的规则,要使人们更好地遵守法律,就必须把法律公布出来,要改变按照政策办案的思维与习惯,通过公布法律做到有法可依和有法必依。法治的严肃性是法律的稳定性产生的,要使法律具有严肃性,首先

① 吴家麟著:《吴家麟自选集》,宁夏人民出版社1996年版,第251页。

② 吴家麟:"论社会主义民主和社会主义法制的相互关系",载《银川师专学报》1987年第1期。

必须具有统一性,即有统一的立法,吴家麟教授不赞同我国是多级立法体制的说法,认为国家立法权只能由全国人大及其常委会行使;其次,法律的严肃性是指法律的内容具有一致性,如果法律的规定相互矛盾,执法者就会无所适从,同时法律的规定还要明确具体,不能含混和模糊,宪法和法律必须稳定,不能朝令夕改,否则不利于公民守法。法治的权威性是由法律的拘束力和执行性决定的,国家的法治状况如何,关键要看法律有没有权威,无法可依不行,有法不依更不行,要使法律具有权威性必须解决好法律的执行问题。①

5. 论述社会主义市场经济是法治经济

20 世纪 80 年代初期,我国正由计划经济向市场经济转变,受当时历史条件和传统政治观念的影响,在各级政府及其公职人员中,普遍存在要政策不要法律的观念与思想,吴家麟教授认为,为了保障社会主义市场经济的健康发展,必须要重视“社会主义市场经济是法制经济”的命题。

吴家麟教授在《社会主义市场经济的实质是法治经济》一文中对市场经济与法治经济的观点进行了全面的分析与解读。首先,市场经济需要法律。因为法律对市场经济起指导、规范、保障和约束作用,法律为市场活动提供范围和边界。所以,建立和健全法律制度是社会主义市场经济的内在要求。这是由市场经济的自主性、契约性、竞争性、开放性和两重性决定的。其次,市场经济呼唤法治。因为市场经济需要法律,而法律的执行是法治的关键,如果仅仅有法律而没有法律的执行,市场经济仍然缺乏法治的保障。因此,法治对于市场经济极为重要,特别是在中国特殊的历史条件和政治背景下,权大于法、有法不依的问题比较突出,已经成为当代中国法制建设的主要矛盾。为什么我国会出现有法不依的现象呢?吴家麟教授在研究了计划经济体制的弊端之基础上,认为此种现象的产生主要有以下几个方面的原因:一是受封建传统的影响,重政策不重法律是历史遗留下来的沉重包袱;二是政治对法律的冲击严重,以及社会上广泛存在的权、钱、情对执法的影响,导致执法环境不佳;三是严重的地方保护主义对执法的公正性产生影响;四是法制不完善,法律缺乏可操作性,漏洞太多;五是司法独立难,干涉司法的因素很多,法官队伍的素质也参差不齐,有些甚至存在腐败现象。要解决这些问题,必须通过政治体制改

① 吴家麟著:《吴家麟自选集》,宁夏人民出版社 1996 年版,第 271 页。

革予以解决，吴家麟教授当时就明确提出必须扭转社会风气、把反腐败深入进行下去的建议，作为解决我国有法不依问题的根本措施，他的主张对当下中国的问题仍然具有指导意义。

（二）论述社会主义民主的政治架构和法律特征，形成系统的社会主义民主理论

作为著名宪法学家，吴家麟教授在论述法治理论的同时，对社会主义民主制度进行了深入而持续的探讨。

1. 提出社会主义政治是民主政治

吴家麟教授对民主的含义作出了概括，认为民主包含三种含义：首先，民主是一种国家制度，作为国家制度的民主是和专制相对应的；其次，民主还意味着国家对公民基本和自由的确认与保障；最后，民主还经常在传统、作风、态度、意识、观念和精神等意义上使用。[①] 资产阶级民主代替了封建专制制度，形成了资产阶级民主，以代议制、竞选制、两党或者多党制作为民主的形式。无产阶级革命胜利后，用社会主义民主制代替资产阶级民主制，实行"国家的一切权力属于人民的原则"，建立了社会主义民主制度，吴家麟教授提出，没有民主就没有社会主义。国际和国内、历史和现实、正面和反面的经验都证明了这样一个真理：社会主义是离不开民主的，否定了民主就意味着否定社会主义自身、缩小了民主就意味着缩小社会主义阵地。[②] 社会主义民主的本质和核心就是人民当家作主，为了便于人民行使当家作主的权利，我国设立人民代表大会制度，建立基层群众自治组织，人民有广泛行使民主权利的途径。

社会主义之所以离不开民主，是因为人民当家作主是社会主义制度的本质特征和基本原则，通过建设民主政治，人民成为国家和社会的真正主人；社会主义国家是人民民主专政的国家，是对广大人民实行民主、对极少数反对派实行专政的新型民主国家。可见，没有民主就没有真正的社会主义制度。[③]

2. 通过比较资本主义民主，总结社会主义民主的本质特征

吴家麟教授认为，宪法学者研究民主问题切忌简单化。这是因为民

---

① 吴家麟："统一认识，明确概念——关于'争取民主'问题引起的论争平议"，载《中国法学》1991 年第 2 期。

② 吴家麟："民主三题"，载《民主与法制》1980 年第 12 期。

③ 吴家麟："稳定 · 民主 · 监督"，载《福建法学》1991 年第 1 期。

主的理论比较复杂，同时民主具有阶级性。西方的民主理论抹杀民主的阶级性，鼓吹抽象民主、全民民主、超阶级民主。而民主的实质是阶级与阶级的关系，不是超阶级的人与人的关系。所以，社会主义民主由于在政治制度和阶级利益上与资本主义国家的民主存在本质区别。所以，社会主义具有下列显著的特征：

首先，社会主义民主是对人民实行民主，对剥削阶级实行专政。作为国家制度的民主，其阶级性最为明显，国家制度包括国体和政体两方面。资本主义民主制以三权分立的议会制为其政体，通过两党制和多党制体现其议会民主的特色。社会主义民主国家的国体是人民民主专政，政体是人民代表大会制度，体现为对人民实行民主，对少数敌人实行专政。①

其次，在承认民主具有阶级性的基础上，认为社会主义民主具有三大优势：即民主的广泛性、真实性和集体主义。所谓民主的广泛性，是与资产阶级民主的狭隘性相对应的，社会主义民主使人民成为国家和社会的主人，享受广泛的民主权利。所谓真实性是指社会主义民主不是空洞的许诺，而是有物质和法律保障。所谓集体主义是指社会主义民主建立在集体主义基础上，不过社会主义民主的集体主义特征并不否认个人利益，而且要以承认个人利益为前提。集体主义与个人主义的分野不在于是否承认个人利益，而在于把个人利益摆在什么位置上，把个人利益置于首位，而将集体利益摆在从属地位的是个人主义；集体主义把集体利益放在第一位，把个人利益放在第二位。

3. 明确提出社会主义民主政治建设的途径

社会主义民主虽然具有优越性，但社会主义民主的优越性并不能得到有效的体现，这在一定程度上影响了社会主义民主政治功能的发挥。要充分发扬社会主义民主，必须从制度和观念上进行改革，改革的目的在于推进社会主义民主政治建设，建设符合中国国情的社会主义民主制度。吴家麟教授提出，中国社会主义民主政治建设必须高度重视民主的渐进性问题，因为中国的社会主义民主虽然高于并优于资产阶级民主，但从发展水平看，并不是也不可能达到很高的水平。② 必须认识到，实现高度民主只能是一个渐进的过程，不能实行爆发与突变，其理由是：首先，社会主

① 吴家麟："关于民主的几个问题"，载《宁夏社会科学》1987 年第 5 期。

② 同上。

义民主政治建设属于建设的范畴，而中国文化具有深厚的封建专制传统，缺乏民主传统，自由、平等、权利与义务等民主观念极为薄弱，因此民主建设不可能急于求成。其次，我国社会主义民主是高度民主，不是“文化大革命”期间的大民主。中国的政治体制表明，社会主义民主政治建设只能在中国共产党的领导下有步骤、有秩序地进行。既不能搞大民主，也不能搞西方式的民主。①

4. 明确提出应当加强社会主义民主

吴家麟教授指出，中国社会主义民主就是宪法规定的“中华人民共和国的一切权力属于人民”，是人民当家作主。但是，社会主义民主还没有真正实现人民当家作主。而在实现人民民主，必须要实现民主的制度化并通过法律来保障，同时要建立切实有效的法律监督。具体来讲，加强社会主义民主措施主要有：

第一，间接民主与直接民主相结合。吴家麟教授指出，我国 1982 年宪法既健全和发展了人民代表大会制度，又创造了直接民主的形式，通过直接民主的形式去补充间接民主的形式，使两者有机结合，符合民主制度的发展规律。吴家麟教授运用历史分析方法，阐明社会主义民主批判继承了资本主义代议制民主的形式，不过社会主义民主虽然继承了代议制的形式，但是通过民主集中制原则和平等选举制使人民代表大会成为国家的权力机关，成为真正体现人民意志和利益的人民代表机关。代议制民主是一种间接民主，人民代表大会制度也是间接民主的一种形式，这种民主形式无法完全解决人民直接行使国家权力、真正当家作主的问题。因此，要加强社会主义民主必须创造新的民主形式来补充间接民主制，宪法规定人民有权管理国家事务、管理经济文化事业、管理社会事务，明确直接民主是人民行使国家权力的重要形式。②

第二，通过加强对国家机关的监督，推进我国社会主义民主政治建设。我国宪法不规定三权分立原则，但规定国家机关之间权力的分工与制约，社会主义民主政治可以抛弃分权的观念，但却不能抛弃权力制约的观念。掌握公权力的国家机关必然存在权力滥用与腐败的可能性，因此不受制约的权力必将导致专制与腐败。为了防止我国国家机关及其工作

① 吴家麟：“关于民主的几个问题”，载《宁夏社会科学》1987 年第 5 期。

② 吴家麟：“间接民主和直接民主的结合”，载《民主与法制》1982 年第 9 期。

人员滥用职权、以权谋私等腐败现象，必须加强对国家机关的监督。首先，加强人民代表大会对“一府两院”的监督。人民代表大会虽然有崇高的宪法地位，但由于各方面的原因，人民代表大会缺乏应有的权威，所以有必要提高人民代表机关成员的政治素质和议政能力，同时强化人民代表机关的监督权，使人民代表机关的监督制度化和法律化。其次，监督工作要法制化，要依法监督。为了保证监督的有效性，必须制定人民代表大会监督法，做到有法可依。最后，加强对宪法和法律执行情况的监督。宪法是国家的根本大法，是民主制度的法律化，无论是国家机关还是公民，如果违反宪法就容易导致政治的不稳定，甚至会引起政治动荡，因此必须加强对宪法实施的监督。[①]

（三）论证宪法至上和宪法监督的基本原理，形成系统的宪法监督实施的理论

1. 认为法律至上是法治国家的关键，而法律至上的核心是宪法至上，因此宪法至上是建设法治国家的核心

法治区别于人治的根本标准是法律的权威大于个人的权威，因此，法律权威是法治国家的关键。法律至上与党的领导并不矛盾，一是法律至上是指法律比政策、法规、行政命令等规范的效力要高，因为法律是国家意志的表现和行为规范的总和；法律至上并不是与执政党的政治地位进行比较，两者不是同一事物，不具有可比性，那种认为法律至上就不要党的领导的提法是错误的。二是党的十二大党章就提出党必须在宪法和法律范围内活动，党的十五大报告提出：党领导人民制定了宪法和法律，并在宪法和法律范围内活动。这一提法解决了社会主义民主与法制建设的基本问题。三是法律至上是法治国家共同遵循的基本原则，依法治国、建设社会主义法治国家符合法治的规律，也是中国法制建设基本经验的总结，如果个人权威大于法律的权威，国家权力就会被滥用，公民的基本权利就没有保障。

宪法是法律体系的核心，因此法律至上首先必须是宪法至上，即宪法在国家的法律体系中具有最高权威性。其一，宪法是普通法律的立法依据，宪法的地位和效力均高于普通法律，宪法的至上地位是绝对的。其二，1982 年宪法序言规定，本宪法是国家的根本法，具有最高法律效力；

① 吴家麟：“稳定 · 民主 · 监督”，载《福建法学》1991 年第 1 期。

《宪法》第 5 条规定，一切国家机关、武装力量、各政党和各社会团体、各企业事业组织都必须遵守宪法和法律，一切违反宪法和法律的行为必须予以追究。任何组织和个人都没有超越宪法和法律的特权。这些规定充分体现了宪法的权威，表明宪法具有至高无上的地位。

为了保障宪法的至上权威，他明确提出了解决问题的办法和措施：一是积极稳妥地推行政治体制改革，通过经济体制的改革带动政治体制的改革，改革的目标是实现法治，主要任务是处理好党政关系。二是宪法自身的完善。宪法不能经常修改，宪法经常修改可能损害宪法的权威性；宪法的规定比较宏观，需要法律来对宪法的规定加以具体化，没有法律的规定，宪法难以落实；宪法的实施机制需要进一步完善，必须加强全国人大常委会的宪法解释权和违宪审查权，通过宪法实施和监督加强宪法的权威性。三是坚持和改善党的领导，理顺党政关系。坚持党要管党的原则，处理好党和政府、人大、司法机关的关系。四是依法治国，厉行法治，逐步理顺党法关系。重点是坚持党的领导与依法治国有效结合。五是民主法制实践与民主法制教育相结合。通过加强基层民主法制教育，达到改善执法环境，提高宪法法律权威的目的。①

2. 论证坚持党的领导与维护宪法尊严之间的关系

吴家麟教授从中国宪法确认的基本原则出发，认为中国宪法的实施必须既要坚持党的领导，又要维护宪法的尊严，两者并不矛盾。一是 1982 年宪法的制定体现了党的领导作用，是党的主张和人民意志的统一。二是党的意志和人民的意志是统一的，在党的领导下，通过最高国家权力机关的立法活动，把统治阶级的意志上升为国家意志，成为宪法和法律，成为全体人民都必须遵守的行为准则。三是宪法的内容，从国家根本制度到国家的根本任务，从各项基本原则到公民基本权利与义务，均体现了党的主张、意志和利益，宪法的这些规定是党的政策、方针的法律化。四是历史的经验表明，如果没有正确地坚持党的领导，宪法的实施就会受到破坏，宪法的权威也受到动摇，公民的民主权利受到损害，宪法和法律的权威丧失。

吴家麟教授提出要维护宪法的尊严，必须改善党的领导。首先，需要正确处理党和国家的关系，党以宪法作为根本的活动准则，发扬社会主义

① 吴家麟：“宪法至上是建设法治国家之关键”，载《法商研究》1998 年第 3 期。

民主，加强社会主义法制，是加强和改善党的领导的重要内容。其次，党的组织和党员必须维护宪法的尊严并保障宪法的实施。如果"以人代法"、"以言代法"、"言重于法"、"权高于法"盛行，不仅给党和人民的利益造成损失，而且严重损害宪法和法律的权威。因此，提高党组织和党员对维护宪法尊严必要性的认识，遵守宪法、执行宪法，将维护宪法的尊严与改善党的领导统一起来，宪法才能真正有权威。①

3. 分析我国宪法实施保障制度，论证设立宪法监督机构的必要性和可行性

吴家麟教授非常重视法的执行，认为法律不能执行还不如无法，因此法律的执行是生命。在宪法的监督实施方面，他提出宪法的实施是宪法权威的保障，1982 年宪法在 1954 年宪法的基础上制定，是一部好的宪法，但是任何宪法都必须执行才能发挥其规范作用，1954 年宪法也是一部好的宪法，但由于该宪法没有实施，缺乏应有的权威，成为一纸空文，实际上被废止，就是历史的教训。

（1）从广义的角度论证宪法监督体系。宪法监督分为广义监督和狭义监督，广义监督是指国家机关、社会团体和公民对宪法的实施进行监督，狭义监督是指宪法规定的国家专门监督机关进行的监督活动。吴家麟教授认为，广义的宪法监督包括四种：

第一，宪法自身的保障。宪法明确规定自身的根本法地位和最高法律效力，规定一切组织和个人必须遵守宪法，并且有保障宪法实施的职责。这些自身保障性的规定对于树立宪法的权威、保障宪法的实施具有重要的意义。

第二，宪法规定了负责监督宪法实施的专门机关，形成法律、法规违宪问题的解决机制。1982 年宪法在总结历史经验的基础上，明确规定全国人大有监督宪法实施的职责，全国人大常委会有解释宪法、监督宪法实施的职责。形成了我国由国家权力机关解释宪法并监督宪法实施的制度和机制。宪法规定全国人大常委会有权撤销国务院制定的同宪法和法律相抵触的行政法规、决定和命令，有权撤销地方国家权力机关制定的同宪法和法律相抵触的地方性法规和决议。国务院有权改变和撤销地方政府制定的地方政府规章、决定和命令，省级地方国家权力机关有权撤销本级

① 吴家麟："坚持党的领导与维护宪法尊严"，载《光明日报》1982 年 7 月 11 日。

人民政府和下级人民政府不适当的决定和命令，从而形成我国法规、规章、规范性文件的备案审查机制。

第三，普通立法保障。由于宪法是国家的根本法，因此宪法只能规定国家政治生活和社会生活中最根本和最重要的问题，所以宪法成为立法机关日常立法活动的法律依据。正由于宪法对各类问题只作原则性规定，需要普通法律将各项原则具体化，否则宪法就难以有效实施。因此，加快立法工作，健全立法制度成为实施宪法的重要保障。

第四，党和人民的监督。中国共产党是执政党，政府各部门的领导职务均由党员担任，执政党如果不遵守宪法，那么宪法必然会成为一纸空文。宪法序言规定各政党都必须遵守宪法和法律，因此，党的组织和党员必须遵守宪法。宪法规定国家的一切权力属于人民，人民有权力监督宪法的实施，宪法规定公民有遵守宪法的义务，全国各族人民负有维护宪法尊严、保护宪法实施的职责。虽然人民的监督不属于法律意义上的监督，而是属于政治意义上的监督，但是，人民的监督仍然是宪法实施的保障。①

（2）从法律监督的角度论证设立宪法监督机构的必要性与可行性

吴家麟教授认为，宪法的制定固然重要，宪法的实施则更关键，如果不能实施宪法，就不能将“纸上的宪法”转化为“现实的宪法”。由于宪法既是授权法又是限权法，它授予国家机关职权，同时又限制国家权力的行使，因此需要由专门机关来监督宪法的实施。我国的宪法监督制度的建立始于1954年宪法，1954年宪法规定全国人民代表大会监督宪法的实施，1975年宪法没有规定监督宪法实施的问题，1978年宪法规定全国人民代表大会监督宪法和法律的实施，全国人大常委会行使解释宪法和法律的职权。1982年宪法关于保障宪法实施的规定，比起前三部宪法都更为具体、周密和完备，规定全国人大和全国人大常委会都有权监督宪法的实施，规定了自上而下的规范性文件合宪性和合法性监督体系，但是1982年宪法在监督宪法实施方面仍然存在诸多缺陷，尤其是没有规定专门的宪法监督机构。吴家麟教授从监督宪法实施的角度论述了设立宪法监督机构的问题：

第一，论述设立宪法监督机构的必要性。吴家麟教授认为，1982年设置的国家最高权力机关监督制主要是借鉴苏联1936年宪法的规定，然

① 吴家麟：“论新宪法实施的保障”，载《河北法学》1983年创刊号。

后，实践证明最高国家权力机关监督制虽然符合民主集中制原则，但由立法机关行使监督宪法实施的权力有名无实，需要改革。从我国现行宪法监督体制存在的缺陷可以看出设立专门宪法监督机构的必要性主要表现在以下方面：

其一，全国人大及其常委会难以发挥监督宪法实施的实际作用。由于全国人大代表多达3000人，每年只开会一次，会期短，需要讨论的问题多，因此没有哪一届全国人大的哪一次会议在监督宪法实施方面采取过什么行动。全国人大常委会人数少，每两个月开会一次，由于立法任务繁重，无暇顾及审查和处理违宪问题，全国人大常委会除了发出严格遵守宪法、加强教育之类的一般号召外，从来没有讨论和处理过具体的违宪问题，解释宪法是保障宪法实施的重要手段，但全国人大常委会从来没有对宪法的任何条文进行解释。

其二，全国人大及其常委会行使国家立法权，基本法律由全国人大制定，而基本法律以外的其他法律由全国人大常委会制定，全国人大常委会制定的法律如果违宪，可以由全国人大改变或者撤销。如果基本法律违宪，就只能由全国人大自我纠正，而实践证明此种自我监督效果不理想。

其三，违宪包括文件违宪和行为违宪两种，法律、法规和规范性文件违宪属于文件违宪；国家机关在行使职权时违反宪法属于行为违宪。宪法对行为违宪基本上没有做出任何具体的规定，但国家机关在人事任免问题上的行为违宪很多，此种违宪没有任何机构有权处理。

其四，现行宪法有关宪法实施的监督条款具有宣言性和原则性的特点，具体的程序性的条款比较少，缺乏可操作性。

其五，全国人民代表大会组织法规定，全国人大及其常委会领导下的各专门委员会审议全国人大常委会交付的被认为同宪法、法律相抵触的行政法规、决定与命令等，此种规定的目的在于保障专门委员会协助全国人大常委会行使监督宪法实施的职权，但专门委员会只能审议全国人大常委会交付的规范性文件，同时只能审查行政法规、地方性法规、规章等规范性文件，不能审查法律的合宪性，所以专门委员会的作用也极为有限。

第二，论述设立宪法监督机构的可行性。吴家麟教授认为，在设立宪法监督机构的问题上需要纠正两种错误的观念：一种观点认为，我国不采用西方国家的三权分立模式，只能采取权力机关监督制，不能另外设立监督机关。这种观点混淆了设立专门监督机关和设立什么样的专门机关的关系，是对民主集中制原则的误解。另一种观点认为，我国是社会主义国家，集体利益与个人利益具有一致性，因此不至于发生违宪现象。这种观点过于主观和绝对，不符合客观现实。从我国的实际情况来看，设立宪法监督的专门机构是可行的，但必须符合我国的政治体制和民主集中制原则，不照搬西方的模式，具体内容包括：

在全国人民代表大会内设立全国人民代表大会宪法监督委员会，属于全国人大的专门委员会，受全国人民代表大会领导，在全国人民代表大会闭会期间受全国人大常委会领导。该委员会的主要职责是协助全国人民代表大会及其常委会执行对宪法实施情况的监督，有权向全国人大或者常委会提出法律是否合宪的意见；有权向全国人大常委会提出法规、规章和规范性文件是否合宪的意见；有权对违宪行为进行审查并建议有关部门予以纠正；协助全国人大常委会进行宪法解释工作。①

（四）提出通过完善选举制度加强我国人民代表大会选举的民主性，通过加强地方国家权力机关的权威性，促进地方国家权力机关有效行使监督权

吴家麟教授全面探讨了我国国家机构的形成与历史变迁，他在《中华人民共和国中央国家机关的设置与变迁》一文中认为，我国现行宪法在1954年宪法的基础上，强化了人民代表大会制度，对全国人大常委会的职权进行了合理的定位与全面的规定，对各专门委员会的组成及其职权也有具体而明确的规定。这些规定表明宪法对国家机关的规定具有发扬民主、健全体制的特点。但是，我国的国家机关尤其是各级人民代表大会的组织、职权以及运行还有许多不够完善之处，需要从理论和实践的角度进行全面的分析，进一步推动各级人民代表大会的完善。②

1. 明确提出加强人大代表选举的民主性，倡导人大代表竞选

我国人大代表的选举采取直接选举与间接选举相结合，排斥竞选机制。这种民主选举虽然提高了效率，但其民主性没有得到发扬。吴家麟教授从社会主义政治是民主政治这一基本原理出发，论证了改革我国选举制度的必要性和具体措施。

---

① 吴家麟："论设立宪法监督机构的必要性和可行性"，载《法学评论》1991年第2期。

② 吴家麟："中华人民共和国中央国家机关的设置与变迁"，载《法学评论》1983年第1期。

认为竞选制与社会主义民主并不矛盾。在民主主义革命时期,中国共产党在抗日根据地开展过竞选活动,通过竞选产生陕甘宁边区参议员,发挥了民主的效果。既然战争环境里可以搞竞选,社会主义建设时期当然可以搞竞选了。只不过社会主义的竞选不搞党派竞选,但这属于竞选范围的问题,而不是要不要搞竞选的问题。从 20 世纪 80 年代初期开始,我国选举法规定可以实行差额选举,而差额选举为竞选奠定基础。他认为竞选制有以下优势:

第一,可以保证选举的代表具有充分的代表性。我国宪法规定,国家的一切权力属于人民,人民行使权力的机关是全国人民代表大会和地方各级人民代表大会。因此,选举制度是否民主关系人民是不是真正享受当家作主的权利。如果选民没有自由选择的权利,那么就不能称为民主选举。人民代表大会是人民行使权力的国家政权机关,选民选举代表的标准是代表性,即选择的代表是否真正代表人民的意志和利益,能不能代表人民的愿望和要求。因此,在基层人大代表的选举中,仅介绍候选人的履历是不够的,必须要由候选人自我介绍,便于选民进行比较选择。

第二,实行竞选可以调动广大群众参加选举活动的积极性。由于新中国成立以来,社会主义民主政治的优越性没有得到充分发挥,在一定程度上挫伤了人民的选举积极性,选举常常走形式,所以人民认为"选举选举,多此一举",改革开放以来,人民对发扬民主、健全法制的认识提高了,对于实行真正的民主选举的要求更加迫切,因此必须充分发扬社会主义民主,尊重选民自由选择的权利,实行竞选是调动选民有利于调动选民的选举积极性。

第三,开展正当的竞选活动可以加强人民代表的责任心。无论是间接选举产生的人大代表,还是直接选举产生的人大代表,都必须向选民负责。如果没有竞选机制,就不能从根本上解决人大代表向选民负责的问题。代表候选人由各党派、团体和选民进行介绍,本人不能向选民表态或者明确表示自己是否愿望当选人大代表,当选后要做些什么,这样的代表如何向选民负责?所以,通过竞选让代表候选人表达自己当选代表的愿望,为选民选择人大代表并要求人大代表向选民负责奠定基础。

第四,开展正当的竞选活动便于选民对人民代表实行有效的监督。根据我国选举法的规定,人大代表必须受选民或者原选举单位的监督,如果没有竞选机制,人大代表就没有向选民或者原选举单位负责的压力和动力,也可以为选民或者原选举单位实施监督提供制度保障。[①]

2. 预选制和差额选举是扩大选举民主、完善人民代表大会制度的重要措施

(1)预选可以避免凭借领导人个人意志选择候选人的不民主做法

根据1979年选举法的规定,我国人大代表候选人的名额应当多于应选代表的名额。根据《地方各级人民代表大会和地方各级人民政府组织法》的规定,地方人民政府的正、副职,人大常委会组成人员、法院院长和检察长的候选人名额一般应多于应选人名额。但是,在人大代表的选举中可能出初步候选人的名额超过正式候选人的名额的情况,如果将初步候选人全部进行正式候选,可能会出现选举困难的局面,因此预选制极为必要。因为预选虽然不是正式选举,但是预选民通过民主形式确定正式候选人的法定方式,体现了我国人大代表选举的民主性。但是1986年修改选举法时将预选删除,取而代之的是根据较多数代表意见确定正式候选人名单,这不利于人大代表选举的民主进程。[②]

(2)不搞差额选举就不是真正的民主选举

吴家麟教授从社会主义民主的性质出发,认为社会主义也应当实行差额选举,因为差额选举是一种较为民主的选举方法,它为候选人提供了充分表达自己的意愿提供了更为有利的条件。等额选举虽然也可以挂上"民主选举"的招牌,但这只是表面文章,其实不过是形式主义的民主而已。选举本身具有选择的意思,如果应选代表名额与候选人人数相等,那么选民没有选择的余地,这就违背了民主的基本原则。[③]

3. 明确提出加强人民代表大会的监督职能

吴家麟教授从宪法实施的角度论述了全国人大及其常委会的监督权,在此基础上,他从提高地方国家权力机关的权威性的角度,全面论述了地方各级人大特别是省级人大的监督权。

(1)地方各级国家权力机关应当有权威性

地方国家权力机关的权威性是由其性质和地位决定的,地方各级人民代表大会以及县级以人大常委会建立在民主选举的基础之上,代表人

① 吴家麟:"竞选小议",载吴家麟著:《吴家麟自选集》,宁夏人民出版社1996年版,第454页。

② 吴家麟:"对'预选'制的再探讨",载《法学》1988年第7期。

③ 吴家麟:"论差额选举",载《宁夏社会科学》1989年第4期。

民的意志与利益,行使宪法和组织法赋予的广泛而重大的职权,体现国家一切权力属于人民的原则。我国的地方国家权力机关由选举产生,代表人民的意志与利益,因此其权威性得到宪法和法律的保障。但是,由于各方面的原因,我国地方国家权力机关缺乏权威性,主要表现在权力不实和威信不高。

吴家麟教授认为,提高地方国家权力机关的权威性的措施主要有:一是实现党政分工,通过党政分工,理顺地方党委与地方国家权力机关的关系。二是提高代表素质,人大代表应当品德高尚,代表人民的利益,具有参政和议政和能力。三是改革选举制度,充分尊重选民的意愿与选择权,通过扩大直接选举并实行竞选,保障人大代表同选民之间的密切联系。①

(2)地方国家权力机关监督权的有效行使

吴家麟教授认为,权力主体必须对权力承担者进行有效的监督,我国建立了国家监督和社会监督体系,在这个监督体系中,人大的监督居于最高地位,是具有权力性质的国家监督。所以,人大监督是人民监督的间接的主要形式,是最高层次的和最有权威的国家监督,是人民监督和国家监督的统一。

地方国家权力机关的监督在本行政区范围内是最有权威的监督。但是,地方权力机关如何有效行使监督权呢,具体措施主要有:一是敢于监督与善于监督,不敢于监督是失职,不善于监督是越权。因此,"监督就是支持"或者"人大不要以监督者自居"的观点都是错误的,人大必须敢于监督,其前提是党委要支持人大及其常委会行使宪法和组织法所规定的监督权。二是区分并加强法律监督与工作监督,法律监督与工作监督是人大监督的两种形式,法律监督是指人大监督宪法、法律的执行,撤销不适当的决定和命令;工作监督是指人大对一府两院的工作进行监督。三是事前监督与事后监督相结合,人大对一府两院的监督是事后监督为主,但人大的监督在事前也是可以的。在法律监督方面,人大对自治条例和单行条例的批准权就是事前监督。四是直接监督,认为人大监督都是间接监督的观点是不正确的,人大对两院的监督可以介入具体案件,但不能直接办案。但是地方各级人大对人事的任免,对政府不适当的决定和命令

① 吴家麟:"提高地方国家机关的权威性",载《法学评论》1987 年第 1 期。

的撤销都是直接监督。[①]

(五)探讨我国政治体制的特点,提出政治体制改革的措施

吴家麟教授对宪法学理论的重要贡献之一,就是系统研究我国国家机关的组织体系以及政治体制的特点,形成了系统的国家权力理论。

1. 提出政治制度具有继承性,为社会主义政治制度吸收历史上的优秀文化遗产提供了理论基础

吴家麟教授以其敏锐的学术眼光和敢于坚持真理的学术品格,提出社会主义国家的政治制度同资本主义国家的政治制度之间存在历史继承关系。至于社会主义为什么会批判地继承资本主义政治制度,其理由主要有:

(1)辩证的否定观和历史的连续性。新制度对旧制度的否定,不是简单的抛弃,而是保留旧制度中对新事物发展起积极作用的因素,并将其发展到新阶段,因此是一种辩证的否定。从历史的发展来看,各个时代依次交替的继承性是社会发展的客观规律,表明不同类型的政治制度之间存在历史联系,新制度批判继承旧制度的因素可以通过新制度的需要加以改造和利用。

(2)民主形式的相对独立性和历史继承性。政治制度中的民主形式是相对独立并具有历史继承性的,资本主义政治制度从封建政治制度中继承和发展了某些民主选举的形式,创造出包括普遍、平等、直接、无记名投票的普选制。社会主义政治制度没有也不应该简单地抛弃普选制的形式,而是在改造的基础上继承和利用了这种形式。

(3)生产力发展状况对民主制度的直接影响和制约作用。社会主义国家和资本主义国家的政治制度都是民主制,但由于经济基础不同,这两种民主制的性质是不同的。所以,民主制度的性质是由生产关系决定的,可是每个国家民主的实现程度和发展水平是直接受生产力发展状况的影响和制约的。这就可以解释,为什么社会主义民主制是先进的政治制度,但民主的发展水平不高。

(4)国家管理的两重性。历史上的国家机构都有阶级统治和管理公共事务两种职能,社会主义政治制度也不例外,社会主义国家在管理公共

---

① 吴家麟:"关于地方人大行使监督权的几个问题",载《宁夏社会科学》1992年第3期。

事务的过程中必须学习、借鉴和吸收外国、包括资本主义国家的有益经验。①

2. 明确提出“议行”不能“合一”

吴家麟教授针对理论界存在的将社会主义政权组织形式的原则视为“议行合一”的观点，提出“议行合一”不是社会主义政权组织形式的原则。其理由是：

(1)巴黎公社实行“议行合一”是特定政治环境下的产物，不是普遍性原理。巴黎公社处在战争环境中，其实际管辖区域很小，需要将立法权和行政权都集中在公社，由公社统一行使。

(2)马列对“议行合一”的肯定是有前提的肯定。马克思认为巴黎公社的“议行合一”树立了人民代表机构的权威，但并没有认为人民代表机构可以和执行机构合一；列宁也主张将政治权力集中于人民代表机关，但是列宁组建的国家机构实行人民代表机关和行政机关相统一的原则，而不是“议行合一”。

(3)“议行合一”具有明显的缺陷。一是否定了立法机关与行政机关的分工。二是可能产生行政机关既行使行政权，又行使立法权的现象。三是不利于实现权力机关对行政机关的监督。

(4)我国政权组织机构的原则是民主集中制，而不是“议行合一”。我国现行宪法规定国家机关实行民主集中制原则，我国的人民代表大会是国家权力机关，一切其他国家机关均由它产生并向它负责。这种体制既不同于西方的“三权分立”，又不同于巴黎公社的“议行合一”，议行分开是政治进步的标志，它使国家机关之间的分工更加明确和合理。②

3. 明确提出政治体制改革的方向是民主化，改革的关键是党政分开

吴家麟教授积极为我国政治体制改革进行理论探讨，提出了许多真知灼见，他提出改革的方向是民主化，无论是在当时还是在现在都具有重要的理论价值。

(1)指出我国政治体制的弊端。我国的政治体制存在权力过分集中、缺乏民主、任人唯亲、机构臃肿和官僚主义的弊端，如果我们在经济体制改革的同时，不进行政治体制改革，则直接影响经济体制改革的成果。

---

① 吴家麟：“论政治制度的继承性”，载《学术月刊》1980 年第 12 期。

② 吴家麟：“‘议行’不宜‘合一’”，载《中国法学》1992 年第 5 期。

(2)认为民主化是改革的基本方向。我国政治体制改革的根本方向只能是政治生活的民主化,总体目标是进一步建立高度民主、法制完备、富有效率的社会主义政治体制。我国政治体制的各种弊端表明,我国的政治体制受封建专制的影响较大,实行民主不易。我国的政治制度是社会主义民主制度,如果不通过改革加强民主建设,就不能保障人民当家作主的权利。所以,只有通过扩大直接民主来补充间接民主,扩大民主形式,才能充分体现社会主义政治制度的民主性。

(3)党政分工是政治体制改革的关键。由于党政不分是现行体制中带有普遍性的问题,改革必然要解决党政的关系问题。要实现党政分开,必须要在理论上认识党和政的定位及其相互关系。首先,共产党是社会主义国家的执政党,是国家政权的领导核心,对国家生活中的重大问题起决策作用,但执政党不是国家权力机关,不是向群众发号施令的权力组织,不能以党代政、党政不分。其次,党的领导是政治领导、思想领导和组织领导。党对国家机关的总的领导是政治领导。最后,党的领导是集体领导而不是个人领导,党的组织原则是民主集中制,党的各级组织都实行集体领导的原则,个人专权和党政不分严重违反民主集中制。

(4)党政不分实际上削弱了党的领导。党政不分降低党的领导地位,影响党的自身建设;同时损害国家机关的权威性、削弱政府部门的管理职能。因此,党政分开是加强和改善党的领导的重要措施。①

主要论著

(一)著作

1.《轻轻松松学逻辑》(合著,合著者汤翠芳),稻田出版公司 1998 年版。

2.《法律逻辑学》(主编),群众出版社 1998 年版。

3.《吴家麟自选集》(独著),宁夏人民出版社 1996 年版。

4.《宪法学》(合著,合著者王向明等),群众出版社 1992 年版。

5.《与中学生趣谈逻辑》(合著者汤翠芳),宁夏人民出版社 1992 年版。

---

① 吴家麟:“实行党政分开是政治体制改革的关键”,载《政法论坛》1988 年第 1 期。

6.《宪法学》(主编),中央广播电视大学出版社 1991 年版。

7.《宪法学学习指导书》(主编),中央广播电视大学出版社 1991 年版。

8.《宪法学参考资料》(主编),中央广播电视大学出版社 1991 年版。

9.《说理文概论》(合著,合著者汤翠芳),宁夏人民出版社 1986 年版。

10.《破案审案与逻辑》(第 1 辑)(独著),法律出版社 1982 年版。

11.《故事里的逻辑》(独著),宁夏人民出版社 1979 年版。

12.《宪法基本知识讲话》(独著),中国青年出版社 1954 年版。

(二)论文

1."宪法至上是建设法治国家之关键",载《法商研究》1998 年第 3 期。

2."宪法至上是建设社会主义法治国家的关键——为宪法颁布 15 周年而作",载《福建法学》1998 年第 1 期。

3."论民族平等"(合作,合作者汤翠芳),载《宁夏大学学报》(社会科学版)1997 年第 1 期。

4."邓小平民主思想的八个要点——学习《邓小平文选》中民主法制思想的体会(上)",载《人大工作通讯》1997 年第 3 期。

5."依法治国、厉行法治是邓小平民主法制思想的精髓和核心——学习《邓小平文选》中民主法制思想的体会"(下),载《人大工作通讯》1997 年第 4 期。

6."邓小平民主思想的几个要点——学习《邓小平文选》中民主法制思想的体会",载《燧石》1997 年第 2 期。

7."试论邓小平的法治思想",载《中国法学》1996 年第 2 期。

8."论邓小平同志的法治思想",载《福建法学》1996 年第 1 期。

9."析社会主义市场经济实质上是法治经济",载《宁夏社会科学》1994 年第 6 期。

10."社会主义市场经济不是法治经济吗?",载《人大研究》1994 年第 7 期。

11."'法制经济'与'法制经济'的提法并不互相排斥",载《人大工作通讯》1994 年第 22 期。

12."关于地方人大行使监督权的几个问题",载《宁夏社会科学》1992 年第 3 期。

13.“解放思想　划清界限”,载《中国法学》1992 年第 4 期。

14.“‘议行’不宜‘合一’”,载《中国法学》1992 年第 5 期。

15.“建立人大学的几个断想”,载《人大研究》1992 年第 4 期。

16.“论设立宪法监督机构的必要性和可行性——为现行宪法颁布 8 周年而作”,载《法学评论》1991 年第 2 期。

17.“ 稳定 · 民主 · 监督”,载《法学》1991 年第 3 期。

18.“促进法学繁荣　创造出有益的经验”,载《法学》1991 年第 11 期。

19.“法良意美　贵在执行——为我国第一部行政诉讼法出台而作”,载《宁夏社会科学》1991 年第 1 期。

20.“统一认识　明确概念——关于‘争取民主’问题的论争平议”,载《中国法学》1991 年第 2 期。

21.“论差额选举”,载《宁夏社会科学》1989 年第 4 期。

22.“谈谈‘只有,才’”,载《宁夏社会科学》1988 年第 2 期。

23.“对‘预选’制的再探讨”,载《法学》1988 年第 7 期。

24.“宪法的实施需要哪些保障——为我国现行宪法颁布五周年而作”,载《法学评论》1988 年第 1 期。

25.“关于民主的几个问题”,载《宁夏社会科学》1987 年第 5 期。

26.“提高地方国家权力机关的权威性”,载《法学评论》1987 年第 1 期。

27. “论党政分工”,载《法学》1986 年第 12 期。

28.“法治三论”,载《宁夏社会科学》1986 年第 2 期。

29.“政治体制改革初探”,载《宁夏社会科学》1986 年第 5 期。

30.“法律的阶级性、社会性和继承性试析”,载《宁夏社会科学》1985 年第 1 期。

31.“民族区域自治制度发展的新阶段——为《中华人民共和国民族区域自治法》的颁布而作”,载《宁夏大学学报》(社会科学版)1984 年第 2 期。

32.“‘两级立法体制’和‘多级立法体制’说质疑”,载《法学》1984 年第 1 期。

33.“论民主和专政的辩证关系”,载《宁夏社会科学》1984 年第 1 期。

34.“论新宪法实施的保障”,载《河北法学》1983 年第 1 期。

35.“在马克思主义指导下开创法学研究的新局面”，载《宁夏大学学报》(社会科学版)1983 年第 1 期。

36.“促进社会主义现代化建设全面发展的根本大法”，载《政治与法律丛刊》1983 年第 3 期。

37.“中华人民共和国中央国家机关的设置和变迁”，载《法学评论》1983 年第 1 期。

38.“论我国新宪法的科学性”，载《法学评论》1983 年第 Z1 期。

39.“一部有中国特色的社会主义宪法”，载《宁夏社会科学》1983 年第 1 期。

40.“逐步实现高度民主的一个重要步骤——学习《中华人民共和国宪法修改草案》的体会”，载《宁夏大学学报》(社会科学版)1982 年第 2 期。

41.“建立法律逻辑学的必要性及其研究内容和方法”，载《福建论坛》1982 年第 5 期。

42.“促进社会主义现代化建设全面发展的根本大法”，载《政治与法律丛刊》1982 年第 3 期。

43.“论我国公民的基本权利和义务”，载《法学杂志》1982 年第 4 期。

44.“论证据的主观性与客观性”，载《法学研究》1981 年第 6 期。

45.“中国资产阶级民主共和国诞生和夭折的历史经验和教训”，载《宁夏大学学报》(社会科学版)1981 年第 4 期。

46.“我国法学为什么落后?”，载《现代法学》1981 年第 1 期。

47.“在法学领域必须正确处理的几对关系”，载《法学杂志》1981 年第 5 期。

48.“论政治制度的继承性”，载《学术月刊》1980 年第 12 期。

49.“真理能有阶级性吗?”，载《教学与研究》1980 年第 2 期。

50.“越剧‘胭脂’中的审案、判案与逻辑”，载《法学杂志》1980 年第 2 期。

51.“论法律的阶级性和继承性”，载《宁夏大学学报》(哲学社会科学版)1979 年 00 期。

52.“关于批判资产阶级宪法的一些问题——评钱端升、楼邦彦著‘资产阶级宪法的反动本质’”，载《教学与研究》1956 年第 11 期。

53.“中华人民共和国公民的基本权利和义务”，载《教学与研究》1954

年第 7 期。

54.“全国人民代表大会是我国的最高国家权力机关——迎接全国人民代表大会第一次会议的召开”，载《教学与研究》1954 年第 8 期。

55.“我国社会主义建设的战斗旗帜——庆祝中华人民共和国宪法的诞生”，载《教学与研究》1954 年第 9 期。

（撰写者：朱福惠）

龚祥瑞

生 平

龚祥瑞[①](1911年7月3日~1996年9月3日),浙江宁波人。

龚祥瑞教授是一位难得的宪法学家。生在他所在的那个充满坎坷的动乱年代,宪法、宪法学和宪法学者是很难不过时的。他自己兴许也摔过跤,但是瑕不掩瑜,他还是站起来了,并以近乎完美的姿态走完了生命旅程。虽然他已辞世近20年,但是他的文字读起来依然一点不陌生,甚至很亲切。这不仅因为他是一位孜孜不倦的启蒙者,更因为他是一位脚踏实地、胸怀坦荡的实践者,敢于真诚地面对中国宪政的真问题。他的激扬文字之于我们的亲切感,而他的未竟事业又是一份沉重的遗产,留待后辈宪法学人去完成。

龚祥瑞教授和辛亥革命同年,祖父龚清廉在太平天国动乱时,徒步来到宁波定居。宁波作为鸦片战争后最早开放的五个通商口岸之一,社会相对开放。龚教授的父亲是小商人,谋生的主要手段是将从农民那里贩来的蔬果卖给当地教会。龚教授童年时的居所与教会学校毗邻,5岁时就被母亲带到教会学校学习,因为父母都是基督徒,在7岁时曾经受洗,后来分别在三一中学附属小学、四明中学附属小学、四明中学读书,这几所学校也都是教会学校。童年时的学习生活经历无疑对他后来的人生发展有潜移默化的影响。[②]

(一)生平简历

1930年,龚教授被保送上海沪江大学生物学系。这也是一所教会学校,与其之前就读的中学属于同一系统。之所以选择这所学校,是因为当时的私立大学一般都要求巨额学费,而沪江大学对保送入学的寒门子弟免收学费。学习了一年生物学后,龚教授根据自己的志趣决定选择学习

---

① 写作过程中,曾获中国人民公安大学法学院王守田老师馈赠资料,特此感谢。

② 生平部分如无特殊注明,主要参考龚祥瑞先生的自传,龚祥瑞著:《盲人奥里翁——龚祥瑞自传》,北京大学出版社2011年版。

政治学,因为他认为"中国最大的问题是政治腐败、官吏无能、生灵涂炭,这不是生物学和医学能解决得了的"。这听上去有点像鲁迅,为了救国弃理从文。

1932 年,龚教授通过清华大学的考试,转入清华大学法学院政治学系。由于种种原因法学院下法律系暂从缓设,仅设政治学系一系,但学校对法学理论极为重视。龚教授在攻读传统政治学学科之余还选修了宪法、行政法、国际法以及经济系和历史系的相关课程。是时,正值清华大学政治系鼎盛时期,汇集了张奚若、钱端升、萧公权、浦薛凤、沈乃正、陈之迈等名师。20 世纪 30 年代的北京学生运动风起云涌,但清华大学的风气向来纯净好学。龚教授自言受胡适、易卜生影响较大,受左翼文学影响较小,一心读书、充实自己,无意于革命运动。在大学毕业前就出版了两本书:一本是与同乡好友楼邦彦合著的《欧美员吏制度》;另一本是本科毕业论文《北平市民营公用事业之监督》。在清华大学的三年学习为龚教授打下了坚实的专业基础。根据他的回忆,这个阶段的学习特点是西学多于中学,古典多于现代。这也是中国大变革的时代特点。

1935 年毕业后,他参加了清华大学庚子赔款第三届公派留学生选拔考试,这次考试共 30 个学科 30 个名额,龚教授考取的是"公务员任用制度"学科留学生,本计划留美,后与导师钱端升先生商议改派留英。龚教授在其回忆录里还记录了他留英前的一段轶事。1935 年秋,已经毕业的龚教授随导师钱端升先生到南京中央大学,在钱先生指导下阅读《比较宪法》增订本样稿。当时,曾在清华教过他的蒋廷黻先生在南京行政院任职。龚教授赴英之前特意拜访蒋先生,在去英国还是去美国的问题上向前辈求教。蒋廷黻先生直言"清华学生的头脑真是有问题,不是美国就是英国",他认为"若要把中国管理好,应该去印度而不是什么英国美国"。这样的见解让龚教授非常惊诧,认为蒋先生抱着以"英国统治殖民地的经验"治理中国的想法,是其在当时主张"独裁"的思想基础。之后决定不再就此问题请教蒋先生,随后即别过家人,开始"英国之行"。

1935 年冬,龚教授赴伦敦经济政治学院读书,同行的还有楼邦彦和王铁崖先生。龚教授在伦敦经济政治学院的导师是著名政治学家拉斯基教授。拉斯基教授以左翼理论家的身份在英国享有盛名,但在龚教授看来,英国的左翼理论与马克思主义理论根本不同,并不能称为"左翼"。两年间,龚教授在拉斯基教授的指导下完成了论文《民主国家的官纪》。他自己认为,在英国所学的与其说是行政法学,不如说是民主宪政学,是站在国家的对立面,以实用主义的哲学为基础,研究国家与社会的关系。与拉斯基教授相比,对龚教授影响更大的教师是詹宁斯博士。虽然詹宁斯在当时的声望远不及拉斯基教授,但他的著作以翔实的资料、清晰的分析和客观的论断赢得了学生的尊重。龚教授认为,自己在詹宁斯博士那里学到了真正的宪法学。

20 世纪 30 年代正值多事之秋,龚教授初到英国时恰好赶上了爱德华八世逊位的宪法危机,这件事引起了很多留学生的兴趣,他们通过报刊报道对英国君主立宪制有了直观的了解。在此时期,国内发生了震惊中外的"西安事变",随后国共合作,抗日救国运动高涨,直至全面抗战爆发。1938 年,龚教授将延长一年的留学国选为法国。经拉斯基教授推荐,到巴黎大学攻读行政法学。

1939 年夏,龚教授借道德国、瑞士、意大利回国。当时正值第二次世界大战爆发前夕,他在柏林目睹了希特勒群众大会,对法西斯的运动形式留下了深刻印象。回国后,龚教授和楼邦彦同时被清华大学聘为副教授。值此,抗日战争已进行两年,华北三校(北大、清华、南开)在昆明组成西南联大,龚教授实际就职于西南联大"行政研究室",这是由钱端升教授发起的专门研究中国行政机构的部门,与政治系并立。在行政研究室期间,龚教授写作了《谈实际政治》等文章,提倡政治科学,认为公法观念的确立有待于绝对权力观念的消亡,而代之以政治科学的探索,并劝导年轻人不要到茫无头绪的政海里讨生活;倘若不知道国家和世界的真面目,又不知道当前公益的内容,盲目去做实际政治,也是枉费心力。在西南联大任教期间,龚教授还为在校生开设了"行政问题"、"政治学概论"、"近代政治制度"等课程。

1940 年 ,龚教授前往重庆中央大学拜访政治学系主任张汇文先生,张先生是当时的行政法学权威,后来为中国大陆行政法学做出重要贡献的王名扬教授即出自他的门下。在重庆期间,不仅两人结下了深厚友谊,而且经张先生介绍,龚教授还结识了自己的终身伴侣方备女士,两人在重庆成婚。

1943 年,龚教授受清华大学时期的老师,时任国民政府驻莫斯科大使蒋廷黻的推荐,经清华大学校长梅贻琦同意,到重庆国民党团中央干部训练组任组长,开始了短暂从政生涯。次年,龚教授受蒋经国邀请出任青年干部学校副教务长的职务，组织了两次招生工作。在这两次选拔考试中，他坚持唯才是举，严格公开考试，因而得到了蒋经国的赞许，同时还受到了蒋介石的召见。然而，青年干部学校以蒋介石为校长，蒋经国为教育长，内部人事关系复杂。因不堪国民党内部派系斗争，龚教授在此工作不到一年就辞职离开，转到中央大学任政治系教授。与此同时，龚教授还在考试院铨叙部兼职，兼任国民政府考试院铨叙部参事，研究中国历代官制，在考试院任职期间负责草拟了一部人事管理法规。

抗战结束后，他又受到时任国民政府资源委员会主任钱昌照之命，从重庆赴南京，主持起草全国工矿业企业管理行政法规，任资源委员会专门委员，监管人事处，并带队在各地考察工矿企业管理制度。1947 年，龚教授作为考试院代表团副团长，率领考试院“高等文官考试”中获选的 10 名优秀人选，赴美、英、法、瑞士等国考察文官制度，代表团的团长是著名行政法学家范扬。这次访问团访问了美国文官考选委员会、田纳西河流域管理局、英国文官考试委员会，以考察西方战后管理新政。《英美文官制度的新发展》、《潜能与领导》等文章就是这一时期的作品。回国后，龚教授又随钱昌照主任赴台湾视察收回的日本工矿企业。1948 年，钱昌照辞职，龚教授也决意离开政界，受北京大学政治学系主任王铁崖之邀，经钱端升教授推荐，重回北京大学政治学系任教。同时，应留法时期的好友高名凯教授的邀请，在燕京大学政治学系开设课程。

1949 年，中华人民共和国成立。龚教授自觉在政治上是“落伍”的，决定暂时离开学校去机关学习，通过钱端升教授向时任政法委秘书长陶希晋推荐，到中央政法委员会任职，期间写了《行政组织与管理》一文，论证了“公共行政的技术观点”，认为行政是国家行政权的表现，是国家意志的执行和管理的技术，可以借鉴资本主义国家的管理技术而使之服务于社会主义的政治。该文发表后，被批评缺乏“阶级观点”，没有看到社会主义国家和资本主义国家的本质区别。龚教授口头上接受了批评，但也承认“阶级观点”并没有在思想深处扎下根来，在政法界老革命的“帮助”下，他认识到革命改变了问题的前提，历史的演进不可逆转。在政法委期间，龚教授还参加了土改参观团，亲历了暴风骤雨般的土地改革运动。1951 年，龚教授调到以时任北京市市长彭真为校长的中央政法干部学校工作，在国家法教研室任职，参与编写《共同纲领》教材，辑录油印本《马恩列斯论农业社会主义改造》，在干校期间又亲历了“三反”、“五反”运动的扩大化。

1954 年院系调整，北京大学新法律系成立，人员由中央政法干校、中国人民大学、北京政法学院三校教师组成。龚教授重回北京大学，在国家法教研室工作，由政治学转教宪法学，教授的课程为“资产阶级政治制度”，教学大纲中言明教学目的是批判资产阶级宪法的“反动性”和“虚伪性”。1957 年“反右”运动中，龚教授批评检举了钱端升教授在内的旧日师友。对这段经历，他也在回忆录中做了解释说明。[①] 1958 年，因在课堂上将共产党领导下的民主党派称为“忠诚于社会主义的多党制”，引起了部分领导的恐慌，受到全系师生的批判，但得到了马寅初校长的安慰和支持。在此之后，龚教授又在北大经历了“大跃进”、“四清”运动，直至 1966 年“文化大革命”爆发，他被作为“假革命”、“漏网右派”、“黑帮分子”打倒并隔离审查，两年后被发往江西省鲤鱼洲劳改农场进行教育改造。

1971 年，“林彪事件”后，龚教授被召回北京，参与翻译尼克松著作《六次危机》。此后的近 10 年间，一直在北京大学法律系编译室从事翻译工作，参与翻译了《谁是吉米》（卡特传）、《旧世界新视野》（希斯演讲集）、《联合国手册》、《核竞争与和平》、《东南亚国家联盟各国宪法》等书。

1977 年，恢复高考，北京大学法律系恢复招生。1980 年，龚教授被允许重返教室，为 77 级、79 级学生开设“比较宪法”课程，受到了同学们的欢迎，1981 年又开设了一门《比较行政法》。后来他将这两门课的教材合并编著，定名为《比较宪法与行政法》，于 1985 年出版。事实上，这本书在出版前就曾以油印本形式在各地政法院系流传，是公法学领域经典的教科书。

20 世纪 80 年代，龚教授的学术生涯达到了高峰期，多次出国访学“充电”。在 1983 年出访美国芝加哥，参加美国政治学会第 29 届年会，访问康奈尔大学，并在中日研究中心作演讲，引起关注；1984 年，应英国文化交流协会之邀，访问剑桥大学，在伦敦大学亚非学院、伦敦政治经济学院、牛津华富尔生学院、利兹大学、杜拉姆大学演讲，介绍中国政治体制和宪法问题、机构改革、法制建设、行政诉讼法立法和司法问题，到牛津圣安东尼

① 龚祥瑞：“钱端升小集团的阴谋和‘大法学院’方案”，载《人民日报》1957 年 8 月 11 日；“妄图帮助罗隆基成立反社会主义的知识分子政党，钱端升是政法学界的右派阴谋家”，载《人民日报》1957 年 7 月 20 日；龚祥瑞著：《盲人奥里翁——龚祥瑞自传》，北京大学出版社 2011 年版，第 226～228 页。

学院进修，在英国期间还会晤了丹宁勋爵，之后又访问了苏格兰和巴黎；1986 年，参加中国法学家代表团，再次出访英国，访问剑桥冈维尔与凯斯学院、皇家法庭、英国律师协会；1987 年，再次访问美国康奈尔大学，并在 1988 年到康奈尔大学人文科学院担任高级研究员，研究变化世界中的比较宪政制度，写作论文《中国政治体制改革的现状》，并在康奈尔大学《亚洲思想与社会》杂志发表。

回国后，龚教授为研究生开设了当代政治学、比较地方政府、宏观行政学、宪法与宪政等富有鲜明改革开放精神的课程。在学校正式授课以外，还不时地给校外政法界和政法院系授课，开设研讨班，引起了不少青年人的共鸣。在此期间，龚教授出版了多部著作，包括《比较宪法与行政法》、《文官制度》、《英国行政机构与文官制度》、《法律的正当程序》（校改）、《法律的训诫》（校改）、《行政法与行政诉讼法》等。

在学术团体和其他机构任职方面，1957 年龚教授加入民主同盟，曾任中国民主同盟中央文教委员会委员；1980 年发起加入中国政治学会，首任常务理事以及百科全书政治学、法学两卷编委；1992 年获"对高等教育作出特殊贡献"津贴。

1987 年，国家监察部恢复，行政审判庭在试点法院内成立，行政裁判所暂行规程在深圳经济特区试行，为了促成《行政诉讼法》制定通过，龚教授在暑假之际带领学生，应深圳中级人民法院和城市管理办公室的邀请，进行实地调查，并在返途中访问了南京、上海、杭州、武汉、郑州等地的法院行政审判庭试点。回校后，他整理了途中所得资料写成了《行政法与行政诉讼法》一书。1989 年 4 月，《行政诉讼法》正式颁布通过，两年后为考察《行政诉讼法》实施情况。龚教授再次带领研究生先后到天津、南阳等地，阅览行政审判庭案卷、走访提出诉讼的公民和作为被告的公安、工商、房管、土地局等行政机关，并草拟了五类问卷，在全国范围内对我国《行政诉讼法》实施现状与发展方向进行广泛调查。在此基础上，写作了《法治的理想与现实》，希望能够唤起司法工作者以及普通公民对法律的信仰和信赖，使中国逐步达到"法大于权"、"宪大于政"、"民大于官"、"人大于民"的现代文明境域。

早在 40 年前，龚教授就在西南联大行政研究室时大力提倡实证调查研究和政治科学方法。在《行政诉讼法》的制定和实施问题上，龚教授仍不满足于就法律制度而研究法律制度，不愿囿于条文注释和本本主义的思想方式，在一般调查的基础上深入进行“焦点研究”，考察从立案到执行的全过程中，法院内部和外部的各种势力对秉公执法的影响。

1989 年，为了纪念“五四运动”70 周年、法国《人权宣言》200 周年，龚教授应邀写了《中国需要什么样的宪法学理论》一文，刊载在 1989 年 4 月的《法学》杂志。在这篇文章中，龚教授批评了传统的宪法观念，认为宪法不只是“革命成果的记录”，而是一次新的开始。宪法要成为治国之法、治官之法，要起到约束国家权力保障公民权利的作用。他认为“只有新的、从意识形态教条中解放出来的科学研究才能帮助我们大学生较完整地而又宏观地思考我们的过去，从而有助于真正摆脱斯大林主义——斯大林现象对我们的影响”。

1993 年，龚教授告别讲坛，开始写作《龚祥瑞自传》，历时 3 年完稿。1996 年 9 月 3 日，不幸于北京大学医院逝世，享年 85 岁。

（二）思想履历

龚教授是中国近代激烈转型的亲历者和见证人，其一生都有着鲜明的时代印记。辛亥革命那年，他出生在一个通商口岸城市，父母是受基督教影响很深的城市贫民，在从沪江大学转到清华读书之前一直在教会学校受教育。入学后之所以转学政治学，不仅是因为个人的志趣，也是整个时代的困惑和焦虑在其身上的体现。在清华求学时期是他价值观念形成的阶段，之后通过清华庚子赔款项目留学英国。20 世纪 30 年代，斯大林主义、法西斯主义、自由主义各种政治思想滥觞。龚教授经过两年在英国的学习和生活，接受了民主宪政的思想。在以后的 50 年中，虽然经历了历次变幻莫测的政治风波和疾风骤雨式的“思想改造”，但他在内心深处始终坚持当初接受的理念，并认为思想并不是政治强制力所能改造的。龚教授早年面对国家积贫积弱的现实选择学习政治学，认为治国首要在于改革内政，晚年又致力于传播宪政思想，介绍西方政治制度和法制状况，推动体制改革。其间的变与不变也反映了近代以来中国社会变迁和制度探索的艰苦和曲折。

政治学者并不一定真正介入实际政治，但龚教授一生，或者主动地参与实际政治活动，或者被动地卷入政治风波，真正坐守书斋的时间反而是有限的。他从 32 岁到国民党团中央干部训练组任组长起，就断断续续从事行政工作，一度为蒋经国所赏识，并亲身体验了国民党内部的派系斗争，直到 1948 年才决意离开政界重返学校任教。1949 年之后，他又主动离开学校到中央政法委参事室工作，亲历了土改运动，大量时间都在研究解放区报纸和新成立政府的各种文件，很快对新成立的政权有了一定程度的了解。等他再次回到学校，又经历了20多年愈演愈烈的政治运动，直到20世纪80年代近70岁时才重返讲台，而他主要的学术成就和影响也都是80年代的成果。在经历过实际政治工作的磨砺和政治运动的磨难之后，龚教授更加确信宪政对中国的重要性，以及通过宪法控制公权力保障公民权利的必要性。尽管早年的教育经历对个人的学术取向有重要的影响，但龚教授对宪政的坚守更是一个知识分子对自己亲历的历史痛定思痛的结果。

龚教授是一个政治学者，也是一个法律学者。他在清华大学政治学系读书期间，就受到了良好的法律教育。在伦敦留学期间学习行政法学，导师是著名政治学家拉斯基教授，但同时也深受宪法学者詹宁斯的影响。回国后在西南联大主持行政研究室的工作，之后又先后受聘于中央大学、北京大学、燕京大学政治学系。1949年后短暂离开学校到机关工作，直到1954年调整院系重返北大才到法律系任教(此时政治系已停办)。其间身份的种种变化有阴差阳错之处，甚至或多或少地反映历史上政法之间的复杂关系。而他所受到政治学特别是政治科学的训练也深刻地影响了他在法学研究上的思维，早年即已养成注重实证研究的习惯。80年代后，龚教授重返课堂，才迎来了自己的学术高峰。他最早开设的课程即是“外国宪法”和“比较宪法”，在国内最早系统介绍国外的宪法制度和政治理念。

龚教授一生期望学以致用，努力通过政治科学改良政治现实。他从来不追求无益于现实的纯粹知识，在清华读书时就抱着“科学救国”的信念，在英国留学期间则深受英国经验主义哲学的影响，直到晚年都坚信知识应该来之于社会并还之于社会。但阴差阳错的是，他所信奉的理念和制度几乎均未行之于现实。在20世纪三四十年代，他就寄希望通过建立现代文官制度改良内政，但在内忧外患的形势下并没有实现，后来又期望通过宪法观念的普及和宪法制度的落实，实现宪政转型。变化也许正在发生，但他所寄望的目标更多都还是愿景。龚教授曾在自传中写道：“人间未有无现实的理想，亦未有无理想的现实。历史的前进是以无数人的被淘汰和未被淘汰为代价而向前发展的。”①

① 龚祥瑞著：《盲人奥里翁——龚祥瑞自传》，北京大学出版社2011年版，扉页。

龚教授既是一个现实主义者,也是一个理想主义者。他正如同一个行于历史三峡最湍急之处的过客,顶住不停地退回来的潮头奋力向前。这也是宪法制度在当代中国确立、发展过程的一个缩影,从中我们可以看到一个宪法学人的责任和使命。

学术贡献

(一)求学与传道

1. 师承及思想变化

龚祥瑞教授毕业于清华大学政治学系,与楼邦彦、王铁崖并称钱端升先生门下"三侠客"。本科毕业后留学英国,师从著名政治学家拉斯基教授,学习英国文官制度,同时也受教于著名的宪法学家詹宁斯。最初,他之所以选择公务员任用制度,部分是因为认为这个制度比政党制度、议会制度更容易学,并有志于为中国造就一批遵纪守法、效率卓著的行政人员,以改良内政。[①] 但他又深知,现代化的"公务员制度"只有在"民主"和"法治"的框架中才能建立起来并予以发展。他早年曾热心于实际政治,在国民政府时期一度从政,新中国成立之后也曾在实务部门短暂任职,后在历次政治运动中几经挫折,晚年仍坚持为传播宪政思想著书立说,影响了一批有识之士。

龚祥瑞教授早期的著作集中于研究具体的行政问题,特别是公务员制度。在清华大学时期和英国时期的毕业论文都以文官制度为主题。回国之后加入钱端升教授组织的行政研究室,设计"行政研究计划",研究行政组织结构,主张"当代问题主要是行政管理问题,而不是政治问题"。一直到 1949 年之后在政法委参事室写作《行政组织与管理》,仍然提倡"行政既是政治的一个组成部分,但又有它自己的特性,可以借鉴资本主义国家的管理技术使之服务于社会主义的政治"。[②] 尽管经历了一系列政治运动,龚教授的思想也发生了变化,但注重实证研究、以政治科学为研究方法的习惯却始终没有改变。他一直注重广泛借鉴社会科学研究方法,提

① 龚祥瑞著:《盲人奥里翁——龚祥瑞自传》,北京大学出版社 2011 年版,第 41 页、第 44 页。

② 同上书,第 110 ~ 112 页、第 208 页。

倡“法律工作的计算机化”，晚年出版的《宪政的理想与现实》、《法治的理想与现实》也是在大量调查研究后形成的成果。[①] 这与他早年接受的政治科学训练以及实际参政经历是分不开的。

同时值得注意的是，龚祥瑞教授从20世纪30年代起接受宪政思想，经历了中国历史上极为动荡的半个世纪之后，对宪政的信念和热情有增无减。龚祥瑞教授生于辛亥年，青年时期受胡适先生的影响。虽然30年代中国社会思想趋于激进，但他始终对左翼思想不感兴趣。[②] 英国导师拉斯基教授是著名的左翼思想家，但龚教授却认为拉斯基在理论方面应该是右翼的，其国家学说与马克思主义理论有着根本的不同。拉斯基并不把国家看作统治阶级的工具，而把它当作“与在社会内其他一切团体对立并存的一种团体”。他“站在国家的对立面，以实用主义的哲学为基础，研究国家与教会、国家与工会的关系”，这是一种较可信服的方法论。[③]

在西南联大时期，龚祥瑞教授对不能切实追求科学，而对派性十足、积极从事“斗争”、“分裂”的学人颇不以为然。[④] 他在自己的课程中宣扬民主个人主义与社会改良主义合成的“政治康拜因”，以及文官制与议会制相结合的“行政拖拉机”，对蒋介石等人利用国人的爱国心制造的“国家至上”和“民族至上”等神道说教，提出了学术性批评。[⑤] 1949年后，龚祥瑞教授像大多数知识分子一样，积极进行思想改造，但对“阶级斗争观点”并不能真正接受。[⑥] 改革开放后，龚教授重返课堂，继续宣传社会现代化、国家民主化、生活法制化，致力于介绍现代政治制度、观念和技术，例如，“一国两制”的混合、中央地方法人的设立、出版自由法的制定、人大设司法专员的建议、两类公务员的区分和趋同、“民告官”的倡导[⑦]……有些观念和制度在当时或许并不完全具有可操作性，但它反映了时代风尚，在青年一代的学生中产生很大影响。龚祥瑞教授还提倡中国需要新的宪法理

---

① 龚祥瑞、李克强：“法律工作的计算机化”，载《法学研究》1983年第4期。

② 龚祥瑞著：《盲人奥里翁——龚祥瑞自传》，北京大学出版社2011年版，第41页、第46页。

③ 同上书，第74～76页。

④ 同上书，第111页。

⑤ 同上书，第149页。

⑥ 同上书，第209页。

⑦ 同上书，第283页。

论，要将宪法学研究从意识形态中解放出来。[①] 他从不以马克思主义者自居，而是以自己的专长引导年青一代，帮助他们拓展知识面、跟上世界的步伐。在这个方面，这与他青年时期的思想倾向是一致的，甚至比青年时期更为坚定。

20 世纪 30 年代龚教授在清华大学读本科时，就是钱端升教授的得意门生。1935 年，钱端升教授离开清华到南京中央大学政治系任主任，龚祥瑞教授也随之前往，在钱先生的指导下阅读他与王世杰合著的《比较宪法》的增订本校样稿。这是民国时期中国宪法学领域的扛鼎之作，虽然在新中国成立后曾一度湮没，但在 90 年代后经过重印又受到重视。龚教授在青年时代是《比较宪法》最早的读者之一。80 年代出版的《比较宪法与行政法》一书摭述各国宪法和法律的不同规定，集成西方不同流派的学理见解，在风格与内容上都受到《比较宪法》的影响，但其所起到的启蒙作用更有过之。在《比较宪法》出版的时代，介绍外国宪政经验的著作从数量上看种类众多，质量上也不乏优秀之作。[②] 相比之下，《比较宪法与行政法》正值中国法学复苏重生的时代出版，为很多青年学子带来的冲击和惊喜是现在很难想象的。钱先生与龚教授相交半个世纪，其间由于政治风波，两人之间产生了难为外人道的龃龉，但从他们的著作上仍能看到明显的传承。这使我们想起陀思妥耶夫斯基的一句名言："一切都会过去，唯有真理长存。"

2. 教育成就

龚祥瑞教授曾在自传中说自己是个"教书迷"，有"教书癖"。[③] 即使在干校时期，他仍然主动创造"教学条件"，开夜班给青年工人上文化课。一个北大法学院的教授自愿去教授小学语文，其中当然有历史的阴差阳错，但也可以看出他对教学的痴迷。"文化大革命"期间，"教育革命"，他先到"五七"干校接受"思想改造"，之后仍没有资格给工农兵学员上课，从事了近 10 年的翻译工作，直到 1981 年才重返讲台为 77 级和 79 级学生上课。这些当年的年轻学子现在多数都成为了国家栋梁，或许还能忆起当初课堂上遭遇新知的惊喜与兴奋。当时，甚至有准备读研的同学已经选

① 龚祥瑞"中国需要什么样的宪法理论"，载《法学》1989 年第 3 期。

② 林来梵："眺望宪政的远景——读王世杰、钱端升的《比较宪法》"，载王世杰、钱端升著：《中华现代法学名著：比较宪法》，商务印书馆 2010 年版，第 644 页。

③ 龚祥瑞著：《盲人奥里翁——龚祥瑞自传》，北京大学出版社 2011 年版，第 219 页。

了经济法作为专业,因为"比较宪法"的课程改变了志趣,重新选择了专业。这位同学就是后来著名的行政法学家姜明安教授。① 由于"比较宪法"课程引发了很多同学的兴趣,不仅受到了系领导的重视,高教部还专门为"比较宪法"设了三个留学名额,三个公派出国的同学是王绍光、陶景洲、刘凤鸣,后来都在各自的领域取得了瞩目成就。他的很多学生都在文章中追忆他的言传身教,例如,现任国务院总理李克强曾在《师风散记》一文中记述了龚祥瑞教授平等对待学生,尊重知识崇尚真理的品格。② 北大法律系 80 级毕业生金国坤教授也曾在《追忆龚先生》一文中回忆他对授课的认真和对学生的关怀。③

杰出的教育家大多都秉承有教无类的理念,受到龚祥瑞教授影响的也不止于北大学子,甚至不止于法律人。20 世纪 80 年代后,龚祥瑞教授不仅在学校为本科生研究生开设课程,还不时地给校外政法界和政法院校教授课程,引发了不少青年人的共鸣。他晚年结交的后学遍布各个领域,包括著名律师陈有西、著名学者俞可平、零点研究集团董事长袁岳等,一大批杰出人才都曾受到过他的指点。

此外,龚祥瑞教授对宁波大学的创建也做出了特别贡献。龚教授是宁波人,青年时期在当地的四明中学读书。据他在自传中回忆,创办一所宁波本土的大学,不仅是他,也是宁波同乡会一直以来的心愿。④ 这个心愿最终在 1984 年由香港船王、宁波籍商人包玉刚促成。在 80 年代中期,宁波大学建校筹备时期,龚祥瑞教授就作为宁波大学的顾问,全力促成北大法律系与宁大法律系的合作,并曾经在宁波大学开设课程,讲授英美法。1996 年,龚教授去世。依其遗嘱,他所收藏的书籍资料全部捐赠给了宁波大学。

(二)宪法学研究方法与特色

龚祥瑞教授早年治政治学,专长在公共行政。1954 年,北京大学组建新法律系,成立国家法教研室,才由政治学改教宪法学,但并不能算作"改行"。他在清华大学法学院就接受了良好的宪法学和行政法学教育。在

---

① 龚祥瑞著:《盲人奥里翁——龚祥瑞自传》,北京大学出版社 2011 年版,第 281 页。

② 李克强:"师风散记",载赵为民编:《北大之精神》,世界知识出版社 2008 年版。

③ 金国坤:"追忆龚教授",资料来源北大公法网 http://www.publiclaw.cn/article/Details.asp? NewsId = 2705&ClassName = 。

④ 龚祥瑞著:《盲人奥里翁——龚祥瑞自传》,北京大学出版社 2011 年版,第 323 页。

伦敦经济学院求学,虽然名义上是以“公务员任命制度”的科目公派出国,但在龚教授的回忆中,“在英国所学的与其说是行政法学,不如说是民主宪政学”。[①] 在留学期间对龚教授影响最大的是詹宁斯博士,其成名作《法与宪法》于20世纪80年代经龚教授翻译,在90年代出版。这本著作广泛收集包括传记、回忆录、案例在内的各种材料,分析清楚、论断客观,是龚教授眼中“真正的宪法学”。80年代初期,龚教授在北大开设“比较宪法”等课程,一方面介绍外国先进制度和经验;另一方面探讨中国宪法和宪法学的真问题。

因此,龚祥瑞教授走上宪法学道路,从个人际遇上看有偶然因素,如20世纪50年代初政治学系被取消。这也使其对宪法学的研究与同时期的其他宪法学家相比,有着鲜明的个人色彩。在研究风格上,其早年的经历对他后来产生了深刻影响。梁治平教授在一篇对《比较宪法与行政法》的书评中曾论及龚祥瑞教授在法学研究上的两个特点:一方面,由于他兼具政治学和法学两方面的训练和素养,使他对宪法和行政法的研究比通常仅就法律制度研究法律制度的做法要高出一筹;另一方面,由于大量阅读原著,以及早年留英时对西方政制与法制的亲身体验,龚教授在论及西方宪政制度时,笔下总能透露出一种文化的把握,更为同时代的许多著作所不及。[②]

总结龚教授宪法学研究特色,首先要强调的是他作为学者,在其学术生涯里一直抱着研究科学的态度,而不是单纯地服从或宣扬某种价值观。龚教授在清华读书时期,正值日本加紧对中国的侵略造成华北危机,校园里充满了“读书不忘救国,救国不忘读书”的讨论。从那时起,他就坚信科学研究应该尽可能纯粹,但从结果上来说,科学工作也是有现实意义且能够解决实际问题的,科学研究和国家前途息息相关。[③] 龚教授在宪法学研究上也抱着这样的态度,一方面以研究科学的态度研究宪法学;另一方面又把宪法学研究与时代的需求结合起来。

从其早期学术经历上看,龚祥瑞教授在青年时代致力于研究行政问题,特别是现代公务员制度,以寻求公共行政的进步。在当时他就选择了

---

① 龚祥瑞著:《盲人奥里翁——龚祥瑞自传》,北京大学出版社2011年版,第76页。

② 梁治平:“法·法律·法治——读龚祥瑞《比较宪法与行政法》”,载《读书》1987年第6期。

③ 龚祥瑞著:《盲人奥里翁——龚祥瑞自传》,北京大学出版社2011年版,第115~116页。

政治科学的研究路径，认为“公法观念的内容是‘公的认识及公私分别’。但‘公’不是一种空泛的用心，它是要经过目睹社会的事实才能得到的，要到一村、一乡、一县、一省、一国乃至全世界去观察调查寻求的，而且它有时一套动态的继续发现出来的东西；公益不能按照最初的发现像生物学家的标本一般永远钉牢在墙壁上。它是靠继续的发现才能见效的……公法观念的确立有待于政治科学的成就”。[①] 在西南联大时期由钱先生发起主持、以龚教授为实际核心的“行政研究室”就是为了调查研究国家行政机构而设立的。龚教授设计的“行政研究计划”把公共行政作为科学研究的目的、方法和结果，包括了理论的推考、法令的分析和社会调查三个部分，采用了政治学、法学和社会学多个学科的视角进行研究。[②] 他对现代公共行政制度特别是公务员制度的研究由于历史环境所迫，并没能付诸现实，但他在研究过程中形成的重视实际调查和综合利用不同学科知识的习惯却一直没有改变。

20 世纪 80 年代，龚祥瑞教授被中断的学术事业又重新开始，一度中断的法制建设也再次开始启程。新的法律不断被颁布，有识之士也都纷纷著书立说，或者致力于促成新法的通过，或者致力于解释新颁布的法律。龚教授更注重的是对司法实践的调查研究工作，以探索现实对法律的需求和法律在现实运行中遭遇的问题。从 1987 年开始，每逢寒暑假龚教授都会带领研究生到全国各地，深入基层考察实际，更新知识。这些调查往往采取座谈、调查问卷、焦点研究等多种多样的方式。这与传统的囿于条文注释，就条文谈条文、就制度谈制度的研究方法有所区别。这种调查研究的方法在他早年的教育经历和学术经历就已经有所展现，正是青年时代的教育和中年时代的经历造就了注重实证研究的风格。

其次，龚祥瑞教授特别注重行政法对宪法的补强和发展作用。在 80 年代初期，龚教授就在北大分别开设了“比较宪法”和“比较行政法”的课程，其讲义后来集结成书出版，是行政法学领域的经典教材。改革开放后，龚教授也是较早从事行政法研究的学者，[③]曾对宪法与行政法之间的关系提出独到见解：

---

① 龚祥瑞著：《盲人奥里翁——龚祥瑞自传》，北京大学出版社 2011 年版，第 111 ~ 112 页。

② 同上书，第 110 页。

③ 褚宸舸：“龚祥瑞宪政思想研究”，载《清华法治论衡》2013 年第 1 期。

宪法是行政法的基础,而行政法是宪法的实施。行政法是宪法的一部分,并且是宪法的动态部分。没有行政法,宪法每每是一些空洞、僵死的纲领和一般原则,至少不能全部地见诸实践。反之,没有宪法作为基础,则行政法无从产生,或至多不过是一大堆零乱的细则,而缺乏指导思想。[①]

因此,在"行政国"时代,从事宪法学研究的工作者不能撇开行政法不论。龚祥瑞教授一直关注我国行政法的发展,特别是行政诉讼法的发展。在1989年《行政诉讼法》制定通过之前,他就他带领学生到试点地区进行调研。《行政诉讼法》施行两年之后,他又带领研究生到各地调查研究法律实施现状和发展方向。龚祥瑞教授希望通过"民告官"的形式,唤起司法工作者以及普通公民对法律以及宪法的信仰和信赖,树立宪法和法律的权威,使中国逐步达到"法大于权"、"宪大于政"、"民大于官"、"人大于民"。官民对峙带来的观念转变,也正是行政诉讼法对宪法的意义之一。

在研究方法上,龚祥瑞教授认为"成文宪法不过是载入文件当中的关于政府的条文,它不一定表现一国实际存在的政体"。[②] 宪法学者的研究不能受宪法条文的束缚,要推广到宪政方面去。宪政的研究既属于政治学的范围,也属于宪法学的范围,而宪法学的研究内容之一是宪法与宪政的关系。这与当时主流宪法学的研究进路和问题意识都有很大区别。当时在学界占据主流地位的学说是"政治教义宪法学",这种学说自认为坚持马克思主义的研究方法,主要任务是对宪法条文进行解说性的诠释,力图说明立法原意及背景,并予以正当化,因而具有明显的意识形态色彩。[③]龚祥瑞教授的"宪法观"与"宪政观"明显有异于当时的主流观念。他认为宪政是把民主与法治结合起来的政权组织形式,宪法应该反映宪政精神,但是一国的政治实践并不一定真正依照宪法,因此宪法学研究不能仅仅围绕宪法条文。

最后,龚祥瑞教授早期的留学经历对其后来的学术取向也有明显的影响,例如,英国的经验主义传统对其影响至深。此外,他从80年代起就致力于将西方特别是英国宪法理论引入中国,开阔青年一代的眼界,但他

---

① 龚祥瑞著:《比较宪法与行政法》,法律出版社2012年版,第5页。

② 同上书,第4~5页。

③ 林来梵:"中国宪法学的现状与展望",载《法学研究》2011年第6期。

并不是"全盘西化"的支持者。事实上,当陈序经教授提出"全盘西化"主张时,龚教授正在清华大学读书。在那时他就认为"全盘西化"在主观上"要不得",在客观上"不可能"。但拒绝全盘西化不能成为故步自封的借口,借鉴西方也不是能够一蹴而就的事情,要经历漫长的改造、适应、协调、融合的过程。因此,在对待西方宪法学理论上,龚祥瑞教授并不主张"全盘西化",但是确实"充分世界化"的力行者。这种立场可能也与他从青年时代就深受胡适思想影响有关,在他介绍西方宪法和行政法基本理论的教科书《比较宪法与行政法》中已有充分体现。经他翻译或大力推荐的宪法学和政治学理论书籍,在当时也确实起到了开风气之先的作用。

(三)西方宪政理论的介绍和传播

因其特殊的历史时期,龚祥瑞教授对西方宪政理论的介绍发挥了难能可贵的青年启蒙作用。龚教授曾在《我的反思与答辩》一文中说,自己的任务是以专长去影响年青一代,帮助他们扩大宪政知识面。①《比较宪法与行政法》一书系统介绍了宪法原理和主要西方国家的公法制度,是20世纪80年代初期难得一见的"去政治化"的宪法学教科书,对当时很多年轻学子起到了启蒙作用。与此同时,他还主持翻译了詹宁斯的《法与宪法》以及丹宁勋爵的系列著作,并曾撰写过多篇文章介绍包括白芝浩、戴雪在内的英国理论家的宪法思想。这些工作对当时的中国宪法学都是具有开创意义的。也正是因为此,要了解龚教授的宪法学思想,就不能忽视西方宪政理论及其重要价值观念的影响。

龚祥瑞教授在《比较宪法与行政法》一书中将私有财产原则(private property)、主权在民原则(popular sovereignty)、三权分立原则(separation of Powers)、法治原则(rule of law)、权利平等(equality of rights)和政治自由(political freedom)原则作为现代宪法在历史中形成的基本原则,并强调这些原则对宪法的作用。② 在他对这些原则的论述中,可以看到他对民主、权力、法治、权利的观念。

对于民主,他认为尽管国家属于人民几乎是各国宪法的通则,但"民主"和"人民"这两个名词是任何人都可以借用的 ,为防止政府专制起见,

---

① 龚祥瑞:"我的反思与答辩",载龚祥瑞著:《盲人奥里翁——龚祥瑞自传》,北京大学出版社2011年版,第350页。

② 褚宸舸:"龚祥瑞宪政思想研究",载《清华法治论衡》2013年第1期。

民主制度化和法律化较之于主权所属问题更为重要。他在《比较宪法与行政法》一书中比较了直接民主和间接民主两种形式的政体,指出了直接民主的两个缺陷:一是颠倒了所决定的问题的性质;二是搞错了最能代表民意的处所。① 他认为直接民主过于重视外表形式。在现代国家,民主制度不在于直接或间接,而在于联系相应的利益集团。而在民主理论中占重要地位的"主权在民"(popular sovereignty)原则上,龚祥瑞教授又详细讨论了作为纯粹法律概念的"主权"特征、政治主权说和议会主权说。② 政治主权说起源并兴起于近代国家产生的历史时期,是为了统治阶级谋求最高权力而提出的,由于其提倡主权无限而受到广泛的批评和反对。相比之下,以人民主权为中心的宪法原则是几次革命的成果。英国遵循的议会主权原则则既与英国人重实际、轻理论的国民性有关,同时也以"光荣革命"后议会取得权力为前提。他在一篇介绍詹宁斯宪法思想的文章中也指出,议会主权是政治运动的产物。③ 也许正是因为这个原因,与主权归属的问题相比,他更重视民主的制度化和法律化问题。

对于权力,他认为与封建时期的等级集权制相比,分权制度是对抗专制的有力武器。分权思想可以追溯到希腊罗马时期的思想家,近代洛克和孟德斯鸠发展了较为完善的分权学说,但政治制度并非建立在理论基础上,而是建立在实际的社会力量上。孟德斯鸠的分权学说严格地看也不完全周延,但一个学说的力量往往不在其逻辑性,而在其针对性和战斗性。从理论上,对一个现代法治国而言,需要三种权威:制定规则的立法机关、实施规则的行政机关和解决不同形式争端的司法机关。④ 但从事实上看,三类机关特别是最高机关难以严格划分,更多的是程度上而非性质上的区别。例如,行政机关在施行法律的过程中,不可避免地要根据一般立法原则将法律细化,而这个细则范围之广使其难以与立法严格区别;对于司法机关,特别是英美的司法机关,在解决各类争端过程中的行为也不免带有立法性质,甚至"法官制法"要比国会制定的法更多。因此,他认为传统上的三权分立的说法更多的是形式上的,与晚近西方政治制度的实

① 褚宸舸:"龚祥瑞宪政思想研究",载《清华法治论衡》2013 年第 1 期。

② 同上。

③ 龚祥瑞:"法与宪法——读詹宁斯《法与宪法》",载《比较法研究》1995 年第 4 期。

④ 褚宸舸:"龚祥瑞宪政思想研究",载《清华法治论衡》2013 年第 1 期。

际发展并不相符。[1]

对于法治，他强调政府守法的重要，认为“以法治国”要做到：第一，政府权力要受限制，即个人享有某些不容侵犯的基本权利；第二，政府权力的行使要遵守法定的程序；第三，设置和加强独立的司法机关，使以上两点得到保障。[2] 在法律为什么必须和应该服从的问题上，他既不认同规范学派的观点——“法律规定的有效性是建立在有效的法制基础上的观点”，认为这仅是形式主义的同义反复；也不认同格林的政治责任理论，即在同时具备三个前提的情况下——没有撤销恶法的途径、政权为“私利”操纵、秩序已不能维持，抵制就成为不可推卸的责任。他认为必须守法的理由有很多，包括被统治者的同意、法律有可能被撤销的途径、对法律有效的抵制等，对于这样的公共问题不能根据一个人或少数人的良知解决。在一般情况下，法律可以依法撤销，并有民主程序作为前提，就是法律必须服从的理论根据。[3]

在法治的意义上，龚教授强调“法”对秩序的维护和对自由的保障。他认为社会秩序应该建立在“守法”而非“强权”的基础上。而法治所谓的“法”在自由主义的语境下是含有实质内容和一定目的的意志，政府权力须受到具体法律的限定。进言之，法治的基本要求就是限制权力。[4] 在以成文宪法为武器规定政府职权的情况下，法治就与宪政相联系。总之，法律本身特别是法律的具体内容并不是目的，而是为某种目的服务的手段。“法”高于法律，是其法治观的核心。梁治平教授曾在《法·法律·法治——读龚祥瑞〈比较宪法与行政法〉》一文中对这种“法上之法”的观念做了精彩分析。[5]

对于权利，他认为存在程序性权利和实质性权力的差别。传统上，英国强调程序性权利，着重立法和司法保障；美国更强调实质性权利，受自然权利观念的影响更深，而欧洲大陆的很多国家则兼收了英美两国的特点。他以最通俗的语言解释权利：“只要问问破坏了哪些是人们所要保存

---

① 褚宸舸：“龚祥瑞宪政思想研究”，载《清华法治论衡》2013 年第 1 期。

② 同上。

③ 同上。

④ 同上。

⑤ 梁治平：“法·法律·法治——读龚祥瑞《比较宪法与行政法》”，载《读书》1987 年第 6 期。

的东西，或我们认为要不得的东西——如非法抄家、诬告、逼供、株连等，那就是我们的权利了。”可见他并不抽象地界定权利，而是主张通过有意识的反思过去的恶行来理解权利。

龚教授十分重视权利的平等保护和政治自由。在两者关系上，他认为平等有利于政治自由的推进，而政治自由的推进本身也会促使平等原则的逐步实现。在一定程度上，政治自由可以作为某种判断标准：一个民主国与一个独裁国的根本区别在于前者有自由学习什么是有关政治制度的事实；而后者则有压制信息、压制思想的合法权力；前者有变更政府的自由，如果人们想要有一个更好的政府；而后者不仅没有建立另一个不同制度的可能性，而且也没有学习拥护某种制度是否有论据的可能性。争自由民主的人们所争取的就是这种可能性，这是不完备的人类理性所能够追求得到的。①

龚教授早年留学英国，晚年对美国宪法理论产生兴趣，受经验主义、实用主义影响较深。他对西方宪政理论的传播并非就理念谈理念，而是针对中国问题，特别是“文化大革命”结束后政治改革伊始，国人苦于思考“中国向何处去”。因此，他对宪法基本原则的介绍始终没有脱离对中国宪法的愿景，一直强调宪法是一个新的开始，从权力必须受到控制的思想出发，希望能够通过实施宪法，使政府成为一个立宪政府、有限政府，避免过去的悲剧重演。②

20 世纪 80 年代，“文化大革命”刚结束，被中断的法制进程重新起步。国内存在法制建设的共识和需求，同时也在酝酿着政治体制的改革。一方面，长期的封闭造成了对外部世界的隔膜；另一方面，长期压抑的人们对新世界、新知识充满了渴求。在这个时候，对国外宪法知识的介绍有利于扩大国人的视野，也为发现和解决中国的现实问题提供镜鉴。“他山之石，可以攻玉”，但这并不等同于盲目照搬。事实上，龚教授一直都认为盲从照搬和闭目塞听是同样有害的。③ 他在介绍和传播西方宪政理论的过程中始终保持客观严谨的态度，在提倡民主、分权、法治、自由等基本价值的同时，也没有忽视这些价值在西方政治实践中的发展、变化以及出现的问题。

---

① 龚祥瑞：“法与宪法——读詹宁斯《法与宪法》”，载《比较法研究》1995 年第 4 期。

② 龚祥瑞“中国需要什么样的宪法理论”，载《法学》1989 年第 3 期。

③ 王乾荣、钟声：“访英归来话法制——再访龚祥瑞先生”，载《中国法制报》1986 年 8 月 27 日。

主要学术思想和学术观点

龚祥瑞教授从20世纪50年代开始从事宪法学教学，在“反右”和“文化大革命”历次运动中屡受挫折，一度失去了教学资格，直到80年代初期才重新开始教学研究。从新的学术生涯到他去世这十几年间，也是中国社会深刻变化与寻求政治体制改革的年代。作为一个宪法学者，龚教授不仅是思想观念上的启蒙者，也是制度探索的实践者，同时还是现实问题的批评者。他对公法学的贡献体现在这些不同的角色中。

（一）作为启蒙者

从80年代起，龚祥瑞教授主要从事“外国宪法”和“比较宪法”的研究和教学工作。在这一阶段，他主要作为一个启蒙者传播新的知识和思想。改革开放初期，在“文化大革命”中被压抑的求知欲望得到释放，很多经过统考进入大学校门的学生满怀对知识的渴望，就像龚教授在其传记中回忆的那样，这些人“若无旺盛的求知欲是不会来应试上学的；若无相当的学力，是无能力被录取的”。[①]事实上，这些同学也大多对“文化大革命”有一定程度的反思，一些教条主义的照本宣科对他们而言已不再有说服力。当时甚至出现了学生集体要求取消某类课程的事件，从侧面反映了那个年代的社会氛围和政治气候。[②] 龚教授的“比较宪法”等课程无疑让这些同学感到耳目一新，因而也受到了广泛欢迎。他所介绍的知识、制度、技术虽然并不能马上付诸实践，甚至他自己都认为“超前”很多，在当时可操作性不强，但因为符合时代潮流，很快影响了一批年轻学生。

1981年，龚教授在“比较宪法”外又开设了“比较行政法”的课程，介绍各国行政法的基本原则和基本制度。当时，行政诉讼法等重要法律尚未制定。龚教授认为行政法是实施宪法的基本法，若无行政法予以实施，宪法中大半条文将成为具文；行政法若无宪法作为指导，则是一大堆凌乱无序的规章。为此，他将“比较宪法”和“比较行政法”两门课程的教材合并编著，定名为《比较宪法与行政法》，1985年由法律出版社出版。事实上，这本书早在出版之前就曾以油印本形式在各地的政法院校广为流传，

---

① 龚祥瑞著：《盲人奥里翁——龚祥瑞自传》，北京大学出版社2011年版，第280页。

② 同上。

后来也有很高的引用率。更重要的是,它为很多渴望新知识的法律人打开了一扇窗,是很多宪法与行政法学者的启蒙读物。

在《比较宪法与行政法》以外,龚祥瑞教授还主持翻译了一些西方法学著作,特别是宪法与行政法领域的著作。如在80年代中期主持翻译丹宁法官的《法律的正当程序》、《法律的训诫》,后来又陆续出版了《法律的碑界》、《法律的未来》。他还曾专门撰文介绍丹宁法官的法学著作和法律实践对英美法系国家的影响。① 在英国,丹宁法官以法律改革家的身份赢得广泛赞誉。通过对丹宁法官法学著作的介绍,不仅能使读者对英国法律的历史和现状有所了解,如英国行政法在20世纪的发展,也展现了作为丹宁法学思想核心的正义观,对不同时空下的法律人都有所启示。龚教授还翻译了英国著名法学家詹宁斯的《法与宪法》。詹宁斯是他在英国学习期间的老师,尽管当时詹宁斯声望远不及他的指导导师拉斯基教授,但龚教授一直认为詹宁斯对自己有很深影响,他正是从詹宁斯那里学到了真正的宪法学。②《法与宪法》一书是詹宁斯的成名作,在当时就以翔实的资料、清晰的分析、客观的论断赢得了广泛好评。龚教授不仅翻译了本书,还专门撰文介绍詹宁斯的宪法学思想。③ 此外,龚祥瑞教授还撰写了一系列介绍外国特别是英国宪法学思想的文章。如在《法与改革》一文中,他介绍了边沁和密尔的功利主义思想和在此基础上的政府理论。因为边沁和密尔不仅是思想家,也是英国议会改革的先驱,这篇文章强调了功利主义思想在英国政治改革中的发展和影响。④ 随后,在介绍白芝浩宪法思想的《法与政治》一文中,他又进一步分析了在19世纪得到完善的新型功利主义,特别是白芝浩在保持老功利主义基本假设的前提下,通过对从政者行为的分析来解释英国宪法,从而完成了功利主义对宪法结构的新批判。⑤ 而在对戴雪《英宪精义》的书评中,他不仅历史展现了在个人主义和集体主义渐进演变的轨迹中英国宪政原理和运行机制,同时也介绍了以后继者詹宁斯为代表的工党思想家对戴雪观念的挑战和发展,更着

① 龚祥瑞:“法律与正义——读丹宁法官的判决书和他的著作”,载《比较法研究》1997年第1期。

② 龚祥瑞著:《盲人奥里翁——龚祥瑞自传》,北京大学出版社2011年版,第76页。

③ 龚祥瑞:“法与宪法——读詹宁斯《法与宪法》”,载《比较法研究》1995年第4期。

④ 龚祥瑞:“法与改革——读边沁与密尔《政府论》”,载《比较法研究》1995年第1期。

⑤ 龚祥瑞:“法与政治——读白芝浩《英国宪法》”,载《比较法研究》1995年第2期。

重强调了戴雪“从公认的事实出发得出正确的结论”的治学方法。[①] 这些介绍性文章和书评不仅是针对西方宪法学说的有感而发，更是针对中国宪法学研究和政治制度建设需要而提出的有针对性的观点。

在著书和翻译以外，龚祥瑞教授还定期参加国际学术交流活动，并多次邀请国外著名学者来华讲学，这些活动为当时重新起步的政法两系的青年人提供了精神上的盛宴。他曾在传记中详细地介绍了他在 80 年代中期促成著名政治学家洛伊来华访问的经历。[②] 洛伊教授是 70 年代经美国政治学会投票评议取得最高分的政治学家，而当时中国的政治学刚刚重建，洛伊来北大面向政治和法律两系的同学开设了专题课程，在这些课程上同学们发言踊跃，气氛非常热烈。年轻人对政治学的兴趣乃至政治学在中国的兴起都是中国学术生活进步的一部分。而在这个时期，不管对年轻学子而言，还是对作为启蒙者的学者而言，使人感兴趣的不仅是科学，更是价值观的转变。可以说，这一时期的启蒙主要是价值观上的启蒙。[③] 在此之后，龚祥瑞教授始终致力于国际学术交流，曾筹备各国宪政史研究工作，并组织宪政史研讨班，还曾筹建了一个以东南亚为核心的宪政史研究课题组。尽管已年逾 80，龚祥瑞教授仍把这些工作视为义不容辞的责任，而其努力不仅发挥了启蒙作用，而且也培养了新世纪的优秀宪法学人才。

（二）作为实践者

龚祥瑞教授从来就不仅仅是一个坐而论道学者，他在青年时期曾在较长一段时间里从事实际政治工作，甚至还撰写过《论实际政治》的文章。学以致用是其持之以恒的追求，就像他在传记中写的，“作为一个教师，我认为他所努力的成果不是著作，而是培养出人才。我的初衷、也是我的职业道德是为贫弱的祖国培养出一大批遵纪守法效率卓著的国家工作人员”；“知识来之于社会，应该还之于社会，这个道理总是无可争议的。至于这种想法的效果怎样，得失怎样，显然不是当时本人想法所能判断的，而是将所处的实际环境相结合，随机应变的后果而定了。”[④]因此，他在新

---

① 龚祥瑞：“宪法与法律——读戴雪《英宪之法的研究导论》”，载《比较法研究》1995 年第 3 期。

② 龚祥瑞著：《盲人奥里翁——龚祥瑞自传》，北京大学出版社 2011 年版，第 313 ~ 322 页。

③ 同上书，第 317 页。

④ 同上书，第 150 页。

中国成立初期也主动要求到机关工作,还曾参加“土改工作组”,亲历了暴风骤雨般的土地改革运动,直到1954年院系调整才重新回到燕园。80年代后,龚教授的学术生命焕发了青春。这一时期中国的法制建设也在如火如荼之中。他仍然坚持着40年代在行政调研室时期就坚持的观点,把公法学和政治学当作一门科学,注重调查研究,一再强调“先将各种道理弄清楚,然后挺身而出不辞一切的艰苦,去作调查实情的工作”;“我们需先有学识,关于我们社会的局面、各地的实情、人民的需求、推行各级政府法令所遇到的困难……有了齐备的社会政治科学,然后才能有科学的政治。”

在条件允许的情况下,龚祥瑞教授一直坚持与理论研究与实践相结合。从1987年开始,他就与在校攻读行政法专业的研究生到各地法院做实地调研。这一年恰逢国家监察部恢复,行政审判庭在试点法院内建立,行政裁判所暂行规程在深圳经济特区试行。此时,学者们都积极著书立说,以促成《行政诉讼法》的通过。龚教授深感司法实践知识的贫乏,不满于就条文论条文的研究方式,而更愿意深入具体的实践工作,以了解真实问题。在1987年暑假期间,他应深圳中级法院和深圳城市管理办公室的邀请,带领学生前往讲学并作实地调研,在往返途中还访问了南京、上海、杭州、武汉和郑州各地法院试点的行政审判庭,同有丰富实践经验和求实精神的司法工作者座谈宪法和行政法原理,分析疑难案件,研究实际审案工作中存在的问题。① 调查结束后,龚教授和随其调研的学生分别执笔,整理了途中所得材料结合基本理论,写出了《行政法与行政诉讼法》一书,这本教科书最大限度地吸收了实际问题和经验。

在《行政诉讼法》实施之后,龚祥瑞教授又开始着手调查研究这部法律的实施现状和发展方向,他一直都强调行政法对宪法的补强和发展作用,在这次调查中也把行政诉讼能否树立起国人对法律的信仰作为主要的关怀。1991年,龚教授带领研究生先后到天津、南阳等地开展调研,阅览行政审判庭的案卷,走访作为原告的公民和作为被告的公安、工商、房管等行政机关,并在此基础上和当地的司法实务界人事一起草拟了问卷,在全国范围内对《行政诉讼法》的实施情况和发展方向进行广泛调查。之后,又在此调查基础上进行更加深入的“焦点研究”,寻求各方面因素对司

① 龚祥瑞著:《盲人奥里翁——龚祥瑞自传》,北京大学出版社2011年版,第360页。

法的影响，寻求成功经验进而推广到全国，最后写成《法治的理想与现实——〈中华人民共和国行政诉讼法〉实施现状与发展方向调查研究报告》，在1993年出版。事实上，注重实际问题的实证研究是龚教授在清华读书就有的习惯，他的毕业论文《北平市民营公用事业之监督》就是从实际问题入手。几十年后，他的研究依然致力于解决现实问题，改善现实状况，而非凌空蹈虚，逃避现实。

（三）作为批评者

经历了"文化大革命"等数次动乱后，许多人对现实都有不同程度的反思。作为一个宪法学者，龚祥瑞教授更是对几十年里公私不分的大一统国家观进行了深刻的反思与批判。在改革开放的80年代，龚教授认为宪法代表了人们重新开始的愿望。要使宪法成为控制权力的武器，必须培养公民的宪法意识，而培养宪法意识则要从有效约束权力的制度实践出发。[①] 这样的观念不仅是在其几十年学术经历中自然形成的，也是对过去公权普遍权力、公民权利遭到肆意践踏的现实反思的结果。他坚持宪法学必须正视现实问题，因为承认问题是解决问题的起点。

1989年，龚教授《法学》月刊发表了《中国需要什么样的宪法理论》一文，批评了宪法序言和某些宪法观念。他在《我的反思与答辩》中进一步回应了来自当时主流宪法学界的指责，批评了其中反映出来的问题。

首先，龚教授对宪法序言中的政治宣言倾向持批评态度，认为1954年以来的四部宪法序言明显受到苏联模式的影响。这些宣言调子太高，容易让人失望，同时也削弱了宪法的公信力。他认为，宪法是限制权力的"法中之法"，而政治宣言是革命成果的记录，我们需要党的领导，但宪法毕竟不是党章。

其次，他还批评了"权力高于一切"、"权力不受限制"的观念。事实上，这个问题是人们在现实政治生活中不难感受到的。龚教授一直坚持认为，政府权力不能无限，有权不能就有一切，权力必须受限制。当时有学者批评"这种看法并没有指出宪法的本质，其真正目的是把国家权力交给资产阶级并保护私有制"。但龚教授明智地认为，从历史上看，任何政府都有腐化的趋势，这是政治学和宪法学的普遍规律。否认宪法有必要控制权力，就有可能使宪法沦为强人手中的工具，而这是导致斯大林现象

① 龚祥瑞："中国需要什么样的宪法理论"，载《法学》1989年第3期。

的重要原因。他认为,斯大林现象反映出来的各种垄断——对生产资料的垄断、对历史考察的垄断、对社会科学领域"先开第一腔"的垄断——其实就是"权力高于一切、决定一切"的表现。① 如果不对这样的观念进行根本的批判和更新,真正意义的政治体制改革就不可能开始。

再次,他认为科学研究必须要从意识形态的教条中解放出来,完整而宏观地思考过去的历史,摆脱斯大林主义的影响。他认为,宪法学教师能做的是用自己的专长引导年青一代,帮助他们扩大知识面,跟上时代的步伐和世界的潮流。

最后,龚教授也对宪法未能得到有效实施造成的困境感到深深的忧虑和无奈。虽然他对中国宪法学研究的品位提升尽了最大努力,但是"巧妇难为无米之炊",学者不仅无力改变宪法得不到有效实施的现状,而且也因此在研究过程中必然面临缺乏判例素材之苦。他在和青年学子的《宪政对话录》中说:"宪法学者的著作苍白无力,与宪法在实际生活中一直处于'冬眠'的状态有很大关系。"②

龚教授的观点在当时看来振聋发聩、备受争议,但现在看来早已成为学术界内外的共识,如"权力必须受限制"已是朝野上下公认的常识,不再会受到当初那样的尖利批评。这也反映了时代的进步。在正常环境下,不同观点之间的争鸣往往有助于学术进步。但是在一个仍然生活在"大批判"阴影下的社会,龚教授仍然坚持做一个批评者,体现了一个宪法学者对学术、历史和国家前途的责任心。

当然,龚教授的贡献远不止于批评现状,他更是一个身体力行的实践者。正如他在《我的反思与答辩》一文结尾中写的:

我们有上千个问题,要思考的宪法课题也多得很。回首往事,再瞻未来,意味着理解它,把它视为自己的事,并且超越自己,和所有的人对话,忠诚地以人类追求正义的精神,为疾苦的人说话。活着就要在改革中前进,这是我的本意。

"活着就要在改革中前进"——这句话本来是龚教授的座右铭,现在

① 龚祥瑞著:《盲人奥里翁——龚祥瑞自传》,北京大学出版社 2011 年版,第 348 页。

② 龚祥瑞编著:《宪政常谈》,北京大学法律系、政治及行政系 1990 年编制,第 133 页。

成了他的墓志铭。它向我们显示，一个真正的宪法学者必然是以推动宪法的充分实施为己任，如今改革尚未成功，后辈尚需努力。我辈作为后人，理当继承他的精神，像他那样“在改革中前进”，积极促进宪法充分实施。

主要论著

1. 1935 年，与楼邦彦合著《欧美员吏制度》，在上海世界书局出版。毕业论文《北平市民营公用事业之监督》被清华大学图书馆收藏。

2. 1938 年，在拉斯基教授指导下完成“民主国家的官纪”，获特殊优秀生的称号。

3. 1940 ~ 1943 年，在西南联大任教，写作“国家观念”、“论公私”（载《云南日报》“星期论文”版）、“谈实际政治”（载《时代评论》）、“行政研究计划”（载《新经济》）。

4. 1947 年，在考察美、英、法、瑞士等国考察战后文官制度期间，写作论文“英美文官制度的新发展”、“潜能与领导”。

5. 1950 年，在中央政法委参事室期间写作“行政组织与管理”。

6. 1971 ~ 1977 年，在北京大学法律系编译室从事翻译工作，参与翻译了“六次危机”、“谁是吉米”、“旧世界新视野”、“联合国手册”、“核竞争与和平”、“东南亚国家联盟各国宪法”等。

7. 1981 年，“议会司法专员制度——瑞典‘翁巴其曼’制度的发展概况”（载《法学研究》）；与罗豪才、吴撷英合作“西方国家的司法审查制度”（载《法学研究》）。

8. 1983 年，与李克强合作“法律工作的计算机化”（载《法学杂志》）。

9. 1985 年，“关于公民行政诉讼权的几个问题”（载《群言》）。《比较宪法与行政法》一书由法律出版社出版。《文官制度》、《英国行政机构与文官机构》由人民出版社出版。由英国法官丹宁勋爵所著，杨百揆、刘庸安、李克强翻译，龚祥瑞校改的《法律的正当程序》、《法律的训诫》在群众出版社出版。此外，参与翻译的《法与宪法》（詹宁斯著）、《法律的碑界》（丹宁勋爵著）、《法律的未来》（丹宁勋爵著）随后陆续出版。

10. 1987 年，与陈国尧合作“行政应变性原则”（载《法学杂志》），“行政合理性原则”（载《法学杂志》）。

11. 1988年，“中国政治体制改革的现状”（载康奈尔大学《亚洲思想与社会》）。

12. 1989年，“中国需要什么样的宪法理论”（载《法学》）。

13. 1993年，“再论公民财产权的宪法保护”（载《中国法学》）。《法的本质乃是达成正义的一种秩序、一种制度对法的理解与适用》（载《人大研究》）。

14. 1994年，“什么是‘法制经济’——法律中立主义在经济市场化过程中的宪法选择”（载《学习与探索》）。

15. 1995年，“法律与正义——读丹宁法官的判决书和他的著作”、“法与改革——读边沁与密尔：《政府论》”、“宪法与法律——读戴雪《英宪之法的研究导论》”、“法与宪法——读詹宁斯《法与宪法》”、“法与政治——读白芝浩《英国宪法》”等（载《比较法研究》）。

（撰写者：张千帆　尹婷）

张庆福

学术简历

(一)负笈求学

张庆福(1937年6月～　),河南省禹州市人,汉族。

1959年9月毕业于许昌高中,后考入北京大学法律系。1964年9月考入中国科学院哲学社会科学部法学研究所(即现在的中国社会科学院法学研究所)宪法学研究生,毕业后留所工作。先后任中国社会科学院法学研究所宪法行政法室副主任、主任、研究员,法学研究所学术委员会委员,公法研究中心顾问、社会政法部高级职称评审委员会委员,研究生院教授、博士研究生导师。曾先后兼任南开大学法学研究所研究员,中国新闻法制研究中心研究员,中国法学会理事,北京市法学会理事,北京市法学会宪法学研究会副会长和名誉会长,中国法学会宪法学研究会副总干事、会长和名誉会长,河北大学法学院兼职教授,《法制与新闻》杂志高级法律顾问,中国法学会学术委员,国家工商行政管理总局培训中心兼职教授,中国人民大学宪政与行政法治研究中心兼职教授,全国科学技术名词审订委员会法学名词审订委员会顾问,中国特色社会主义法治研究中心资深研究员等。入选《中国法学大辞典》(宪法学卷)、《当代中国法学名家》大型丛书和《河南省法学家》等。专业研究方向:宪法学、行政法学。近年来研究的重点是:宪法学基本理论、村民自治、人大监督制度、文化法等。

张庆福教授1959年9月从河南许昌高中毕业,考入北京大学法律系。1964年9月考取中国科学院哲学社会科学部法学所(即现在的中国社会科学院法学研究所)宪法学研究生,毕业后留所工作至今。

回忆当年的求学经历,张庆福教授感慨颇多。他出生在河南禹县农村,家境贫寒,1952年高小未毕业就考入禹县中学初中部。在报考前,他和他的3个特别要好的同学打算考师范,将来当小学教员,这样可以早点工作,减轻家里的负担。按规定每个报考者可以同时填写初中和师范两个志愿。在填写志愿表时,其他3人都填写的是师范、初中,而他无意中将初中填写在了师范前面，结果被初中录取了，而其他 3 个小伙伴则上了师范，从此走上了不同的人生道路。正是因为这无意中的错填志愿，中国宪法学界就多了一位名家。

张庆福教授聪颖勤奋，中考时脱颖而出，考入了当地最好的高中——许昌高中。1959 年高中毕业时，又以优异的成绩入选留苏预备生，最终因为视力原因体检未通过。正当他为此遗憾时，北京大学法律系的录取通知书翩然而至。然而，他的高考第一志愿并不是北大法律系。原来，外语成绩一直名列前茅的他希望大学阶段继续学习外语，于是第一志愿选择了北京外语学院（即现在的北京外国语大学）法语专业，而北大法律系则是第二志愿。按照学校的排名，把中国最高学府北京大学作为第二志愿是没有意义的。许昌高中的党支部书记在审查志愿时认为以张庆福教授的聪明才智应该就读于中国的最高学府，便将他的第二志愿北大法律系用箭头标为第一志愿。就是这个箭头将他引向了法学的学习和研究之路。当年许昌高中仅有两名学生有幸考入北京大学，张庆福教授便是其中之一。回忆起这些往事，张庆福教授说自己迈入法学界，从事法学研究多少带点偶然，然而能够进入北京大学法律系学习以及后来在中国社会科学研究的最高殿堂做研究其实也是一种必然，这是他多年寒窗苦读、严谨治学的结果。

1955 年初中毕业后，响应回乡劳动的号召，张庆福教授参加农业互助合作化运动，参与组建本村的初级农业合作社，担任合作社的会计，同时作为民校教师在农村开展扫盲工作。1958 年“大跃进”期间，正在高中读书的张庆福教授受学校委派，作为副连长（当时实行军事化）带队去禹县扒村，烧制耐火砖。这些社会实践经历使其能够深入了解社会、认识社会，为以后的学术研究奠定了深厚的实践基础。

1959 年正值“反右倾”运动高涨的年代，张庆福教授走进了北大校园。在那个风起云涌、人心惶惶的年代，校园内几乎容不下一张安静的课桌，但是他选择了远离喧嚣与纷争，如饥似渴地学习专业知识。幸运的是，北大法律系为 59 级学生开设了最多的课程。据张庆福教授回忆，当时法律系开设的课程有：哲学、政治经济学、逻辑学、古代汉语、外语、国家与法的理论、经典著作选读、宪法、中国法制史、外国法制史、西方法律思想史、刑事政策、民事政策、婚姻法、国际法、国际关系、罗马法、资产阶级民商法、资产阶级政治制度、资产阶级法学流派批判等。张庆福教授在那个风雨飘摇的时代能够在北大全面系统地学习法律，尤其是较早接触西方的法学理论，不能不说是不幸中的幸事。为了扩大自己的知识面，他还违反当时学校规定，抽空旁听其他系的课程。北大法律系5年孜孜不倦的学习，使他拥有了科学的知识结构、丰厚的理论素养，为顺利考入中国社会科学最高研究机构，以及日后在宪法学方面取得突出成就奠定了坚实基础。

1964年，新中国第一部宪法颁布后的第10年，他以优异的成绩考上了中国社会科学院（当时为中国科学院哲学社会科学部）法学所的宪法学专业研究生。当时，受轻视法制的左倾错误思想的影响，1954年宪法不仅没有得到很好的贯彻执行，其规定的许多重要原则，如公民在法律面前一律平等，人民法院独立进行审判、只服从法律，地方各级人民检察院独立行使职权、不受地方国家机关的干涉等，都被当作资产阶级的宪法原则遭到批判。目睹良好的宪法遭受践踏，他受到震动，决心以宪法学研究为业，希望通过学者对宪法的鼓励与呼吁，能够让更多人尊重宪法、尊重法制。然而，研究生学习生活却不时地被"四清"等运动所打乱，但张庆福教授从未放弃宪法学的学习与研究，支撑他的是对宪法的信仰，对宪政的信念。

1964年12月和1965年下半年，已经在法学所读研究生的张庆福教授先后到辽宁、江西参加"四清"运动，进行劳动锻炼。1970年5月至1972年，张庆福教授随法学所全体人员到河南息县"五七"干校，接受贫下中农再教育。1972年回到北京后，法学所实行"开门办所"，他又被分配到工厂，接受工人阶级再教育。在这段特殊的时期，张庆福教授一边继续宪法学的学习与研究，一边深入群众调查研究，为后来一系列符合公众利益的学术观点的提出积蓄素材。然而，和接受劳动改造的多数知识分子一样，张庆福教授为那个时代付出了惨痛代价，"五七"干校繁重的劳动使他的体力严重透支，眼底出血，由于得不到很好的医治，眼睛几乎失明。时代留给的是伤痛，而他回馈给社会的则是闪烁真知灼见的文章。

（二）提携后辈

"文化大革命"期间，社会主义法制遭受全面破坏，宪法学研究工作全面停止。"文化大革命"结束后，张庆福教授立马投身于宪法学研究的恢复工作。作为法学所党委委员，他积极参加法学所的各项恢复工作。先后担任研究室副主任、主任，参与或主持了研究室人员的调配、研究计划的制定、执行以及对科研人员的考核等一系列工作。恢复研究室招生之后，他参与或主持了硕士研究生、博士研究生的招生、录取、授课及考核等工作。在研究生招生之初，考虑到学生的经济条件有限，为了替考生节省成本，根据法学所的安排，张庆福教授和研究室里其他教师一起到考生所在地进行研究生复试。张庆福教授于 1978 年被聘为硕士研究生导师，作为导师组成员参与培养硕士研究生 14 人，博士研究生 9 人；1994 年被聘为博士研究生导师，先后培养了 7 名博士研究生，指导博士后 7 人以及国内外访问学者。

张庆福教授对学生的培养重在育人。他常说，做学问首先是做人，只有正直、宽容的人才会在学术的道路上走得更远。他在生活上对学生关心备至，在学术上对学生的要求极为严格。从学生一入学，他就对学生 3 年的学习生活提出要求：第一学年，在学好公共课的同时集中精力学好外语，因为外语是从事学术研究必不可少的工具；第二学年，大量阅读专业以及与专业相关的书籍，扩大知识面，为毕业论文选题做足够的准备；第三学年，集中精力进行论文写作。关于毕业论文的选题，他鼓励学生选择自己感兴趣的题目，但是必须具备 3 个条件：首先，选题要具有理论和现实意义；其次，要勇于探索新的研究领域；最后，资料充分、翔实。在学生论文写作过程中，他严格把关，对论文进行反复修改。在他的一个博士研究生准备毕业论文时，他身患重病尚在恢复期间，但他依旧逐字批改论文，甚至连用错的标点都改过来。

张庆福教授的言传身教最终在学生以后的工作中一一得到回报。他的学生们毕业后迅速成长为各自领域的骨干，有的从政，成为知识性官员；有的成为司法界的中流砥柱；有的继续活跃在学术界。在科研和教学部门工作的都已经成为教授，在政府部门工作的绝大多数都成为局级干部。无论治学、做官，张庆福教授对学生的唯一要求就是“正直、有正义感”。在他看来，学习法律的人如果缺少正义感，那么法律就只能沦为玩弄权术者的工具，这是法律从业者的悲哀，更是法治的悲哀。

学术贡献

研究生毕业后，张庆福教授留在法学所继续从事宪法学研究。在长期的宪法学研究过程中，他求真务实，先后出版《宪法学基本理论》、《宪法学研究述略》、《宪法学理论和实践问题研究》、《中国宪法概论》、《行政执法中的问题及对策研究》等著作30余部,发表《论宪法制定》、《论宪法修改》、《论宪法解释》、《完善宪法平稳发展机制,保证宪法实施》、《宪法监督发展趋势简析》、《论宪法对经济关系的调整》等论文150多篇。主持国家"九五"重点项目"文化法制建设研究"、国家社科基金项目"行政执法中的问题与对策"和"宪法学基本理论"、"宪法制度创新"、"1954年宪法研究"等省部级科研项目;参加国家"九五"重点项目"监督法研究"、国家社科基金项目"乡镇人大建设的理论与实践"和"人民当家作主的法律保障"等多项省部级科研项目。

在繁重的科研工作之余,张庆福教授还参加许多法律的制定和修改工作,积极推动我国公法领域法制的健全与完善。1979年4月至5月,参加《选举法》的起草,为起草小组成员;1980年到1982年,参与现行《宪法》修改工作,当时法学所宪法研究室被宪法修改委员会秘书处指定为收集资料的单位,张庆福教授作为宪法研究室副主任,负责具体组织收集工作。《宪法》草案公布后,他受秘书处委派到北京市一些单位参加座谈会,收集意见。从1988年1月起,参与《新闻法》起草工作,为起草小组成员;1990年5月至10月,参加《人大监督法》起草工作,为起草小组成员,负责宪法监督部分的起草;1998年到2004年先后参加中共中央宪法修改小组组织的对现行《宪法》修改的座谈讨论,提出了自己的意见。此外,他还先后参加人大组织法、公职人员财产申报法、立法法、语言文字法、行政监察法、戒严法、防空法、文物保护法等法律的研讨修改工作。除参加上述立法活动之外,还参加了国内外许多重大学术会议并在会上发言或做学术报告,参加了国家和省部级的课题评审、成果评奖以及中青年法学家的评选等工作。

张庆福教授长期关注监督法、新闻法、选举法以及宪法实施等领域的问题,以求真务实的态度潜心研究,形成紧贴中国现实的学术观点,不玄虚、不媚俗。这种严谨朴实的学术风格与其早期积极参与社会实践活动、近距离观察社会是分不开的。

主要学术思想和学术观点

张庆福教授在长期的研究过程中,对宪法学的一些问题形成了自己的看法,提出了自己的观点。有的观点产生了一定的社会效益,有的则引起了同行的关注并产生了一定影响。这主要有：

第一，早在改革开放之初，张庆福教授便开始关注选举法的研究，先后在《人民日报》、《民主与法制》、《实践》、《法学研究》、《西南政法学院学报》等报纸杂志上发表有关选举的系列文章，系统阐述了选举对于保障社会主义民主的重要意义以及选举制度的具体设计。例如，1979 年根据党的十一届三中全会精神，在《人民日报》上发表《修改选举法使民主制度化》，提出了完善我国选举制度的七点建议。(1)坚持普遍平等的选举原则；(2)废除用举手表决代替投票的方法，一律实行无记名投票；(3)健全候选人制度；(4)用差额选举代替等额选举；(5)改变过去只按选民居住状况划分选区的办法，同时也要考虑按选民所在单位划分选区；(6)完善选民对代表监督和罢免的种种程序；(7)扩大直接选举的范围。该文当时在国内外产生了巨大反响，国内外报刊竞相报道。1979 年 6 月 8 日的《参考消息》刊登了日本《每日新闻》中题为“中国：要求选举民主化呼声高涨”的报道，并对该文予以高度评价。他文中提出的 7 点建议被后来颁布的选举法采纳，其中扩大直接选举范围等建议现在看来仍具有重要的现实意义。

第二，关于宪法的根本法地位。张庆福教授提出，宪法之所以与其他法不同，是国家的根本大法，最根本是由宪法的内容决定的。由于宪法规定国家和社会生活中最根本的问题，体现了统治阶级最根本的利益，这就决定它在国家法律体系中处于最高的、根本的地位，具有最高的法律效力和特殊的修改程序，成为国家立法的基础和整个国家活动的根本准则（参见《宪法学基本理论》）。

第三，张庆福教授认为，宪法实施保障有广义和狭义之分。就广义说，由于宪法是国家的根本大法，是治理整个国家的总章程。所以，它的贯彻实施与整个国家的政治、经济、科学、文化、教育的发展，人民群众的法制水平，以及历史文化传统等有密切的联系。国家政治、经济诸条件的发展，有利于宪法的实施，宪法的贯彻实施促进了国家各方面的发展。就狭义说，宪法实施保障的内容包括：(1)宪法自身保障；(2)立法保障；(3)国家机关及工作人员的保障；(4)公民的保障；(5)政党与社会团体的保障（参见《中国宪法概论》及相关论文）。

第四，在张庆福教授的著作和文章中，对整个宪法学发展趋势作了比较全面并有科学根据的展望，提出随着人类社会的不断进步和各国政治、经济和科学、教育、文化的发展，宪法不仅在形式上不断完备，而且在内容上也发生了重大变化,在对原有内容进行改造的同时,还不断地增加了新的内容的观点,并从十个方面分别论述了宪法发展的趋势(参见《宪法学研究述略》)。

第五,在加强和完善我国宪法监督的问题上,张庆福教授认为,当前亟待解决的问题有两个:一是制定宪法监督法、宪法修改法和宪法解释法;二是加强和完善以全国人大为主体的宪法监督主体机构,在人大体制内设立专门监督机关。

第六,现在的宪法学体系极不一致,可以说是五花八门。张庆福教授认为,宪法学应由四个基本部分组成,即宪法基本理论、宪法的历史、宪法实体(有的叫规范)和宪法的实施构成(参见《宪法学基本理论》)。

第七,实行宪政,完备法制首要任务是要有一个适合国情的好宪法。要制定一部比较好的宪法,关键要使宪法的内容正确地反映社会现实,符合本国国情。即我国的宪法必须如实反映社会主义的客观规律,反映我国社会的重大变化,充分体现我国历史发展新时期全国各族人民的利益和愿望,才能为其实施奠定基础。此外,我国的宪法条文要完备、准确和显明,对宪法实施的保障必须作出明确的规定(参见《完备法制首先要制定一部好宪法》和相关论文)。

第八,宪法与宪政的关系。《论宪法与宪政》是在 1992 年 3 月北京市法学会召开的"张友渔宪法学思想讨论会"上发言的基础上形成的。新中国成立以来,宪政问题研究甚少,对宪法与宪政关系的研究并不多见。该文就宪法的概念及宪法与宪政的关系问题提出了作者的看法。该文在分析国外各种宪政概念的基础上指出,宪政就是宪法政治,就是用宪法治理国家,宪政的基本特征就是用宪法这种根本大法的形式把民主事实、民主制度确定下来,以便保护、不断完善和发展这种民主事实和民主制度。对于宪法与宪政的关系,作者认为是形式与内容的关系,是辩证统一的关系。一方面,宪法必须以宪政为前提、为内容,没有宪政就不可能有宪法。另一方面,宪法表现宪政,是宪政的形式。但是,宪法一旦颁布实施,就又成为宪政的依据,指导宪政建设。同时,在宪政建设过程中又会不断丰富和发展宪法的内容。

第九,对宪法监督的发展趋势问题,张庆福教授认为,宪法监督是随着宪法产生、实施而出现的,迄今为止已经过了两三百年的历史。在此期间,世界发生了翻天覆地的变化,政治、经济、社会制度乃至各种具体的体制也经历了许多重大变化。宪法监督制度也不例外,同样也出现了许多革新鼎新的事件。总括宪法监督发展的历史,主要呈现出以下趋势:监督机构的专门化、监督制度的完善化和监督的司法化(参见《宪法监督发展趋势》和其他相关著作)。

第十,关于宪法对经济关系的调整问题,张庆福教授认为,宪法是社会经济发展的产物,宪法和经济不可分割。宪法调整经济关系是无疑的,但是,宪法的特性和经济因素的活跃性决定宪法调整经济关系的适当性。宪法如何调整规范经济才适当呢?规范到何种程度才合适呢?张庆福教授认为,总的来说,宪法对经济问题的规范要比对其他问题更概括、更原则,要留给法律更大的空间。同时也要突出重点。具体说,一是重点规定公民的经济权利,尤其要详细规定对公民财产的保护。不仅明确规定对公民财产权的保护原则,而且要规定保护措施。二是在国家机关职权中要突出立法机关的经济职权。因为行政机关是执行机关,是执行立法机关的法律和决定的。三是在总纲或总则中只简要概括规定国家的基本经济政策,主要规定国家的基本经济制度,其他发展国民经济的方针政策,都留给一般法律去调整(参见《论宪法对经济关系的调整》及相关著作)。

第十一,制宪权与修宪权的关系。张庆福教授认为,制宪权与修宪权两者既有联系,又有区别。制宪权是制宪主体根据制宪的指导思想和基本原则,依照预先设定的程序创制整个宪法的权力;修宪权则是在宪法实施过程中,遵循宪法的基本精神和基本原则,按照宪法规定的程序,废除、变更或增补宪法部分条款的权力。制宪权是国家的最高权力,其他权力包括修宪权都是由制宪权派生的。制宪权创制宪法,宪法创制包括修宪权在内的其他权力(参见《简析制宪权》)。

第十二,公民基本权利与宪法保障。张庆福教授认为,宪法为保证人权而诞生,人权也需要宪法作保证,这从宪法产生与宪法的基本内容两方面可以明确得到证明。在1982年现行宪法的旗帜下,我国的改革开放和社会主义现代化建设取得了伟大的成就,公民的权利观念和意识也不断提高,因此必须加强对公民权利的保障。张庆福教授着重分析了新时期要更加注重宪法上所确定的平等权与公民财产权。(参见《论公民基本权利的宪法保障制度的完善和加强》、《论公民财产权宪法保障制度》、《人权的宪法保障》等相关文章)。

（一）著作

1.《宪法学基本理论》（主编）

《宪法学基本理论》是一部论点确切、结构新颖、内容广博、资料翔实、文笔流畅的宪法学著作，也是我国宪法学界20世纪90年代的代表作。全书除导论外，共有7篇、33章、99节，计62万字。1999年再版时增加到78万字。它的出版具有重要的理论意义和实际意义，对推动、提高我国宪法学基本理论的研究与教学，产生了深远的影响。该书的主要特点是：首先，在体系安排上，从发展的观点和各国宪政实践出发，将宪法学研究归纳为4个方面，即理论、历史、实体、实施；由于实体内容较多，分量重，又将其划分为国家基本政治制度、社会经济文化制度、公民的基本权利与义务、国家机构4篇。其次，在问题的阐述上，以马列主义宪法观为指导，在着重对宪法学基本理论进行论述的同时，还十分重视对宪法学理论研究中有争议的问题和涉及较少的问题予以探讨。再次，在研究的范围方面，不仅涉及国内与国外、发达国家和发展中国家的宪法理论与实践，也涉及了成文宪法、宪法判例、宪法习惯、宪法规范及其实施的研究，以及宪法学的一般规律与各国宪法的特点等。最后，张庆福教授还注意对国内外宪政实践的研究，并从学术研究的角度提出了加强和完善我国社会主义宪政实践研究的新鲜见解。该书的具体特点是：张庆福教授在基本理论的阐述上，一改过去有的宪法学论著中缺乏创见和教条式文风的缺陷，增强了理论联系实际的学风。一是对宪法渊源、概念、种类的分析简明透彻，并与有关国家的宪法和实施情况结合得自然、紧密；二是关于宪法的主要内容不一定都规定在宪法或宪法性文件中，宪法或宪法性文件的规定也未必都是宪法重要内容的论点，并分别以美国、瑞士的宪法及其实施作了有力的论证，得出了“宪法渊源不是单一的而是多种多样的”结论；三是关于宪法规范的主要特点，在吸收了一些专家、学者的见解之后，归纳为广泛性、根本性、最高性、原则性等10个方面，并对每个方面分别以有关国家宪法的指导思想、宪法条文的规定及其演变为依据，作出能令人接受的解释。

张庆福教授从第二编宪法史部分开始，到第七编为止，在结构上均采用外国宪法与我国宪法分别论证的表述方法，不仅在理论阐述上层次清楚，而且便于比较研究。尤为突出的是，第三编至第七编共20章，均分别由对特定问题的概述、外国宪法的规定、我国宪法的规定三部分组成。论证中,使读者深感体例清楚,从而对每个问题都能得到明确的、全面的、系统的知识,便于理解、掌握、运用。

张庆福教授把社会经济制度和上层建筑中的文化制度、意识形态集中于第四编,体现了马克思主义关于经济基础对上层建筑的决定作用和上层建筑对经济基础反作用的关系。还参照一些国家宪法上的规定和宪法学者的论述证明各国宪法关于经济、文化、意识形态的规范,均有不同程度的规定,并非社会主义国家所独有。例如,以 1919 年德国《魏玛宪法》为例,其经济制度的规定,反映了从自由资本主义向垄断资本主义过渡的各种特征。并且,将目前世界各国宪法确立的经济制度概括为 8 个方面:(1)生产资料的所有制形式;(2)国家的经济发展方针;(3)国家对国民经济的管理方式;(4)生产资料的经营形式;(5)生活资料的分配原则;(6)物权关系;(7)知识产权及其他经济权利;(8)有关经济制度的其他方面规定。此外,他还把各国宪法所规定的文化制度,分为文化政策等 10 个方面进行比较,并对 52 个国家宪法中关于社会意识形态的基本原则等内容,用图表的形式作了比较,从而为读者进行比较研究奠定了基础。

张教授关于公民基本权利和义务的概念、本质、主体、分类及权利的绝对性与相对性等,进行了系统、历史的分析,与有关论著相比,也有突出的发展。他不仅对外国公民权利、义务价值模式的宪法建构、演进及发展趋势进行了颇有见地的探讨,还把我国现行宪法公民基本权利与义务的特点概括为两个方面:(1)体现了权利与义务价值并重的倾向;(2)把"公民的基本权利和义务"一章放在宪法结构中突出的位置上,这也是具有独到之处的见解。

从理论和实践上,对中外元首制度、代表机关、最高国家行政机关、地方国家机关、司法机关在宪法上的规定及其活动,作了比较研究,使读者体会到:由于各国国情千差万别,宪法在国家机构方面的规定,也不可能有完全统一、固定不变的模式,而是处于不断的渐变中。随着各国国家性质及其任务的变化,国家机构也必将依照历史发展的规律,从量到质发生渐进、细微的转变。而我国的国家机构在党的领导下,在不断地总结历史经验的基础上,必将日益完善、健康发展。所有这些,都是在客观演变中,不以人的意志为转移地进行着。

宪法监督也是该书探讨的重要课题之一,宪法学界对此予以特别关注。值得注意的是,张教授提出传统宪法监督(即资本主义宪法监督)和新型宪法监督（即社会主义宪法监督）的学说，并分别作出分析与评价。传统的宪法监督仍有其现实的意义，某些合理之处也可以借鉴；但新型的宪法监督，由于其历史较短，且有一些代表性的国家发生了质的变化，故对其发展趋势还应继续予以观察和分析，现在作出结论性判断，尚为时过早。

关于我国宪法监督制度，由于其历史较短且走过曲折的道路，现行宪法虽作出完善的规定，但全国人大及其常委会的宪法监督作用尚未充分发挥出来，也缺乏有力的措施和必要的制度纠正违宪行为的发生。为此，张教授从组织上提出加强与完善我国宪法监督制度的具体建议。比如，在全国人大内设专门机关，成为行使宪法监督职权的工作机关；在最高国家权力机关内设立"人民监督委员会"，把国家监督、社会监督、群众监督结合起来；赋予地方国家权力机关在本行政区域内相应的宪法监督权，建立有限的宪法诉讼制度等。

为了完整地表述宪法学体系内部的各种要素，他在理论分析中指出宪法学的综合性特点，提倡不同学科之间的学术对话，积极引进新的研究方法，该书采用的价值分析（宪法哲学）方法，使宪法理论研究进入新的领域，其理论分析具有深度。

宪法学理论价值与实践价值的统一是张教授始终关注的问题。在宪法学体系建立与制度分析中，他注意从社会变迁中评价宪法理论的价值，认为"研究宪法时，决不能仅仅拘泥于纸上的宪法，更要注意研究纸上的宪法与实际生活中的宪法关系，注意使宪法发生变化的各种因素的影响"。从某种意义上说，研究纸上的宪法与实际生活中的宪法统一是宪法的基本使命。我们既不能为了宪法的稳定性而牺牲社会变革的正当需求，同时也不能盲目地满足社会变革的需求而损害宪法规范应有的价值。在论述宪法与宪政关系时，张教授指出，宪政是宪法的内容和实践，宪法是宪政的表现和依据。由于宪政是宪法的实施，制定一部好的宪法是非常关键的一个问题，但好的宪法并不能自动地发挥其作用，它需要一种保障其实施的有效机制。关注宪法与社会生活的关系，重视宪法的实践功能是该书的特色之一。

宪法学界对本书给予了较高的评价，认为本书"是对当代宪法学的理论总结"。它以马克思主义为指导，特别是以建设有中国特色的社会主义理论为指导，对宪法学的基本理论作了系统而深入的阐述，并在许多问题上提出了作者的新见解。该书是一部极具科学价值的学术著作,是一部对我国宪法学的发展具有重要价值的学术著作,是一部高品位的学术著作,是一部反映中国宪法学理论研究成果的代表性著作。该作品在理论体系、研究方法、研究范围等方面,都有所开拓和创新,无论是对推进我国宪法学理论的深入研究,还是进一步保证宪法的实施,都具有重要的理论意义和实践意义。

2.《宪法学研究述略》(主编)

《宪法学研究概述》一书比较系统地阐述了资产阶级的、社会主义的和我国的宪法学思想的产生与发展,这在新中国宪法学研究上还是少有的。该书还对我国宪法学研究中争论的主要问题作了概括并提出了自己的见解,特别是对整个宪法学的发展趋势作了比较全面并有科学根据的展望,提出随着人类社会的不断发展和各国政治、经济及教育科学文化的发展,宪法不仅在形式上不断完备,而且在内容上也发生了重大变化。在对原有内容进行改造的同时,还不断增加新的内容,并从 8 个方面分别论述了宪法发展的趋势。该书受到了宪法学界的好评,认为该书“从指导思想到书中内容编排都有它的科学性和新意”,“本书的出版无疑对宪法学教学和科研具有重要参考价值,对推动宪法学理论和实践的发展会起到应有的作用”。该书被外国学者在国外刊物上作了详细介绍。

3.《中国宪法概论》(主编)

《中国宪法概论》除导论外,共分 13 章,分别为宪法的概念和本质,宪法的产生与发展,我国的国家性质,我国的基本政治制度,我国的选举制度,我国的国家结构,我国的行政区划,我国的经济制度,我国的社会主义精神文明建设,我国公民的基本权利和义务,我国的国家机构,我国的国旗、国徽与首都以及宪法实施保障。本书以马列主义宪法学理论为指导,紧密结合我国实际,比较系统地阐述了我国宪法学的基本理论,对其中的不少问题提出了自己的看法,如张教授认为宪法作为国家的根本大法,之所以与其他法律不同,是由宪法规定的内容决定的。正是由于宪法内容的特殊性,决定了它在国家法律体系中处于最高的地位,具有最高的法律效力和特殊的修改程序,成为国家立法的基础和整个国家活动的根本准则。该书在深入研究不同观点的基础上,对宪法实施的保障提出了广义和狭义说。总体上看,该书出版后受到了宪法学界的重视和好评,认为该书“写得很有水平”、“很有特色”,被一些高等学校选为教材,被外国学者在国外刊物上作了系统介绍。

4.《行政执法中的问题及对策研究》(主编)

《行政执法中的问题及对策研究》一书,是目前国内比较全面地分析研究我国行政执法问题的著作,该书以马克思主义的基本理论为指导,在深入调查研究的基础上,对当前我国行政执法中的主要问题,包括影响行政执法的各种思想,行政执法体制中的问题,行政法律、法规中的问题,行政执法的无序状态,行政执法监督检查中的问题,行政执法手段不力问题,行政执法主体违法行为,行政执法主体的不当行为,行政执法主体的违法责任以及行政执法中效率与民主的关系10个方面的问题进行了深入系统的论述。分析了这10个方面存在的问题及产生问题的原因,在此基础上,分别提出了解决问题的对策。其对问题的分析深刻、全面,提出的对策切实可行,对于改善当前我国行政执法的落后、混乱状况,完善行政执法制度,促进整个行政法制建设有重要的理论和实践意义。

该书在写作方式上独树一帜,对行政执法中存在的问题及其成因的剖析不是停留于抽象的介绍或表述,而是就行政执法中发生的具体问题,进行有针对性的论述,增加了论述的力度,给人以充实、符合实际和可操作性的真实感,是行政执法理论研究中的一种新探索。

(二)论文

1.《论毛泽东的宪法思想》

《论毛泽东的宪法思想》一文刊载于《法学杂志》1994年第2期。该文探讨了毛泽东的宪法思想。包括:(1)宪法的概念。毛泽东提出:"一个团体要有一个章程,一个国家也要有一个章程,宪法就是一个总章程,是根本大法。"这一概念揭示了宪法的特性、地位和作用。(2)宪法的产生。对于这个问题学界存在着不同的看法,毛泽东明确指出,宪法不是从来就有的,是资产阶级革命时期搞起来的。(3)制定宪法的原则。毛泽东提出制定宪法要遵循领导机关的意见与广大群众相结合的原则,正确、恰当地总结国内外经验的原则和原则性与灵活性相结合的原则等。(4)制定宪法目的和宪法的实行与遵守。毛泽东明确指出,我们制定宪法的目的是把我国建设成为一个伟大的社会主义国家。因此,我们的宪法是得到全国人民拥护的,所以,我们的宪法也是完全可以实行的,是必须要实行的。该文选入《中国八五科技成果选集》。

2.《论宪法制定》

《论宪法制定》载于《宪政论丛》(第3卷),比较全面深入地探讨了创制宪法的基本问题,有些问题是过去接触较少甚至没有接触过的。论文共分为五个部分。第一部分"宪法制定概述"中,对制宪的概念、制宪的目的和制定宪法的几种情况作了系统的阐述。特别值得注意的是,张教授通过对世界各国制宪历史的观察,归纳出创制宪法主要有九种情况,说明创制宪法的情况是复杂的,人类社会的复杂多变性造成了宪法创制的复杂多变性。第二部分为制宪权及其归属,首先介绍了有关制宪权的一些不同观点,指出这些表述虽然从不同的角度揭示了制宪权的性质,对我们进一步研究和探讨制宪权的本质具有重要的意义,但是这些观点与世界各国制宪实践中表现出来的制宪权与理论中的制宪权并不完全一致,有一定的脱节。基于此,张教授认为制宪权至少要包括以下几点:制宪权的主体是在社会中占主导地位的阶级、阶层和集团;制宪主体行使制宪权要遵循一定的指导思想、基本原则和程序步骤;创造宪法是创造完整的宪法而非宪法的一部分。制宪和修改既有联系又有区别。在制宪权的归属上,普遍的观点认为制宪权属于人民,人民是制宪权的主体,宪法就应该是人民制定或者是由人民选出的制宪机关代表人民制定,但是稍微观察一下世界各国的制宪史,就会发现,理论与实践往往不是吻合的,有时甚至是脱节的。因此,人民主权以及与此相对应的制宪权属于人民或国民的理论是人类的理想目标,从其产生至今尚未真正实现过,只是在不同社会,或者各个社会的不同历史时期实现的程度不同,有的大些、有的小些,只有到了马克思所设想的共产主义时期,才有可能最大限度地实现。

在第三部分中,比较深入地探讨了制宪的指导思想与基本原则。张教授认为,制宪者在制宪时之所以要遵循一定的指导思想和基本原则,是因为制定宪法是规定国家根本制度和根本任务的活动,是涉及国家和社会各方面极其复杂的活动。如果没有一定的指导思想,遵循一定的基本原则,制定出来的宪法就很难准确地体现本国国情。制宪时,除遵循一定的指导思想和基本原则外,还要把握以下几个问题:民主的原则和方法;从本国实际出发,符合本国国情;以总结本国经验为主,兼蓄外国经验;坚持原则性与灵活性的有机结合。第四部分为"制宪机关",在探讨了制宪机关的概念、产生、类型以及各国宪政实践的基础上,把制宪机关分为狭义和广义两种。狭义的制宪机关是审议通过宪法的机关;广义的制宪机关除包括审议通过宪法的机关外，还包括决定制定宪法的机关和公布宪法的机关。在本文的第五部分，系统地阐述了有关制宪程序的问题。关于制宪程序应该包括哪些内容，无论在理论上还是实践中都没有完全统一的模式，张教授分别讨论了理论上的多种见解和多国宪政实践中的差异，认为制宪的程序应该包括决定制宪、组成制宪机构、组织起草、全民讨论、审议通过、全民公决、批准公布等这些程序虽然不是每个国家制宪时都必经的程序，但对创制宪法都有着重要的意义。

3.《宪法修改的比较研究》

《宪法修改的比较研究》载于《宪法比较研究文集》(第 2 集)，全文共分为六个部分，张庆福教授通过对中外宪法修改的比较研究，提出了自己的一些独特见解。在第一部分中，通过对制宪与修宪两者异同的比较阐述了宪法修改含义，认为修宪与制宪是紧密相连的，既有相同之处，也有不同之处。它们的共同点是：都是有权机关按照特定程序规范国家根本大事的活动；不同点是：宪法的制定是创制整个宪法的活动，宪法的修改是在宪法颁布之后，在实施过程中调整部分宪法条款的活动。衡量制宪的根本标准应以宪法根本精神是否有变化，应看直接体现宪法根本精神的基本原则是否有变化。如果它变化了，自然应属于制宪范畴问题；否则，就属于修宪范畴的问题。在第二部分，首先探讨了宪法能否修改的两种理论：宪法不可以被修改和宪法可以被修改。张教授赞同宪法可以被修改的理论，并认为宪法修改最基本的原因是为了适应社会政治经济发展的需要以及所具有的堵漏补缺的作用。第三部分是有关宪法修改的限制，张教授赞同宪法修改限制的肯定说，即宪法的修改需要从内容上和时间上加以限制。在第四部分，张教授认为，从各国的宪法规定和宪法实践看，修改宪法的方式可以分为全面修改、部分修改和增加新的条款。在第五部分，张教授认为宪法修改的程序一般可分为提案、决议和公布三个程序。最后，对我国现行宪法文本关于宪法修改的规定进行了探讨。张教授认为我国宪法关于修改宪法的规定只是原则的规定。为了使宪法的修改工作做得更好，应当使宪法的规定具体化，进一步完善我国宪法的修改制度。提议应当制定宪法修改法，把修改的原则、方式和程序(包括修宪动议的提出和成立，宪法草案的起草和全民讨论、全国人大会议对宪法修改草案的讨论和通过、宪法修改案的公布与生效等)法律化。

4.《加强文化法制建设》

《加强文化法制建设》一文发表在《法学杂志》1998 年第 9 期上，该文选入《21 世纪中国社会发展战略文集》。该文认为，目前我国的文化领域法制建设比较薄弱，因此，在加强文化法制建设方面应当大力强化以下几个方面的工作：(1)准确地把握文化法的实质，保证文化法制建设沿着为人民服务、为社会主义服务的方向健康发展；(2)加快文化基本法律和法律的制定工作，建立和健全文化法律体系，保证文化领域有法可依；(3)理顺文化管理体制，保证文化法制统一；(4)完善文化执法和监督检查机制，保证文化法律、法规的实施；(5)准确地把握党的政策与国家法律的关系，保证党的文化政策与国家文化法律的实施。

5.《清除思想障碍，保证法律实施》

张庆福教授在该文中认为，在我国要实现依法治国，一个最关键的问题就是清除封建主义的影响。我国是一个具有 2000 多年封建社会的国家，缺乏民主传统，封建专制主义的影响根深蒂固。新中国成立后，虽然经过多种改革，封建主义受到了批判，但这远远是不够的。在现实生活中，人们还不自觉地受着这种思想束缚和影响，特别是以人治为核心，以"官本位"和特权思想为特征的落后文化，还渗透社会生活的各个角落。因此，要实现依法治国、建设社会主义法治国家的伟大目标，必须不断清除封建主义影响，不断增强法律至上的观念。

"正直精邃"是中国社科院法学研究所的所训，也是张庆福教授等一代法学家的真实写照。长期从事宪法学研究的他一直坚守一个原则——"不做违心事，不说违心话"。"不说违心话"看似平凡，但是这对于一个宪法学者来说弥足珍贵。

张庆福教授为人低调，淡泊名利。2007 年，他坚决要求从中国法学会宪法学研究会会长的职位上隐退，提携年轻人。他不善于也不愿意经营自己，多次婉拒了一些高等院校的兼职聘任，专心做学问，也不喜欢媒体采访，拒绝做学术明星。

张庆福教授就是这样一位学者，一位本色、严谨的谦谦学者，任何大词对于他来说都显得苍白。他历经沧桑仍能够保持一份恬淡与平静，在炒作盛行、学术浮躁面前仍保持着质朴与纯真，叙述往事时自然流露出的那份淡定与练达，都让人深深感受到他是远离熙攘名利场的一位隐者，他一直守护的是知识分子特别是宪法学研究者的良心。

主要论著

（一）著作

1.《学习新宪法讲话》(合著),群众出版社 1978 年版。

2.《中华人民共和国宪法讲话》(合著),湖北人民出版社 1979 年版。

3.《新婚姻法讲话》(合著),河南人民出版社 1980 年版。

4.《宪法分解资料》(合著),法律出版社 1982 年版。

5.《新时期的根本大法》(合著),河南人民出版社 1983 年版。

6.《我国公民的基本权利和义务》(合著),四川人民出版社 1983 年版。

7.《宪法讲话》(合著),湖北教育出版社 1984 年版。

8.《宪法》(合著),律师函授学院教材 1985 年版。

9.《中华人民共和国宪法讲话》(合著),湖北人民出版社 1986 年版。

10.《中国社会主义建设》(合著),辽宁人民出版社 1986 年版。

11.《我国公民的基本权利和义务》(合著),群众出版社 1987 年版。

12.《中国宪法概论》(主编),河北教育出版社 1988 年版。

13.《法制建设十年》(主编),旅游教育出版社 1988 年版。

14.《中国法学——过去、现在与未来》(合著),南京大学出版社 1988 年版。

15.《世界知识大辞典》(撰稿人),世界知识出版社 1988 年版。

16.《宪法学研究述略》(主编),天津教育出版社 1989 年版。

17.《中华人民共和国法律通解》(合著),吉林人民出版社 1993 年版。

18.《宪法学基本理论》(主编),社会科学文献出版社 1994 年版与 1999 年第 2 版。

19.《乡镇人大建设的理论与实践》(合著),中国人民公安大学出版社 1995 年版。

20.《行政执法中的问题及对策》(主编),中国人民公安大学出版社 1996 年版。

21.《我国当前法律实施的问题和对策》(合著),中国民主法制出版社 1997 年版。

22.《现代中国法入门》(合著),日本劲草书房 1997 年版。

23.《人民当家作主的法律保障》(合著),法律出版社 1998 年版。

24.《宪政论丛》(第 1 卷)(主编),法律出版社 1998 年版。

25.《宪法比较研究》(合著),法律出版社 1998 年版。

26.《北京大学法学百科全书》(宪法行政法卷)(撰稿人),北京大学出版社 1999 年版。

27.《宪法与国家机构改革》(合著),电子科技大学出版社 1999 年版。

28.《宪政论丛》(第 2 卷)(主编),法律出版社 1999 年版。

29.《宪法学》(合著),高等教育出版社 2000 年版。

30.《宪政论丛》(第 3 卷)(主编),法律出版社 2003 年版。

31.《宪政论丛》(第 4 卷)(主编),法律出版社 2004 年版。

32.《宪政论丛》(第 5 卷)(主编),法律出版社 2006 年版。

(二)论文

1.“国家机关工作人员应该成为遵守宪法和法律的模范”,载《天津日报》1978 年 4 月 5 日。

2.“加强法制,维护三个秩序”,载《山西日报》1979 年 3 月 29 日。

3.“一定要有法制观念”,载《河南日报》1979 年 4 月 7 日。

4.“正确行使权利,忠实履行义务”,载《工人日报》1979 年 5 月 3 日。

5.“修改选举法,使民主制度化”(合作),载《人民日报》1979 年 5 月 22 日。

6.“选举法是人民当家作主的重要保障”,载《民主与法制》1979 年第 1 期创刊号。

7.“发扬社会主义民主的重要措施”,载《实践》1979 年第 10 期。

8.“法制是民主的重要保障”,载《河南师大学报》1980 年第 2 期。

9.“选举制度的变迁”,载《百科知识》1980 年第 5 期,《人民日报》1980 年 6 月 9 日(部分转载)。

10.“论我国选举制度”,载《法学研究》1980 年第 6 期。

11.“资产阶级国家的弹劾制度”,载《西南政法学院学报》1981 年第 2 期。

12.“完备法制首先要制定一部好宪法”,载《东岳论丛》1981 年第 4 期。

13.“加强基层政权建设”,载《红旗》1982 年第 12 期。

14.“一次意义深远的改革”(合作),载《人民日报》1982 年 7 月 9 日。

15."论我国宪法实施的法律保障",载张支渔等著:《宪法论文集》,群众出版社1982年版。

16."国家领导制度的一次重要改革"(合作),载张支渔等著:《宪法论文集》(续编),群众出版社1982年版。

17."论宪法的实施"(合作),载张友渔等著:《宪法论文集》(续编),群众出版社1982年版。

18."公民必须维护祖国的安全、荣誉和利益",载《河北日报》1982年8月23日。

19."论宪法的尊严"(合作),载《东岳论丛》1982年第5期。

20."国外审计制度简介",载《百科知识》1982年第9期。

21."公检法三机关的关系",载《河北日报》1982年9月6日。

22."维护宪法尊严",载《法学季刊》1982年第4期。

23."社会主义民主的新发展",载《北京日报》1982年12月10日。

24."社会主义民主和法制建设的新阶段"(合作),载《法学研究》1982年第6期。

25."我国的国体和政体",载《学理论》1983年第1期。

26."国家为什么要维护社会主义法制的统一和尊严",载《学理论》1983年第1期。

27."加强基层政权的建设",载《治国安邦的总章程》,红旗出版社1983年版。

28."关键是健全各项制度"(合作),载《法学研究》1983年第6期。

29."论加强农村基层政权建设",载《法学研究》1984年第4期。

30."比利时选举制度",载《法学译丛》1984年第6期。

31."论毛泽东同志的制宪思想"(合作),载《法学研究》1985年第1期。

32."论宪法的发展趋势",载《政法论坛》1986年第3期、第4期合刊。

33."论我国人民群众在宪法实施中的作用",载《宪法与改革》,群众出版社1986年版。

34."法制改革必须以宪制改革为前提",载《法学研究》1989年第2期。

35."论我国的政府职能"(合作),载《学术交流》1989年第2期。

36.“论我国人民代表大会制度的优越性”(合作),载《法学研究》1989年第5期。

37.“我国公民的基本权利和义务”,载《函授通讯》1989年第15期。

38.“英国公法中行政法的发展”,载《法学译丛》1989年第6期。

39.“论马克思主义的权利义务观”,载《法律科学》1991年第6期。

40.“完善宪法制度,促进改革开放”,载《法学研究》1992年第5期。

41.“完善宪法监督体制,保障宪法实施”,载《人民检察》1992年第12期。

42.“论宪法与宪政”,载中国法学会宪法学会研究会编:《保障公民基本权利与维护社会稳定》,中国人民公安大学出版社1992年版。

43.“完善人大组织体制的几个问题”,载中国法学会宪法学会研究会编:《青海人大》1993年第1期。

44.“宪法解释之比较”,载《外国法译评》1993年第2期。

45.“宪法学研究述评”(合作),载中国社会科学院法学研究所编著:《中国法学研究年鉴》(1991年卷),中国政法大学出版社1993年版。

46.“行政法学研究述评”(合作),载中国社会科学院法学研究所编著:《中国法学研究年鉴》(1991年卷),中国政法大学出版社1993年版。

47.“《香港特别行政区基本法导论》评介”,载中国社会科学院法学研究所编著:《中国法学研究年鉴》(1991年卷),中国政法大学出版社1993年版。

48.“《国家监督制度》评介”,载中国社会科学院法学研究所编著:《中国法学研究年鉴》(1991年卷),中国政法大学出版社1993年版。

49.“宪法结构与宪法内容的比较研究”,载宪法比较研究课题组编:《宪法比较研究文集》(1),南京大学出版社1993年版。

50.“宪法解释模式及主要原则”(合作),载宪法比较研究课题组编:《宪法比较研究文集》(1),南京大学出版社1993年版。

51.“宪法修改的比较研究”,载宪法比较研究课题组编:《宪法比较研究文集》(2),中国民主与法制出版社1993年版。

52.“论毛泽东的宪法思想”,载《法学杂志》1994年第2期。

53.“关于我国的宪法监督制度”,载《全国人大工作通讯》1994年第2期。

54.“论加强和完善我国的宪法监督制度”(合作),载《法制日报》

1994 年 12 月 8 日。

55. “完善人大制度，保证人民当家作主”，载《福建法学》1994 年第 3 ~4期合刊。

56. “宪法与宪政”，载《宪法与民主政治论文集》，中国检察出版社 1994 年版。

57. “关于宪法本质的理论”，载《外国法译评》1995 年第 1 期。

58. “提高全民族的宪政精神，保证宪法实施”，载《群言》1995 年第 3 期。

59. “文化市场法制建设的几项任务”（合作），载《法制日报》1995 年 5 月 11 日。

60. “简析宪法修改的两种学说”，载《法学研究》1995 年第 4 期。

61. “论加强和完善我国宪法监督制度”（合作），载《人民代表大会的理论与实践》，中国人民公安大学出版社 1995 年版。

62. “现代行政程序在法治行政中的作用”（合作），载《法学研究》1996 年第 4 期。

63. “论法律实施”，载《法学杂志》1996 年第 4 期。

64. “现代行政程序在依法行政中的作用”（合作），载《楚天主人》1996 年第 12 期。

65. “论现代行政程序在法治行政中的作用”，载刘海年主编：《依法治国建设社会主义法治国家》，中国法制出版社 1996 年版。

66. “依法行政与对行政权的立法控制”（合作），载《群言》1997 年第 3 期。

67. “我国行政程序存在的问题与对策”（合作），载《楚天主人》1997 年第 4 期。

68. “清除思想障碍，保证法律实施”，载《我们当前法律实施的问题与对策》，民主法制出版社 1997 年版。

69. “宪法监督发展趋势简论”（合作），载《外国法译评》1998 年第 1 期。

70. “中国宪法 100 年：回顾与展望”，载张庆福主编：《宪政论丛》（第 1 卷），法律出版社 1998 年版。

71. “加强文化法制建设”，载《法学杂志》1998 年第 4 期。

72. “政务公开在反腐败斗争中的作用及实现机制”（合作），载刘海年等主编:《依法治国与廉政建设》,中国法制出版社 1999 年版。

73.“树立宪法权威,实行依法治国”(合作),载《群言》1999 年第 5 期。

74.“改革开放:中国宪法修改的核心精神”(合作),载《中国法律》1999 年第 2 期。

75.“论政务公开在反腐败斗争中的作用及其实现机制”(合作),载《政治学研究》1999 年第 3 期。

76.“论文化法的基本原则”,载《宪政论丛》(第 2 卷),法律出版社 1999 年版。

77.“关于人大立法的思考”,载《北京人大》2000 年第 2 期。

78.“关于人大监督的思考”,载《北京人大》2000 年第 5 期。

79.“宪法监督——新千年之始宪法学面临的一个重要课题”,载《法学家》2000 年第 3 期。

80.“新中国宪法的发展历程及其基本经验”(合作),2000 年宪法学研究会年会论文。

81.“比较宪法学的新发展”,载《民主与法制》2001 年第 8 期。

82.“论知情权”(合作),载《江苏行政学院学报》2002 年第 1 期。

83.“司法机关与宪法适用”(合作),载《公法》(第 3 卷),2002 年 7 月版。

84.“论宪法对经济关系的调整”,载《中国法学》2002 年特刊。

85.“健全宪法平稳发展机制,保证宪法贯彻实施”,载《法学杂志》2003 年第 1 期。

86.“论宪法制定”,载张庆福主编:《宪政论丛》(第 3 卷),2003 年版。

87.“简析制宪权”,载北京市法学会宪法学研究会编:《宪法论坛》(第 1 卷),中国民航出版社 2003 年版。

88.“论政治文明与宪政发展”(合作),载《法学杂志》2004 年第 3 期。

89.“论公民基本权利宪法保障制度的加强和完善”(合作),载《辽宁大学学报》2004 年第 4 期。

90.“论公民财产权宪法保障制度”(合作),载《法学家》2004 年第 4 期。

(撰写者:翟国强　陈坤)

张光博

生　平

张光博(1929 年 5 月 ~2007 年 12 月),吉林省怀德县人。

曾任吉林大学教授,法学院院长;吉林省社会科学院法学研究所所长;大连海事大学教授,经济法学院院长;日本关西大学客座教授。兼任中国法学会常务理事,中国宪法学研究会副会长、顾问。主要研究领域:宪法学基本理论、外国宪法学、法理学,在政治学领域也独有建树。

张光博教授 1929 年出生在吉林省怀德县一个贫穷乡村,1943 年小学毕业后,受战争影响,只陆续接受了不到 3 年的中学教育。1949 年新中国成立后考入东北行政学院学习法律,后被送到中国人民大学法律系研究生班学习,主攻宪法。1953 年毕业后回到吉林大学法律系任教,从此在吉林大学校园辛勤耕耘近 40 年。他先后担任过吉林省社会科学院法学研究所所长、《当代法学》主编、吉林大学法学院院长等职。1992 年退休以后,先后受聘为东北大学法律系主任、大连海事大学经济法学院院长、中国法学会宪法学研究会顾问,为中国的法学事业继续奉献自己的光和热。

2007 年 12 月 29 日,在完成了他的思想集成著作 3 天之后,张光博教授猝然去世,享年 79 岁。他完成他的心愿,欣然走向了另一个世界!

在半个多世纪的教学研究生涯里,张光博教授一直致力于马克思主义的中国化研究,主要研究方向是马克思主义宪法学和法理学。20 世纪 80 年代以后,他进一步拓宽学术研究范围,深入政治学和法学基本概念领域,对其中的许多重大理论问题,包括法的本质,权利义务关系,法与政治、经济、文化的关系等,展开全面而深入的研究。参与撰写《中国大百科全书 · 法学卷》及司法部统编教材《宪法学》,主编《简明法学大词典》,著有《宪法论》、《比较宪法纲要》、《法论》、《马克思主义法理学》、《坚持马克思主义法律观》、《坚持马克思主义权利义务观》、《坚持马克思主义国家观》等,发表论文 100 多篇,并有译著数部。

张光博教授在潜心学问的同时,也注意紧密联系中国实际,积极参加社会实践,竭力为社会主义法制建设建言献策。曾参加 1954 年宪法起草委员会办公室编辑组工作,先后兼任长春市人民政府法律咨询委员会主任、长春市人大常委会地方立法顾问、中国法学会常务理事、中国法学会宪法学研究会副总干事、东北法学教学研究会理事长。

张光博教授是吉林英才奖章获得者,从 1991 年开始享受国务院政府特殊津贴,2005 年获新中国宪法学发展贡献奖。

张光博教授的一生,是为学术事业贡献的一生。他著作等身,共计出版专著教材译著 25 部,其中 13 部是个人撰写的学术专著;发表学术论文 107 篇,多是学术思想深刻的鸿篇长文,这在同时代的法学专家中是极为少见的,为我们后世学者树立了学术丰碑和学术楷模。他的思想是成体系的,尤其是对马克思主义法理学和马克思主义宪法学的系统研究是我国法学界的历史高度。

张光博教授的一生,是为信仰而战斗的一生。他坚定信仰马克思主义,用马克思主义的立场、观点和方法研究法学问题和中国宪法。他创立的"权利义务及其界限"的法学学说,以及对宪法制度、马克思主义法学原理的发展,仍然是我们现在研究法律和法学问题的基本方法。

他一生都在用学术的方法捍卫自己的信仰,即使是一个人的战斗,他坚持学术立场,论战到生命的最后一息!对于张光博教授的学术观点,可以有不同的评价和认识。但张光博教授的信仰和为信仰而毕生奋斗的精神是永存的,这才是我国学术界的宝贵财富,体现中国学术的内在品格!

张光博教授已经离我们远去了,成为我们敬仰的历史!他的学问、人品、信仰和勇气将永远与我们同在!

主要学术思想和学术观点

张光博教授是 20 世纪 50 年代新中国培养起来的法学家,是较早思考建立具有中国特色社会主义法学理论和宪法学理论的学者。在他进入中国人民大学学习法学的 20 世纪 50 年代初,法学界在全面学习苏联的口号下,较全面地介绍和学习苏联的法学。随着我国社会主义法制建设的发展和对马克思主义法学理论的进一步研究,张光博教授认为法学有中国化的必要,并开始了初步的学习和探索。他从中国人民大学研究生毕业来到吉林大学法律系任教时,认为自己作为法学教学与研究人员,总要给中国的法制建设讲出点道理来，而不应只是传颂别国的法学，更不安于没有中国自己的法学。当时任吉林大学法律系主任的马起同志，是在抗日战争根据地就从事司法工作的老法律工作者。他曾经有志于此，提出实现法学中国化，改变搬用苏联法学的状态，建立中国法学的新体系，并号召和组织吉林大学法律系的教师来响应这项工作。青年时代的张光博教授积极响应这一号召，并在教学和研究中试步。然而，随之而来的“文化大革命”使这一研究工作中断。

党的十一届三中全会以后，我国进入了恢复和发展社会主义民主与法制的新阶段，提出了建立具有中国特色社会主义法学新体系的要求，这正是马起同志在世时提出而没有实现的愿望。张光博教授身体力行，重拾搁置了20多年的工作，开始了法学理论中国化研究的新征程。1981年，他在《社会科学战线》第4期发表了《试论法定权利的界限》一文，对权利的概念、权利义务界限在政治决策和立法中的地位、作用进行了论述，提出以权利义务为核心来改造原来从苏联引进的法理，并对此进行系统的研究，形成了张光博教授以权利义务及其界限为核心，全面解读马克思主义的国家学说、法理学和宪法学的学术思想。以下将从国家理论与国家学说、法理思想与法治学说、宪法思想与权利义务学说以及法学教育思想与法治贡献四个方面，对张光博教授的主要学术思想进行简明介绍。

（一）国家理论与国家学说

国家是与法同时产生的，国家理论与国家学说以及法学理论有着不可分割的联系，国家与法的关系是被资产阶级法学理论弄得很混乱的一个问题。对此，张光博教授非常重视对国家与法的关系进行梳理，提出要正确解决国家与法的关系。他指出，西方的法学著作，特别是英美法系，强调法律至上，宣扬法大于国家的所谓“法的统治”，完全颠倒了国家与法的关系，也是不符合实际情况的。而苏联的法学教材从名称上解决了这个问题，即称之为“国家与法的理论”，但在内容上解决不彻底，没有科学地说明国家与法的本质联系和区别。只是同一本教材里，把对国家的论述放到前面，用以说明国家与法之不可分离和国家同法相比的首要地位，但从内容上看并没有真正说明道理，特别是国家的部分大致坚持了马克思主义的国家学说，而法的部分除了有的因为法与国家是同步现象，把对国家的说明移植用来说法、论法的情况外，还有不少内容明显看出来存在未经过深入加工的资产阶级法理学的痕迹。张光博教授认为上述问题有待进一步探讨，并以其统领法学的基本理论。对此，他在以下几个方面进行了深入研究。

1. 国体即国家的阶级本质，表明国家政权的归属和根本目的

按照马克思主义的观点，国家是阶级矛盾不可调和的产物和表现，为了使经济利益互相冲突的社会各阶级不至于在无谓的斗争中使自己和社会同归于尽，就需要一种表面上站在社会之上的力量来抑制冲突，把冲突保持在“秩序”的范围之内。而这个力量的组织就是国家，国家的本质就是它的阶级本质，即国体。国体所表示的各阶级在国家中所处的地位，不仅包括谁是统治阶级和谁是被统治阶级，而且包括对谁实行民主和对谁实行专政，以及通过这种民主和专政所要完成的阶级任务。概言之，国体表示国家“属于谁、依靠谁、为了谁”三个方面。前一个方面是决定性的，后两个方面是前一个方面的具体实现。① 张光博教授进一步指出，国体中的“为了谁”这一内容，实际上就是国家的根本目的和任务。在我国，国家的根本目的和任务就是建设社会主义的伟大历史任务，就是提高全体人民生活水平的光荣使命。但是不能把手段当成目的，不能离开建设伟大社会主义国家使国家走向繁荣富强，使人民更加自由幸福这一根本目的去谈国家的本质。完整地看到这三个方面的统一，才能说明我们国家的性质，不能只取其一或者取其二而不及其余，特别是不能把前两个方面同后一个方面即同其经济建设上的任务脱离。离开了国家的根本任务和根本目的，离开了提升广大人民的幸福指数，空谈国家的本质是毫无意义的。他指出，在“文化大革命”期间，“四人帮”把专政绝对化，将其说成是国家的唯一内容，是绝对好的；把民主说成是绝对坏的，是资产阶级的；搞左倾机会主义并把它推向极端，实行了封建法西斯专政，极大地破坏了人民民主，破坏了社会主义建设，导致了人民民主专政的异化，使人民民主专政变成了对人民实行专政。这样的历史教训再也不能重演了。②

2. 国家的阶级实质体现为法，落实为公民的法定权利义务

张光博教授指出，为了使阶级压迫秩序合法化、固定化，使阶级冲突得到缓和，统治阶级通过国家把自己的意志化为一切人都必须遵守的国家意志，制定形成规范体系。其中包括给被统治阶级规定的行为界限，这

---

① 张光博著：《宪法论》，吉林人民出版社 1984 年版，第 69 页。

② 同上书，第 91 页。

实际上就是国家暴力机器对被统治阶级实行暴力镇压的尺码，以及为了实现对被统治阶级的专政，统治阶级为自己提出的必须遵守的行为准则等。这种界限、尺码和准则，就是法。具体化到每个人头上，就是把现实的阶级压迫秩序确定为人们的法定权利义务关系，把统治阶级在政治、经济上的统治地位化为不同人们的法定权利和义务，如果有人越过了给他们规定的行为界限不履行自己的义务，侵害了统治阶级的法定权利，或者不遵守共同的行为准则超越了法定权利的界限，就是触犯了反映统治阶级意志的法，也就是触动了国家暴力机器的开关，军队、警察、法庭等暴力组织就会按照既定的尺码转动起来，采取公开的武装强制措施，使统治阶级的意志得到执行，统治阶级的法定权利得以维护。所以也可以说，法的本质就是表现为国家以公开武装强制执行的统治阶级意志。① 而公民的权利义务则是统治阶级意志在每个人头上的落实。他指出，当统治阶级对权利义务的分配适应社会发展的状况，确定权利义务界限的决策比较适当，适应其物质生活条件发展的需要并以法予以肯定时，可以带来社会的稳定、阶级矛盾的缓和，以至于社会升平、繁荣祥和。反之，如果这种分配不合理或者发生错误，将会激化矛盾，带来社会秩序的不稳，直至发生动乱，以至于对现实社会的自我否定。② 国家与法以及公民权利的内在联系被他分析得十分透彻。

3. 法是国家机器运转不可或缺的软件，是国家的生命形式

张光博教授指出，如果军队、警察、法庭和其他国家机关是国家机器的硬件，那么法就是国家这架机器得以运行的软件。仅有硬件没有软件，国家这架机器就是一堆废铁，发挥不了作用；而仅有软件没有硬件，这个软件就是毫无意义的数字和废纸。只有这两个方面齐全，国家机器才能启动、运转，发挥其效能。整个国家机器只有通过法并按照法的规定，有秩序、有步骤、有目的地运转才能很好地实现其阶级统治的任务。③ 国家和法的内在联系表明国家和法是不可分割的，法是国家在平时的主要生命形式。④ 张光博教授由此进一步明确了国家在平时和战时对社会治理方式的不同。他认为，在平时，也就是和平建设时期，国家对社会的治理

① 张光博著：《法论》，吉林大学出版社 1986 年版，第 24 页。

② 张光博著：《马克思主义法理学》，清华大学出版社 2002 年版，第 5 页。

③ 张光博著：《法论》，吉林大学出版社 1986 年版，第 226 页。

④ 同上书，第 30 页。

方式必须采用法治的方式。统治阶级在夺取政权并稳定了它的统治之后，最主要的活动就是立法、执法和司法，以维持社会秩序，保证由统治阶级所主动推进的经济活动顺利进行，实现其最大限度的经济利益。越是到了近现代，这种国家活动的模式就越加清楚和囊括一切，以至于国家组织和活动的自身建设也都纳入法定的常规。这是安定秩序，稳定统治的最有效的方法。它可以预先指示社会上大多数人按照统治阶级的要求行事，主动地享受法定权利，履行法定义务，使国家暴力机器只对少数破坏人们法定权利，超过了社会秩序容许极限的分子发挥作用，就可以起到稳定全局之效。① 张光博教授还指出，把法同国家分割开来论大小，是一种形式主义的观点。英美学者讲法大于国家，德国学者讲国家大于法，都有片面性。针对中国出现的"文化大革命"现象，张光博教授从国家和法的关系出发指出：对于一个国家来说，从来没有所谓"不受任何法律限制的政权"。认为政权不需要法的约束，是一种把法和政权对立起来的乱世理论，而我们在"文化大革命"中就真的这样主张和这样干过，但这种蠢事再也不能干了。国家行使权力依法而动，国家的组织和活动要依法而行。国家和法可以是一而二，实际上又是二而一。国家是法的载体，法是国家的生命形式。张光博教授从对国家与法关系的正确分析，得出了在和平建设时期国家必须依法而治的结论，是我们今天全面推进依法治国的理论先驱之一。

4. 国家政权决定法的性质，政权守法是统治阶级的自律

张光博教授在分析国家与法的关系时明确指出，不可以将国家政权与法对立起来论大小，简单地说法大于权或者权大于法都有片面性。国家政权的性质决定法的性质，国家政权在手可以制定修改法律，而依法取得的职权必须在宪法和法律的范围内行使。有人说，国家的宪法和法律秩序建立以后，国家必须在宪法和法律的界限内运行，这就是"法大于国"。张光博教授认为，国家机关在宪法和法律范围内运行是完全正确的，但由此而提出"法大于国"却是片面的。他指出，这种看法过于表面，不符合国家与法的本来关系。法律作为国家意志的体现，是国家权力的实现形式，由国家制定、解释、修改，以至于废除，而且依靠国家权力予以保障。没有政权，无论什么法律，无论什么选出的机关都等于零，争论谁

① 张光博著：《法论》，吉林大学出版社1986年版，第30页。

大谁小没有意义。在如何看待国家机关必须在宪法和法律范围内活动这一现象时,张光博教授指出,国家机关及其工作人员要在宪法和法律的范围内进行活动,实际上是统治阶级的自律行为,其目的是更好地发挥国家的职能作用,并不存在所谓"法大于国"。国家作为统治阶级所控制的机器,完全可以根据自己意志的变化而不断修改宪法和法律。世界上不存在永远不能修改或废除的宪法和法律,国家强调法治原则,国家机关严格遵守宪法和法律。在宪法和法律范围内活动,实质上是国家的统治阶级的一种自律行为,是统治阶级统治经验和国家治理能力成熟的表现,是能够约束自己内部个别人的恣意妄为,防止其破坏统治阶级根本利益和国家政权稳定的远见卓识,不能简单地将这一现象概括为"法大于国"或"法律大于政权"。① 笼统地讲"以法控权"、"以法治权"也不科学,要分清政权和职权,法所控、所治的是"职权"而不是"政权"。政权决定法,法控制职权的行使,没有政权法律就是一张纸,离开国家政权就没有法,还谈什么以法控权、以法治权呢? 国家机关行使职权是依照宪法和法律,这是统治阶级的自律行为。执政党在宪法和法律范围内活动,也是执政党的一种自律行为,并不影响它在需要的时候,集中人民(统治阶级)的意志,反映人民(统治阶级)的物质生活条件需要,由它组织制定新的法律,修改以至于废除已有的法律,使法律得到发展。②

5. 人民是指国家的统治阶级,人民的范围有所不同

近代以来,说到国家,就必然会说到人民。人民不仅被认为是国家的构成要素之一,而且被誉为国家主权的拥有者。"主权在民"或"人民主权"的理念深入人心,成为各个国家政权合法性的基础。对此,张光博教授在他的研究分析中正确地指出,国家学说和宪法学中的人民,是指国家中的统治阶级,即在这个国家中说了算的那部分人。政治上成熟的人民才能成为事实上的统治阶级,而成熟标志则是产生自己的先锋队——政党。"主权在民"并不是意味着国家阶级性质的消失,相反,在现阶段,国家的阶级性不可否认。张光博教授指出,资产阶级总是隐瞒其国家的阶级性质,他们往往使用一些抽象的"人民主权"之类的词语掩盖其国家的真实阶级性质,把他们的国家说成是没有剥削、没有压迫的自由王国。例

① 张光博著:《马克思主义法理学》,清华大学出版社 2002 年版,第 323 页。

② 同上书,第 267 页。

如,美国宪法序言就说:“我们美国人民,为建立一个完美的合众国,树立正义,保证国内治安、筹设国防、增进全民福利并谋吾人及子子孙孙永享自由的幸福起见,特制定美利坚合众国宪法如下”;法国1958年宪法写的是“共和国的原则是:民有、民治和民享的政府”,“国家主权属于人民”;意大利1947年宪法规定:“主权属于人民”;日本1946年宪法宣布:“主权属于国民”,“其权力由国民代表行使之,其福利由国民享受之”;等等,这些都是用抽象的“人民”或“国民”的词语来描述国家主权的归属,从而把他们资产阶级的政权说成是对社会上的一切成员人人有份的。为了揭示资产阶级宪法所规定的国家真正的阶级本质,必须把宪法条文同他们的社会实际生活结合起来考察,从宪法的整个条文及条文的背后进行分析,用他们国家的组成和实际活动来认证,才能真正弄清楚他们宪法中“人民”的含义。①

《宪法》第2条规定:“中华人民共和国一切权力属于人民”,序言中使用了“中国共产党领导中国各族人民”作为国家的立宪主体和国家的主人。张光博教授在其研究中,提出了现阶段我国“人民”的政治标准,他写到:凡是以它的存在和活动推动历史向前发展的那些社会阶级、阶层、社会势力和集团,以及个人,都属于人民的范围;反之,一切以它的存在和活动阻碍历史前进的社会阶级、阶层、社会势力和集团,就是人民的敌人。人民和敌人的区别标准是政治标准,即在历史发展面前所起的作用是进步的还是反动的,这是区分人民和敌人的一条根本界限,也是决定我国人民民主专政国体的依据。一切推动历史前进的阶级、集团和力量,自然应当成为这个政权的主人,反之,那些阻碍历史前进的政治垃圾当然应当成被整肃的对象。是不是属于人民范畴,是不是参加政权,除了在历史发展面前所起的作用,是进步还是反动的这样一条根本界限外,没有任何其他限制。张光博教授还极具前瞻性地指出,包括国民党在我国台湾地区的上层军政人员,只要以祖国和平统一为重,对祖国的和平统一作出贡献的,我们可以都作为国家的主人,来共同建设我们美丽的伟大祖国。②

6. 国家的功能是通过分配权利义务并确定其界限形成有利于统治阶级的秩序,不是天赋人权,而是国赋人权

---

① 张光博著:《宪法论》,吉林人民出版社1984年版,第71页。

② 同上书,第83页。

张光博教授对国家学说的研究，不是重复马克思主义国家学说的观点，而是以马克思主义的国家学说为出发点，从权利义务及其界限的视角审视国家这一政治现象。对国家职能这一问题，他提出国家的职能或功能就是通过分配权利义务，把阶级斗争控制在对统治阶级有利的范围内，从而实现统治阶级的长期执政和长治久安。国家和法的功能就是把阶级斗争控制在秩序的范围内，以避免使各阶级陷入无谓的斗争中，使自己与社会同归于尽，其目的则是达到在现存秩序中保证和实现统治阶级的利益。法的权利义务，包括法定的权利义务和现实的权利义务，都是由国家通过法来确定并予以分配和保证落实的，国家通过立法对权利和义务在社会上进行分配。首先，肯定国家和法所借以产生并为之服务的社会基本制度方面的权利义务，这就是“制度性权利义务”，包括生产资料的所有权，挑选进入国家机构公职人员选人用人权。这些权利义务分配给统治阶级。其实质就是对社会经济制度和政治制度的巩固和落实。其次，在这种制度性权利义务分配的基础上，再具体认可和赋予那些属于体制性的权利义务。国家在权利义务的分配中，是将“制度性权利义务”分配给统治阶级，而把“体制性权利义务”分配给全体社会成员，从而实现自己的统治。① 社会成员普遍享有的“体制性权利义务”掩盖了“制度性权利义务”被统治阶级独占的事实，造成一种人人享有权利的假象，模糊了国家的阶级性质，仿佛国家成为全民的国家，具有至上地位的宪法和法律成为最高统治者，国家的阶级本质被淡化。张光博教授指出，在国家分配权利义务的过程中，制度性权利义务决定着体制性权利义务的性质，反映着法的本质、法的精神。不能用体制性的权利和义务代替或掩盖制度性权利和义务的本质，有什么样的国家，就有什么样的权利义务分配结果。②

7. 资产阶级在国家治理模式上的贡献和局限

张光博教授指出，资产阶级国家在国家治理模式上，进行了革命性的制度创新，否定了人类社会自有国家产生以来长期采用的“一人说了算”的君主专制国家治理模式，采用了“选代表开会商量着说了算”的民主共和国家治理模式，并将这一国家治理模式法律化、固定化，形成了国家的宪法和法治。

---

① 张光博著：《马克思主义法理学》，清华大学出版社 2002 年版，第 299 页。

② 同上书，第 300 页。

首先,资产阶级国家以民主制的方式取代了封建制国家的君主制。资产阶级国家摧毁了君主专制和作为君主专制附属物的封建官僚制度,在统治阶级内部实现了少数服从多数的民主制。任何国家机关都是由统治阶级出人组成,但是出人的方法各有不同。封建制的君主实行世袭,君主的下属官僚由君主任命,只对君主负责,并且多为终身制。君主和官僚是政治上的压迫者,总揽国家的立法、行政、司法、检察大权,同时又掌握着强大的经济权力,控制着封建国家的剥削秩序,限制着资本主义的自由发展。资产阶级的国家废除了君主专制制度,在保留君主的国家中,君主也大都只是被作为一种国家的象征为资产阶级所用。组成其国家机构的主要成员是采取选举的形式产生的。[①] 资产阶级是人类历史上第一个采用民主方式实行国家治理的阶级。

其次,资产阶级国家实行了全面的法制原则,把过去仅仅由政府制定法律管人民的片面法制转变为统治阶级制定宪法管政府,政府制定法律管全体社会成员的全面法制,并由此创造了宪法,使宪法成为现代国家治理模式的核心。资产阶级国家不仅要求一般社会成员依法办事,也要求国家机构依法办事,也就是建立了适用于一切人的法定权利义务体系,把资本主义的剥削压迫关系全面定型化,建立了民主与法制作为实现统治的手段使法定权利义务普遍化。[②] 宪法是资产阶级搞起来的,它作为国家的总章程,就是因为它以根本法的形式规定了资产阶级国家的国家机构。如果法律是国家机器得以运行的软件,那么,这个所谓软件的法律有两个部分:一是属于实现国家统治职能的普通法律,用以管理全体社会成员;二是属于国家机构自身建设的用以规范国家机器自身行为的宪法及宪法性法律。封建国家只有前者并没有后者,而资产阶级国家创造出后者,即规范统治机器自身的宪法及宪法性法律,使法制走向完备。所以也可以说,资产阶级国家是国家发展史上的完备阶段。[③] 法制的完备当然有助于避免统治阶级内部个别人的恣意妄为、贪污腐败而使国家陷入周期性的动荡,有助于统治阶级统治的稳固和国家的长治久安。张光博教授指出,在封建制的国家中,其国家机构的组织和活动一般不是根据法律,而是靠

① 张光博著:《宪法论》,吉林人民出版社 1984 年版,第 325 页。
② 张光博著:《法论》,吉林大学出版社 1986 年版,第 60 ~ 61 页。
③ 张光博著:《宪法论》,吉林人民出版社 1984 年版,第 327 页。

宗法关系、人身依附、宗教信仰、对国家和君主的迷信、靠下层对上层的绝对服从等来维持。这在中国封建社会尤其突出，国家机构的组织和活动是靠人治、礼治、纲常来维持的。资产阶级改变了这种状况，它们从法的世界观出发，宣称建立保证人权的法制，而且把法制推崇为立宪制度的原则。比起封建制度的人治来，这在历史上是一个巨大进步。奴隶社会和封建社会，是国家发展的初、中级阶段，国家的意志往往以统治阶级的意志和国家暴力手段的作用直接表现出来。法律在这种情况下只是规范控制人民的工具，其存废也由统治者随意决定，统治者，尤其是最高统治者本身是不受任何法律约束的。这种法制是片面的法制，不是全面的法制，说到底还是人治。而随着资本主义经济关系的发展，客观上国家对适应资本自由的人身自由加强保障，特别是反对封建专制制度的专横，客观上要求行使国家权力的国家机构也要服从统治阶级的整体意志，遵守体现统治阶级整体意志和利益的宪法和法律，即不仅要求人民遵守法律，也要求统治者遵守宪法和法律，一切按法律办事，从而创造一种稳定的使人们可以预知的秩序，以便不受干扰地从事自由的经济活动。解脱人身依附的个人自由和解脱行政干预的经济活动自由都要求国家机构及其公职人员必须依法行权，加上国家机关的分工和工作经验的积累、社会的进步、立法技术的提高，都提供了将统治阶级意志定型化、条文化的充分条件。实行国家的统治者遵守宪法，国家的所有成员遵守法律这样的全面法制，会更有利于排除封建势力的干扰，带来政治局面的稳定，以保证资本主义经济连续不断地发展和资产阶级政治统治的稳固。①

在分析资产阶级国家时，张光博教授还指出，在国家运行过程中，资产阶级实行了权力分立制，把国家机构分为立法机关、行政机关、司法机关，分工负责、各司其职，这不仅可以提高国家机构的效率，而且这种分权制的深入实行还包括使国家行政与经济、行政官吏与企业保持一定的距离。在政治上实行集中统治，在经济上实行分散的私人自由经营。这不仅可以提高行政效率，而且可以使官吏队伍减少利用职权实行经济犯罪的机会，保持一定的纯洁性，特别是实行政务与事务分开的文官制度，使掌握政权的首要官员通过选举数年一换，以防止因长期司职所造成的特殊积习和官场流弊。而一般技术性事务工作则由掌握此项事务专长的职

① 张光博著：《宪法论》，吉林人民出版社1984年版，第326～327页。

员充任。资产阶级国家机构的这些改进比起封建制度、君主专制和官僚制度当然是历史上的一项巨大进步，它是比较适应资本主义经济发展需要的。[①]

对资产阶级国家的局限性，张光博教授也进行了深入地分析。他指出，资产阶级国家有其阶级的局限性。它的任务是将社会发展控制在资产阶级根本利益允许的范围之内，即维护资本主义的生产方式。如果社会的发展冲破了它的这种阶级利益的极限，资产阶级国家就会起反动作用。因为资产阶级国家是增殖资本的一种手段，归根结底是少数人利益服务的工具，并与广大人民对立。如果社会的发展已经不再容许资本增值，资本增值的社会推进作用已经到顶的时候，其国家机构就将成为社会发展的桎梏，并同无产阶级发生对抗，从而迟早必然随同其经济基础的改变而被无产阶级革命彻底废除。[②]

8. 国家机构具有历史继承性

张光博教授在他的研究中指出，打碎旧的国家机器，并不等于否定国家机构的继承性。当然这种继承，是批判地继承。他指出，对打碎旧的国家机器不能作绝对的理解，它只意味着废除专门为少数剥削者利益服务的军事官僚等暴力机器，从根本阶级性质上划清界限，并不等于对资产阶级国家机构中所凝结着的一切物质和思想的资料也全然不加分析地一概抛弃，其仍然是一种批判继承的关系。若资产阶级的国家机器不予以摧毁，无产阶级的胜利将不会存在；同样，对资产阶级国家机器所包容的物质的或思想的资料也一概抛弃，抱着虚无主义的态度也不行那样，社会主义的国家机构也将建立不起来，即使建立起来也无法活动。批判地继承就是对那些既可以吸收在剥削阶级国家和法的体系之中，为剥削阶级所用，也可以吸收在无产阶级国家和法的体系之中，为无产阶级所用的物质思想资料。例如，剥削阶级国家的某些机构、人员，国家和法的某些概念、范畴；剥削阶级实行统治和管理社会的某些方法经验和程序、制度，以及他们对劳动者在国家和法方面所作的让步、承诺，提出的理想和问题等，都可以在其原来的体系被废除之后，经过鉴别、改造、加工、提高，并给予

---

① 张光博著：《宪法论》，吉林人民出版社 1984 年版，第 325 页。

② 同上书，第 328 页。

科学的解释，使之在社会主义的基础上发挥作用。①

9. 社会主义国家的优越性

张光博教授认为，社会主义国家是新型的国家，是人民当家作主的国家，它具有比资产阶级国家更高的优越性和适宜性。他热情地阐述了社会主义国家所应当具有的优越性，并指出：首先，社会主义国家的国家机构是为社会服务的公仆，是为广大人民利益服务的。资产阶级国家机构虽然是通过选举方式出人组成的，但这种选举是狭隘的，被限制在一小撮有产者的圈子里，特别是被选举权紧紧控制在资产阶级手中，其国家机构仍然是同社会相脱离和对立的。而社会主义则与此不同，它是广大劳动人民这个社会的真正主人选举自己当中的优秀分子来组织的国家机关，并使之在自己的监督下为自己服务。它的任务是保护劳动者的根本利益，推动社会的发展，从而也使它从社会的主人变成了社会的公仆。② 社会主义国家是人民当家作主的国家，绝不允许一部分人或者一个人独揽大权、出言为法，任意决定人民的法定权利，又任意改变法定权利的界限；也不允许以言废法、任意用法，随便剥夺人民的法定权利，随便扩大法定义务的范围。否则，即使出发点是好的，也不可能一贯准确地反映出人民的真正要求，与我国的国体和人民代表大会制度的政体也不相适应，违反社会主义法制。③

其次，社会主义国家机构的组织和活动也实行了法制原则，规定国家机构的组织和活动也是社会主义国家宪法的主要内容，但是它与资产阶级国家机构所实行的法制原则已经不同，法制的阶级性质根本也不同。社会主义的法制批判地吸收了资产阶级法制所提供的一切可为我所用的物质的思想的资料，因而不断完备，使国家机构的组织和活动更有秩序、更有实效。

最后，资产阶级国家机构的命运决定于资本主义生产方式的寿命。随着资本主义制度必然被社会主义制度所代替，其国家机构也必然因起反动的历史作用而被废除。社会主义国家机构没有阶级私利的限制，自己创造条件使自己走向消亡。

---

① 张光博著：《宪法论》，吉林人民出版社 1984 年版，第 332 页。

② 同上书，第 333 页。

③ 张光博著：《法论》，吉林大学出版社 1986 年版，第 70 页。

在肯定社会主义国家优越性的同时，张光博教授清醒地看到了发挥社会主义国家优越性过程中必然会遇到的阻力和必须承担的艰巨任务。他指出，社会主义国家的先进性能在实际中得到体现，是一个严重的斗争过程和艰苦的工作过程。我们要在不断肃清资本主义腐朽思想影响的同时，注意防止封建主义思想的侵蚀。在这方面，新中国成立以来我们有过很多教训。由于在一个时期内个人迷信盛行、要人治不要法制、党政不分、实行干部的职务终身制等，特别是十年动乱期间，许多封建主义的沉渣泛起，给国家和人民带来了严重灾难。在反对资本主义影响的同时反对封建主义的影响，在今后的长时期内仍然是我们一项不可忽视的任务。①

（二）法理思想与法治学说

张光博教授紧紧抓住"法定权利义务及其界限"这一核心概念，在法理学方面展开了深入研究，以"法定权利义务及其界限"构建起他独具特色的法理学体系和法治思想。他认为，法的一般理论是部门法学研究成果的概括，同时又要指导部门法学的发展。在实践基础上，法的一般理论要统一说明部门法学的原则问题，能对一切具体的法问题作出概括的理论解释，而不是各谈各的道理，相互不能渗透。如果各讲各的道理，就失去了法的一般理论的意义，形成不了一个完整的马克思主义法学严密理论体系，也就不会有生命力了。法理学的核心问题是围绕着法定权利义务而展开的对有关法各种问题的理论说明，财产制度和市场经济的性质及其发展水平，决定了不同阶级的人们所享有的法定权利和应尽义务界限。正因为如此，由财产的有无和市场经济中的价值和使用价值所决定的人们的法定权利义务，及由其范围和性质所决定的权利义务界限，是法这一特定社会现象所反映的特殊矛盾，这也是法理学研究对象的核心。法定权利和义务是法的规范的基本内容，是法的规范的实践而形成的法的关系的基本要素，也是法的阶级性的特殊表现。法理学只有深入作为统治阶级意志具体化的法的规范所确定的权利义务及其界限中，才能真正了解法的本质和规律，才能认识清楚法的作用和法的社会价值。法的作用与法的社会价值也是通过确定人们的权利义务及其界限来达到统治阶级的目的的，权利义务及其界限贯穿于法的一切方面和一切过程的始

① 张光博著：《宪法论》，吉林人民出版社1984年版，第335页。

终。它为法这种社会现象所特有,反映了法所表现的社会矛盾的特殊性。凡是有关法的问题莫不围绕着法定权利义务及其界限这个中轴进行旋转,法与其他社会现象以至于自然现象的联系,也都是通过法定权利义务及其界限在起作用。法理学的核心任务就在于对这个问题给予理论上的说明,为国家提供每一个时期法定权利义务及其界限的最佳方案,从而指导法治建设的顺利发展。[①] 张光博教授在法理学和法治方面的学术思想主要集中在以下几个方面。

1. 法理学重点研究权利义务矛盾的本质和发展规律

任何一门学科都有自己的研究对象,都是研究某一事物的矛盾特殊性。法学的研究对象是法,马克思主义法理学研究的是统治阶级强加给被统治阶级的法是通过何种形式实现的。法在奴隶制国家是奴隶主阶级意志对奴隶阶级的强加,在封建制国家是地主阶级意志对农民阶级的强加,在资本主义国家是资产阶级意志对无产阶级的强加。然而,在不同性质的国家中,这种意志强加的表现形式各有不同。张光博教授指出,法作为统治阶级意志对被统治阶级的强加,是按照统治阶级物质生活条件的需要与可能,由作为社会代表的国家通过对权利义务的分配来实现的。这一过程,有时看来是那么自然,那么公平合理,甚至是双方自愿的。事实上,法就是统治阶级通过国家所制定并保证实施的权利义务分配方案,所强加于被统治阶级的意志,将社会控制在有利于统治阶级的秩序范围内。这正是法作用于社会的特殊表现。权利和义务之间的矛盾可能很复杂,但归根结底则是法所内含着的特殊性矛盾,即统治阶级与被统治阶级矛盾的反映。因此,从法的制定及其主观见之于客观并落实到人们的行为上看,也可以说,法理学就是研究权利和义务矛盾的本质与发展规律的。凡属法规范、法关系、法过程、法体系,都与权利义务紧密相连;权利义务也是法与政治、经济和文化等领域的接触点。当统治阶级对权利义务的分配适应其物质生活条件发展的需要并以法予以肯定时,可以带来社会的稳定、社会矛盾的缓和,以至于社会升平、繁荣祥和。反之,如果这种分配不合理,或者发生错误,将会激化矛盾,带来社会秩序的不稳定,直到发生动乱,以至于对现实社会的自我否定。当然,法理学所研究的并不是权利义务这种表现法的特殊矛盾的全部,而是整个法学的任务,是各部

① 张光博著:《法论》,吉林大学出版社 1986 年版,第 2 ~ 4 页。

门法学的共同任务。法理学研究的是这种特殊矛盾的总体，是对这种特殊矛盾的概括，并为各部门法学提供基本概念、范畴和原理原则，它是部门法学整个体系中的首位学科，也是对各部门法学研究成果的综合。① 在这一思想指导下，张光博教授将法理学分为三个部分：法的整体论、法的分解与综合、法社会环境。

法的整体论，即把法作为一个整体进行论述，它包括法的概念、法的权利和义务、法的产生和发展历史。法的概念是对法的形式、本质、功能和价值的概括，从静态上研究法的存在，是法理学的第一关键词；法的权利和义务是法作为国家意志，主观见之于客观的桥梁，涉及权利和义务的概念、分类和人权等；法的起源和发展历史则是动态上观察法的产生、发展和未来，是从纵向上分段对法进行观察，以便加深对法的本质和规律的认识。

法的分解与综合，是从整体上对法有了概括的了解之后，把法分为几个相互联系的相对独立部分分别进行观察分析，有利于对法的进一步了解。为此，可以把法分解为法规范、法关系、法过程和法的部门体系。法规范是国家明示人们可为与必为行为的度量分界，包括法规范的构成、模式、法规范的效力、法的责任和强制等；法关系是法规范在社会生活中的落实，是对本来的社会关系给予法的硬性包装，是法的功能实现；法过程包括立法、执法和司法的动态操作，是法的制定、落实和个案处理，是法的生命过程，是实现法的功能和价值的过程，也是国家制定和运用法来实现自己职能的过程。法的部门体系是对法所覆盖的社会关系领域的划分，表现为具有不同特征的权利义务的群落。它是法的存在形态、躯体，也是法所作用的不同空间。法制和法治是法规范、法关系、法过程和法部门体系的综合所构成的整体社会有序状态，即现实中活的法的整体，或者说法的系统工程的全面运转，这就是我们所实行的依法治国。

法的社会环境是研究和说明法与其他社会领域的关系。法自身是个系统，同时又组织到整个社会大系统中去，成为其不可分割的有机组成部分。因此，不能就法论法。这一部分研究的内容包括法与政治、法与经济、法与文化和法与社会。

2. 法是统治阶级通过国家确立的行为规则，维护社会秩序并以此实

① 张光博著：《马克思主义法理学》，清华大学出版社2002年版，第4～6页。

现其根本利益

张光博教授坚持马克思主义关于法的概念、本质、功能和价值的观点，指出法是由统治阶级的物质生活条件决定其内容，通过法规范设定、分配权利义务以维护有利于统治阶级的社会秩序，并上升为国家意志的统治阶级意志。法属于经济基础决定的上层建筑，是国家意志的规范化，是统治阶级意志的反映。[①] 他强调，认为法律之上有法，法是通过国家作为“中介”才能复制成为法律，而否认国家意志的规范作用，主张法决定国家的观点是没有根据的。统治阶级的意志是由其物质生活条件所决定的，把法的这一本质改换成法的精神，并把市场经济体制中契约自由的所谓权利本位说成是法的精神，进而把人权、自由说成是法的精神，都不是科学的。法也不可能是什么权利意志、社会共同意志的反映。[②]

法的功能是法本质的外化，法是通过法规范的设定，在社会上分配权利义务，从而建立和维护有利于统治阶级的社会秩序。法规范的设定包括对既有规范的认可和制定新的法律规范，其直接目的是实现权利义务的分配，权利义务分配是实现法功能的实质性环节。通过法这一功能的发挥，统治阶级的意志才能客观化为人们的行为模式，才能固定社会上不同人群的行为规范，才有社会秩序的建立。在现实中，法律上的规范可以以法规范的形式出现，从法规范的不同构成方面分别写出，如适用国家强制的前提、受范对象的行为界限、违反者的后果责任，以及法规范的效力等，也可以直接以赋予权利课以义务的形式写出。但是，即使是采用前一种分别表述的方法，最终也必然集中为权利和义务的模式，即在统治阶级意志的指挥下，在统治阶级物质生活条件的基础上，人们预知的可为和必为的行为。权利义务的分配就是国家将法规范落实到人头上的实际状态，它是在统治阶级意志穿上国家意志外衣的指挥下进行的，是国家权力的一种实现形式。权利义务分配的主体是国家，哪个阶级掌握国家权力，哪个阶级就通过国家制定权利义务分配方案——法律。[③]

法的功能是法的本质的实现形式。法通过分配权利义务，定型和调整社会关系，使阶级关系处于对统治阶级有利并可控的“秩序”范围内。

---

① 张光博著:《马克思主义法理学》，清华大学出版社2002年版，第47页。

② 同上书，第55页。

③ 同上书，第58页。

张光博教授认为，就这一点来讲，可以把法的功能或作用分解为以下三个方面：(1)确立和维护一般的社会秩序；(2)确立和维护国家机关的组织和活动规则；(3)确立和维护国家干预、组织社会经济文化生活的规则及界限。[①] 法维护“秩序”方面的功能，首先在于为社会全体成员指出行为的界限和方向，规定社会成员的权利和义务以及权利的界限和义务的边缘。全体社会成员都按照这些规范去行动，就会形成一个有条不紊的生活环境，就是一般的社会秩序。有了这一个一般的社会秩序，社会各阶级才不会在无谓的斗争中使社会和自己同归于尽。

首先，强化法维护一般秩序的功能，是社会发展的重要条件之一。违反法的规定，侵犯他人的权利或者自己超越了权利的界限，不履行应尽的义务或者要求他人履行超出义务边缘的义务，都应当被取缔。因为权利义务本身及其边界都是统治阶级根据其根本利益的需要而确定的。对于破坏现行法定秩序的人，必须给予必要的约束和制裁，这种约束和制裁统一适用于所有的社会成员，法律必须一体遵行。忽视法的实施以及法所确立社会一般秩序的功能，不重视法制，教训十分深刻。张光博教授指出，1956 年之后，我们开始忽视法在维护社会秩序中的作用了。由于左倾思想抬头，不适当地一味强调阶级斗争，把群众运动绝对化，甚至宣扬只有群众运动才是正常的“革命秩序”，与法的秩序对立起来。公民在法律上一律平等、法院独立审判、检察院独立行使检察权，以及律师制度等，都被当作错误的东西受到批判，一些法律工作者也遭到打击。1958 年又开始了所谓“大跃进”，致使“共产风”、“浮夸风”、“瞎指挥风”盛极一时，接着又有“要人治不要法治”的错误思想流传，加上“反对右倾机会主义的斗争”和接踵而来的“四清”运动，法的作用被严重忽视。由于社会秩序没有法予以固定，不可能使社会主义获得稳定性、连续性发展的基础。党的十一届三中全会后，拨乱反正，中国人民充分认识到发挥法在巩固社会秩序中作用的必要性，开始认真运用法来建立安定团结的社会秩序，为现代化建设创造了必要的前提。[②]

其次，运用法来规范国家机关自身，确立和维护国家机关的组织和活动的行为准则，即把国家机关的行为也纳入法定的权利义务范围之内，这

---

① 张光博著：《法论》，吉林大学出版社 1986 年版，第 103 页。

② 同上书，第 105～106 页。

也是法的重要功能之一。规范社会全体成员的行为和规范国家机关及其工作人员的行为之间是相互联系的，没有对国家机关行为的规范，法就无从产生和发挥作用。同样，没有一般的社会秩序，国家也丧失了存在的价值。① 张光博教授作为宪法学家，非常清楚规范国家机关行为的重要性。他进一步指出，自从资产阶级取得政权制定宪法以后，国家机关的法制化才日渐完备，并使宪法成为整个法的体系中的重要部分，在维护社会秩序方面越来越发挥着明显的作用。只有各种国家机关的组织和活动有条不紊，由它们所组织和保证的整个社会秩序才能得到安宁。法所规定的国家机关及其工作人员行使公权力所必须遵守的规则，不过是国家为提高自己的效能所做的自我安排和活动的条理化，国家机关及其工作人员如果无视这种法律规则，离开宪法和法律的规定行使权力，必将导致社会的混乱。只有公权力的行使者——国家机关组织起来，依法行权，才有整个社会的秩序。作为国家总章程同时也是国家根本法的宪法就根源于此。② 为了确立和维护安定的社会秩序，首先必须强化宪法和法律对国家机关及其工作人员的约束和规范。这在我国也是有经验教训的。1957 年之后，党政不分，进而以党代政的倾向日益抬头和发展，各级人民代表大会不按期召开和换届，形式主义日益严重，直至“文化大革命”期间，将人民的国家机构当作旧的国家机器予以砸烂，进行全面夺权，以“革命委员会”取而代之。这样的结果，顿时便天下大乱，国家主席可以随便被揪来批判斗争，国家的大批领导人可以被强加罪名迫害致死，广大干部群众的人身权利更是难以得到保障，随便加之于罪，冤假错案丛生，国民经济遭到严重破坏，使国家元气大伤。③ 党的十一届三中全会后，国家机关自身的法制建设才走上正轨。这方面的经验教训要深深记取。

最后，确立和维护国家干预和组织社会经济文化建设的规则，也是法的重要功能之一。国家对经济文化建设的规范，必然也要运用法这个工具，有秩序地进行，并将这一部分的活动消化于整个的社会秩序中去，成为社会秩序体系中的重要环节。它同制定宪法规范国家机关的组织和活动一样，实际上是在行使掌握政权的本阶级的法定权利，履行本阶级的法

① 张光博著：《法论》，吉林大学出版社 1986 年版，第 107 页。

② 同上书，第 109 页。

③ 同上。

定义务。[1]

关于法的价值，张光博教授认为，这是法对其主体即统治阶级的终极意义。它是法的本质的实现，是法的功能的目标。在统治阶级意志指挥下，通过设定法规范，分配权利义务，定型和调整社会关系，维护社会秩序以保护统治阶级的根本利益，这就是法的价值。实现有利于统治阶级的利益，而不是什么抽象的、普遍的利益，才是法的价值所在。自由、平等、人权、公平、正义等所有好听的词语，都是“统治阶级利益”这一核心价值的外围，而不是这一核心价值本身。因为站在不同的阶级立场对这些好听词语完全可以有不同的解释和理解。当资产阶级是统治阶级时，法的价值是狭隘的。当全体劳动人民成为统治阶级时，法的价值才是广泛的。张光博教授的这一观点可谓独具慧眼，深刻地看到了在现阶段法的功能所追求的终极目标并非对所有人都具有同样的意义和后果。他指出，法通过实现其功能而把被统治阶级控制在秩序的范围内，并非为秩序而秩序。其终极目标则是为统治阶级实现自身利益最大化提供一个稳定空间，以便最终能够可持续地实现自身的根本利益。法的价值只能通过法的功能实现，因此，也要通过法的功能来观察和掌握。法在维护社会秩序，进行权利义务分配，定型社会关系的过程中，通常是在生产关系即一定的生产资料所有制基础上进行的。生产资料所有制作为一种对生产要素的占有，不是人与物的关系，而是通过物表现的人与人的关系。它包括生产资料和劳动者两项内容，而其本质则归结为对人的劳动，包括物化劳动和现实劳动的支配和占有。法对生产资料所有制的确认和固定化，就是明确将生产资料的占有权分配给一些人，同时明确将劳动的义务分配给另一些人。这是社会上最基本的权利义务分配，是分配其他权利义务的基础，也是整个社会秩序的基础。这就是法所确立的社会基本经济制度。生产资料的所有权，也是具有决定性作用的“制度性权利”。在这一基础上，又有与之相适应的具体组织实行生产、分配、交换和消费的经济体制，才有认可经济体制中人们的权利和义务，这些权利义务是“体制性权利义务”，它服从并服务于“制度性权利义务”。在这一基础上，国家以社会代表的名义，建立和发展社会公共事业，谋求整个社会秩序的稳定，从而为统治阶级获取更大利益创造充分的空间。在巩固和完善社会经济

① 张光博著：《法论》，吉林大学出版社1986年版，第110页。

制度的基础上，则又有整个社会上层建筑领域的秩序建立。社会秩序稳定了，统治阶级的根本利益才会得以可持续的实现。[①]

3. 法与国家同时产生和发展，法具有继承性

张光博教授认为，相对于奴隶制和封建制国家来说，资产阶级国家的法更加精巧、严密，并采用了普遍权利的形式。他指出，资产阶级采了民主形式进行统治，并在这种民主制的基础上建立资产阶级法制。其国家意志必须表现为法律的形式，才得以集中起来，这也使作为统治阶级意志的法在表面上脱离了统治阶级的人格关系，采用了客观化的形态，使得法具有了权威和中立的外貌，从而使法律执行起来更超脱，更具欺骗性。法在资产阶级国家的阶段不断完备，不仅有“管人民”的法律而且有了“管政府”的宪法，并有了立法、行政、司法之别，形成了完整的部门法体系，创造了法律面前一律平等、在法定范围内的自由、罪刑法定主义以及审判独立等法制原则这就使资产阶级在其民主制的基础上，建立了较为稳定和隐蔽的阶级压迫秩序，取得了法制的一代之盛。[②] 资产阶级法的灵魂，是宣布私有财产神圣不可侵犯。与前资本主义国家的法所保护的等级特权和人身隶属相比，有其重要历史意义，在剥削形式上有了改进，一定程度上解放了社会生产力。资本主义国家的法对权利义务的分配与奴隶制国家和封建制国家的法赤裸裸地把一切权利赋予剥削阶级，与一切义务强加于被剥削阶级不同，资本主义国家的法是把体现资本主义制度的权利义务分配，通过在劳动力市场的交易，表现为平等自由的契约，资本主义雇佣劳动制的剥削秩序通过民主、自由、平等和人权的权利本位形式得以实现。因而极大地增加了它的欺骗性。[③] 张光博教授明确指出，社会主义国家的法，应当继承和吸收历史上各种类型的法，包括资本主义国家法的具有价值的部分，在此基础上加以创新，才能不断完善。他指出，继承不是照搬，借鉴要分良莠。对于一切古代和外国的东西，作为自己文化食粮的原料经过分解、消化，排除糟粕、吸收精华，不可生吞活剥地毫无批判的吸收。可以继承借鉴的主要有：关于法的规范和法的词语，关于立法、执法和司法的某些方法、程序和具体制度；关于一些法的制度和原则，如“刑无

① 张光博著：《马克思主义法理学》，清华大学出版社 2002 年版，第 68 页。

② 同上书，第 138 页。

③ 同上书，第 139 页。

等级”、“法不阿贵”、“以刑去刑”、“罪刑法定”等。当然,这种继承和借鉴绝不可以代替自己的创新。社会主义国家的法在继承和借鉴古人和外国的同时,最主要的特点就是创新。① 张光博教授指出,中国人民在中国共产党的领导下,对于法作出了许多特殊的创新。例如,把共产党领导的多党合作和政治协商制度写进宪法成为我国一项基本政治制度,解决了资产阶级多党轮流执政的弊端;实行社会主义市场经济,将其运行的全过程体现在宪法和法律之中;宪法和法律规定的民族区域自治制度以及实行“一国两制”,设立特别行政区,制定特别行政区基本法,都是中国人民在社会主义法方面的创新。②

4. 法的本质通过制定法规范形成法关系,使法定的权利义务转化为现实的权利义务,作用于社会

张光博教授指出,法表现为法规范,法规范就是统治阶级为了确立有利于自己的社会秩序,由国家制定或认可,公布于社会,以国家强制力保证实施的人们的行为规范,并模式化为人们的权利义务。没有法规范就没有法。从法规范的构成来看,它具有以下几个要素:其一,法规范是国家以一定法的形式向全社会示知,即按照特定的程序由有权机关代表国家,在专门的公报或者传媒上全文刊载,向社会传输,并指明生效时间。其二,明确法规范适用的前提条件,即明确规定出法规范适用的时间、地点和其他必要条件。其三,明确受范对象的行为界限。这是法规范的核心部分。法规范就是为人们规定权利义务及其界限,告诉人们哪些是可为的行为,哪些是必为的行为,哪些是不可为的行为。其四,明确违反法规范所确定的权利义务,要受到何种制裁。这是国家对法规范的强制保障,国家通过对违法行为进行追究来保障法规范的实施,也是法规范与其他社会规范的重要区别之一。③ 张光博教授指出,法规范为人们所确立的权利义务模式,是法规范的核心内容。权利和义务互为界限,又可以相互转化。享受权利的同时,必须遵守权利的界限,遵守权利的界限就是义务,如果超越权利界限就要受到法律的追究,由获得法的保护转化为受到法的制裁。同样,履行义务的同时,又有拒绝超越义务界限的权利,如果

---

① 张光博著:《马克思主义法理学》,清华大学出版社 2002 年版,第 153 页。

② 同上书,第 155 页。

③ 同上书,第 167 页。

被强制超越界限履行义务,法的强制就变为法的保护。如果国家机关要求公民、法人和其他组织超越法定界限履行义务,同样应当受到追究,因为那是国家机关或者国家机关工作人员的乱法行为。[①] 法规范效力的源泉是国家权力,只有法规范的效力直接表现国家的强制力。

张光博教授对法规范的分类提出了自己独特的看法。他认为,我们可以根据法规范调整对象在社会结构中的地位与权利义务的分类相适应,分为制度性规范和体制性规范、群体性规范和个体性规范;按照不同人群的行为特征,再分为一般性规范和特殊性规范、授权性规范和义务性规范。制度性规范指规定国家根本制度的那些法规范,规定着经济制度中生产资料的归属和社会产品的分配制度,以及规定政治制度所需要的执政参政规则等。这类规范巩固着社会和国家的根本性质,经过模式化落实为每个公民的制度性权利和义务,表示着他们在国家中所处的根本地位,和社会发展的一定的阶级性。宪法关于国家根本制度的规定,主要属于这类规范。这类规范也可以说是宪法规范,是其他法规范的规范,也是产生其他法规范的依据。而市场经济体制中规范契约自由的那些法规范,属于体制性的法规范,这类规范在一切社会是可以共同存在的,每个公民可以自主决定是否介入,并接受其保护和约束。[②]

张光博教授认为,法关系是法规范在社会生活中的落实,是国家意志主观见之于客观,在人们社会关系上的实现,也是穿上了权利和义务外衣的社会关系。从法关系的内容上看,就是由法规范所模式化的法定权利义务转化为现实的权利义务。从最终意义上讲,法关系又是由经济关系所创造,并反过来为其所借以建立的经济关系服务,成为保护和发展经济关系的硬性的法包装。[③] 张光博教授指出,法关系是社会物质关系的反映,归根结底是社会物质关系的法律外壳。并不是一切社会关系都必须予以法的包装而成为法关系,法关系只是社会关系的主干部分而非所有的社会关系都必须成为法关系。只是那些为了维护统治阶级的根本利益,必须由国家强制介入并予以控制和调整的那部分社会关系,才有必要成为法关系,如关于基本的社会经济关系和政治关系、文化教育关系。没

① 张光博著:《马克思主义法理学》,清华大学出版社 2002 年版,第 167 页。

② 同上书,第 180 页。

③ 同上书,第 184 页。

有法的介入可能给社会秩序带来混乱的那些社会关系才有必要通过法予以规范,予以权利义务化,从而成为法关系。张光博教授特别指出,法关系中的权利义务,即现实的权利义务,总体上应当相互平衡。这是法关系的一个特点。关系的一方享有权利,另一方就要承担义务,而享有权利的一方同时也必须承担义务,承担义务的一方同时也必须享有对应的权利。也就是说,没有无权利的义务,也没有无义务的权利。统治阶级政治决策的核心问题,就是依据其借以生存的物质生活条件和社会上阶级力量的对比,确定权利和义务的最佳界限,实现权利和义务的平衡,以便实现统治秩序的稳定。国家要保障权利义务的界限不得被随意超越。如果一个社会权利和义务的界限可以随意被超越,则会破坏权利和义务的平衡,破坏法关系从而带来社会秩序的混乱,直至引起社会秩序危机。张光博教授特别指出,现实的权利和义务的平衡,是社会秩序得以稳定的重要条件,是法制建设的核心内容。仅有法定权利和义务,未落实于社会生活,还难见其相互间是否平衡。在社会出现政治腐败的情况下,法定权利界限任意被超越,义务不断被加码,这时,即便纸上法律规定的权利义务是平衡的也无济于事。只有从现实的权利和义务中才可以见到权利和义务的平衡与否,也只有现实的权利和义务才是真实的法关系,才表现着法关系的实质。抽象的"权利本位"或"义务本位",不论在什么社会和什么意义上都不可能存在。[①] 与法规范的分类相呼应,法关系也可以分为制度性法关系和体制性法关系、群体性法关系和个体性法关系,并可以进一步分为一般性法关系和特殊性法关系。

5. 立法、执法和司法是法实现其功能和价值的操作过程

张光博教授认为,法为确立有利于统治阶级社会秩序,必须要经过立法、执法和司法的操作过程,简称为法过程。这种国家工作的分工和有序化,目前几乎已经成为所有国家共同的国家治理模式。离开法过程治理国家,不符合国家治理的规律。为此,张光博教授全面解读了立法、执法和司法的要义。

张光博教授认为,立法就是将统治阶级意志转化为国家意志,将统治阶级的物质生活条件的需要生成为人们的法定权利和义务的行为模式。一个阶级建立了自己的政权以后,为巩固政权,维护既得利益,首先要按

① 张光博著:《马克思主义法理学》,清华大学出版社 2002 年版,第 200 页。

照自己的意志安排社会生活,并使之定型为稳定的秩序。同时,随着社会的发展不断调整自己的意志,在不断的改革和变化中求得可持续的生存与发展。为此,最有效也最成熟的方法就是依法进行统治,依法进行国家治理。立法决策,实际上是较为成熟的政治、经济决策的定型化。有了合适的政治经济决策,并在执行中有了经验和成果,就要通过立法予以肯定和固定化。立法决策的任务就是运用法规范覆盖社会关系的既定领域,使政治经济决策的执行成果法律化。这也就是确定人们的法定权利和义务的界限,寻求法定权利和义务及其在社会生活中落实所体现的统治阶级利益的适当性。这种法定权利义务界限的确定,当然不是当权者随心所欲的结果,而是必须以统治阶级的物质生活条件需要和承受能力为条件。否则会给社会带来不稳,以至于动摇和改变统治阶级的地位。这也不是说当权者只能消极地适应其物质生活条件的需要而无所作为。在社会发展所提供的客观条件的基础上,仍然为当权者和立法者提供了广阔的活动余地。他们通过自己的活动,能够缩短或者延长其执政的生存空间和时间。[①] 法定权利义务及其界限的适当性,历来是立法决策的政治优选法中的核心问题。立法的任务就在于提出、选择出法定权利义务及其界限的最佳方案,确立人们行为的最佳度量分界,并予以模式化。使当权者既能保证在现行秩序中获得最大限度的利益,又能安抚其他社会成员,使他们能够生存下去,不至于铤而走险,缓和相互间的冲突,巩固和延长现行秩序,防止因权利和义务分配失衡而给社会带来的不安定。[②] 张光博教授在总结历史经验教训时写道,中华人民共和国成立以后,我们的立法决策有对的时候,也有错的时候。在"左"的年月里,特别是"文化大革命"期间,立法决策被错误的政治决策所排斥,公民的权利和义务界限不清,甚至交由群众组织自由决定,任意性很大,基本上排除法的肯定和保证。法定权利和义务的资源枯萎,形成社会生活的无序状态而又思想僵化的局面。这种情况在党的十一届三中全会以后才有了历史性的转折。至今,与社会主义市场经济相适应的法制建设逐步走向完善,依法治国也取得了很大进展。[③] 立法要顺应历史发展的规律,并不等于立法只是被动地

---

① 张光博著:《马克思主义法理学》,清华大学出版社 2002 年版,第 206 页。

② 同上。

③ 同上书,第 208 页。

描述既有的“自然法”或“应有权利”。有人认为国家的立法活动不是创制法规范，而是发现、复制和表述既有的自然法，以体现社会的正义和公平，这不是事实，只是一种虚幻的假设。立法者是自身利益某个阶级中的人，立法工作是按照其阶级意志和利益要求而进行的，把立法仅仅看作客观地表述“自然法”、“应然权利”的要求，否认立法的阶级意志性，是不科学的。①

张光博教授认为，执法就是将统治阶级的意志落到实处，将法规范落实为法关系，是通过国家的日常组织活动将人们的法定权利义务转化为现实的权利义务，从而使人们依法行使权利和履行义务，形成有利于统治阶级的社会秩序。执法就是统治阶级意志由主观见之于客观的实践过程，是法过程的决定性环节。立法后的法律得不到执行，等于无法，甚至不如无法，因为它会减损法的尊严。执法就是对宪法和法律的具体组织实施。从表面看，它包括国家和社会生活的全领域；从时序看，它包括具体实施的全过程。它是把宪法和法律由纸上的规定变成活动的动态宪法和法律，形成法关系，建成法的秩序。执法把法定的权利义务落实到人头上，成为人们现实的权利义务，从而形成川流不息的人们有秩序的社会活动。这是国家工作中最广泛、最直接、最具体，也是经常性的最繁重的组织工作，是依法治国的基本步骤，是法制建设的关键环节。②

张光博教授认为，无论是在“三权分立”资本主义国家，还是在人民代表大会制度的社会主义国家，行政执法机关都不能凌驾于立法和司法机关之上。他指出，将立法和司法从属于国家行政机关，必然带来为所欲为的行政专横，如实行君主专制和法西斯统治的国家。这样的事情在我国也有过。“文化大革命”期间，停止了立法工作，撤销了人民检察院和人民法院的司法工作，使国家处于一种非常时期的状态，实行所谓“以党代政”、“以民代政”，即由“四人帮”煽动“群众组织”搞立法、行政、司法一体化的行政专横。这个教训是极其沉痛的。立法不属于行政，独立进行就要求有民主制的国家形式；司法权“独立”，不从属于行政，才有严格的依法办事。将行政执法活动限制于立法和司法工作的中间地带，而且按照本来的工作层次也就应该处于这种中间地带，不仅符合民主精神，也符合

① 张光博著：《马克思主义法理学》，清华大学出版社2002年版，第230页。

② 同上书，第215页。

慎重行使行政权力的要求。对此，不论是资本主义国家，还是社会主义国家都不例外。在社会主义国家由于实行民主集中制，行政机关被绝对置于国家权力机关之下，虽然它也有提出议案的职权，公安机关也要参与司法活动，但即使是最高国家行政机关也只能依法决定在省、自治区、直辖市的范围内部分地区的戒严，没有宣布战争状态、决定全国总动员或者局部动员，以及决定全国或者个别省、自治区、直辖市戒严的职权，这就从国家制度上杜绝了使国家发生不良变故的重要根源。“文化大革命”10 年所发生的不幸，单从制度上看，民主与法制不健全，政治运动所实际造成的特别状态，以及“党政不分”等，使林彪、江青两个反革命集团得以从窃取特别时期的党权入手把全国搞乱了。我们接受了这一沉痛教训，明确宣布不再搞群众性的政治运动，共产党也要在宪法和法律的范围内活动，并且加强社会主义民主与法制建设，将行政工作纳入依法执法的轨道，就是一项重要的措施。他特别指出，行政机关接受权力机关授权所进行的“授权立法”活动，必须符合宪法和法律的基本精神，其目的必须是执行宪法和法律，而不是代替国家的立法活动。①

张光博教授认为，司法就是对犯罪行为、民事纠纷和行政争议的案件依照诉讼程序，由审判机关通过审理判决适用法律的国家行为。② 司法主要是指依法审理刑事、民事和行政案件。它是在保卫和恢复遭到破坏的法定权利及其界限，处置侵犯法定权利和超越法定权利界限达到极端程度的行为或者在法定权利及其界限发生纠纷，其他方法无力解决的时候所采取的。这是国家在平时控制社会秩序的一种最后手段，使紊乱的法定权利义务体系恢复常态。就这一点来讲，司法就是法的适用。将刑事、民事等案件专门交由司法机关进行审理，这是国家工作经验长期积累的结果，它要求采取与行政执法机关不同的工作方法和程序。③ 司法工作主要是根据事实依照法律进行判断。它不是按照上级指示或者任何其他方面的干预进行工作，而是采取了独特的审判形式，并且逐步把不受干涉、独立审判形成一项通用的原则。④ 张光博教授特别强调了司法程序的特殊性和重要性。他指出，从司法本身来看，司法程序是一个保证正确处理

① 张光博著:《法论》,吉林大学出版社 1986 年版,第 150 ~ 152 页。
② 张光博著:《马克思主义法理学》,清华大学出版社 2002 年版,第 222 页。
③ 张光博著:《法论》,吉林大学出版社 1986 年版,第 162 页。
④ 同上书,第 166 页。

案件的证明过程。没有这个过程，刑事民事案件就无法提起，刑法和民法的适用也就无法实现。没有程序法，实体法无法实行，只能是一种摆设。司法程序不单纯是个法律问题，它同时也是一个政治过程，是一个国家民主程度的重要表现。在一个国家中，公民的民主权利，特别是作为这种民主权利核心的人身自由权利能否得到保障，极其明显且尖锐地表现在司法程序的过程当中。它也是一个国家是否认真实行法制的标志。有了刑法、民法这些规定社会秩序的界限和解决纠纷的规则，还要有规定司法机关组织和活动的组织法，以及把整个诉讼过程纳入法律化、制度化轨道的程序法。只有这样，社会的基本秩序才得以维持，社会成员的法定权利才可以得到保证，人们的生活才会有安全感。一切恐怖主义统治，制造冤假错案，首先不在于实体法的规定如何和是否得到执行，而是在于不遵守法定程序、任意罪加于人、刑讯逼供、制造伪证、颠倒黑白，以便为所谓法的任意适用制造根据。①

6. 依法治国、完善法制

张光博教授从法定权利义务及其界限的角度，对依法治国和法治进行了解读。提出了许多有价值观点和看法。他认为，依法治国、完善法制是历代统治阶级所积累起来的较为成熟的国家治理方式，并成为治国理政的普遍形式，越来越走向完善，不断向更高水平发展。依法治国，实际上就是法规范和法关系的统一实现，是法过程和法体系对国家活动和社会关系的纵横覆盖，从而形成为人们行为的动静有序状态。法治或法制首先是由国家作为社会代表，通过立法确定人们的行为规范，通过执法、司法将这种行为规范落实于人们的行为上，使人们都能够依法享有权利和依法履行义务。也就是国家机关遵守宪法制定和运用法规范对社会依法而治，社会成员则依法而行，进入法关系。全社会都进入这种规则状态，就是实现了法治或法制。从动态看称为法治，从静态看称为法制。

张光博教授指出，如果运用法律来治理国家就是法治，那么封建制国家也实行了法治。而实际上，在封建制国家，法律是君主用来治国的手段，但法律治不到君主身上。在专制基础上的“用法而治”实际上还是人治，不是法治。在民主制基础上建立起来的不仅用法律治理全社会，而且用宪法约束包括君主在内的全部国家机关，才是现代意义上与人治相对

① 张光博著：《法论》，吉林大学出版社 1986 年版，第 170 页。

立的法治。这种现代意义上的法治，由资产阶级国家首创。[①] 由“整个统治阶级说了算”取代“一个人说了算”的民主制，是法治的基础，离开了民主制就没有法治，仍然是人治。他指出，只要有阶级的民主制代替了君主专制，统治阶级就必须通过平等参加国家管理的活动结成共同的意志，表现为法律，才能实现其阶级统治。民主是法制的前提，法制是民主的保证，这对一切民主制国家都不例外。这里不是哪一个人说了算，而是整个阶级说了算。任何人，包括统治阶级进入政府的成员，都要服从法，而不是法服从人。法不仅是实现最高统治权的一种手段，而且是成为最高统治权的直接表现。这也就是用法治代替了人治，法治取得了胜利。他特别强调，就这些特点来讲，社会主义国家也是一样，只是阶级性质不同罢了。依法治国，强调法律面前一律平等，不论是普通公民还是国家工作人员，也不论是国家机关还是领导国家工作的执政党，都不例外的一律遵守法律。[②] 他指出，划清资本主义国家的法治与社会主义国家法治的界限，是从阶级性质上入手来划清这种界限，而不是用回到人治的办法来划清这种界限。绝不可以放弃依法办事，用鼓吹人治的办法，去依照某一伟大人物的言论办事。这样的结果，界限似乎是划清了，但其实社会主义法治也就因此而没有了。[③] 在这方面，我们新中国的法治建设是走过弯路的。张光博教授指出，1957 年到 1966 年，这 10 年间社会主义的法制被忽视，封建主义的人治思想开始抬头。这 10 年本来是全面建设社会主义的时期，但由于对阶级斗争形势估计的失误，以至于逐步形成为以阶级斗争为纲的左的指导思想，以及与此同时发展起来的个人崇拜，使刚刚建立起来的社会主义民主与法制受到了严重的损害。1957 年发动的反对资产阶级右派的斗争，开了破坏社会主义民主与法制的先例。这一斗争的严重扩大化，侵犯了一大批人的民主权利，任意破坏既有的法定权利及其界限。不仅违反了宪法和法律，而且把一些坚持依法办事，坚持公民在法律上一律平等等社会主义法制原则的同志错划为“右派”，受到了严重打击。相反，以言废法、出言为法的行为却被视为理所当然而被容忍，而且使要人治不要法制的封建主义思想被公开提了出来，以至于现代迷信日益发展。

① 张光博著：《马克思主义法理学》，清华大学出版社 2002 年版，第 261 页。

② 张光博著：《法论》，吉林大学出版社 1986 年版，第 177～178 页。

③ 同上书，第 179 页。

特别是在“整党内走资本主义道路当权派”的号召下，随便侵犯人权、侮辱人格、体罚和变相体罚等更为落后的封建主义“污泥浊水”倒流进社会主义的肌体中来。在这样的基础上，“文化大革命”已经成为难以避免的了。1966年到1976年，这10年，中华民族经历了空前的灾难。社会主义的民主与法制被破坏殆尽，封建主义的人治顶着社会主义名字，打着反对资产阶级的旗子几乎全面恢复。“文化大革命”本身就与社会主义的民主和法制不相容，特别是运动中所搞的斗争，在“灭资兴无”的口号下，实际上是把社会主义民主与法制当作障碍破除的。张光博教授进一步指出，党的十一届三中全会以来，社会主义民主与法制走上了健康发展的道路，完善社会主义的法制，最重要的是如下几项：一是要巩固国基，发扬民主。这就要使社会主义制度形成一个稳定的人们法定权利义务体系。二是要加强法制各个环节的自身建设。加强立法，使社会生活的方方面面都具体化在人们的法定权利义务之中。加强普法，使人们都清楚自己的法定权利义务。三是要搞好社会治安综合治理。四是要认真加强法制的保障。①

7. 加强和改善中国共产党对依法治国的领导

张光博教授对加强和改善中国共产党对依法治国的领导，进行了深入研究。他指出，依法治国不是自发的过程，要有组织实行的领导力量。资产阶级革命废除了专制君主，依法治国的领导力量落在其执政党的手里。社会主义国家的依法治国达到了更高的发展水平，由工人阶级先锋队共产党执政，领导实行依法治国。

资产阶级推翻封建君主专制制度后，采取了资产阶级内部一律平等的民主制的统治形式。没了世袭的专制君主和贵族特权，那么国家机器和法由谁来掌握并领导本阶级运用它来达到实行统治的目的呢？这个任务落到了由资产阶级的先进分子所组成的资产阶级政党手里。资产阶级把最能代表他们阶级利益的先进分子组成为政党，由政党提名通过选举议员组成议会，再由议会立法，以做到有法可依。与此同时，选举总统或由议会中的多数党首领组织内阁，作为行政机关，负责在法律范围内的国家日常行政工作和行政执法工作。在野党则对执政党实行监督，并比照资产阶级需要调整自己的政纲，争取下届竞选上台执政。从大视角上看，

---

① 张光博著：《法论》，吉林大学出版社1986年版，第183页。

横向上各政党共同参加立法；纵向上两党或者多党根据资产阶级的选择轮流执政，以保持资产阶级统治的延续，依法治国不间断。这实际上是资产阶级两党或多党共同领导依法治国。司法机关形式上是超党派的，但它适用各党共同制定的法律，解决执政党依法治国中出现的梗阻，表面上保持中立，实际上是为各政党共同领导依法治国服务的。资产阶级这种治国技巧，做到了以法脱身，树立了资产阶级统治的超阶级公正形象，把国家暴力放进民主与法治的形式下，增加了欺骗的力度。①

张光博教授指出，中国共产党领导的依法治国比起资产阶级政党所领导的依法治国，具有重大优势：首先，实行了共产党领导的多党合作和政治协商制度，化解了在立法过程中的党争，有利于统一全国各阶层人民的意志和利益，减少内耗，使法律通过后利于执行；其次，把立法权集中于全国人民代表大会及其常务委员会，有利于集中全国人民的意志；最后，中国共产党领导依法治国并不是包办依法治国的全部工作，而是提出正确的立法决策，掌握国家机关的政治方向，组织广大人民积极参加依法治国。总之，中国共产党领导依法治国，在借鉴资产阶级依法治国经验的同时克服了共两党或多党轮流主持依法治国的弊端。坚持和改善共产党的领导，优于两党或多党轮流执政，是依法治国的高起点。②

8. 依法治国，完善法治的基本规格

张光博教授指出，实行依法治国，完善法治，要有一定的标准，或者叫基本规格。他提出，依法治国的基本规格可以概括为以下几点：(1)民主的实现，治理国家的手段。资产阶级在内部消灭了等级制度，其阶级成员在政治上的地位一律平等，并通过"选代表开会商量决定国家大事"的形式共同参加国家治理。这就是资产阶级的民主共和制。资产阶级通过民主实现的法治，又通过法治固化了民主。对于社会主义国家的依法治国来说，民主制度的健全，并予以法律的肯定也非常重要。对于国家公职人员来说，制度好可以使坏人无法任意横行，制度不好可以使好人无法充分做好事，甚至会走向反面。在这方面，我们有过极为深刻的教训。有了好的民主制度，还要法律化。无论任何人，哪怕他是享有最高权威的领导人，也只能模范地遵守法律，按制度、按法律办事，否则也要承担法律责

① 张光博著：《马克思主义法理学》，清华大学出版社2002年版，第263～264页。

② 同上书，第266页。

任。(2)统一的规范,权利的差别。法制的统一,也就是全国使用统一的法规范,全国以宪法为基准建立法律体系,也就是建立法规范体系,全社会无一例外地遵守。为了保持法制以宪法为基准的统一,各国都设有宪法实施的保障监督体制。资本主义国家的典型是司法监督,由法院裁决普通法律和国家行政首脑的行为是否违宪的问题;我国则由最高国家权力机关全国人民代表大会解决其他法律和国家领导人的行为是否违宪的问题。但法制的统一不等于人们权利和义务的同一,法制的统一并不妨碍人们的权利和义务存在差别。在社会主义社会,还保留着个人能力的差别、体力劳动和脑力劳动的差别、城乡的差别以及个人家庭负担的差别,因此每个人所享有的权利和承担的义务在实际上还存在着差别。随着社会的发展,这种差别会日益缩小。(3)平等的尺度,压迫的认可。法治要求坚持法律面前人人平等,这是平等的尺度。但法治同时又是统治阶级意志对被统治阶级的强加,又是阶级压迫的工具。这是平等与不平等的统一。这种统一,是形式上的平等与实质上的不平等的统一。在社会主义国家,已经消灭了阶级剥削和压迫,使平等达到了一个完全新的历史阶段。(4)自由的保护,行为的限制。依法治国是对人们自由的保护和行为限制的统一,即自由与不自由的统一。一方面,法律对人们行为自由予以保护,使人们在法治的范围内活动有安全感;另一方面,法律对人们的活动又作出限制,划定界限。自由不是绝对的,它有边界,法律对人们自由进行保护的同时,也是对人们行为的限制,是自由与限制的统一。①

(三)宪法思想与权利义务学说

张光博教授的宪法学研究,没有局限于宪法学本身,而是以马克思主义的国家学说为基础,在更广阔的视野里研究宪法学。他认为,法学实际上是国家学说的延长,是掌握国家权力的统治者不断探索国家治理模式的成果。国家不可能总是直接使用公开、赤裸裸的暴力维护秩序,随着社会的发展,统治经验的成熟,运用制定法律、执行法律的方式来维护社会秩序,逐渐成为国家维持秩序的常态,直接地使用暴力反而退居其次。法律成为统治维持秩序主要的手段,法制成为国家治理模式的首要选择。在这种国家治理模式中,政府制定法律管理社会、管理人民、维护统治,把统治阶级的意志通过法的规定,固定化为人们的权利义务及其界限,并用

① 张光博著:《马克思主义法理学》,清华大学出版社2002年版,第275~286页。

国家强制力来保障权利义务及其界限的实现。到了近代,资产阶级将运用法律手段治理国家扩大到用法律手段治理国家机器本身,即统治阶级不仅要利用政府制定法律来管理社会、管理人民,也要通过立宪程序制定宪法来管理政府本身及其组成人员。这样就使统治者和被统治者都纳入了法定权利义务的轨道,国家的治理实现了全面的法制化。这种全面法制化的国家治理模式,以宪法为核心,宪法成为治国安邦的总章程。而统治阶级把自己的意志通过立宪程序变为控制国家机器的宪法是有条件的,即这个统治阶级的物质生活条件必须是依赖市场经济体制的;这个统治阶级必须是采用民主共和的方式,也就是以选代表开会商量国家大事的方式进行国家治理的。张光博教授指出,这样的统治阶级只有两个,就是资产阶级和无产阶级。因此,近代以来,就有两种民主共和制度和两种宪法,即资产阶级宪法和社会主义宪法。宪法所确定的国家机关及其工作人员应当遵循的行为规则和法律所确定的所有公民应当遵循的行为规则,都是统治阶级意志的权利义务化,都表现了统治阶级意志,维护了统治阶级根本利益。而统治阶级往往借"人民"的名义出现在宪法文件之中。美国宪法中的"我们美国人民",其实就是美国的统治阶级——资产阶级;中华人民共和国宪法中的"中国共产党领导中国各族人民",其实就是中国的统治阶级——共产党领导下的全体人民。宪法作为民主制度的法律化,表现了资产阶级和无产阶级这两个"采用民主方式进行统治的阶级"在国家治理上的能力、水平和成熟度。由整个统治阶级"选代表开会商量说了算"要比奴隶制国家和封建制国家君主"一个人说了算"好得多。民主基础上的法制化治理在保证了国家必要秩序的同时,保障了公民的基本权利自由,从而激发出蕴藏在广大人民群众中的创造性,使国家焕发出勃勃生机,使社会的发展突飞猛进。张光博教授的宪法学思想和权利义务学说,分述如下:

1. 宪法是民主制度的法律化,是国家的总章程

张光博教授认为,宪法是民主制度的法律化,标志着国家治理模式从"一个人说了算"到统治阶级"选代表开会说了算"。这是人类在国家治理方式上的革命性变革,极大地推动了社会的发展。作为统治者制定用以规范和管理社会的法律,是与国家同时产生的,国家产生后必须运用法律为手段来控制社会,维护统治。没有法律,国家无法生存。但是宪法却不是与国家同时产生的,这是因为宪法是管理控制统治者自身的行为规则,

在奴隶制国家和封建制国家中，只有统治者控制被统治的法律，没有这种控制统治者自身的宪法，君主作为统治者的总代表不受任何控制，统治阶级说了算表现为君主一个人说了算。这种国家治理模式虽然能够形成秩序，但它是以牺牲广大被统治阶级的基本权利自由为代价的。在这种情况下，广大人民形同奴隶，没有基本权利自由也就没有创造性，没有人民群众的创造性也就没有社会生产力和科学技术的发展进步。因此，专制统治其实是以社会的停滞为代价的。

张光博教授指出，宪法是近代资产阶级民主制的产物，是民主制国家的总章程，是民主制的法律化。资产阶级宪法是资产阶级民主制的法律化，社会主义宪法是社会主义民主制的法律化。国家在它发展的奴隶制阶段和封建制阶段，往往是人格化了的，处于最高统治地位的就是国家。这个国家的制度如何建立，组织和活动原则是什么，往往是国王一个人说了算。即使是存在于习惯中或者见于某些法规之中的国家制度的基本原则，也需要国王予以认可，而且随时可以被国王废弃。实行了代议民主制，即“选代表开会商量国家大事”制度的资本主义国家，废除了君主主权的原则，以“人民主权”的名义制定法律，对社会实行统治。不仅每个公民要遵守法律，国家的组织和活动，包括被保留的君主也要遵守法律，于是才有了宪法这个国家的总章程，也就是使民主制法律化。[①] 民主制是统治阶级的成员平等决定国家制度与管理国家的一种制度。资本主义的发展消灭了等级制度，资产阶级的成员在政治上的地位是平等的，没有了生下来就处于最高统治地位的君主，而是资产阶级的全体成员共同对社会实行统治，也就是由“主权在君”变成了“主权在民”。这个“民”就是具有平等身份的整个资产阶级。握有主权的资产阶级首先发明了选举制度，通过选举产生国家官员，包括最高统治者，否定了封建世袭制度；集中“民意”，制定为法律，然后组织实施，要求全社会一体遵行，以法制代替了人治。这种制度的经济条件是建立在生产资料的私人资本主义占有制之上的资本主义市场经济；它的政治条件是随着大工业的发展，身份等级制度的消灭，社会关系简单化而形成的资产阶级和无产阶级两大阶级的直接对立；资产阶级宪法就是作为对这样一种民主制国家制度的肯定而来到人世间。它以法的形式规定了民主制国家的根本制度，包括国家组织体

① 张光博著：《宪法论》，吉林人民出版社 1984 年版，第 4 页。

系，也叫国家机构；由国家赋予公民的基本权利和义务或曰人权；以及由国家机构和公民权利义务所体现的国家阶级属性和这个国家所借以建立的经济基础。因此，宪法是民主制国家的总章程。① 这种宪法和民主制的一般关系在相反的阶级内容上对社会主义国家也是适用的。民主和法制作为实行阶级统治的一种普遍的组织形式和方法，虽为资产阶级所创造，但在无产阶级取得政权之后经过批判地继承，不仅可以接受过来为我所用，而且使之得以改造、提高和科学化，从而达到民主和法制发展的更高阶段。② 民主制度即民主政治也就是宪政，是资产阶级取得政权后，开始普遍实行的一种国家的根本制度。民主政治，是国体、政体和人权三个方面的统一。国体，统治阶级成员一律平等掌握政权；政体，通过选举组成适应国体的政权组织形式；人权，在国体和政体的基础上，决定什么人的人权，是多少人的人权。这些的总和就是国家根本制度。③

宪法不仅是民主制的法律化形式和对民主制的法律承认，而且是国家法制的核心。张光博教授指出，宪法是普通法律和其他一切法律法规实施中所形成的法制的核心，它的原则向周围全方位的放射性落实就是法制。同时，它又是规定国家生活各不同领域的行为规则或者权利义务群的部门法统率，作为国家的根本法，决定着部门法的原则及各部门法在法制整个体系中的地位。④ 张光博教授特别指出，要防止有宪法而无法制，这种事情在历史上也有过。除了旧中国国民党统治时期，有过所谓宪法，没有民主，也没有法制的骗局勿论，我们自己也有过这种情况。在“文化大革命”前后，有过三个宪法，虽然基本上坚持了人民民主制度，但是法制很不健全，甚至大肆破坏法制。这是不正常的时期。承认民主事实的宪法作为法制的核心，对上承认民主，对下统率法制，可以说是民主和法制的联结和统一。宪法是民主的旗帜，也是法制的旗帜，必须高高飘扬。⑤

2. 宪法是一定社会经济基础的上层建筑，与一定的生产关系相联系

张光博教授从马克思主义经济基础决定上层建筑的原理出发，指出，宪法作为上层建筑的现象，它的灵魂即决定它的根本因素，是一定的社会

① 张光博、王秋玲著：《宪法的实施和保障》，吉林大学出版社 1993 年版，第 4 ~ 5 页。
② 张光博著：《宪法论》，吉林人民出版社 1984 年版，第 4 页。
③ 张光博著：《坚持马克思主义法律观》，吉林人民出版社 2005 年版，第 410 页。
④ 张光博、王秋玲著：《宪法的实施和保障》，吉林大学出版社 1993 年版，第 7 页。
⑤ 张光博著：《坚持马克思主义法律观》，吉林人民出版社 2005 年版，第 412 页。

生产方式和生产关系。在以资本主义私有制为核心的资本主义生产关系的基础上，产生了资产阶级宪法；在以社会主义公有制为基础的社会主义生产关系的基础上，产生了社会主义宪法。他指出，财产关系是生产关系的法律用语。在一个社会中，凡属被法律认可的财产关系都受法律保护。但财产神圣不可侵犯则不只限于对现存财产关系的法律保护。它是代表社会的那种生产关系的宪法用语，宣告了消灭政治特权，决定社会根本面貌的社会制度根基。它决定着一个社会所处的历史范围，社会主体生产关系再生产的方向，可以说是指挥社会活动的国家神经。私有财产神圣不可侵犯是资产阶级宪法对资本主义生产关系的肯定，公有财产神圣不可侵犯是社会主义宪法对社会主义生产关系的肯定。它所表示的是国家和社会根本制度的核心，是宪法的灵魂，而不是仅仅限于法律的日常保护和调整的对象。它决定宪法的根本内容和最终服务对象，离开这个社会根本制度的核心，离开财产神圣，消灭不了政治特权，没有民主事实，宪法也就不存在了。私有财产神圣不可侵犯是资本主义社会的根基，是资本主义经济制度的基础，资本主义的剥削和压迫都是在私有财产神圣不可侵犯的基础上实行的，因而，它也是资产阶级宪法的灵魂和中枢神经。公共财产是我国社会主义制度的基础和标志，是社会主义生产关系的法律用语，是解放生产力、发展生产力、消灭剥削、消除两极分化，最终实现共同富裕的物质基础。我国现行宪法规定的"社会主义的公共财产神圣不可侵犯"（第12条）就是对公共财产的宪法和法律保障。这一规定是社会主义的一面旗帜，具有政治宣言的意义。它向全世界宣告社会主义的胜利，从根本上代表了社会主义的形象和旗帜，代表了社会主义的发展方向。①

3. 宪法实施就是实行宪政，其标志体现在三个方面

张光博教授在他的宪法学研究中十分重视宪法的实施问题。经历过共和国宪法发展的曲折历程，他十分清楚把纸上的宪法变为现实中的宪法的重要意义。他指出，宪法通过实施发挥作用。宪法实施是宪法规范的落实，实际上就是实行宪政，建立民主政治和法制。② 对此，他提出了宪法实施的标志问题，并指出，宪法实施的具体标志不能局限于宪法条文词

---

① 张光博著：《坚持马克思主义法律观》，吉林人民出版社2005年版，第418页。

② 张光博、王秋玲著：《宪法的实施和保障》，吉林大学出版社1993年版，第16页。

意的界定,而应首先从宏观的社会实践上去把握。他从政治、法制和社会发展三个方面概括出了宪法实施的三个标志。

宪法实施的第一个标志是看民主政治是否健全。民主政治包括内容和形式两个方面。民主的内容是看哪个阶级掌握政权,民主的形式按照发明宪法的资产阶级的先例,主要包括两个方面,即人权的保障和权力分立,也就是社会主义国家宪法中公民的基本权利义务以及国家机构的规定。这些内容在社会生活中的落实,可称为民主政治的健全,这当然也就是宪法实施的重要标志之一。由宪法规定的公民权利,包括普通法律对宪法的具体化所规定的各项法定权利能获得实施的保障,是民主政治健全的重要内容,是宪法实施的重要表现。① 权利保障在资本主义国家也叫人权保障,它是资产阶级反封建斗争的胜利成果,是对广大劳动者实行统治的手段,也是资本主义国家民主政治的重要内容。人权状况是资本主义国家宪法实施的重要表现。社会主义国家公民的基本权利和义务是社会主义民主政治的重要内容,也可以称为社会主义国家的人权,社会主义国家的人权保障状况也是社会主义国家宪法实施的重要表现。如果宪法规定的基本人权得到较好的保障,侵犯人权的现象能够得到有效制止,那么就可以说,宪法得到了较好的实施。民主政治是否健全的另一个重要内容,是看由宪法规定的国家机构是否能免正常组建和运转。宪法规定的国家机构的正常组建、换届和运转,也是宪法实施的重要表现。国家机构依照宪法组建、换届和运转,是民主政治健全,也是宪法实施状态良好的重要表现。② 这其中包括了国家定期举行选举的选举制度是否能够正常运转,也包括国家的政党制度是否能够正常转动并发挥其作用。在政府的组建过程中,如果在选举以及产生国家机构组成人员的过程中,执政党和其他参政党以及全体社会成员都能做到依法而动,对于这一过程中所发生的矛盾都能够依法解决,这就表明宪法得到较好的实施。③

宪法实施的第二个标志是看以宪法为核心的法制是否完备。张光博教授指出,作为国家根本法的宪法,是国家意志的最高概括,全方位涉及国家和社会生活。由它所概括的法制原则需要落实到社会基层,建设成

① 张光博、王秋玲著:《宪法的实施和保障》,吉林大学出版社 1993 年版,第 18 页。

② 同上书,第 37 页。

③ 同上书,第 54 页。

完备的法制，才能体现出宪法在法制中的核心作用。所以法制的完备是宪法实施的又一标志，而且是比民主政治的健全更为直接的标志。[①] 法制的完备要求建立以宪法为基础的立法体系。宪法规定了立法原则、立法机关体系、立法程序和法的形式，法制建设的首要任务就是立法机关按照法定程序，制定出社会所需要的法律，使宪法所规定的立法原则具体化。然后要由执法机关有效地执行法律，组织落实法律规定的内容，将法律确立的权利义务化为现实的生活秩序，这也是把宪法和法律发挥作用的决定性环节。最后，法制的完备还要求由司法机关通过制裁破坏法律实施的行为、解决执法过程中发挥的纠纷和争议，作为最后一道防线来保障各项法律的实施和落实，保障法律中规定的权利义务落到实处。司法机关也是执法机关，执行有关解决行政、民事案件和刑事案件的法律。在平时，司法工作把阶级斗争控制在秩序的范围内，是国家实行阶级统治的最后一道工序，是对社会纠纷与破坏社会秩序极端行为的犯罪所作的最后处理，是从周期角度来看的立法、执法、司法的完成。[②] 法制完备所要求的立法体系完善、执法工作严明和司法保障可靠，最终都落实为社会秩序的建立和稳定。张光博教授特别指出，不仅要求作为被管理者的普通公民和法人遵守政府制定的普通法律，而且要求作为管理者的政府机构及其所有官员也遵守统治阶级制定的宪法，这是国家治理模式上的一项重大革新，是国家管理工作经验长期积累和总结的结果，是由资产阶级所完成的一项历史伟业。它作为资产阶级采取民主制实行统治的必然结果，也是国家在控制社会秩序，即实现阶级压迫职能中所采取的成熟的近现代化国家治理方式。社会主义国家接受了资产阶级所遗留下的这笔民主与法制建设的遗产，学来了这种国家治理手段，为工人阶级领导的广大人民而用，并把它提高到一个新的历史水平，不断健全社会主义民主政治，完善社会主义法制，全面实施社会主义宪法，使它具有了全新的历史意义。[③]

宪法实施的第三个标志是看社会是否稳定，经济是否繁荣。张光博教授指出，健全的民主政治和完备的法制必然产生良好的社会效果，即人

① 张光博、王秋玲著：《宪法的实施和保障》，吉林大学出版社 1993 年版，第 54 页。

② 同上书，第 70 页。

③ 同上书，第 77 页。

民的权利自由得到有效保障后，激发出巨大的积极性和创造力，国家创新能力显著、经济繁荣、国防强大、社会稳定、人民安居乐业。宪法作为上层建筑，它实施的目的最终是为经济基础服务。上层建筑与经济基础之间矛盾解决的比较好，就会使生产关系较为符合生产力发展的需要，从而带来社会生活的稳定和经济生活的繁荣。因为生动活泼的民主政治局面会使人们心情舒畅，从而带来工作和劳动的积极性、创造性。合理的权利义务分配也会消弭社会因各阶层利益不协调而产生危机的条件。[①]

宪法实施的上述三个标志，前两个可视为宪法实施状况的直接标志，后一个是宪法实施的社会效果，是从最终意义上所观察的宪法实施的标志。宪法实施的标志，从另一个角度看，也就是宪法实施的目标和效果，是国家走上宪政之路的前景。张光博教授指出，在社会主义国家民主与法制的发展前景是日益走向健全和完善，直至最后消灭了破坏民主与法制的势力，达到至善至美，成为人们生活的常规而使民主与法制退出历史舞台。[②]

4. 宪法实施的经济、政治、思想和技术条件

张光博教授认为，在当今世界，制定宪法可能不是一件十分困难的事，各个国家都会制定出宪法来。但是制定的宪法，有可能根本就是一场骗局而被当权者弃而不用，一开始就造假，制定伪宪，挂羊头卖狗肉；也有可能是被当权者有意"搁浅"，而在国家现实生活中另搞一套，如第二次世界大战前德国的希特勒所为。[③] 观察宪法现象，重要的是要看宪法是否得到实施，而宪法的实施是有条件的。条件不具备时，即使有了宪法文本，也可能得不到实施，成为一纸空文。相反，如果条件具备，即使宪法文本不完备、不成文，照样可以施行宪政，使民主政治得以实施。宪法不是从天上掉下来的，也不是哪个统治阶级随心所欲制造出来的。它的产生离不开一定的社会政治经济环境，它的实施也不单纯是宪法自身的问题，必然也有它具体实施的社会历史条件。这些条件包括经济、政治、思想等诸多方面。它们在宪法之外，但又是宪法实施所不可少的。

宪法实施的经济条件是社会的资源配置方面，采用的是市场经济体

---

① 张光博、王秋玲著：《宪法的实施和保障》，吉林大学出版社 1993 年版，第 80 页。

② 同上书，第 83 页。

③ 张光博著：《宪法论》，吉林人民出版社 1984 年版，第 26～27 页。

制。资产阶级宪法实施的经济条件是以私有制为基础的资本主义市场经济体制，社会主义宪法实施的经济条件是以公有制为基础的社会主义市场经济体制。自然经济和计划经济条件下，宪法是无法得到实施的。资本主义社会的市场经济高度发达，劳动力也成了商品在市场上交换。这种建立在高度发达的商品交换基础上的市场经济是最大的平等派，它消灭了封建制度的等级特权，实现了资产阶级民主制。在市场上，劳动者即劳动力商品的出卖者，与资本家即劳动力商品的购买者之间在法律上、身份上也是平等的。这种资产阶级民主制在形式上也延及广大劳动者，从而建立起资产阶级民主制度。生产资料和劳动力通过市场的自由买卖实行结合，使资本家依靠占有的生产资料进行的剥削与劳动者依靠出卖劳动力所受的剥削都是在愿买愿卖的自由中实现的。从而也使只是私有财产权的资本家人权形式上包括了劳动者的自由权。资产阶级的民主与法制，正是这种性质的经济关系的制度化和法律化，从而宪法也就作为这种制度化和法制化的根本性书面形式而问世。所以，市场经济的发展，历来是宪法实施的根本条件。世界上几个主要资本主义国家，其宪法较为典型，实施的较为充分，根本原因主要是其市场经济较为发达。有了市场经济发达的条件，甚至没有成文宪法的约束，只是作为一种惯例和主张，其实行的宪法制度仍然可以做到相当的标准。英国不就是这样的国家吗？相反，宪法实施中发生较大问题，甚至发生宪法危机，直到“搁浅”的，根本性原因往往是市场经济发展不充分或者市场经济被垄断经济以至于统治经济所代替。前者如旧中国反动统治者制定的一些“宪法”、“约法”，往往只是一种骗局。究其最后原因就是市场经济发展不充分或者出现畸形发展，致使资产阶级的民主与法制实现不了，从而宪法也就不可能是合格的而得以实施。后者如第二次世界大战期间的德国、日本、意大利，其宪法随着代替资产阶级民主与法制的法西斯主义和军国主义而被“搁浅”，也是因为这些国家的市场经济被国家所控制，建立了国家直接实行控制和掠夺垄断经济的结果。① 社会主义国家一度对市场经济的发展持保留态度，实行全面的计划经济，这种情况曾经为社会主义国家宪法的实施带来过困难。随着社会主义市场经济的不断发展和完善，社会主义国家宪法

---

① 张光博、王秋玲著：《宪法的实施和保障》，吉林大学出版社 1993 年版，第 88 页。

的实施必将获得更为良好的社会条件。[1]

采用民主制方式治理国家的阶级掌握国家政权，是宪法实施的政治条件。资产阶级是第一个掌握政权后采用民主制方式来进行国家治理，实现阶级统治的阶级，资产阶级民主制度的建立使宪法得以产生并实施。资产阶级消灭了封建等级制度，使全体资产阶级建立了资产阶级民主制度，平等地通过民主选举的方式参与国家管理和政权的行使。这使资产阶级宪法的实施成为可能。通观英国、美国、法国等资产阶级国家的宪法发展史，可以看到，宪法实施的政治条件都是资产阶级掌握了国家政权，并采用民主制的方式治理国家、行使政权。而妨碍和影响资产阶级宪法实施的情况，也有两种：一种是封建残余势力过强，君主仍然握有重权，使资产阶级宪法难以实施；另一种是资产阶级内部分裂，大垄断资本集团实行法西斯制度，从而将宪法撕毁或搁置。[2] 共产党领导的广大劳动人民，也是采用民主方式行使政权、治理国家的先进阶级。共产党领导人民掌握了国家政权，建立起的社会主义民主制度，是社会主义宪法实施的政治条件。

全体公民尤其是国家工作人员树立起牢固的宪法意识，是宪法实施的思想条件，张光博教授指出，宪法的实施除了有它的经济条件、政治条件之外，还需要有相应的思想条件。这种思想条件就是全民的宪法意识。宪法意识是社会意识的重要部分，是人们关于宪法的思想、观点和知识的总合。它既包括人们对宪法的历史、本质、地位和作用的看法，也包括对国家社会制度、国家制度基本原则的理解，以及对公民权利和义务的认识，对各种法律、法规和人们行为从宪法角度所进行的评价，对宪法实施的愿望和要求等。不同的社会有不同的宪法意识，它通常属于社会上占统治地位的统治阶级意识形态，属于对现行阶级统治制度，即宪政制度所作的辩护。其核心内容是对宪法实施即宪政制度的系统理论论证，并围绕这个核心形成全社会对宪法的统一认识，以推动宪法的全面落实，减少宪法实施中可能会遇到的阻力。从这一意义上讲，宪法意识既是宪法实施这一社会实践过程的反映，也是保障宪法实施所必不可少的思想

① 张光博、王秋玲著：《宪法的实施和保障》，吉林大学出版社 1993 年版，第 92 页。

② 同上书，第 97 页。

条件。①

宪法自身的语词清晰、概念明确、结构合理、条文完整、形式完备，是宪法实施的技术性条件。宪法的这些技术性条件关系到宪法是否有利于确切反映统治阶级的意志，体现统治阶级宪法理论的指导，更关系宪法是否能获得准确的理解和实施。解决好这些问题，也是一个长期的历史过程，需要经过立宪经验的不断积累而日益走向完善。宪法用语要求语义准确规范，并采用成文宪法的形式。宪法从不成文走向成文已经为历史所肯定，世界上大多数国家都采用了成文宪法的形式。

5. 宪法实施的监督和保障

宪法同普通法律一样，都需要对其实施进行监督，以保障宪法在社会生活中落实。否则，宪法只是一种摆设。宪法监督是现实政治制度在运行中与宪法所确认的民主事实发生局部矛盾时所进行的一种微调。它是修改宪法和解释宪法之外，经过对宪法实施的监督和纠正违宪现象，消除与宪法不一致的法律或者国家行为，使民主制度更为巩固，保障宪法与现实国家根本制度的发展相一致。②

张光博教授指出，对宪法实施的监督保障基本上有两种形式，即通过司法审查实行的司法监督和由最高国家权力机关实行监督。通过司法审查实行监督是资本主义国家的一项创造，包括普通法院进行违宪审查和专门的宪法法院或宪法委员会进行违宪审查。这种违宪审查制度与资本主义实行的三权分立制度相联系，是立法、行政、司法三权分立和制衡制度的一项重要内容，也是资本主义根本制度范围内所能解决的一项矛盾。本来司法就是在现有社会制度范围内解决社会矛盾的最后一道防线，有了司法审查，国家行为的违宪问题就有了在现存制度范围内得以解决的较为有效的办法了。它既可以体现三权分立中司法优越的原则，又能灵活地解决政治生活中出现的矛盾，使宪法适用其统治需要，实际上成为宪法解释和补充，消解政治上的矛盾，将现行政策纳入宪法的判例，以适应其社会根本制度的需要。社会主义国家对宪法实施的保障监督采取了与资本主义国家不同的措施，与国家机关实行民主集中制相适应，采取了由最高国家权力机关实行监督的制度，可以称为最高国家权力的宪法监督。

① 张光博、王秋玲著：《宪法的实施和保障》，吉林大学出版社 1993 年版，第 103 页。

② 张光博著：《坚持马克思主义法律观》，吉林人民出版社 2005 年版，第 420 页。

最高国家权力机关不仅修改宪法、解释宪法,而且监督宪法实施,这比起由法院行使宪法监督权优越很多。其民主基础更广,集中的程序更高。这种制定宪法的机关直接监督宪法的实施,与由总统任命几个法官组成的法院或专门的宪法法院、宪法委员会相比,其优势明显。共产党领导的多党合作和政治协商制度也为这种监督提供了政治保障。总之,我国的这种由最高国家权力机关行使宪法监督权和宪法解释的制度,是我国人民代表大会制度的有机组成部分,这种制度设计在人民代表大会制度的日常运行中就可以顺利解决可能出现的法律和国家行为违宪问题,提前免除了产生对政治生活带来的振动的可能。这样一来,全国人民代表大会的权力是否过大?如果全国人民代表大会违反了宪法怎么办?这其实是从西方议会民主角度看问题的结果。若全国人民代表大会有修改宪法的职权,它又何必违反宪法?修改宪法就可以解决了。同样我们也可以问,西方的司法审查,如果法院违宪怎么办?全国人民代表大会好比一个老母亲,其他中央国家机关都是它的儿孙,老母亲要改嫁,儿孙有什么办法呢!最高国家权力监督,就是由老母亲代表全国人民对其他国家机关实行监督,这远比资本主义国家的司法监督民主得多。①

张光博教授还从政治上分析了宪法实施监督的问题。他指出,宪法监督和宪法解释并不单纯是个法律问题,而是要同社会上阶级斗争形势联系起来,往往是实际斗争中阶级力量对比的反映。宪法的最高法律效力,在实际中是否能够得到保证,贯彻执行的程度如何,监督工作是否有实效,还会受到其他条件的影响,诸如执行力量如何,执行的物质条件和舆论准备是否充分,宪法自身的生命力如何,它所反映的统治阶级利益在历史发展中的地位如何,等等。在中外的历史上,很好的宪法无法执行,成为摆设,进而被废除的情况并不少见。法国1791年宪法仅仅存在了一年;1919年德国的魏玛宪法,后来被希特勒在实际中废弃了;孙中山的《中华民国临时约法》也是一个比较好的资产阶级宪法性文件,但由于缺少实际的执行力量,很快就被袁世凯撕毁了。对于法律效力不能就效力论效力,这是由于法律效力本身就是政权强制力的具体表现。徒法不能自行,它发挥作用的前提就是政权的巩固。②

① 张光博著:《坚持马克思主义法律观》,吉林人民出版社2005年版,第422页。

② 张光博著:《宪法论》,吉林人民出版社1984年版,第8页。

6. 公民基本权利和义务是国家政治制度的体现,不存在所谓“天赋人权”

公民基本权利(人权)及其保障问题,是宪法学研究中的重要问题。在这一问题上,张光博教授首先从马克思主义的立场出发,分析了公民基本权利与国家政治制度的关系。他不同意传统宪法学中主张的“天赋人权”的说法,提出“国赋人权”并进行了论证。

张光博教授认为,任何社会的政治制度和经济制度从根本上说,都是人们之间一定关系的定型化。在有阶级的社会则都是一定阶级压迫秩序的具体形式,具体体现着各阶级在国家和社会中的地位,并且通过各阶级成员的具体活动,以及每个社会成员的权利和义务表现出来。社会成员是组成政治制度和经济制度的最小因子,是国家和社会得以存在的根本前提。资本主义的政治制度和经济制度是资本家对工人实行剥削和压迫的社会秩序的固定化,它采取了公民基本权利和义务的形式表现出来。[①]权利包括主客观两方面的含义。从客观方面来看,权利首先是一种法的规定,即由法所规定并予以保障的公民某种行为;从享权利者主观方面来看,权利必须是公民通过自己的行为能够将法的规定变成现实,使自己的要求得以实现。权利必须是由法所作的规定,说明它是按统治阶级意志为人们的某些行为所提供的一种保护措施;享权利者主观上的行为予以实现,则是在统治阶级利益容许的范围内实现自己的具体利益要求。只有把这两方面在现实生活中统一体现出来,才是我们所理解的权利的全部含义。否则,如果只从客观上看,法上的规定有各种各样的权利,而不给享权利者以主观上将它变成实际利益的条件,这些权利就是空话,是欺骗;同样,如果离开法的规定,凭主观愿望不受限制地去追求实际利益,超越法所规定的限度,那么只要现行统治未被动摇,就将被取缔。把权利看成客观上法的规定同享权利者主观上行为的统一体现,实际上就是国家在把控制阶级压迫秩序、缓和阶级冲突的任务向人头上的落实。在这种落实的过程中,一方面一些人得到一种特殊的保护,取得了在统治阶级根本利益容许范围内进行自己活动的条件,这就是权利。也可以说,权利就是由国家的法所保证的,公民可以通过自己主动的行为予以实现,是维护统治阶级根本利益的一种手段。另一方面,一些人必须按照法的规定作

① 张光博著:《宪法论》,吉林人民出版社 1984 年版,第 229 页。

出符合享权利者行使权利的相应行为，这就是义务。所以权利和义务实际上也就是国家通过法同它所属居民的联结形式，综合起来全部公民的权利和义务，就可以看出社会政治制度和经济制度的概貌。它是法指挥人们行为的一种尺码，是公民对其国家隶属关系和公民在国家中所处地位在法上的表现，也是国家暴力活动所保护和限制人们行为界限的具体化。因此，尽管国家在法上规定了同样的权利，每个公民所能实现的程序以至于每个公民所实际能享受到的权利却可以大不相同。①

也正因为权利是国家制定的法的规定和享权利者主观能力的统一，所以，权利不可能是人们天生就有的。权利同国家相联系，同国家制定的法的规定相联系，权利不是天赋的，而是国家通过宪法和法律规定后才为公民所享有的。这就是张光博教授主张"国赋人权"的原因。他认为，不能离开法的规定去谈权利和义务，他反复强调的"法定权利义务及其界限"中，"法定"是必不可少的。离开的"法定"二字，所谓权利只能是习惯权利或道德权利，这种习惯权利或道德权利的行为模式不受国家强制力的保护，不是法学研究的对象。法学和宪法学中研究的权利，就是法定权利（包括宪定权利）。而法定权利是国家通过法来规定的，是国家和法的产物。在这个意义上说，不是"天赋人权"，而是"国赋人权"。他认为，权利和义务是由法律规定或认可的，融入统治阶级物质生活条件的人们预知的可为和必为的行为。可为的行为是权利，必为的行为是义务。② 在国家和法产生之前的原始社会，人们根本不知道权利和义务为何物。权利义务是随着国家和法的产生而产生的。也就是国家通过法把已经产生的生产方式固定化，把剥削阶级和被剥削阶级的行为模式化，确定为权利义务，从而把既有的社会秩序固定化。权利和义务是国家通过法实现其建立社会秩序功能，维护统治阶级根本利益的手段。这就是说，权利义务是国家和法作用于社会的桥梁，有了国家和法，才有从属于国家与法的权利和义务。公民的权利和义务虽然是公民一种有意识的预知行为，但却不是其自身独立意志的反映，而是在依法而行，即在国家意志的指挥下主动或者被动的行为。因此，权利和义务自身并不能单独存在。它没有独立的本质，它的本质只是法的本质，即国家意志在其指挥对象身上的实现。

① 张光博著：《宪法论》，吉林人民出版社 1984 年版，第 232 页。
② 张光博著：《坚持马克思主义法律观》，吉林人民出版社 2005 年版，第 586 页。

亦即权利和义务的本质是由确定和分配权利和义务的法的本质决定的，内含在法的本质之中。[①] 社会发展的历史和社会生活的实际告诉我们，人权是国家主权范围内的事情，国权决定人权，哪个阶级掌握国权，哪个阶级享有人权；不同性质的国权，有不同人们的人权。[②] 资产阶级有了国权之后，资产阶级才享有人权，社会主义国家的情况也是一样。国权决定人权，没有国权就没有人权；人权完善国权，没有人权的国权不仅将丧失其存在的价值，而且也无法保证国权的运行方向。[③]

7. 制度性权利义务是决定性的，宪法是对制度性权利义务的确认

张光博教授在研究人权和公民基本权利和义务的问题时，还创造性地提出了一种新的权利义务分类，即把权利分为制度性权利义务和体制性权利义务。宪法的首要任务就是对制度性权利义务进行确认。他虽然多次说明这不是他的创新，而是马克思、恩格斯已在实际上解决，由邓小平同志予以明确的，但我们还是不难看到张光博教授在这一问题的创新思维。张光博教授指出，权利义务按照它们对其主体，即法律受范对象的意义，可以划分为制度性权利义务和体制性权利义务。表现统治阶级根本利益的权利义务，就是表现或者代表社会基本制度的权利义务，是权利义务的主体部分，可以称为制度性权利义务，它体现社会和国家的根本阶级性质。与此相对应，还有体制性的权利义务，它是作为制度性权利义务的体现，是为制度性权利义务服务的，也是各种社会制度都可以选用，并且必须与一定的社会基本制度相结合的。[④] 具体来说，生产资料的所有权，国家政权的归属权，政治权利中的选举权和被选举权，言论、出版、集会、结社、游行、示威自由的权利，以及担任国家公职的权利，都属于制度性权利；而人们在市场经济和日常生活中所享有的平等权、自由权、社会权，则属于体制性权利。制度性权利为统治阶级或明或暗地独占，而体制性权利则可以在形式让所有社会成员拥有。张光博教授指出，在资本主义国家中，制度性权利包括生产资料的所有权和国家政权的归属权均由资产阶级独占；而体制性的在市场交换中必不可少的平等权、自由权却可以由社会全体成员分享，在市场上，资本家阶级和工人阶级都有平等的体

① 张光博著：《马克思主义法理学》，清华大学出版社 2002 年版，第 78 ~ 79 页。
② 张光博著：《坚持马克思主义法律观》，吉林人民出版社 2005 年版，第 413 页。
③ 同上书，第 416 页。
④ 同上书，第 566 页。

制性权利,双方平等、合意、自由地买卖劳动力。通过这种平等、自由的体制性权利行使,实现了资本家无偿占有无产者所创造的剩余价值这一制度性权利。而无产者在市场上通过行使平等、自由买卖的体制性权利后,立即全部承担了制度性义务,成为资本家剥削的对象。[①] 张光博教授在这里告诉人们,在资本主义制度下,平等自由的体制性权利巧妙地掩盖了不平等的制度性权利。在生产资料实行社会主义公有制,国家政权属于人民的社会主义社会,人们的体制性权利义务将更好地实现制度性权利义务,从内容到形式实现真正的平等。

8. 宪法保障基本人权对社会发展和国家繁荣稳定有重要意义

宪法是人民权利的保障书,是人民自由的圣经。张光博教授从法定权利义务及其界限的分析方法入手,对宪法保障基本人权的意义和价值进行了深入分析。近代已来的各国历史表明,国家的繁荣发达在于既保持稳定又使人民充满创新活力,也就是如何在秩序稳定和激发人民创造性、积极性之间求得平衡。张光博教授在他的宪法学研究中指出,国家在保持长治久安的同时使人民充满创新活力的秘密就在于保障基本人权,保障人民当家作主的权利和其他基本权利自由。只有认真地实施宪法,才能使国家形成既生机勃勃又井然有序的良好局面。张光博教授指出,奴隶制国家和封建制国家,采用高压统治的专制手法实行统治,在维持了高压统治秩序的同时扼杀了人民群众的创造性和积极性。这是那个时代人们保守、社会发展缓慢甚至长期停滞的重要原因。资产阶级民主制度的优势,首先就在于对人个性的解放。它冲毁了封建等级制度,特别是废除了人身占有和人身隶属制度,在宪法中宣布了人身自由。而这就将原来的那种由权力而义务的单纯统治和服从关系,改换为将国家权力化为法定权利和义务,而且权力的延续不再是通过世袭,而是靠权利的回归。国家权力赋予和保障人们的基本权利,人们又通过行使权利组织国家机关掌握国家权力。义务只是适应权利行为的另一个方面,已经失去了以前那种本位的地位。通过实施宪法,采取法定权利和义务的形式实现统治,正是资产阶级民主制统治形式的优势所在。这时,国家权力采取法定权利和义务的形式使统治阶级掌握政权成为间接的,由资产阶级直接出面转为法的赋予,取得了客观公正的面孔,统治秩序更容易稳定。将阶级

① 张光博著:《马克思主义法理学》,清华大学出版社 2002 年版,第 567 页。

统治法定权利义务化，在形式上使国家政权与社会走向一体，成为一切权利获得者的保护神；在形式上使国家和被统治者有了共同利益，把本来是统治和服从的对抗关系纳入了保护和被保护的统一立场之内，并使政府的组建也成为人们行使权利的内容。这不仅减少了统治的阻力，而且会使人们采取主动的行为以参政的形式去支持和接受这种统治。正是这一点，极大地解放了生产力。这可以看作资本主义社会的活力所在。正因为如此，资本主义社会生产力获得了极大发展，超过以往时代不知有多少倍。①

社会主义国家是社会上绝大多数人的政权，社会主义国家的宪法是人民权利的保障书，社会主义制度是真正保障人民自由权利的政治制度。社会主义宪法和法律由于将人民的权力化为法定权利，人民在权利义务分配方面基本上是平等的，在共同利益的基础上，宪法和法律反映了每个人的利益和愿望，因而通过宪法和法律的实施可以从根本上将人们的主动精神动员起来，为充分发挥人们的积极性、创造性提供了政治条件。它比起资本主义国家有更大的优越性。②

（四）法学教育思想与法治贡献

张光博教授自20世纪50年代初从中国人民大学研究生班毕业后到吉林大学法律系从事法学研究和教学，直到退休。退休后又参与创办了大连海事大学法学院。在长期的法学教学实践中，张光博教授形成了自己独特的教学方法，为国家培养了大批法治建设的人才。他坚定的马克思主义立场、深厚的马克思主义理论修养、严密的逻辑思维、通俗的语言表达、严谨认真的教学态度和对现实深切的关怀，给他的所有学生留下了深深的印象。张光博教授为人正直，善于独立思考，从不人云亦云，不盲从、不迷信、坚持原则、关爱晚辈。他勤奋好学，直到70高龄时还学习使用电脑和上网，并很快熟练运用电脑写作和网络资源。他的法学教育思想和对法治建设的贡献是不可忽视的。

1. 学好法学要有广阔的视野，不能局限于法学的圈子

张光博教授知识渊博，深入钻研马克思主义的理论，熟读马克思主义经典作家的著作，对哲学、政治经济学、社会学、历史学都有涉猎，在法学

① 张光博著：《权利义务要论》，吉林大学出版社1989年版，第72页。

② 同上书，第74～75页。

研究中视野广阔。他在法学教育中,也要求学生扩大自己的知识面,学好马克思主义的基本理论,形成科学的世界观,掌握科学的方法论。不能只见树木不见森林,必须在更加宏观的角度来认识法学、学习法学。他认为,对于法,就法论法是学不明白的。而必须把它放在整个社会之中,同哲学、历史,特别是同政治经济学联系起来学习,才可以晓其真义、得其真髓。既然法是经济关系的记录,政治统治的工具,是一种意识形态的力量,没有科学的哲学作指导,不把它同经济、政治联系起来,怎么能弄明白呢?为了学好法学,需要学点哲学、学点历史、学点政治经济学,甚至还可以扩大一些,学点其他学科。这是学习法学必须坚持的。①

他指出,马克思主义法学是在辩证唯物主义和历史唯物主义的指导下而成为科学的。反过来它又以自己的研究成果证实和丰富了马克思主义哲学。任何其他哲学,任何非辩证唯物主义和历史唯物主义的哲学,包括人文主义、实证主义和建立在"权利基础"之上的法学世界观都不能成为指导法学成为科学的世界观和方法论,而只能是辩证唯物主义和历史唯物主义研究的对象。法学与经济学也有密切关系。法是社会经济基础的上层建筑,是社会经济关系的记录,法的内容就是由现存社会物质生活条件决定的其发展以社会经济规律为动力源泉。所以,法学一时也离不开经济学的理论支持。马克思主义的剩余价值学说,邓小平理论关于社会主义本质的论述,是认识资本主义国家法的本质和社会主义国家法的本质的基本依据。马克思主义关于经济体制,包括计划经济体制和市场经济体制的理论,关于经济体制必须与一定经济制度相结合的理论,关于所有制的理论,都与马克思主义法学有密切关系。学好马克思主义经济是学好法学,使法学成为科学的重要理论准备。同时,不能也不必要用法学取代经济学而去直接研究经济规律。② 法反映国家意志,是对社会实行政治统治的工具,是定型的党的路线和方针政策;法制以民主为基础,并作为民主的实现和保障,是国家权力的实现形式,这都涉及政治学的内容。如果离开对这些政治问题的科学认识,对法就说不明白,而且依靠法学本身去解决这些政治学问题是解决不好的。因此,必须学习马克思主义政治学,借助于政治学研究的科学成果,这是使法学成为科学所不可少

① 张光博著:《坚持马克思主义法律观》,吉林人民出版社 2005 年版,第 2 ~ 3 页。

② 张光博著:《马克思主义法理学》,清华大学出版社 2002 年版,第 8 页。

的。历史学研究社会运动的规律,包括法的运动规律。法是在历史的总潮流中获得发展,并成为历史的一部分,不能脱离开历史的总潮流孤立地研究法学,这自然也是法学成为科学的重要依据。他多次强调,哲学是研究法学的科学世界观和方法论,经济学是研究法的内容基础,政治学是研究法的灵魂,历史学揭示了包括法在内的社会运动本质和形态,这都是法学自身所无法解决的。法学必须在马克思主义指导下,借助于这些部门科学认识的成果,才能成为科学的法学。除此之外,法学与文学、法学与社会学等也都有相应的联系。至于随着社会发展,法学与各个部门社会科学的相互流渗透和新生边缘科学的不断出现及其对法学的影响,也都是需要兼学才能得之,并成为法学发展的一个增长点。不仅如此,自然科学同法学的相互渗透也在强化。学习一些自然科学知识,特别是学习一些现代科学技术知识,也是学习法学的分内之事。总之,就法论法绝对搞不出科学的法学。它应吸收一切需要吸收的科学成果,才能使自己真正成为科学,并以自己的成果推动整个科学的发展。[①] 张光博教授自己身体力行,博览群书,对现代科技的发展抱有深厚的兴趣,也鼓励学生广泛阅读,扩大知识面,认真钻研马克思主义理论,用马克思主义的立场、观点和方法研究法学。

2. 学习法学必须做到理论联系实际,在实践中学习

在法学教育中,张光博教授历来强调要从中国的实际出发,研究中国法治建设中的问题,为中国的法治建设服务。要做到理论联系实际,在实践中学习。要关注现实中发生的法治建设方面的问题,深入研究,为解决中国法治建设的实际问题贡献智慧。新中国的法学起步晚,受到外国法学理论影响大。新中国成立初期曾经引进苏联的法学理论,改革开放以来又有西方的法学理论流入。因此我们必须对这些外国流入的法学理论进行分析研究,不可照搬,而要将其作为既有的思想材料,同其体系一道实行科学的扬弃,从而建立起科学的法学体系。这种扬弃的基础和检验的标准就是社会主义法制建设的实践。他告诫人们,如果一个民族没有自己的理论,就只能当别人的盲从者和模仿者,当外国大商行的小贩。而这与中华民族的创造力和自豪感是不相容的。科学的法理学要有科学的体系作为载体予以表现,因此,必须同时根据社会主义法制建设的实际设

---

① 张光博著:《马克思主义法理学》,清华大学出版社 2002 年版,第 9 页。

计法理学的科学体系。马克思主义法理学要使用中国语言,准确反映社会主义政治制度的经济制度要求,有力地服务于社会主义法制建设的需要。不论是法理学的大体系框架,还是对每一个问题的论证逻辑,都必须贴近中国实际,说明实际、服务实际。①

3. 科学地对待古今中外的法文化遗产

张光博教授在其他长期的法学教学实践中,十分注重吸收古今中外有价值的法文化遗产,主张要科学地对待古今中外的法文化遗产。他指出,历史是不能割断的,没有继承就没有历史。对于法,也是如此。这种继承是批判地继承。批判是去其糟粕,弃劣;继承是取其精华,扬优。批判和继承相互渗透。批判中有继承,为了更好地继承;继承要经过批判,为巩固继承的成果。批判是手段,继承是目的。不要把批判和继承割裂开来,更不要把批判和继承对立起来。批判不是全盘否定,继承不是简单照搬。对于古代和外国的文化不能采取抽象继承法,即去掉其具体含义,把剩下的抽象含义拿来继承。这是用头脑中简单抽象的概念游戏,代替对事物的具体分析,是一种主观唯心主义的方法。对历史文化遗产和外国文化成果采取简单的肯定或者简单否定的态度,都可以从这种方法中得到支持。继承也不可以采取砖瓦论的方法,即古代和外国的文化成果如同一栋房子,整个房子不能拿来就用,但把它拆掉,它的砖瓦就可以用了。这是一种过于简单的方法,超脱不了主观上任意选择和搬用的弊端。正确的方法是把古代和外国的文化吃掉,然后再经消化,吸收其营养,转化成热能发挥出来。也就是对古代和外国所提供的思想资料,经过鉴别,予以改造、加工、提高和科学化,使之成为全新的精神产品,从而提高整个民族的素质。我国的法学,除了革命和建设时期的法制建设经验这个基本来源之外,同时吸收了苏联法学、古代的法律文化遗产,近些年又引进大量资产阶级法学,从而改变了全盘否定古代和外国法律文化的错误做法。但近几年来简单照搬又有所抬头。我们应当把苏联、西方和古代的法学放在我国社会主义法制建设实践的基础上,克服各种简单化的主观主义方法,进行科学的批判继承,以推动马克思主义法学的繁荣。②

① 张光博著:《马克思主义法理学》,清华大学出版社 2002 年版,第 12 ~ 13 页。

② 张光博著:《坚持马克思主义法律观》,吉林人民出版社 2005 年版,第 100 ~ 101 页。

4. 致力于法学人才的培养，为法治建设贡献力量

20 世纪 80 年代以来，在吉林大学法律系任教的张光博教授发表的许多高质量论文，都受到法学界同行们的高度评价。他十分注重提携后辈，培养人才，多次主持编写系列法学教材，培养和团结了一大批中青年法学教师，共同探讨学术、交流思想。还主持编写了许多法学类的辞典和辞书，并通过一系列的编写工作，扩大法学研究队伍，发现和培养人才，锻炼研究生的科研能力，为吉林大学法律系教学科研水平的提高做出了贡献。在他担任吉林大学法学院院长期间，吉林大学法学院的科研教学水平在国内走在前列。

20 世纪 90 年代初，张光博教授在退休后，应时任大连海事大学校长的我国著名海商法专家司玉琢教授之邀，和王嵩山教授、宋占生教授来到大连海事大学，创办了大连海事大学市场经济法学院，简称“经法学院”。并从 1994 年开始招生。成为大连海事大学法学院的前身，培养了众多优秀的法律人才，为国家的法学教育事业倾注了大量心血。

主 要 论 著

（一）专著

1.《宪法论》，吉林人民出版社 1984 年版。

2.《比较政治制度》，法律出版社 1984 年版。

3.《法论》，吉林大学出版社 1986 年版。

4.《权利义务要论》，吉林大学出版社 1989 年版。

5.《比较宪法纲要》，辽宁大学出版社 1990 年版。

6.《民主与法制论集》，辽宁人民出版社 1990 年版。

7.《宪法的实施和保障》（合著，合著者王秋玲），吉林大学出版社 1993 年版。

8.《法理学》，吉林人民出版社 1996 年版。

9.《宪法学》，吉林人民出版社 1997 年版。

10.《论法》，大连海事大学出版社 1997 年版。

11.《马克思主义法理学》，清华大学出版社 2002 年版。

12.《坚持马克思主义法律观》，吉林人民出版社 2005 年版。

13.《坚持马克思主义权利义务观》，吉林人民出版社 2006 年版。

14.《坚持马克思主义国家观》，吉林人民出版社 2007 年版。

（二）主编

1.《宪法学》，吉林人民出版社 1983 年版。

2.《宪法分类比较编译》，吉林法律系宪法教研室 1983 年版。

3.《宪法词典》，吉林人民出版社 1988 年版。

4.《经济法实用词典》，吉林人民出版社 1988 年版。

5.《行政学词典》，吉林人民出版社 1988 年版。

6.《社会学词典》，人民出版社 1989 年版。

7.《简明法学大词典》，吉林人民出版社 1991 年版。

8.《外国经济法 日本国 》（卷 2），吉林人民出版社、中国经济法制音像出版社 1992 年版。

9.《外国经济法 日本国》（卷 2），吉林人民出版社、中国经济法制音像出版社 1994 年版。

10.《外国经济法 日本国》（卷 1），吉林人民出版社、中国经济法制音像出版社 1994 年版。

（三）译著

《外国法》（张光博等译），吉林人民出版社 1984 年版。

（四）论文

1.“欧洲各人民民主国家宪法中的社会结构和公民的基本权利义务”，载《新建设》1954 年第 7 期。

2.“关于‘公民在法律上一律平等’的意义”，载《法学》1957 年第 2 期。

3.“对‘中华人民共和国宪法教学大纲’的几点意见”，载《法学》1957 年第 5 期。

4.“对资产阶级国家的‘两院制’、‘两党制’和所谓‘平等’‘自由’的批评”（合作，合作者王子琳），载《吉林大学学报》（社会科学版）1958 年第 1 期。

5.“驳南共纲领中关于现代资产阶级国家是超阶级国家的谬论”（合作，合作者王子琳），载《吉林大学学报》（社会科学版）1958 年第 4 期。

6.“社会主义法西斯专政的总章程——评苏联新宪法草案”（合作，合作者李吉锡），载《理论学习》1977 年第 7 期。

7.“社会主义民主的伟大旗帜——学习宪法的体会”，载《社会科学战线》1978 年第 4 期。

8. “马克思列宁主义关于无产阶级专政学说的伟大胜利——学习新宪法”，载《理论学习》1978 年第 2 期。

9. “学习马克思主义法学提高法制建设的自觉性”，载《社会科学辑刊》1979 年第 1 期。

10. “也谈法律面前人人平等”，载《学术月刊》1979 年第 9 期。

11. “论民主”，载《吉林大学学报》(社会科学版)1979 年第 3 期。

12. “关于犯罪的几个问题(同李光灿、罗平同志商榷)”(合作，合作者栗劲)，载《社会科学战线》1979 年第 4 期。

13. “关于民主革命时期宪政运动的几个问题”，载《吉林大学社会科学论丛》1979 年第 4 期。

14. “论犯罪和刑罚(待续)”，载《吉林大学学报》(社会科学版)1980 年第 3 期。

15. “论犯罪与刑罚(续)”，载《吉林大学学报》(社会科学版)1980 年第 5 期。

16. “论犯罪和刑罚(续完)”，载《吉林大学学报》(社会科学版)1980 年第 6 期。

17. “法的概念和历史类型”，载《吉林大学学报》(社会科学版)1980 年第 1 期。

18. “罪刑法定主义”(合作，合作者赤坂昭二、何鹏)，载《环球法律评论》1981 年第 1 期。

19. “试论法定权利的界限”，载《社会科学战线》1981 年第 4 期。

20. “论国家与法的继承性”，载《现代法学》1981 年第 3 期。

21. “论法的阶级性”，载《法学研究》1981 年第 2 期。

22. “建设具有中国特色的马克思主义政治学”，载《吉林大学学报》(社会科学版)1982 年第 5 期。

23. “学习宪法修改草案的问题”，载《新长征》1982 年第 7 期。

24. “我国是人民民主专政的社会主义国家”，载《法律科学》1983 年第 2 期。

25. “四项基本原则是新宪法的灵魂”，载《新长征》1983 年第 2 期。

26. “论社会主义民主在中国的胜利”，载《吉林大学学报》(社会科学版)1983 年第 3 期。

27.“人民民主专政实质上即无产阶级专政”，载《法学杂志》1983 年第 3 期。

28.“试论法的规范”，载《法律科学》1985 年第 4 期。

29.“‘法理’学科改革盲目解决具体问题入手”，载《政治与法律》1985 年第 2 期。

30.“浅谈法的作用”，载《法学与实践》1985 年第 3 期。

31.“建立具有中国特色的马克思主义行政学”，载《浙江社会科学》1986 年第 3 期。

32.“建立具有中国特色的马克思主义法学的几个问题”，载《吉林大学学报》（社会科学版）1986 年第 4 期。

33.“关于行政学研究中的几个问题”，载《新兴学科》1986 年第 2 期。

34.“宪法学科群建设浅议”，载《现代法学》1987 年第 3 期。

35.“法定权利义务是法学研究的重大课题”，载《当代法学》1987 年第 3 期。

36.“比较宪法学的对象方法和体系”，载《中国法学》1987 年第 3 期。

37.“对民主与法制问题应进行具体分析”，载《政治与法律》1987 年第 6 期。

38.“宪法学基本范畴的再认识”，载《法学研究》1987 年第 3 期。

39.“论地方法制建设机制的优化选择”，载《政法丛刊》1987 年第 1 ~ 2 期。

40.“法学研究方法论的几个问题”，载《政法论坛》1987 年第 3 期。

41.“‘一国两制’提出的一个法理问题”，载《法学评论》1988 年第 4 期。

42.“权利义务观的反思”，载《时代论评》1988 年第 1 期。

43.“宪法是商品经济原则普遍化的产物”，载《法学》1988 年第 3 期。

44.“初级阶段理论与宪法学的思考”，载《法律科学》1988 年第 4 期。

45.“泛论权利和义务”，载《当代法学》1988 年第 3 期。

46.“对宪法的实施和保障问题的几点认识”，载《当代法学》1988 年第 3 期。

47.“论法制模式的转换——建立民主商品经济的法制模式”（合作，合作者李中圣），载《法学杂志》1989 年第 4 期。

48.“论法制模式的转换”（合作，合作者李中圣），载《法学杂志》1989

年第4期。

49.“在民主法制权利与义务领域需要进一步讨论的问题”,载《当代法学》1990年第4期。

50.“关于社会主义法制建设的若干问题”,载《吉林大学学报》(社会科学版)1990年第4期。

51.“坚持马克思主义的人权观”,载《中国法学》1990年第4期。

52.“法学界反自由化应当坚持的几个原则”,载《法学》1990年第1期。

53.“权利和义务的社会价值”,载《当代法学》1990年第2期。

54.“把权利义务问题的研究引向深入”,载《法学》1991年第11期。

55.“以马克思主义为指导,贯彻执行‘双百’方针将法学研究与建设中国特色社会主义的实际结合起来”,载《山东法学》1991年第4期。

56.“关于社会主义民主与法制建设中的几个原则问题:答孙国华同志”,载《中国法学》1991年第1期。

57.“把青年教师的马克思主义学习不断推向前进”,载《高教研究与实践》1991年第1期。

58.“马克思主义人权理论的几个问题”,载《高校理论战线》1992年第4期。

59.“社会主义市场经济是民主型法制经济”(合作,合作者王秋玲),载《当代经济研究》1993年第2期。

60.“毛泽东的宪政思想”(合作,合作者王秋玲),载《中国刑事法杂志》1993年第4期。

61.“中华人民共和国一切权力属于人民”,载《法制瞭望》1994年第10~11期。

62.“市场经济与法制建设”,载《经济与法》1995年第2期。

63.“法的精神与法律精神的论略”,载《法学》1995年第5期。

64.“学习邓小平建设有中国特色社会主义理论,引导法学沿着正确道路向前发展”,载《法学》1995年第12期。

65.“制度与体制分析方法的应有价值”,载《市场与法》1995年第5期。

66.“关于权利本位问题的对话:权利本位的基本论点剖析”(合作,合作者村然),载《高校理论战线》1995年第1期。

67.“制度、体制与法”(上)(合作,合作者李冬梅),载《高校理论战线》1995年第11期。

68.“制度、体制与法”(下)(合作,合作者李冬梅),载《高校理论战线》1995年第12期。

69.“关于权利本位的问题对话——权利本位的目标模式及其扩散”(合作,合作者村然),载《高校理论战线》1995年第2期。

70.“法的精神与法律精神论略——与郭道晖同志商榷”,载《法学》1995年第5期。

71.“学习邓小平建设有中国特色社会主义理论引导法学沿着正确道路向前发展”,载《中国法学》1995年第4期。

72.“学习宪法提高社会主义民主与法制观念——副厅级以上干部学习宪法辅导报告”,载《当代法学》1996年第1期。

73.“两种民主纵横谈”,载《求是》1996年第18期。

74.“法学研究与坚持社会主义制度”,载《当代思潮》1996年第1期。

75.“法学研究必须坚持在马克思主义的道路上前进”,载《当代法学》1996年第5期。

76.“简析一种法学‘现代化’”(合作,合作者李冬梅),载《高校理论战线》1996年第4期。

77.“制度、体制和法”(合作,合作者李冬梅),载《当代法学》1996年第2期。

78.“学习宪法提高社会主义民主与法制观念”,载《当代法学》1996年第1期。

79.“两种民主纵横谈”,载《社会主义研究》1996年第10期。

80.“关于法学中‘29个多’问题的理论是非”,载《当代法学》1997年第4期。

81.“法理学和宪法学所应树立的基本观点及法学骨干课程设置”,载《当代法学》1997年第5期。

82.“评‘权利本位论’”,载《当代思潮》1997年第1期。

83.“法学和生产力的关系”,载《经济与法》1998年第3期。

84.“社会主义市场经济的法律保障与法律服务”,载《当代法学》1998年第6期。

85.“高举邓小平理论的伟大旗帜,把法学研究推向新高峰”,载《当代法学》1998 年第 2 期。

86.“关于马克思主义法学的若干理论问题”,载《当代法学》1998 年第 3 期。

87.“同丁以升先生商榷”,载《当代法学》1998 年第 1 期。

88.“论财产的神圣不可侵犯”,载《法学杂志》1999 年第 4 期。

89.“邓小平理论法学思想初探”,载《高校理论战线》1999 年第 7 期。

90.“驳斥一篇给毛泽东同志抹黑的文章——写在纪念毛泽东同志诞辰 107 周年之际”,载《真理的追求》2000 年第 12 期。

91.“关于宪法学涉及的几个理论问题”,载《法学杂志》2000 年第 4 期。

92.“邓小平理论法学初探”,载《法学论坛》2000 年第 3 期。

93.“坚持和发展我国社会主义宪法的优势”,载《政治学研究》2003 年第 3 期。

94.“历史唯物主义的国家观——《历史唯物论—社会发展史讲座》之十七”,载《中华魂》2004 年第 6 期。

95.“中华人民共和国宪法是一部好宪法”,载《中华魂》2004 年第 2 期。

96.“物权法应坚持以社会主义公有制为主体——对物权法(草案)的修改意见”,载《中华魂》2005 年第 10 期。

97.“‘不信春风唤不回’要有措施”,载《中华魂》2005 年第 11 期。

(五)论文类(用笔名发表)

1. 张一得(笔名):“天赋人权和契约社会的理论是资产阶级理论”,载《当代法学》1996 年第 3 期。

2. 郑明非(笔名)等:“评陈桢先生的《是‘正确引导’还是误导》”,载《当代法学》1996 年第 3 期。

3. 甄士明(笔名):“揭开法学研究‘现代化’的面纱”,载《当代法学》1996 年第 3 期。

4. 黄含声(笔名):“坚持制度、改革体制、完善法制”,载《当代法学》1996 年第 4 期。

5. 关允昌(笔名):“人文主义法的精神论质疑”,载《当代法学》1996 年第 4 期。

6. 雷鸣霞(笔名):“民主、政治资源、政治法人及其他”,载《当代法学》1996 年第 5 期。

7. 洪泽湖(笔名):“分清法学领域辩证唯物主义与唯心论和形而上学的界限”,载《当代法学》1996 年第 6 期。

8. 马梦启(笔名):“现代法的精神质疑”,载《当代法学》1996 年第 6 期。

9. 光尚然(笔名):“权利本位评析”,载《当代法学》1997 年第 1 期。

10. 李 驰(笔名):“执政党、主权、治权及其他”,载《当代法学》1997 年第 2 期。

11. 光尚然(笔名):“法与权利义务论纲”,载《当代法学》1997 年第 5 期。

(撰写者:董和平　杜力夫)

蒋碧昆

学术简历

蒋碧昆(1927 年 7 月 31 日 ~　),中共党员,中南财经政法大学教授。湖南省宁乡县花明楼镇安自冲人。

出生时,正值国共 10 年对峙时期,南京国民政府成立并逐步在形式上统一全国,而共产党领导的武装斗争也逐步得到发展。同时,随着日本对中国侵略的加深,民族矛盾逐渐上升为主要矛盾,并最终引致抗日战争的全面爆发。抗战胜利后,阶级矛盾激化使国共两党进行了长达 3 年的内战。随着政治上的动乱,国民政府时期的经济也遭受了重创并陷入困境。由于其父亲登瀛公是当地有名的儒医,不仅喜藏书,而且善书法、能诗词。所以,即便是在动荡的岁月,蒋父也非常重视其子的教育和学习。他 5 岁启蒙,蒋父亲自教授《三字经》和《百家姓》以及毛笔字的书写;9 岁时,上小学并于一年内完成学业。毕业后,因中心学校与初中均离家甚远,若住宿又恐家庭不能完全负担,故未去。随即,就决定在家随父学医并接受私塾教育,当时主要是由前清秀才武毅争上门串讲《四书》、《五经》、《唐诗》和《宋词》等有关内容。对于他来说,当时学习的状况可谓“好读书,不求甚解”。15 岁时,在基层乡村组织从事了 2 年多的文书工作,光复后,被长沙法院招至从事刻钢板、写蜡纸和印油印等工作。在此工作的 2 年间,他还到临湘县做过半年的雇员。1948 年年底回老家过年后就再未回去并失业在家。这段时间,他主要为基层文书笔吏,也多去图书馆坚持学习,观看古今书籍。尤爱历史、文学和法学,对朝代更替、诗词文艺和法律渊源等颇感兴趣。

1944 年,蒋碧昆教授与刘少奇主席的外甥女鲁绮昌在“父母之命、媒妁之言”下成婚。解放初期,蒋碧昆教授和几个同辈的年轻人一起北上求学,而作为其舅父的刘少奇主席也亲切地接见了他们,并告诉他们要听从组织安排,经过考试方能入学,并且学成后要全心全意为人民服务。除此之外,在与刘少奇主席不多的几次见面中,刘少奇主席告诫道:“要委曲求全、忠诚老实和谦虚谨慎,切勿砸舅父的招牌;必需经受考验后方能入党;

年轻时要多学政治经济学等。”经过不懈努力，蒋碧昆教授顺利考入中国人民大学的前身华北大学，并参加了一系列的政治学习、思想改造、交代家庭和社会关系等活动。1950 年春，他由华北大学的第三部考入中国人民大学法律系（首届本科）学习，秋季入学，系主任是何思敬教授，主要教授法哲学。由于新中国成立初期受到苏联诸多方面的影响，法律系的课程是依据苏联法科模式设置的，并多由苏联专家讲授。当然，也有中国朝阳大学的教授，像唐士儒、佟柔、陈士正、陈逸云和王向明教授等分别主讲民法、苏联的刑法和诉讼法以及国家法等，《中国人民政治协商会议共同纲领》作为一门专业课由杨化南副主任主讲。除此之外，蒋碧昆教授也受过徐特立和谢觉哉等前辈的教导。当时，中国人民大学实行政治辅导员制，党团组织特别关怀学生的思想与生活。其中学生互助组织作为学生相互切磋求进和教学相长的重要形式对大家的学习帮助颇大。大学 4 年期间，蒋碧昆教授系统地学习了法学和政治理论以及语言（汉语和俄语）等知识，并对“天赋人权”和“法律面前人人平等”等学说思想产生了浓厚的兴趣。在进行理论学习的同时，积极参加实习活动，实习期间曾到天津、上海的高级人民法院和北京市人民法庭参加司法审判的实践活动。

1954 年 6 月，蒋碧昆教授作为中国人民大学的首届毕业生被分配到中南政法学院（现中南财经政法大学）任教。之后不久，为了培训新中国的法学师资力量，中国人民大学法律系举办了教师进修班，他作为国家法（后改为宪法）专业的老师也得以重返母校进行学习。进修期间的国家法课程由王向明教授和吴家麟教授讲授，王向明教授主讲苏联部分，吴家麟教授以五四宪法草案为主要内容讲授中国部分。当时，又恰逢宪法起草委员会邀请中国人民大学法律系的师生参加宪法制定的相关工作，蒋碧昆教授作为临时编辑参与了“宪草”意见和建议的整理工作，并且也亲自见证了新中国第一部宪法的诞生。进修结束以后，回到中南政法学院继续从事中国宪法学专业课程的教学工作，并且为了教学与科研的需要，出版了《中华人民共和国宪法名词解说》，为宪法学知识的学习和普及起到了重要的推动作用。与此同时，也参与了一系列的社会调研活动，诸如“城市人民公社的政社合一”等问题的研究。

“文化大革命”开始以后，学校的教学工作陷入瘫痪，蒋碧昆教授也因与刘少奇主席的特殊关系而“理所当然”地受到牵连，经常被审查和批斗。尤其是在全民参与中央九届二中全会通过的宪法修改草案中关于国家主席存废问题的讨论时，由于其主张不能因刘少奇的个人原因而废止国家主席，应当予以保存而被极左的先生不时加以批判。在此期间，蒋碧昆教授的教学和科研工作也受到极大冲击，以致毫无进展。

直到改革开放以后，中国迎来了民主与法制建设的春天，法学教育与法学研究也逐渐步入正轨，借此蒋碧昆教授也可以正常地进行科研创作。在新时期，蒋碧昆教授出版了《中国近代宪政宪法史略》等多部著作，参与主编和编写了《宪法学》等多部宪法学统编教材，其中由司法部审定的高等政法院校规划教材《宪法学》再版了7次且迄今仍为众多院校指定的宪法学教材。除此之外，蒋碧昆教授还在《法制日报》、《长江日报》、《湖北日报》和《法商研究》、《当代法学》等法学核心期刊上发表了诸如《关于我国宪法原则的探讨》、《马列主义宪法理论在我国的运用和发展》、《宪法实施的几个问题》、《我国行宪与改革的几个关系问题》等论文。蒋碧昆教授不仅在宪法学领域颇有成就，而且在环境法学和民法学领域也有所建树，参与编著法学知识丛书：《环境保护法讲话》和《中华人民共和国民法讲义（试用教材）》并发表《环境法学初探》等论文，其中对于“环保设计与施工要同时进行”即“三同时”方针分析透彻。

在进行科研创作的同时，蒋碧昆教授曾多次到省内外的诸多学校、政府机关和政法部门进行宪法学知识的讲授。先后在南开大学、辽宁师范大学、河北大学、华东政法学院、杭州大学、安徽大学、郑州大学、河南师范大学、长沙大学、湖南女子大学、广州大学、中山大学、黄石大学、江汉大学等高校讲过学，并应湖北省、浙江省、广东省、长沙市、武汉市、襄樊市等地的人大常委会之邀做过专题讲座。在这里，特别应予以提及的是蒋碧昆教授与安徽大学有着深厚的渊源，他为安徽大学法学院宪法学与行政法学的建设与发展做出了突出贡献，安徽大学培养出了新中国第一位行政法学硕士，而这“第一位行政法学硕士”的名号是以蒋碧昆教授为代表的中南政法学院授予的。其间，刚成立的深圳大学法学硕士学位授予权也起始于中南政法学院。除了在本国进行法学研究和普法教育以外，蒋碧昆教授也到过美国芝加哥大学和德保罗大学法学院进行访学，并与当地的宪法学者交流中国的法学动态等。1981年1月9日至10日，蒋碧昆教授作为宪法修改委员会秘书处特邀专家参与了现行宪法修改前的学者座谈会并提出了宝贵的意见，其内容涉及框架、体系与条款等，甚为丰富，详见许崇德教授的巨著《中华人民共和国宪法史》（上、下）的有关部分。总之，蒋碧昆教授作为一名学者，为我国宪法制度的完善和宪法学的发展做出了卓越贡献。

蒋碧昆教授在进行学术研究的同时，也不辞劳苦地从事法律援助工作，其承办过“武汉燃气管爆炸死伤赔偿案”、“黄鹤楼楹联著作权纠纷案”和“武汉水运双底船案”以及其他赔偿案等共计20余件公益性质的案件，特别是律师告律师之首案作为第一被告而胜诉。这些案件不仅在社会上产生了一定的影响，而且其无偿的法律援助也为众学者参与其中起到了良好的示范作用。

在经历了整整40年（“文化大革命”除外）的教学与科研活动之后，蒋碧昆教授于1994年6月退休，后被学校返聘，直到2002年仍在为宪法学与行政法学专业的研究生讲授《中国宪法史》。退休以后，多次被聘为中南财经政法大学和武汉大学宪法学与行政法学专业硕士和博士论文评卷与答辩委员会委员。同时，他依然时刻关注着中国宪法学的研究和发展，每年的宪法学学术研讨会除三次出国未能参加以外，皆应邀前往。鉴于蒋碧昆教授对中国宪法学发展做出的巨大贡献，2005年，他被中国宪法学研究会授予“中国宪法学发展贡献奖”。2014年，时值五四宪法制定60周年，蒋碧昆教授在人民日报署名发表《从“五四宪法”走过来的法治梦》，以示对五四宪法的纪念。同时，在首个国家宪法纪念日之际，中央电视台及一些地方媒体对蒋碧昆教授作了诸多专题采访，他也向多个刊物题词：“且看今日之中华，竟是宪治之天下”。

概览蒋碧昆教授的教研生涯，我们可以看到，他不仅在宪法学理论界颇有声望，而且在法律实务领域和诗词书法领域也颇多建树。历任中南政法学院助教、湖北大学法律系讲师、湖北财经学院和中南政法学院副教授以及中南财经政法大学教授（1986年），是中南财经政法大学宪法学与行政法学学科的创建者和奠基人。除此之外，曾被聘为湘潭大学、武汉科技大学和江汉大学的客座教授，也曾任中南政法学院宪法与行政法教研室主任、院学术委员会委员、宪法学与行政法学硕士研究生导师组组长。并兼任多种社会职务，主要有：第一届、第二届中国法学会理事，第一届、第二届、第三届、第四届中国宪法学研究会干事，第五届中国宪法学研究会顾问，湖北省第五届、第六届、第七届人大常委会法工委委员和顾问，湖北省宪法学研究会会长，湖北省宪法学会名誉会长，湖北省民政学会副理事长，湖北省环保学研究会首任常务理事。由于爱好诗词、书法，蒋碧昆教授还是中华诗词学会文化研究所研究员，中国五体书法研究会副会长、常务委员，湖北省诗词学会理事和顾问，中国书法家协会湖北分会会员，武汉市诗词楹联学会常务理事兼常年法律顾问，武汉青松诗社名誉会长，美国芝加哥文艺诗社永久顾问。从20世纪50年代中叶即为武汉市兼职律师，主要从事带有公益性质的法律援助工作。七八十年代之交恢复律师制度时，在湖北省第八届全省司法工作会议上作示范辩护活动，当年参加旁听的王利明教授于后来的回忆中在《法学资讯》刊物上也有所提及。同时，蒋碧昆教授也先后在湖北省、武汉市以至广州市几家律师事务所任高级律师或名誉主任（顾问）。

蒋碧昆教授用自己的实际行动践行着当代宪法学人的历史使命和历史责任。其一，作为一位教育工作者，其培养了一批优秀的法学人才，在宪法学领域中包括如刘茂林教授、王广辉教授和刘嗣元教授等在当下久负盛名的宪法学者；在民商法领域，"文化大革命"后湖北财经学院首招的民商法硕士覃有土，出其师门而成为高足。作为一名教师，长期为本科生教授宪法学课程，当时的许多学生现在都已成为本学科领域的带头人，如77级的王利明教授和黄进教授等。其二，作为一位学业与人生的导师，蒋碧昆教授教导青年人要有扎实的理论基础、丰富的阅历和宽广的胸怀以及团队合作的精神，以此来促进学科建设乃至社会的发展。同时，他还倡导为人师要关爱学生，对待学生的错误要批评教育而不可随意处分。其三，作为一位法学研究者，他提出了基本原则、主要原则和具体原则的三层次论和主张财产权与宗教信仰自由分别单列作为公民的基本权利，同时其把太平天国运动作为中国近代宪政宪法史的序幕更是独具特色。其四，作为一名父亲，蒋碧昆教授有着丰富的育子经验。如今，蒋家是"一门三博士，双教两高工"，即父子两位是教授，儿子、儿媳和小女儿是博士，大女儿和大女婿是高级工程师。蒋碧昆教授说，他教育子女的方法完全来自当年刘少奇主席的耳提面命：一个人的成长包括主客观两个方面，但无论顺境还是逆境，关键还是靠自己；再者，为学者首先要学会做人。其五，应该需要特别指出的是，蒋碧昆教授在80高龄时自述其教研特点并析释教材、讲稿与讨论会研究之间的异同，作为践行准则，颇有示范意义。而其主编的《宪法学》第7版堪称其"绝版"出本，在扉页引证国粹之词汇与书法加以弘扬和以资纪念，足见其"期望于后学，以成就将来"之夙愿与用心之良善。

蒋碧昆教授虽已步入耄耋之年，但是其身体依然硬朗，精神依旧矍铄，良好的心态使老人长寿如意、福满家堂，此乃不仅是蒋家之大幸，也是中国宪法学界之巨福。蒋碧昆教授的一生极具传奇色彩。晚年的蒋碧昆教授也进行了自我评价："家贫辍学，随父学医，童稚出山，文书笔吏，养家糊口，以盼解放；北上求学，多有所获，高校任教，延续卌年，后起硕博，多有所成，耄耋之年，甚是欣然。余学之法，专业较宽，并非多艺，普法使然；业余爱好，诗词书法，怡情养性，以享天年；毕生学业，主客相结，有赖自力，得以成业，己身教后，莫不逾越。"

主要学术思想和学术观点

蒋碧昆教授在40余年的教学和科研生涯里，不断进取、笔根不辍，取得了丰厚的科研成果，留下了大量的宪法学文献，对中国宪法学做出了其应有的贡献。回顾蒋碧昆教授的学术生涯，在宪法学学科领域，其研究成果主要集中在以下四个方面：

第一，在宪法基础理论方面，对宪法指导思想、宪法原则、宪法的作用、宪法实施、宪法的发展、宪法与改革的关系、宪法意识以及宪法学研究等基础问题都进行了研究，提出了自己的见解。第二，在公民基本权利方面，对我国公民基本权利和义务的类别及其关系进行了划分，对基本权利原则进行了学理论证，并较早地对知情权进行了系统论证。第三，在国家机构方面，极为重视对人民代表大会制度的研究。在比较中西代议制度的基础上，对人大制度的中国特色进行了阐释，对人大制度存在的问题提出了前瞻性的意见。除此之外，还对人大制度的监督职能颇有兴趣，探讨了在坚持人民代表大会制度的前提下建立违宪审查制度的构想。第四，在中国近代宪法史方面，结合历史背景对中国近代的历次宪法性事件兴起及其演变的原因、后果进行了翔实的分析，运用马克思主义宪法理论对中国近代重要的宪法文件进行了客观、公正的解读。

宪法学基础理论是蒋碧昆教授的专长，尤其是在以下几个问题上，他提出了自己独到的宪法学思想：(1)宪法指导思想和宪法原则。蒋碧昆教授指出，指导思想是衡量宪法的一项重要标准，现行宪法的指导思想即四项基本原则。同时，还将宪法原则分为基本原则、重要原则和一般原则三个层次来加以认识。(2)宪法与改革的关系。中共中央于1984年10月到1985年5月先后作出了《关于经济体制改革的决定》、《关于科学技术体制改革的决定》和《关于教育体制改革的决定》,这三个决定的颁布掀起了宪法学界关于宪法与改革关系的大讨论。在这场大讨论中,蒋碧昆教授提出了宪法确认改革、改革旨在行宪和改革是宪法发展的动力三个极具洞察力和影响力的观点。(3)宪法学"超前性研究"的观点。宪法的超前性研究以唯物主义的认识论为思想基础,将宪法研究分为静态研究和动态研究。前者指对宪法规范的分解、注释和评价;后者指对宪法规范在社会的运转过程中的动态考察、综合和预测。宪法规范的静态分析和动态考察兼顾成文宪法和现实宪法,摆脱了宪法文本的枯燥注释。蒋碧昆教授尤其强调宪法实施之于宪法学理论研究的重要作用。他指出,既然宪法随着社会的发展而变迁,宪法学研究就不能停留在对宪法条文的宣讲和注释的水平上,而应当研究宪法发展和变迁的趋势,做到理论先行。

此外,他还对中国近代宪法史倾注了不少心血,是中国宪法史较早的研究者。蒋碧昆教授从宪法学名词翻译和解读着手,然后进入中国近代立宪史的研究。在完成这两项基础性研究之后,恰值改革开放新时期,他结合1982年宪法文本对宪法学中的一些重大问题进行深入浅出的阐述。光是这样一种循序渐进的学术经历,放在当下仍不失为后辈学子学习和研究宪法学的一个模板。关于自己的研究特点,蒋碧昆教授总结到:首先是教学和科研从现行宪法文本出发,兼顾宪法文本变迁的历史逻辑;其次是注重宪法学一般原理与中国特色相结合,尤其是重视中国宪法的独特性;最后是注重理论联系实际,分析比较,剖析优异。

(一)宪法学基础理论

在宪法学基础理论领域,蒋碧昆教授的学术贡献主要体现在七个方面:一是主张对宪法原则进行层次化认识;二是积极探讨宪法实施问题;三是主张辩证地认识改革与宪法的关系;四是认为应对宪法序言效力进行细致分析;五是提出在宪法实施中培育宪德;六是主张宪法学的超前性研究;七是回顾和总结马克思主义宪法原理与中国宪法的特色。这七个方面的学术贡献,充实了当时宪法学的研究成果,反映了当时老一辈宪法学者所具有的问题意识和现实关怀,对今日的宪法学研究给予了鞭策和启示。

1. 主张对宪法原则进行层次化认识

在宪法原则方面,当时学术界主要有三种不同观点:第一种,认为只有四项基本原则这一项宪法原则；第二种，主张四项基本原则是总的指导思想，除此之外还有其他原则；第三种，认为除四项基本原则外，宪法具有本身特有的原则以及一般的宪法原则。

蒋碧昆教授对此指出，讨论问题应该明确焦点，不能混淆宪法原则同四项基本原则的关系。他主张对宪法原则进行层次化的认识。他认为宪法原则有三个层级：四项基本原则是第一层级；宪法的重要原则为第二层级；具体的一般原则为第三层级。①

蒋碧昆教授所主张的宪法原则层次化认识，在当时来说具有反思性，超越了对宪法原则的简单认知。这种对宪法原则的层次划分也契合了行政法学研究中对行政法一般原则和具体原则的区分。在今天看来，宪法原则的层次化认识依然具有重要意义。理解中国宪法的原则，必须有一个综合与分析的思维，即既要从整体上把握宪法的原则，又要对宪法原则的内容进行层次划分。这种层次划分标示出不同原则在中国宪法中的不同地位，尤其是对于层级较高原则的把握更有助于理解中国宪法所承载的价值追求和功能导向。因为，最高层级的原则其实就是在彰显宪法的指导思想，正如蒋碧昆教授所言，这种指导思想的正确与否是衡量一部宪法是优还是劣的重要标准之一。②

2. 积极探讨宪法实施问题

宪法的生命和权威在于实施。当时学界对于宪法实施的探讨具有强烈的问题意识和现实关怀，蒋碧昆教授对宪法实施问题的思考体现了这一点。

蒋碧昆教授关于宪法实施的学术思考，有两个特点：一是从部门法的角度切入分析宪法实施；二是对当时引发热议的宪法司法化问题提出了自己的学术主张。他对当时刑事诉讼法的修改内容进行了分析，认为刑事诉讼法的修改很好地体现了宪法实施。③ 同时，他对于引发学界和社会热烈讨论的齐玉苓案以及该案所涉及的宪法司法化问题发出了自己的声音。他认为在中国的宪法体制之下，司法机关无权取代立法机关，当时最

---

① 蒋碧昆："关于我国宪法原则的探讨"，载《政治与法律》1983 年第 6 辑。

② 蒋碧昆："中国宪法的指导思想和主要原则"，载蒋碧昆著：《蒋碧昆文集》（上卷），武汉出版社 2006 年版，第 85 ~ 101 页。

③ 蒋碧昆："从刑事诉讼法的修改看我国宪法的实施及其国际接轨"，载蒋碧昆著：《蒋碧昆文集》（上卷），武汉出版社 2006 年版，第 74 ~ 80 页。

高人民法院作出的批复也属于无权解释。[①] 除此之外，对于违宪审查制度这一宪法实施的重要内容，蒋碧昆教授给出了自己的论证。其核心观点是要重视中国的实际情况尤其是中国的宪法体制。[②]

蒋碧昆教授对于宪法实施问题的思考反映出当时宪法学界对中国现实问题的关怀和对法治建设的殷切期盼，学界对宪法实施的认识和讨论，也彰显出了宪法学人独立的批判精神和学术追求。

3. 主张辩证认识改革与宪法的关系

改革是中国社会30多年来发展的关键词。在当时，宪法学人对改革与宪法的关注发端于改革对具体制度的突破和宪法调整、规范社会现实这一功能的内在紧张。换言之，当时学术界对于改革和宪法的争论也主要集中在"改革是否违背了宪法"这一基本问题及由此延展出的其他问题。除此之外，改革推动宪法发展也为学者所关注。

在蒋碧昆教授看来，改革与宪法所具有的紧张关系并非绝对。他认为，宪法确认了改革，因而改革不仅没有违背宪法反而是在实施宪法。中国在改革开放中所取得的突出成就恰是因行宪而得。[③] 当然，对于所谓"改革出现了不正之风"，他主张应该用宪法的标准来衡量。[④] 在此基础上，他主张法制要为改革服务，确认和保障改革成果。[⑤]

蒋碧昆教授的主张引起了当时学界对于宪法与改革的关注。他对于宪法与改革关系的主张是在为改革探寻一种合法性，是在为改革正名。他的观点体现出了辩证的思维。他认为，改革是现行宪法的一种价值追求。因而，将改革与宪法绝对地对立起来是不全面的，过度强调了两者的紧张关系，而没有看到两者的统一。蒋碧昆教授和其他主张辩证认识宪法和改革关系的学者一样，都是在对两者紧张关系的调和，是对质疑和反对改革的回应。对当时学术界来说，这不仅带来了学术争鸣，更重要的是

---

① 蒋碧昆："质疑《宪法司法化第一案》"，载蒋碧昆著：《蒋碧昆文集》(上卷)，武汉出版社2006年版，第81～84页。

② 蒋碧昆、朱书强："对我国违宪审查制度的若干构想和论证"，载全国人大常委会办公厅编：《我国当前法律实施的问题及对策》，中国民主法制出版社1997年版。

③ 蒋碧昆："宪法是法治的核心和灵魂"，载蒋碧昆著：《蒋碧昆文集》(上卷)，武汉出版社2006年版，第46～48页。

④ 蒋碧昆："改革要在宪法范围内运行——谈谈新宪法的实施与经济体制改革的关系"，载《中南政法学院学报》1986年第1期。蒋碧昆："我国行宪与改革的几个关系问题"，载中国宪法学研究会编：《宪法与改革》，群众出版社1986年版。

⑤ 蒋碧昆："我国法制要为改革服务"，载《河北法学》1988年第3期。

维护了改革的正当性。

中国宪法的发展与改革密切相关。当时学术界,对宪法发展的探讨相对较少,尤其是从改革的视角出发分析宪法发展。在蒋碧昆教授看来,在中国语境之下,改革无疑是推动宪法发展的动力,因而分析宪法发展必须从改革的视角来看。他认为改革能够推动中国宪法的发展,主要体现在观念宪法、成文宪法和现实宪法三个层面。从观念宪法来说,就是宪法意识的觉醒;以成文宪法的视角来论,就是吸收和固定改革所带来的制度创新;就现实宪法而言,就是对改革开放中重建的以社会、政治、经济等为内容的行为方式的直接反映。更为关键的是,他认为中国宪法的发展将从行政权力受限、司法权扩大、政党制度发展、公民基本权利扩展和宪法监督制度的完善五个方面得到体现。同时,他也指出了中国宪法发展的四个途径,分别是宪法修改、宪法解释、创设宪法惯例以及培养宪法意识。①

蒋碧昆教授对宪法发展的讨论在当时具有创新性,其创新性体现在从中国改革这一视角来分析宪法发展,这种分析框架与其对改革与宪法关系所作的探讨是一脉相承的。在当时,以改革的视角指陈中国宪法发展的具体体现、内容以及途径弥补了宪法发展研究的不足。当下中国正处于全面深化改革过程之中,蒋碧昆教授对宪法与改革关系的探讨仍然具有现实意义。毫无疑问,当下中国的改革也是在行宪。但改革如何在宪法指引下进行,尤其是发挥法治的引领作用,对此仍然需要深入研究。

4. 细致分析宪法的序言效力问题

序言是宪法的组成部分之一。宪法具有法律效力毋庸置疑,然而宪法序言是否同样具有法律效力则成为一个被广泛争论的问题。当时学术界主要有三种意见:第一种意见认为序言具有完全的法律效力;第二种意见主张宪法序言没有法律效力;第三种则认为要具体分析,能与正文条款结合的有效力。

蒋碧昆教授认为,序言对于宪法的必要性取决于制定者的意志及其利益需要,它是对已获得的政治经济成果的确认,是原则性的规定以指导规范的具体条款。就我国宪法的序言而论,要着重联系我国现行宪法序言的记载作具体分析。在他看来,1982 年宪法的序言内容主要可以分为

① 蒋碧昆、刘茂林:“改革与中国宪法的发展”,载《法商研究》1994 年第 2 期。

三部分:一是历史的记载,总结过去革命斗争的胜利成果。这部分昭示了一种客观存在,没有法律效力。二是集中力量进行现代化建设的根本任务以及实现根本任务的基本保证和国内外的重要条件。其中,四项基本原则要与正文条款结合才有法律效力;人民民主专政和社会主义制度既是指导原则又是国家根本制度,具有法律效力。三是宪法序言明确宣布有法律效力的则具有当然的效力。[①]

蒋碧昆教授对宪法序言效力问题的分析属于上述第三种学术观点,他对中国1982年宪法序言内容的具体解读回应了对宪法序言有无法律效力这一问题。这种具体阐述有利于当时人们对宪法进行更加细致深刻的理解。

5. 主张在宪法实施中培育宪德

宪法的实施不仅需要制度资源,还需要道德资源。对此,当时学术界并未专门对宪法实施的道德资源进行研讨,大多是从制度建构层面进行分析。

在蒋碧昆教授看来,中国宪政建设困难重重的一项重要原因就是受制于实施宪法所仰赖的道德资源。他认为,这种道德资源就是宪德。他将宪德定义为实行宪政和法治所应该有的政治道德,其核心是民主和法治思想、人权意识和平等观念。宪德的基本内涵包括个体的独立人格、社会公德和从政道德。他继而阐述了宪德所具有的价值:一是能够促使道德规范的宪法化;二是培养宪德可以降低行宪成本;三是宪德的培养可以使民众自觉守宪、护宪。而培养宪德的途径就是,要发展社会主义市场经济;透过制度改造提供训练宪德的场所;开展新的道德观教育;对传统德治思想进行创造性转换。[②]

蒋碧昆教授提出宪德这一概念,具有创新性。他所提出的宪德概念、内容和培养路径弥补了片面强调制度建设支撑宪法实施的不足,扩大了研究宪法实施的视角。今日中国正在全面深化改革和全面推进依法治国,宪法实施所仰赖的道德资源仍有待充分挖掘和培养。法治的建成需要制度体系的完善,但关键在于制度的有效运行,这就需要法治文化的支

① 蒋碧昆:"宪法学若干问题的探讨",载蒋碧昆著:《蒋碧昆文集》(上卷),武汉出版社2006年版,第49~57页。

② 蒋碧昆:"宪政与宪德",载蒋碧昆著:《蒋碧昆文集》(上卷),武汉出版社2006年版,第120~126页。

撑。谈依法治国,要重视法治意识的培养;言依宪治国,要关注宪法意识的培育。

6. 主张宪法学的超前性研究

成熟的宪法学研究不仅需要科学地界定研究对象,还需符合实际需求的研究方法。在当时学术界,对宪法学研究方法的关注是学者们的一项重要工作。蒋碧昆教授以宪法研究的社会功能入手,主张进行超前性研究。

蒋碧昆教授将宪法学的超前性研究定义为一种动态性的、更加注重综合性的研究。其目的是以现实为基础,考察研究社会发展和宪法变迁的趋势,指出社会现实和宪法规范之间已经发生或将要出现的冲突,以及宪法规范的缺漏之处,及时向国家机关提出协调措施,直至向全国人大常委会提出修宪的学理建议,以使宪法不断适应社会发展的需要,充分发挥根本法的调整作用。他同时指出超前性研究的基本要求:一是要在社会实践基础上进行考察,占有第一手资料,研究概括宪法规范的适应状态和运行情况;二是需要丰富的知识和扎实的理论功底;三是在重大课题研究中,学界要和实务部门及接近的学科联合起来;四是要坚定不移坚持“双百方针”,允许自由讨论;五是在纵横两个方向上广泛疏通信息情报的输入和输出渠道。①

超前性研究关注的是在社会发展过程中,如何通过宪法学研究保持宪法规范与社会现实的协调。这种问题意识源于当时改革的持续深入推进与宪法规范所发生的紧张关系。在当下,这一问题依然存在,如何保持宪法规范与社会现实的协调仍不可回避。宪法学的超前性研究在方法论上为此提供了一种思路。

7. 回顾和总结马克思主义宪法学原理与中国宪法的特色

马克思主义宪法学原理是当时指导我国宪法学研究的重要理论资源。蒋碧昆教授认为,中国宪法不是对马克思主义宪法学原理的简单套用,而是紧密结合了中国的实际,具有中国自己的特色。

在蒋碧昆教授看来,1982 年宪法总结了新中国制宪和行宪正反两方面的经验,适应了当时以法治保障四化建设的急切需要,是以马列主义根本法理论为指导,结合我国实际而在社会主义宪法发展史上做出的创举。

---

① 蒋碧昆、许来武:“论宪法的超前性研究”,载《当代法学》1988 年第 3 期。

他指出，中国宪法具有鲜明特色，其表现在：一是在序言中表述五千年文明史、近现代革命建设成就、作为立国之本的四项基本原则、改革开放总方针、社会主义现代化目标、统一多民族国家结构、中共领导的多党合作、政治协商的政党制度及根本法的内涵及遵宪准则；二是在总纲中规定了人民民主专政的社会主义国家根本制度、民主集中制的人民代表大会制度、以公有制和按劳分配为主体，多种经济成分、分配形式同时并存的经济制度、建立社会主义市场经济体制等内容；三是在公民基本权利和义务方面，体现出不脱离当前物质条件以及权利与义务的一致性等特征；四是在国家机构中的规定体现了国家权力统一与民主集中制原则；五是国旗、国徽、首都的中国特色。①

蒋碧昆教授对中国宪法特色的总结符合当时的历史实际，充实了当时对于中国宪法特色的认识。现在马克思主义宪法学原理仍然是理解和分析中国宪法的重要理论工具，而对中国宪法特色的认识也是研究中国宪法的起点。

（二）公民基本权利和义务

公民基本权利和义务是现代宪法的重要组成部分，也是国家民主程度的标志。1982 年宪法的显著特点是增加基本权利条款，并将公民的基本权利一章置于国家机构之前，突出了公民基本权利的地位。正是自 1982 年宪法开始，我国的宪法研究开始转向权利研究。蒋碧昆教授充分意识到了基本权利的重要性，分析了当时我国学者有关公民基本权利和义务的研究，在此基础上，对我国公民基本权利和义务的类型、保障及其发展等方面进行了诸多富有创新性的研究。

1. 基本权利的“五分法”

关于基本权利的类型划分，学界现有“十分法”、“八分法”、“六分法”、“五分法”、“四分法”等类型。② 蒋碧昆教授对于公民基本权利的划分，不同于现在通行的观点。他认为，公民的基本权利可划分为以下几类：一是政治权利和自由，包括选举权与被选举权，以及公民的言论、出版、集会、游行、示威等六方面的自由权利；二是个人自由，包括公民的精

---

① 蒋碧昆：“我国现行宪法的社会主义特色”，载蒋碧昆著：《蒋碧昆文集》（上卷），武汉出版社 2006 年版，第 64 ~ 73 页。

② 韩大元：“中国宪法学研究三十年：1978 ~ 2008”，载《湖南社会科学》2008 年第 4 期。

神自由,即宗教信仰自由,人身自由不受侵犯、个人尊严不受侵犯、住宅不受侵犯和通信自由,以及批评、建议、申诉、检举、控告和索赔权;三是社会经济权利,包括财产权、劳动权、休息权、物质帮助权等;四是文化教育权利和自由,包括受教育权与文艺创作、科学研究及文化活动的自由;五是特定主体的权利,如男女平等权、母亲、儿童、老人的权益,以及华侨、归侨的正当权益。① 蒋碧昆教授作如此划分,绝非刻意标新立异,而是有着系统周全地考虑。

第一,划分基本权利与义务的标准。蒋碧昆教授对于基本权利的类型划分,其独特性首先在于以马克思唯物主义辩证法为理论指导,提出了划分基本权利与义务的标准问题。他认为,分类标准即认识事物的方法论,首先,应遵循辩证逻辑,从事物本质属性亦即所谓个性特征加以比较分析。其次,认识分析任何事物应有联系与全面的观点,不搞孤立和片面的形而上学。因此,总纲中的经济权利内容也要考虑进来,公民的基本义务也要把散见于其他条款的规定联系起来,统一分类而不宜割裂开来。最后,分类法离不开对具体问题具体分析这个马列主义灵魂。

第二,平等权不宜单列。学界一般将宪法中的"法律面前人人平等"条款理解为平等权,对此,蒋碧昆教授表示质疑。他认为,平等不仅是指权利,而且指向义务。平等是社会主义法制的一项重要原则,在国家和社会生活的各个领域莫不如此。作为一项原则,它需要通过具体、实际的权利表现出来,诸如男女平等、民族平等,这一切方面无不既包括权利,也包括义务。

第三,政治权利不包括批评、建议、申诉、控告和检举的权利。蒋碧昆教授认为,政治权利只包括两类权利:选举权和被选举权,以及言论、出版、集会、结社、游行、示威自由。理由是:一要着眼于宪法典条款的体系结构,第 34 条的选举权利及第 35 条的政治自由是前后联系在一起,之后转到宗教自由等个人自由权上,最后才在第 41 条列举了批评、建议、申诉、控告、检举以及索赔等权利,显然后者与第 34 条、第 35 条的政治权利联系不够紧密;二要着眼于刑法典中对剥夺政治权利的内涵,刑法中的剥夺政治权利仅指《宪法》第 34 条和第 35 条的政治权利;三要在司法实践中,对于那些已经被剥夺政治权利的人来说,《宪法》第 41 条的权利并未

---

① 载《法律学习与研究》(丛刊)1988 年第 2 辑。

被剥夺。他们不论是在看守所或者劳改场以致监外执行，对于司法工作的问题，完全可以提出批评、建议、申诉、控告、检举以及索赔的要求。如果这些权利随着政治权利一同被剥夺，后果是不堪设想的。

2. 基本义务的层次说

关于我国公民基本义务的类别，当时的学术著作和论文无一例外地按照《宪法》第 52 条至第 56 条的规定将公民的基本义务排列为：(1)维护祖国统一和各民族团结；(2)遵守宪法和法律；(3)维护祖国安全、荣誉和利益；(4)依法服兵役和参加民兵组织；(5)依法纳税。蒋碧昆教授指出，这种基本义务是国家对所有公民提出的要求，将其列为重要的基本义务当然是正确的。但是，如果在学习、研究和宣传上停留在此，则大谬不然。因为即便是从现行宪法的条文来看，公民的基本义务也不只有这些，第 49 条第 2 款规定，"夫妻双方有实行计划生育的义务"；第 3 款规定："父母有抚养教育未成年子女的义务，成年子女有赡养扶助父母的义务。"其他还有第 42 条"公民有劳动的权利和义务"，第 46 条"公民有受教育的权利和义务"，这都是明确的义务条款。因此，蒋碧昆教授提出了公民基本义务的三层次说。

第一层次的基本义务即现行《宪法》第 52 条至第 56 条直接规定的公民对国家必须履行的五个方面的基本要求；第二层次的义务即现行《宪法》第 49 条规定的公民在家庭关系中所承担的义务；第三层次的义务即现行《宪法》第 42 条和第 46 条规定的公民必须同时承受的权利与义务。

3. 了解权论

了解权[①]作为知情权发展的雏形，在我国的研究起步较晚。首先对了解权做全面解读的是学者叶必丰的研究，他在文章中对西方社会扩大新闻自由而广泛使用的护身符"了解权"做了两个层次的概念解读：一是政治上的民主权利；二是社会权利。其次将公民了解权的适用范围界定在立法活动公开、司法活动公开和行政活动公开，并向公民提供信息档案这些方面。之后有学者认为了解权是要求政府提供情报的权利，是公民了解政府的活动；也有学者在了解权构建的理论基础上呼吁建立我国的情报公开制度。在我国新闻事业蓬勃发展的时期，有学者提出了解权是对

① 该文系蒋碧昆教授与鲁志坤合撰，载《中国法学会宪法学研究会 2002 年学术年会论文集》。

新闻自由保障的理论基础。总的来说,学者们对了解权的理论认知仅仅认为是一种政治上的民主权利和社会权利。除此之外,对了解权的理论基础没有进行深刻的挖掘和适合我国国情的拓展,在当时所具有的理论基础上仅仅探讨了解权可以引申出来的个别权利如政治公开制度、情报公开制度、新闻自由等,没有一个宏观且系统的认识。也没有在法治发展的环境下对了解权与我国的实际做一个相对系统的界定和理论扩展以及现实运用。

蒋碧昆教授借助传播学对了解权的关注和研究,认为了解权的定义有广义和狭义之分。广义的了解权是指一个人有权知道他应当知道的事情的权利。它是指人们通过视、听、嗅、触等方式,感触外界信息,接受他人传递的情报资料,获得与己有关或者与己无关的种种情况的权利。它的本质基础是人的天赋本能,是人的眼、耳、鼻等感觉器官的自然延伸。狭义的了解权是指一个人有权了解种种社会事务和政治事务,尤其是政治事务的权利。为了保障这种权利的实现,社会和国家有公开某些活动的义务。它是一项基本的民主政治权利。通常所说的了解权就是指这种狭义的了解权。蒋碧昆教授论证了了解权的含义包括自然权利和政治上的民主权利以及社会权利三个方面,这三个层次呈现出一种由低到高、循序渐进的发展顺序,这种认识发展了我国了解权的理论内涵。[①] 他从自然人这个角度详尽地为我们解读了三种不同类型的了解权,主要包括对政治的了解权、对社会的了解权和个人信息的了解权三类。

关于对了解权的限制问题,蒋碧昆教授从对国家秘密和隐私权的保护两个方面来探讨。他首先系统地阐释了国家秘密与了解权的冲突,并对我国保密法和信息公开制度进行反思。对于了解权与隐私权的冲突,他认为应当用公法优先或公共利益优先的原则来解决,并将这一问题细分为普通公民的知情权与国家官员隐私保护、社会了解权与社会公众人物的隐私保护,以及个人信息了解权与其他普通公民隐私保护三个问题,不同情形有不同的限制标准。蒋碧昆教授还提出了解权与罪刑法定原则之间具有不可割裂的关系,两者内在的精神实质是一致的,目的在于保护以了解权为代表的民主权利。蒋碧昆教授对了解权的认识是全面而深刻

---

① 蒋碧昆:“了解权论”,载蒋碧昆著:《蒋碧昆文集》(上卷),武汉出版社 2006 年版,第 150 ~ 187 页。

的，他不仅扩展了了解权的基础理论，而且在这个理论基础上对了解权所包涵以及相关联的权利，从宪法学、民法学和刑法学等层面上做了较为全面的分析。

（三）国家机构

人民代表大会制度作为我国的政权组织形式之所以能够为我国的政治实践所接受并长期坚持，根本原因在于人民代表大会制度与我国国体相适应，能最大限度地发挥其优越性。另一重要原因则在于理论界和实务界就人大制度所存在之问题进行的积极探索，并针对问题提出的相应解决建议，使人大制度日臻完善。蒋碧昆教授亦在其独撰及与他人合著的一系列文章中对人民代表大会制度作了详细研究。他在考察了人民代表大会制度具体实践情况的基础之上，将之与西方国家三权分立的议会制度进行了比较，指出坚持人大制度作为我国政体的优越性，同时也承认由于历史方面的原因及人大制度在我国发展时间的短期性，使人大制度的优越性尚未能充分发挥出来。着重研究了人大制度中的代表制度，并从多方面提出了关于完善人大代表制度的措施。除人大制度之外，蒋碧昆教授还较早地参与讨论专门宪法监督机构的设立、国家主席制度和国家审计制度等问题。

1. 明确指出人民代表大会制度的完善方向

我国的人民代表大会制度是长期革命斗争中的产物，是人民政权建设的历史经验总结，它与人民民主专政的国体相适应，在国家的政治生活中具有相当的优越性。蒋碧昆教授在对比西方国家三权分立的议会制度的基础上指出：三权分立的资本主义国家政治制度不适应中国的国情，不能采用，而应采用具有中国特色的社会主义国家政治制度，即议行合一的人民代表大会制。它是以人民行使国家权力作为核心，实行民主集中制度。人大制度是适宜于我国人民民主专政的最好政权组织，其活动保障了广大人民行使国家权力，并有助于改革开放大业。① 从人民代表大会制度发展至今来看，其优越性在实践中愈来愈体现出来，在中国特色社会主义道路建设中发挥了重要作用，这是对蒋碧昆教授关于人大制度优越性认识的肯定。

---

① 蒋碧昆："我国人大与西方议会两种制度比较及联想"，载《中南财经政法学院研究生学报》1993 年第 1 期。

鉴于西方的议会制在为资本主义生产发展并巩固其政治统治地位方面立下过汗马功劳并仍然在发挥作用，蒋碧昆教授认为我国对于国外的有益经验实有借鉴之必要的，不妨采取“拿来主义”为我所用。对于西方国家的三权分立问题，不应局限于骂倒与批判，我们不妨总结分析资本主义国家利用三权分立制度来维护与巩固资产阶级专政的经验，看他们是如何做的，有什么经验教训，以便于吸收其有益成分，为完善我国的人大制度，维护与发展我国人民民主专政国家而服务。[①] 蒋碧昆教授一方面申明人大制度于我国政体的适宜性，西方国家的三权分立的议会制度存在弊端，与我国的国体不相适应；另一方面又能理性地从客观事实出发，认为我国可以从西方议会制度的统治方法和经验方面汲取那些有益于人大制度发展的积极成果。蒋碧昆教授对于人大制度的理性认识是其在宪法研究中采取科学辩证分析方法的结果。

在论证人大制度优越性的同时，蒋碧昆教授也指出了人大制度在我国实践中尚存在的一系列问题，认识到具有中国特色的人民代表大会制度还有待于在实践中继续研究、不断探索、逐步完善。为了将人大制度的优越性最大限度地发挥出来，需要在认清人大制度在社会政治生活实践中存在的问题基础上，进一步提出解决措施以健全和完善人大制度。蒋碧昆教授提出从以下几个方面来探讨人大制度的完善：

第一，应善于把党的主张形成为国家意志。针对当时存在的党政不分现象，蒋碧昆教授指出，党的主张和国家意志并不是一回事，党不能代替国家机关直接以党治国，党的意志只有经过人大法定程序才能上升为国家意志。理顺党政职能的划分，就党委来说，应当是有主张找人大，有大事用人大，经常关心、支持人大依法行使职权；从人大来说，应当是积极主动向党委汇报工作，提出建议和意见，按照法律规定，需要人大审议的事项，由人大依照法定程序讨论作出决定。人大要切实担负起从党的主张到国家意志这个转变任务。

第二，适应新形势的需要，加强立法工作。随着改革开放和市场经济建设的深入发展，市场上的竞争、交易活动，必然要用法律、法规加以规范。从人大的任务看，当前大量的是经济立法和行政立法，急需抓紧进

① 蒋碧昆：“我国人大与西方议会两种制度比较及联想”，载《中南财经政法学院研究生学报》1993年第1期。

行。同时,应对已有的法律法规进行清理。针对当时无地方立法权的县级人大也制定规范性文件的现象,蒋碧昆教授建议尽快出台一部基本法(立法法)加以规范。而对于人大自身工作,他主张制定监督法加以规范。

第三,提高素质,真抓实干。要做好人大工作,必须加强自身建设,包括组织建设、思想建设、业务建设、制度建设等。蒋碧昆教授尤其关注人大代表的素质问题,指出人大代表参政议政能力不足。主张应从两个方面着手提高人大代表的素质:一是严把选举关,把那些议政能力强、有一定文化、工作成绩显著、群众拥护、热心为人民服务的政治活动家选为代表;二是严把培训关,当代表选出来之后,加强法律和业务方面的学习培训,提高他们对代表地位、作用的认识,懂得宪法、选举法、代表法、组织法等法律知识,了解代表权利和义务,掌握代表开展工作的基本知识和程序,从而做好代表工作。

第四,解放思想,开拓进取。人大工作尚有许多课题有待研究,各级人大及其常委会应当有"敢为天下先"的精神,前人没有做的,我们要做;前人已做了的,我们不是简单的仿行或重复,要在工作中认真研究新形势,总结新经验,解决新问题。要广开思路、放阔视野、拓宽领域,沿着法律的轨道,不断把人大工作推向前进。

2. 深入研究人大代表制度

在关于人大制度①的完善问题中,蒋碧昆教授与刘平生的著文中对人大代表制度作了详细而深入的研究,并在文中指出人大代表作为人大制度的主体,地位至关重要,研究人大制度,发挥人大的作用,需从人大代表制度的研究出发。文中指出要坚持和完善人民代表大会制度,坚持和完善人大代表制度是关键之一,并主要从人大代表的当选条件限制、人大代表选举的平等问题、对人大代表的监督、人大代表专职化这四个方面探讨人大代表制度的完善问题。

第一,人大代表的当选条件限制。在代表法起草过程中,起草小组基于对我国人民民主专政的社会主义国家本质的考虑,并未对人大代表的素质或当选条件作出限制,以致一部分当选的人大代表由于素质较低而影响人大作用的发挥。文中指出代表法虽对人大代表的素质并未作出规

---

① 该问题系蒋碧昆教授与刘平生同志承担的中国法学会"八五"期间法学研究项目重点课题的成果。

定，但并不是说代表的素质不重要，对代表的当选条件进行适当的限制，并未与现行宪法和选举法规定的选举权的普遍性、平等性原则相悖。有时候对权利进行适当的限制是为了更好地保障权利的实现。人大代表对于人大工作顺利开展的重要性要求在实际的选举过程中要对被选举人作出一定的条件限制，否则一味地强调选举权的普遍性和平等性会造成得不偿失的结果。蒋碧昆教授在此文中经过理性分析并比较西方国家的议员在当选资格上的特殊限制，得出了对人大代表当选条件进行适当限制的必要性，并从政治条件、能力条件、文化知识水平、品行条件、健康条件、非国家机关政务人员这几方面对人大代表的当选条件作出了限制。这些限制条件对于今天的人大代表的选举仍有现实意义。

第二，人大代表选举的平等性保障。选举权的平等性是我国选举制度的一个基本原则。文中指出，实践中我国人大代表选举不平等的一面主要表现于农村与城市选民投票效力的不平等性及军队代表非按人口比例原则产生的特殊性。就农村与城市选民投票效力的不平等性这一项，尽管由于2010年《选举法》的修改使农村与城市的选民实现了同票同权而变为了过去，但对该文写作当时而言，这项认识无疑是具有创建性及现实意义的，为后来选举法的修改提供了一定的推动力。同时为了保障人大代表选举的形式平等和实质平等相统一，该文从以下几个方面提出了完善途径：一是提高直接选举程度；二是采取地域代表制与职业代表制相结合的方法；三是实行竞选制；四是建立具有中国特色的社会主义投票制度。

第三，完善对人大代表的监督机制。人大代表作为国家权力机关的组成人员，行使着人民赋予的国家权力。鉴于不受监督制约的权力必然导致腐败的历史经验教训，为了确保人大代表依法合理行使人民赋予的国家权力，需要对人大代表进行必要的监督。该文提出了以下几项完善人大代表监督机制的措施：其一，建立健全代表向选民和选举单位报告工作的制度；其二，建立健全代表述职和接受评议制度；其三，建立选民监督组织；其四，建立人大代表履行职责记事制度。在这些措施里，其中有一些已经得到了运用，并在对人大代表的监督中发挥了积极作用；也有未能实现但对今天现实问题的解决仍具有重要的借鉴意义。

第四，专职代表制与兼职代表制的问题。代表机关的代表依照他们是否可以担任其他公职，可分为专职代表制与兼职代表制两种。西方议会制的国家偏重于采取专职代表制，而我国则主要是兼职代表制，专职代表制和兼职代表制均各有其优缺点。我国在新中国成立初期，采取兼职代表制有其存在的合理性，而随着社会政治经济文化生活的发展变化，采取单纯的兼职代表制似乎已不能符合社会的实际情况与人大的工作需要。对于此种情况，文中提出要采取兼职与专职代表制相结合的制度。人大代表的专职化，可以通过给予工作报酬的方式在一定程度上解决代表兼职带来的职权行使怠惰问题，可以保障人大代表集中精力开展人大工作，还能使对人大代表的监督精确化和固定化。该文对人大代表制度进行深入考察所得出的相关结论，对现在人大代表专职化越来越有必要的中国而言无疑具有一定的指导意义。

3. 建议在人大内设专门的宪法监督委员会

宪法权威的实现依赖于宪法权利的保障，而要保障宪法权利得以实现则要求宪法被武装上牙齿，违宪审查制度即是宪法的牙齿，而这牙齿的锋利度则取决于这一制度所能发挥作用的大小。每个国家的国情不同，所适合的违宪审查制度也不同，尽管美国的违宪审查制度被证明取得了很好的效果，但并不一定就适合我国，我们还需要结合我国的实际国情来决定是否采纳其中某些优秀的经验。在蒋碧昆教授著文的当时，我国对于违宪审查的规定相当缺乏，而且基本上没有发挥出实效，这也是受之前一段时间内宪法仅起形式作用而产生的结果。随着社会的不断发展，通过设立一个专门的国家机构来进行违宪审查以维护宪法权威已经被越来越多的学者接受，但学者们对由哪一个国家机构来行使审查权尚众说纷纭。蒋碧昆教授在考虑到可行性和理论符合普遍规律这两个因素的基础上，提出了在人民代表大会下设立一个称为宪法监督委员会的可行性构想。[①] 同时还指出除了通过宪法监督委员会进行违宪审查外，还可以充分发挥检察院和法院在平时办理案件过程中的便利地位，将其在办案过程中发现的违宪法律文件报送给宪法监督委员会来审查处理。我国 2000 年通过的《立法法》基本上确立了在全国人大常委会下对立法违宪行为的监督审查制度，但因为没有规定专门的监督机构，我国的违宪审查制度在实践中所能发挥的作用极其微弱，亟须进行制度上的完善以使其能真正

① 蒋碧昆、朱书强："对我国违宪审查制度的若干构想和论证"，载全国人大常委会办公厅编：《我国当前法律实施的问题和对策》，中国民主法制出版社 1997 年版。

作用于宪法权利的保障。由此观之,蒋碧昆教授所提出的构想基本上符合我国的政治实践及具体国情,可以为我国在继续完善违宪审查制度的道路上提供指导。

4. 论证恢复国家主席建制的必要性

国家主席作为一国元首,是一个国家对外的代表,在整个国家机构体系中占据着重要的地位。1954 年宪法以法律的形式确认建立实质集体决定而形式上单一行使的元首制度,即国家主席制度。受“文化大革命”的影响,1975 年宪法取消了国家主席的建制,直至 1982 年宪法才重新恢复国家主席的建制。在重新恢复前夕,许多学者均提议恢复国家主席的建制。其中薛国安指出,20 多年的实践证明,设立国家主席,对于协调国家机器的正常运转,组织社会主义经济建设,健全社会主义法制、发扬社会主义民主,曾经发挥过重大的积极作用。对于这样经实践检验过的结果,无疑是应当遵循的,所以应当恢复国家主席这一制度。[①]

蒋碧昆教授则是在现行宪法已经恢复国家主席建制这样的背景下探讨恢复国家主席的必要性。其在文中指出,国家主席的撤销使国家的领导体制出现了问题,即国家元首制度的不明确。国家主席作为国家的元首,代表的是一个国家,在整个国家机构体系中占据重要的地位,其职权是其他任何国家机关无法比拟和取代的,这是恢复国家主席建制的原因之一。恢复国家主席建制是符合各族人民意愿的,有利于国家的长治久安,人民的安居乐业,也能保证国家的对内对外活动的实际需要。此外,恢复设立国家主席制度的另一条好处在于加强和改善党的领导,使党政分开。

5. 建议设立国家审计机关

我国在现行宪法颁行前,由于受历史原因及阶级属性的影响,一直未建立现代意义上的审计制度,仅做简单的会计检查,这种对会计监督的不重视态度给我国当时的经济工作带来了严重影响。鉴于我国审计制度的长期缺失,在现行宪法修改前后,我国宪法领域和财会领域的许多学者和实务人员纷纷对设立国家审计机关的必要性进行了论证,并提出了进一步完善我国审计制度的设想和方略。当时有学者撰文指出可首先在中央设立一个国家审计局直属国务院或人大常委会,主管全国的外部审计和

---

① 薛国安:“我国宪法应该恢复国家主席的制度”,载《现代法学》1981 年第 2 期。

内部审计工作,以不受其他业务行政部门的控制和干扰,有利于坚持原则,按国家规定的方针政策和规章制度办事,同时还可以具体了解各单位对计划任务和财经纪律的贯彻执行情况,及时发现问题,严肃加以处理。[①]

蒋碧昆教授是对该问题进行探讨的第一批宪法学者。他着重分析论证了我国将审计机关列为行政机关而不是像国外多数国家将审计机关隶属于权力机关或财政主管部门的现实原因。其认为把审计机关列为国家权力机关在现实生活中难以办到,而列入财政部之下又容易导致审计被内部虚化。由于当时我国对于审计制度的规定仅限于现行宪法修改草案中的几条,要使审计工作得以正常运行,还需要具体的实施细则及相匹配的机构和人员等。因此,蒋碧昆教授在文中指出,为了适应国家审计机关的建立,由立法机关制定《审计法》需提上议事日程,以明确审计机关的任务、职权、内容、程序和守则。[②] 其中关于审计人员的回避问题亦可以从后来的《审计条例》及《审计法》中窥出端倪。

(四)中国宪法史

1984 年经司法部和教育部批准,中南财经政法大学(原中南政法学院)宪法学与行政法学专业开始招收硕士研究生。当时,蒋碧昆教授作为教研室主任和导师组组长,经过集体讨论决定在课程设置上,增设了“中国近现代宪政与宪法史”课程,由蒋碧昆教授亲自讲授。此举在当时同类学院中首开先河,故也无教材可用,蒋碧昆教授决计自编讲义。该书由张友渔老先生作序,法律出版社于 1987 年出版。作为新中国成立之后最早的宪法史著作之一,该书脉络清晰、资料翔实,对人物、事件、各类宪法文本的分析客观公允。对于该书的特色,张友渔老先生在序言中有所评介:“以太平天国为我国近代宪政运动的序幕,突出了戊戌变法及其过程中帝后两党的权力之争,维新运动余波的江南自立军起义始末,民国临时约法与鄂州约法的关系,以及北洋军阀统治时期的省宪运动与联省自治,并对孙中山的宪法思想与实践进行了较为深入的探讨,同时也还蒐集到若干新的史料并结合评论以飨读者。”后来受主客观因素所制约,蒋碧昆教授的《中国宪法史》只出版了上册即旧中国部分《中国近代宪政宪法史略》,

---

① 李天明:“试论建立我国的审计制度”,载《会计研究》1981 年第 4 期。

② 蒋碧昆:“我国财政监督的制度化和法律化——略谈宪法修改草案关于国家审计机关的建立”,载《湖北财经学院学报》1982 年第 3 期。

而《新中国宪法史论》尚付阙如。由此,张友渔老先生的序言及书名《中国宪法史》的全称被弃置,而新中国的首位宪法学博士陈云生曾指出“既题书名,又写序言,是张老不曾有过的先例”。以下将对蒋碧昆教授在宪法史方面的若干宪法思想予以归纳介绍。

1. 提出以太平天国运动为中国宪法史的起点

对于中国近代宪政运动的起点,学界一般以维新派提出立宪主张为始。蒋碧昆教授从毛泽东的“宪政就是民主政治”的论断出发,定义宪政运动就是争取民主政治的改良或者革命的运动。民主政治不仅使近现代意义的宪法与古代作为律令的“宪”区别开来,也使宪法与那些以宪法为维护专制统治之工具的伪宪法划清了界限。由此出发,蒋碧昆教授通过对中国近代史的深入研究,探寻到太平天国运动中的民主政治意味,以及其颁布的《天朝田亩制度》所具有的根本法性质。

《天朝田亩制度》的根本法性质主要表现为它以 3 年的革命战争经验为基础,确认了以天王为首的君主政体,规定了中央与地方的政权机关体系。太平天国运动的民主色彩主要表现为以下五点:

第一,土地均分、财产共有的全民所有制。农民阶级的反封建运动本身就带有民主革命的特点,太平天国革命的基本内容便是土地斗争,建立一个“有田同耕,有衣同穿,有钱同使,无处不均匀,无人不保暖”的均富制度。尽管这个理想并未实现,但从观念层面和文本层面,均是具有强大认可度和号召力的。

第二,朴素民主主义的选举制度。在太平天国内部,尽管天王以下的朝内官员是天王任命的,但乡官是由当地居民公举:“凡天下一岁一举,以补诸官之缺”,凡“能遵条命及力农者”,都可以被保举。这种守土乡官制度,取寓兵于农的组织法,具有朴素的民主主义性质,是中国历史上前所未有的创造。在当时的封建专制主义高压之下,能够起到鼓舞农民参加革命的积极作用。

第三,男女平等和尊重女权的原则。在分配土地上,妇女与男子有同等分配土地的权利;在考试制度上,妇女与男子有同等考官的资格;在军队中,有与男子并肩作战的女营。并且,禁止买卖婚姻,废除片面贞操,严禁妇女缠脚,强制放足等解放女性的举措。

第四,对旧有的司法制度进行了改革,废除了许多封建野蛮陋习和黑暗制度(如酷刑、贿赂),采取了比较公平政治的诉讼审判制度。

第五，社会风气的革新。执行了一些革除时弊陋俗的社会政策，如严禁蓄婢、养奴、纳妾、吸毒等。这些旧习与封建专制统治不无联系，太平天国的这些措施有助于社会风气的现代转型，间接地起到了促进民众自由、平等思想的觉醒。

2. 反思 1911 年省宪运动的性质和历史地位

近代中国有三个时期的省宪运动，1911 ~ 1912 年资产阶级革命政府的省宪运动，1920 年后各省军阀的省宪运动和国共合作后四十年代陕甘宁边区政府的宪法活动。蒋碧昆教授认为，人们往往忽略了 20 世纪 40 年代的省宪，高估了 1920 年的省宪，低估了武昌起义后中华民国成立前各省颁布的共和约法。1920 年的省宪运动虽名义上标榜先由各省实行地方自治，制定省宪，根据省宪自组省政府，再由各省选举代表组成联省会议，制定联省宪法，完成统一。但实际上，省宪被地方军阀所利用，成为地方军阀维护其势力范围，稳固其专制统治的民主装饰。因而从性质上说，这些省宪仍然属于封建买办阶级的"伪宪法"。

1911 年武昌起义之后，各省相继起义和宣布独立，成立了革命政权，制定了省级的临时约法。在这些省级约法中一般都确认了整个民主共和国在各省的民主共和政治体制、政府组织及职权划分，规定了人们的基本权利与义务，确立国家主权的最高归属和行使主权的程序等。这些临时性的宪法是紧接在革命起义后颁布的，体现了各自的阶级力量对比关系，是资产阶级反封建斗争的结果。并且这些约法都是以 18 世纪和 19 世纪美国和法国民主宪法为蓝本制定的，就其性质和内容而言，均属于资产阶级民主共和国的宪法。这些约法为 1912 年的《中华民国临时约法》奠定了基础，后者是前者的继承和在全国范围内的发展。

这些省级共和约法主要有 1911 年 10 月湖北省的《中华民国鄂州约法》（以下简称《鄂州的法》），1911 年 12 月江苏省的《中华民国江苏约法》，1911 年 12 月浙江省的《浙江军政府临时约法》，以及 1912 年 1 月江西省的《江西省临时约法》。其中，湖北省颁布的《鄂州约法》最具有代表性。从颁布时间而言，《鄂州约法》堪称是近代中国最早的省宪，也是第一个资产阶级性质的宪法文件；从约法起草人员来看，主要是由同盟会重要人物宋教仁起草，立宪派的汤化龙、胡瑞霖，共进会的居正、张知本参与；从约法内容来看，由于湖北革命形势最好，革命派居于主导地位，没有遇到强大的敌对势力的反抗，故制定的《鄂州约法》尚能符合革命派的政治主张。《鄂州约法》明文规定了三权分立的政府结构，都督与议会之间的权力大致平衡，而政务委员（相当于政府的内阁）的职权比较重大，较之于其他三省约法更为显著。这主要是宋教仁责任内阁制思想的反映，这种内阁制思想在一定程度上被后来的《中华民国临时约法》所吸收。

1911 年至 1912 年间的四部省级约法是中国历史上具有资产阶级民主共和性质的宪法，是中国民主立宪之先声。尽管它们是部分的、不完整的，但较之于前清和后来的军阀政府颁布的宪法有着根本的差别，不可同日而语。

主要论著

（一）著作

1.《中华人民共和国宪法名词解说》（独著），湖北人民出版社 1957 年版。

2.《环境保护法讲话》（合著），法律出版社 1982 年版。

3.《新编法学词典》（编著），山东人民出版社 1985 年版。

4.《法律常识普及读本》（合著），湖北人民出版社 1985 年版。

5.《法在生活中》（合著），湖北人民出版社 1987 年版。

6.《中国近代宪政宪法史略》（独著），法律出版社 1987 年版。

7.《蒋碧昆文集》（上、下卷）（独著），武汉出版社 2006 年版。

8.《高声低调集——诗词联书法代表作》（独著），中华诗词出版社 2006 年版。

（二）独撰论文

1.“我国社会主义发展新时期的总章程——学习《中华人民共和国宪法》和叶剑英《关于修改宪法的报告》”，载《武汉大学学报》（哲学社会科学版）1978 年第 3 期。

2.“学习与研究宪法的重要文献——重读 1954 年《中华人民共和国宪法》和刘少奇《关于中华人民共和国宪法草案的报告》”，载《郑州大学学报》（社会科学版）1980 年第 4 期。

3.［苏］B. M. 柯热里斯基、B. A. 克里雅日科夫：“苏联国家纪律的宪法基础”（独译），载《国外法学》1980 年第 5 期。

4.“环境法学初探”，载《湖北环境保护》1981 年第 2 期。

5. “坚持四项基本原则，加强民主法制建设”，载《湖北财经学院学报》1981 年第 3 期。

6. “我国财政监督的制度化和法律化——略谈《宪法修改草案》关于国家审计机关的建立”，载《湖北财经学院学报》1982 年第 3 期。

7. “新宪法的总的指导思想是四项基本原则”，载《湖北日报》1982 年 12 月 28 日。

8. “以法治国的新宪章”，载《法学评论》1983 年第 1 期。

9. “我国社会主义宪法的新发展”，载《湖北日报》1983 年 1 月 6 日。

10. “我国为什么要恢复国家主席建制”，载《长江日报》1983 年 6 月 16 日。

11. “关于我国宪法原则的探讨”，载《政治与法律》1983 年第 6 辑。

12. “新宪法的基本精神和主要内容”，载《理论学习》1983 年第 14 期。

13. “马列主义宪法理论在我国的运用和发展”，载《现代法学》1984 年第 2 期。

14. [苏]E. B. 绍丽娜：“苏联报刊的监督职能”（独译），载《国外法学研究》1985 年第 3 ~4 期合刊。

15. “改革要在宪法范围内进行——谈谈新宪法的实施与经济体制改革的关系”，载《中南政法学院学报》1986 年第 1 期。

16. “我国行宪与改革的几个关系问题”，载《宪法与改革》，北京群众出版社 1986 年版。

17. “简论我国地方政权建设为经济体制改革服务”，载湖北民政学会编：《武汉论文集》1986 年版。

18. “坚持我国国家机构的民主集中制”，载《法学学刊》1987 年第 2 期。

19. “强化公民意识，正确理解权利自由”，载《武汉法制报》1987 年 3 月 13 日。

20. “宪法实施的几个问题”，载《当代法学》1987 年第 3 期。

21. “论我国公民基本权利和义务的类别及其关系”，载《法律学习与研究》1988 年第 2 期。

22. “我国法制要为改革服务”，载《河北法学》1988 年第 3 期。

23. “我国宪法对集体经济的确认与保护”，载《集体经济报》1988 年 8

月 16 日。

24. “略论我国公民的参政权和监督权”，载《中南政法学院学报》1991 年第 2 期。

25. “以宪法为核心，强化宪法意识，确立宪法权威”，载《法学探索》1992 年第 4 期。

26. “我国人大与西方议会两种制度比较及其联想——纪念现行宪法实施十周年”，载《青年法学》1993 年第 1 期。

27. “坚持党的基本路线，贯彻实施现行宪法”，载《湖北人大代表报》1993 年 1 月 1 日。

28. “完善我国宪法　内外交流学术”，载《法学家》1993 年第 1 期。

29. “难忘的经历，美好的回忆——亲历‘五四’制宪工作点滴”，载《楚天主人》1994 年第 6 期。

30. “质疑宪法司法化第一案”，载中国宪法学研究会武汉 2002 年会论文集。

31. “‘三个代表’已写进党章，就应载入宪法”，载湖北省社会科学界学习宣传贯彻十六大精神理论 2002 年研讨会论文集。

32. “多彩人生八十年——蒋碧昆先生在祝寿会上的致辞”，载刘茂林主编：《社会转型与公法学的使命》，武汉出版社 2007 年版。

33. “深切怀念林山同志”，载中南财经政法大学 60 周年校庆所作，2008 年。

34. “文革中遭遇记录”，载《思园》2014 年第 1 期。

35. “从‘五四宪法’走过来的法治梦”，载《人民日报》2014 年 9 月 19 日。

36. “我见证了‘五四宪法’的诞生”，载《中南财经政法大学报》2014 年 9 月 29 日。

（三）合著论文

1. “人民公社是我国基层政权的最好组织形式”（合作，第二作者），载《理论战线》1959 年第 3 期。

2. “一定要加强法制观念”，（合作，第一作者），载《长江日报》1978 年 12 月 6 日。

3. “坚持无产阶级专政，保障社会主义四化”（合作，第一作者），载《中南财经政法大学学报》1979 年第 2 期。

4.“论法律面前人人平等”(合作,第一作者),载《华中师院学报》(哲学社会科学版)1979年第3期。

5.“辩护权利与律师制度”(合作,第一作者),载《长江日报》1979年7月11日。

6.“民主制度化、法律化的重大成果”(合作,第一作者),载《湖北日报》1979年7月27日。

7.“什么叫犯罪”(合作,第一作者),载《湖北日报》1979年9月5日。

8.“故意犯罪要负刑事责任”(合作,第一作者),载《湖北日报》1979年11月10日。

9.“保护环境,促进四化,造福人民”(合作,第一作者),载《湖北财经学院学报》1980年第2期。

10.“加速推行律师制度”(合作,第一作者),载《现代法学》1980年第3期。

11.“关于理顺党和国家权力机关关系的思考”(合作,第一作者),载《改革纵横》1988年创刊版。

12.“试论修改宪法”(合作,第一作者),载《中南政法学院学报》1988年第3期。

13.“论宪法的超前性研究”(合作,第一作者),载《当代法学》1988年第3期。

14.“关于完善地方人大制度的几个问题”(合作,第一作者),载《法治时代》1990年专刊。

15.“完善我国宪政体制的重要步骤”(合作,第一作者),载《法治时代》1991年第1期。

16.“论公民权利与社会安定”(合作,第一作者),载《政法学刊》1991年第2期。

17.“地方性法规适用冲突原因初探”(合作,第一作者),载《河北法学》1992年第6期。

18.“论我国人民代表大会制度的坚持与完善”(合作,第一作者),载中国法学会“八五”重点课题研究成果。

19.“改革与中国宪法发展”(合作,第一作者),载《法商研究》1994年第2期。

20.“人大制度的中国特色及其实践”(合作,第二作者),载《法商研究》1994 年第 6 期。

21.“市场经济与人大制度建设若干问题探讨”(合作,第二作者),载《楚天主人》1997 年增刊第 1 期。

22.“市场经济条件下人大制度建设若干问题探讨”(合作,第二作者),载《法商研究》1998 年第 2 期。

23.“社会现实:宪法规范的首要制约因素”(合作,第一作者),载《政法学刊》1998 年第 3 期。

24.“对我国违宪审查制度的若干构想和论证”(合作,第一作者),中国民主法制出版社 1998 年版。

25.“周俊麟被诉名誉侵权案代理词”(合作,第二作者),载《律师世界》1998 年第 9 期。

26.“宪政与宪德”(合作,第一作者),载《法治时代》2001 年专刊。

27.“了解权论”(合作,第一作者),载中国法学会宪法学 2002 学术论文汇编。

28.“契约宪政初论”(合作,第一作者),载《时代法学》2005 年第 2 期。

(四)主编、参编教材

1.《中华人民共和国宪法讲义》(合编,合编者陆季蕃、刘庆华、李益才和蒋碧昆),湖北大学法律系 1962 年印行。

2.《宪法概论》(合编,合编者刘庆华和李益才),湖北财经学院法律系 1982 年印行。

3.《中国宪法通论》(合编,合编者李益才),中南政法学院 1985 年印行。

4.《新编中国宪法教程》(合编,合编者李益才、闫嗣岑、岳智明和王光),华中师范大学出版社 1989 年版。

5.《宪法概论(提纲)》(编写),中央第二政法干部学校 1981 年印行。

6.《中国宪法教学大纲》(主编),中国政法大学出版社 1991 年版。

7.《中华人民共和国宪法简明教程》(合编,合编者郑九浩),山东人民出版社 1985 年版。

8.《宪法学》(高等政法院校规划教材)(主编),司法部法学教材编辑部编审,中国政法大学出版社 1987 年版。

9.《法学概论》(高等学校法学试用教材)(参编),法律出版社 1983

年版。

10.《中华人民共和国民法讲义(试用教材)》(参编),湖北财经学院法律系民法教研室1980年版。

(撰写者:刘茂林)

廉希圣

学术简历

廉希圣(1932 年 1 月 ~　　),中国政法大学宪法学教授,博士研究生导师。

廉希圣教授 1954 年毕业于中国人民大学法律系,1996 年 9 月中共中央党校省部级干部政法工作研究班毕业。长期从事法学教学与研究工作。曾担任中国政法大学法律系教研室主任,研究生院导师组组长,中国宪法学会秘书长、副会长,北京市宪法学会会长,中国香港法律研究会理事,中国政法大学比较法研究所所长兼港澳台法研究室主任,《比较法研究》主编,中国政法大学学术委员会、学位委员会委员,海峡两岸关系研究中心研究员,司法部"法治建设与法学理论研究部级科研项目专家咨询委员会"委员,北京市人大常委会法制建设顾问,河北师范大学名誉教授,北京师范大学学年讲座教授,中共北京市委政法委党校与市政法干部管理学院兼职教授等职。1992 年起获国务院颁发的政府特殊津贴。

廉教授长期在宪法学研究会任职,现任中国宪法学会顾问,对研究会的成长、壮大作出了重要贡献。1985 年中国法学会宪法学研究会成立,担任了首任秘书长,承担了研究会成立之初大量的事务性工作;与研究会负责人一起团结、协调全国范围内的宪法学科同人围绕现行宪法的实施做了大量研究。在研究会中,廉希圣教授为人真诚,具有极强的亲和力,建设性地开展工作,得到了全国宪法学同人的认可,宪法学研究会始终是一个团结、积极、致力于推动全国宪法学人研究中国宪法真问题的研究会。

学术贡献

廉希圣教授倡导法律之"谋实",致力于共和国的法治实践。1956 年曾被中华人民共和国最高人民法院特别军事法庭指定为日本战犯的辩护律师,并在武部六藏案中出庭为三名被告辩护;1980 ~ 1982 年参加现行宪法的起草工作，其后参加1999年和2003年中央关于修宪建议案的讨论；1985年起，以法律专家身份参加《香港特别行政区基本法》（以下简称《香港基本法》）和《澳门特别行政区基本法》（以下简称《澳门基本法》）的起草工作，并多次在全国人大常委会的立法工作中接受咨询、参加研讨，多次为香港特别行政区政府律政司提供有关《香港基本法》和内地法律的法律意见书。

在科研方面，除主编或编写《宪法学教程》、《"一国两制"法制问题研究》（香港法制与全国性法制部分）、《日本现代法》、《宪法十八讲》等著作外，廉希圣教授还就宪法基本理论与制度、香港与澳门特别行政区基本法以及台湾地区的法理问题等发表多篇论文。

廉希圣教授平生以中国法治事业的发展为己任。在少年时代，他述及未来志向，即言"学法律"。后于1949年考取新中国成立初期的原中国政法大学（三部），实现早岁理想，走上法学研究与教育之路，也从此为此后一生的规划打下基础。

于今观之，廉希圣教授在法学领域的发展道路同新中国的发展历程是合拍的。新中国法学事业的兴衰起伏深刻地影响乃至决定了他的学术际遇。在他身上可以寻找出新中国法学事业发展的轨迹。他在学术上的进取与成就正是新中国法学事业进程的缩影，他服务社会、教化四方的法律实践活动中也饱含着新中国社会主义法学思想的精神因素。

在一甲子的研究与教学生涯中，廉希圣教授将学术与个人的修养融为一体。学治而身修，德举而业成。在学术上，积累、探索、消化、凸显"个色"，补足稀缺的资源，遨游于无止境之学海；在修身上，心态平和、淡泊名利、与人为善、甘当人梯；在从教上，倡导德才兼备，"教德"居首。"千篇墨稿雄才见，一树繁花硕果存"，这是许崇德教授为《廉希圣文集》所作序言的起首之句，正是学问与修身相辅相成、互相促进，而终成其治学与修身的繁花硕果。

传道为志，解惑为乐。廉希圣教授从教数十年，门下弟子桃李芬芳，各有所成。他对弟子爱护之情殷，而弟子对老师敬仰之意切，师生相得，亲密无间，每多感人之处。他的解惑之乐，耄耋未减，虽至高龄，仍热心于与年轻人相交，为其答疑解惑，以此为得。子曰："诲人不倦"，其斯之谓欤！

在60年如一日的学术生涯中，廉希圣教授不仅以智解悟宪法之道，而且以行传道天下、布业四方。

1955年北京政法学院(中国政法大学)草创未及三载,廉希圣教授即为第一届本科生开设"中国国家法"(后改为"中国宪法"、"宪法")课程,其后虽多经风雨,却历20年而未辍。1979年,中国政法大学恢复招生,他即为1979级本科生讲授"宪法"课程的国家机构、公民基本权利和义务部分,其情之殷,亦由此可见。廉希圣教授的课程"谋实"与"谋道"并重,"授技"与"教德"齐举,既注重教学的实用与应用,又注重对学生的道德品质和人生价值观的培养,使学生既有能力又有志向服务于国家和社会。在教学方法上,廉希圣教授也进行了多方面的探索。(1)特别注意资料的翔实、可靠。他强调,要做一名好教师,必须先成为一名好资料员。(2)博采众长,但不刻意模仿,凸显自我与个性。他指出,教师应当掌握教学艺术,形成自己的风格,否则即使满腹经纶,也可能不受欢迎。(3)以其昏昏不能使人昭昭,教师当及时转变观念,不可保守。(4)为学生不等于处处迎合学生,教师所讲之内容必须经得起历史考验。正因此故,廉希圣教授所讲课程深受学生欢迎,成为中国政法大学和宪法教育界授课的典范。

为适应教学之需,廉希圣教授在讲义、教材、参考资料方面投入了大量时间和精力。1955年起他先后编写、参与编写了《中国国家法参考资料》、《中国国国家法讲义》、《中国宪法讲义》、《宪法学讲授提纲》、《宪法学教程》、《中国宪法教程》等多部教学用书,为中国宪法学科的教材建设作出突出贡献。廉希圣教授编写的讲义、教材内容充实而要言不烦,析论深入而晓畅可读,不仅赢得本校师生的认可,也受到很多其他院校师生的肯定并被采用。例如,对于由廉希圣教授主编的《宪法学教程》,许崇德教授评价其"理论分析透彻,条理清楚,特别是在宪法与民主的关系上,写得颇有特色,论证过程也有说服力,在理论性和思想上都有较高的水平"。讲义、教材、参考资料是宪法教学的核心工具,廉希圣教授在这一方面的开拓对于宪法教学意义深远。

学问古今,法治天下,廉希圣教授研治宪法的一甲子也是学而致用的一甲子。他不仅是中国法治实践的亲历者,更是其参与者、贡献者,始终以己之所学、所能,服务于中国的法治发展,服务于中国的宪法与宪法学事业。

1956年受最高人民法院特别军事法庭指定,廉希圣教授担任日本战犯的辩护律师,并出庭为武部六藏等战犯辩护。作为新中国培养出来的第一代法学家、第一代律师，廉希圣教授时年24岁，可谓少膺重任。在辩护词的草拟过程中，他搜集、研究了大量相关的法律资料，对辩护词字斟句酌，力求恰切妥帖，既体现辩护的原则，提出减轻被告人罪责的理由，又不推卸被告人的责任。例如，在“被告人的许多犯罪活动，不可能不在日本关东军总司令和关东宪兵司令的支配下进行”一句中，廉希圣教授考虑再三，决定将“不可能不”改为“是”，以表明辩护人的客观态度；在“指使”与“指挥”的选择上，最终决定用“指挥”以准确表达当事人犯罪之时的真实状态。如此之例，不胜枚举。在这次辩护中，他不仅出色地完成了辩护任务，更向世界展示了共和国第一代法律人的风采。

1980～1982年廉希圣教授参加现行宪法的起草工作，并在1999年和2003年参加中央关于修宪建议案的讨论。在此期间，他不仅撰写了《我国〈宪法〉修改草案的特点》等论文，还在广搜博览的基础上向宪法修改委员会提供了有关弹劾、罢免权、质询权、外国宪法关于议员不兼职的规定等宪法问题的参考资料。这些参考资料既包括各国宪法的相关规定，也包括对相关问题的理论概括与分析，深入浅出，详简得当，在宪法修改过程中发挥了应有的参考作用。

1985年起廉希圣教授以法律专家身份参加《香港基本法》和《澳门基本法》的起草工作，并多次为香港特别行政区政府律政司提供有关《香港基本法》和内地法律的法律意见书。由于廉希圣教授是《香港基本法》起草过程的亲历者、参与者，对《香港基本法》有着系统、深入而独到的理解，故其法律意见书内容翔实、阐述中肯，具有很高的实践价值、学术价值和历史价值。这些法律意见书也受到香港特别行政区政府的认可。例如，2000年5月香港原律政司司长梁爱诗在致廉希圣教授的函中写道，“过去两年律政司不断得到您的支持和意见，在宪制案件中得到突破，尤其是在居港权的案件中，为我们解决了许多问题，感铭五内”。这是廉希圣教授为香港法治发展所作出的贡献之一。

主要学术思想和学术观点

（一）宪法基本理论

1. 宪法观念

廉希圣教授是较早对宪法观念问题展开研究的学者之一。在1986

年发表的《宪法观念初探》和1989年发表的《培养全民宪法观念，保证宪法贯彻实施》中认为，宪法观念是指人们在一切有关宪法的活动中（包括宪法的制定、修改、解释、执行以及宪法的遵守等），所形成的一种特殊的社会意识形态，是人们关于宪法的各种思想、观点、理论和心理的总称。宪法观念包括宪法心理和宪法思想。特定宪法观念的形成具有其经济基础和阶级基础，宪法意识和宪法思想反作用于宪法实践。我国宪法是社会主义类型的宪法，社会的主导性宪法观念是无产阶级宪法观念。在1982年宪法制定的过程中，宪法草案交付全国人民广泛讨论，同时进行了大规模的宪法宣传教育，这对于良好的宪法观念的培养具有重要意义。然而，受历史因素的影响，全社会的宪法观念依然较为淡薄，这成为违宪现象发生的主要原因。为此，应采取多种措施强化全民的宪法观念：首先，重视宪法观念的研究，为普及和优化宪法观念提供坚实的理论基础和学术支持；其次，普遍、深入地开展宪法的宣传教育，使每一个公民都知道宪法，懂得宪法，并自觉地遵守宪法和维护宪法；再次，从小学到大学均应开设宪法教育课程，把宪法教育纳入国家总体教育计划；最后，改善、加强宪法监督，充分发挥全国人大常委会的宪法监督职能，处理违宪事件。

廉希圣教授指出，宪法日的设立对于依宪治国具有深远意义，其目的正在于使全国人民树立宪法意识、强化宪法观念。以“宪法日”为契机，他呼吁宪法宣传的常态化，在“国家宪法日”之外，应天天都是“宪法日”。宪法宣传一方面要用老百姓喜闻乐见的形式使其理解、接受宪法；另一方面要使各宪法实施主体尤其是国家机关及其工作人员自觉以宪法为目标加强其具体工作，将宪法的观念与精神落实到实际行动中。

2. 宪法与基本路线

廉希圣教授曾对宪法与党的基本路线的关系进行深入解析。在1993年发表的《党的基本路线在宪法中的完整体现》一文中，他认为，1982年宪法是在“一个中心、两个基本点”的基本路线开始形成、奠定基础的历史条件下制定的，因此党的基本路线的核心内容在宪法中得到了完整体现：宪法序言规定了国家的根本任务，阐述了四项基本原则，明确了改革开放的基本国策。宪法与党的基本路线实现高度统一。

对于宪法与改革的关系，廉希圣教授在《宪法与改革》一文中指出，宪法与改革并非彼此矛盾，而是在良性互动中实现发展。首先，宪法体现了改革的精神，有些规定本身就是改革的产物。例如，1988年宪法修正案在坚持公有制主体地位的同时，规定私营经济是社会主义公有制经济的补充，1999年宪法修正案进一步修改为非公有制经济是社会主义市场经济的重要组成部分，这些修正就是随着经济体制改革的推进为适应改革的需要而进行的。其次，改革为宪法的实施创设丰实的条件。宪法序言规定了新的历史时期国家的根本任务，即沿着中国特色社会主义道路，集中力量进行社会主义现代化建设。这一根本任务必须通过改革来实现。改革既是强国之路，也是实施宪法不可或缺的保证。只有改革，才能使宪法的实施获得更加坚实的经济基础，获得具有实质意义的保证条件。最后，宪法在改革开放的过程中发挥着指导和规范作用。从改革的性质来看，我国的改革始终是社会主义性质的改革，并未违背宪法所规定的四项基本原则。从改革的进程来看，宪法序言明确规定"坚持改革开放，不断完善社会主义的各项制度"。在坚持社会主义目标的前提下，宪法容纳了在深化改革、扩大开放的过程中所采取的各项措施。从改革的效应来看，改革开放所取得的成就不但没有背离宪法所确定的各项基本制度，反而为这些基本制度增添了新的活力。

对于宪法与四项基本原则的关系，廉希圣教授先后撰写了《略论我国宪法指导思想的历史发展》、《四项基本原则的宪法地位不容动摇》等文章，指出四项基本原则既是我国的立国之本，也是现行宪法所遵循的指导思想。现行宪法的重要特点之一，就在于它不仅把四项基本原则贯穿在宪法的全部内容之中，而且在序言部分对其又作了集中而完整的表述。四项基本原则由此成为宪法原则，也是指导全国人民行动的最高准则。

3. 建设社会主义法治国家

对于法治国家的建设，廉希圣教授认为，第八届全国人民代表大会第二次会议通过的《宪法修正案》具有重要意义的核心内容之一，即在宪法中确立了"依法治国，建设社会主义法治国家"这一治国方略。依法治国首先要依宪治国，宪法必须居于依法治国的核心位置，以确保社会主义法律体系的建构和运行符合宪法的规范和精神。

在《建设法治国家是一项系统工程》一文中，廉希圣教授指出，法治的突出特点表现为：其一，法律具有至高无上的地位；其二，法治本身包含着民主、平等的内容，法治建构在民主基础之上，法律面前人人平等。现代法治的主要标志可以归纳为三个方面。(1)国家生活、社会生活和公民生活的各个基本方面或绝大多数环节都要依法运作；国家权力的行使必须有法的依据,社会成员的行为必须以法为规范;公民享有法所确认的权利,同时应履行法所规定的义务。(2)治理国家所依之法必须有利于社会进步,有利于维护社会安宁和保障公民的各项基本权利;没有法的根据,一切个人和组织的合法权益不受来自任何方面的剥夺,也不受非法追加的义务的约束。(3)宪法在国家生活、社会生活和公民生活中具有最高的地位和权威;依法治国首先是依宪治国;国家的法律、法规应获得普遍地服从,任何个人和组织的违法行为都要受到应有的追究,法律面前人人平等。

为完成建设社会主义法治国家这一系统工程,必须逐步做到有法可依、有法必依、执法必严、违法必究。(1)从法治与民主的密切联系来看,既然社会主义民主政治的建设是个逐步发展的历史过程,那么法治也是一个不断发展的历史过程。它们都需要从我国的国情出发,逐步完善。依法治国,实行法治,应有严肃、认真的态度,不能简单化、庸俗化,不能搞运动、一蹴而就,而是必须作长期打算,逐步积累、发展、完善,最终形成有中国特色的法治传统。(2)建设社会主义法治国家不是一项单一的工作,必须从立法、执法、司法、法律监督、普法宣传等角度多方推进:以完善中国特色社会主义法律体系为目标,加强立法工作,提高立法质量,保证日常立法的合宪性;以加强和完善执法、司法为目标,积极推进行政执法和司法制度改革;以严格和强化法律监督为目标,完善监督体系和监督制度;以建设有中国特色社会主义法律文化为目标,深入持久地开展普法宣传教育工作。(3)实行法治是党在新时期的一种执政方式,依法治国,建设社会主义法治国家,必须正确认识依法办事与坚持党的领导的关系,实现二者的统一。

4. 宪法监督

宪法监督是宪法实施的重要方面。对于宪法监督,廉希圣教授颇多剀切之论。

他对宪法监督的阐发是从宪法的法律性这一视角出发的。在1996年发表的《完善我国宪法监督制度的理论思考》一文中,他对宪法的法律性进行了深入、系统的论述。文章指出,宪法的法律性是宪法与其他法律所共享的某些属性,或者说是宪法作为法律所需具备的一般性质,而在研究宪法的法律性时,法律的国家强制性具有特殊重要的意义。宪法要成其为法律,不能没有国家强制力。宪法国家强制性的内容主要表现在以下四个方面。(1)宪法是加于国家机关身上的强制性限制。权力具有腐败的趋势,而宪法的目的就在于防止权力被滥用而走向腐败,以切实保障公民的自由和权利。因此,宪法的指向是控制政府、约束国家权力,赋予宪法强制性正是为了实现这一目的。(2)违宪主体必须承担违宪责任,接受宪法的制裁。宪法制裁有其自身的特点,不能由部门法的制裁来取代。宪法对于违宪机关的制裁一般是撤销违宪行为或宣告违宪行为无效,对违宪人员的制裁主要是弹劾、罢免等,具有惩戒性。(3)宪法可以而且必须由一个适当的机关加以适用。适当的国家机关处理宪法争议,进行合宪性判断的过程,也就是适用宪法的过程。宪法是否由相对独立、公正的国家机关加以适用,是衡量宪法的法律性是否得到体现的主要标准。(4)宪法适用机关必须拥有对宪法的最高解释权。宪法适用机关实质上担负着监督宪法实施的重任,其他有解释权的机关也在其监督之列,因此其宪法解释权必须是最高的解释权。通过宪法的解释和适用,宪法在实践中得到发展。

对于宪法为什么必须由司法化的机关来适用这一问题,廉希圣教授的回答是从宪法监督的真正目的的角度展开。从政权运作的过程来看,宪法监督实质上是对多数人民主的一种制约,其目的是与多数主义对抗,检查多数民主可能出现的不公正现象。因此,宪法监督所意欲起到的是"多数人民主的制动器"的作用。实践证明,政治机构的直接监督并不能担负起制约多数人民主的重任,而一种非责任制的、司法化的监督机构已经在各国发展起来。司法化的监督在客观上用法律的程序和用语掩盖了监督机关的政治功能,在一定程度上抑制了或者说至少是掩饰了监督机关的政治判断力,因而其裁决容易为争端各方所接受,使宪法监督变得更合法、更有效了。宪法监督的司法化是宪法监督实践发展的一般趋势。

5. 公民基本权利

公民基本权利是宪法的核心内容之一,也是廉希圣教授在长期的教学和科研实践中所持续关注的对象。

廉希圣教授探讨了公民基本权利的特性问题。他认为,相对于民事权利等法律权利,宪法所规定的公民权利的特性主要表现在六个方面。(1)宪法规定的公民权利不是根据某种事实而产生的,而是导源于国家宪法的规定。(2)宪法所规定的公民权利反映着公民同国家的关系,体现着公民在国家中的地位。(3)除非修改宪法或依法剥夺公民的政治权利,宪法所规定的公民权利是不能变更的,公民也不能通过其他途径获得新的宪法权利。(4)宪法所规定的公民权利可以反复行使,而且可以行使,也可以不行使。(5)宪法所规定的公民权利是公民的基本权利,它仅仅是一些最重要的法定权利和自由,一般法律要根据宪法的规定,使公民的基本权利具体化。(6)宪法规定的公民权利义务具有它内在的协调性,也就是它的内在联系。

对于1982年宪法所规定的公民基本权利,廉希圣教授指出,其相较前三部宪法的发展变化主要表现在五个方面。(1)“公民的基本权利和义务”一章由第三章改为第二章。这一改动使宪法的内容更符合逻辑,即在总纲中确定了一切权力属于人民、人民在国家中的地位,接下来第二章就通过公民所享有的权利、自由更加具体地体现这种地位,再往下则是国家机关的工作怎样保证这一地位。(2)根据现实生活的需要,1982年宪法恢复了1954年宪法所规定的一些重要内容,并且增加了一些新内容,如公民在法律面前一律平等、公民的人格尊严不受侵犯等。(3)1982年宪法强调了公民权利和义务的一致性。这种一致性体现为宪法对权利义务相一致原则的明文规定、某些权利和义务的彼此结合、宪法对公民行使自由和权利所规定的必要限制等。(4)1982年宪法对公民权利与义务的规定充分考虑了我国的国情。非规定不可的,坚决规定;不宜规定的,不予规定;能做到的就规定,能做到什么程度就规定到什么程度。(5)1982年宪法对宗教信仰自由、人身自由、住宅不受侵犯等内容的规定较前三部宪法更为充实、具体和明确。

除系统论述外,廉希圣教授还对公民基本权利的下列具体问题进行了深入分析:

(1)“公民在法律面前一律平等”问题。他指出,在社会主义制度下,人民实现了经济上的平等,这就必然导致要求政治上的平等权利,法律面前人人平等就是这种新型社会关系在法律上的表现。法律面前人人平等原则的中心问题是反对特权,因此,其含义除包括司法机关在适用法律上要一律平等之外,还应包括公民在守法上的平等。

(2)言论自由问题。言论自由是指公民享有宪法所赋予的通过言论的方式对国家和社会的各项问题发表自己思想和见解的自由。凡是属于表现人们思想和见解的各种方式都属于言论自由的范畴。然而,一个享有自由权利的公民同时必须是一个对社会、对别人负责的公民,对社会或别人带来不良后果的言论,有的本身就是一种犯罪行为。言论自由是有前提的,触犯刑律的言论要受法律制裁。

(3)取消“四大自由”的问题。“四大自由”作为一个整体在保障人民民主权利方面不仅没有起过积极作用,反而妨碍了人民对于权利的正常行使。“四大自由”的概念本身是含混的、不科学的,不能作为衡量民主的标志。从宪法中取消“四大自由”不是对民主的限制,而是对人民权利的保障;不是民主化进程的后退,而是发展社会主义民主的措施。

(二)宪政制度建设

1. 地方组织法与地方政权

在全部国家机构中,地方各级机关占有十分重要的地位。国家的宪法、法律,党的路线、方针、政策以及中央政府的行政法规、决定和命令等都要通过地方国家机关的活动来贯彻。同时,地方国家机关特别是城乡基层政权组织又是吸引人民群众参加国家事务管理的重要组织,不仅可以容纳更多的人民群众直接行使国家权力,而且便于充分反映各阶层人民的意见和要求。基于这一判断,他极为重视对《地方各级人民代表大会和地方各级人民政府组织法》(以下简称《地方组织法》)和地方政权机关建设问题的研究,提出了诸多务实之见。

(1)关于如何正确发挥地方政权机关对经济工作的领导作用问题。为了发挥国家机关管理经济的应有作用,党中央确立了政企职责分开、简政放权的改革原则,为地方政权机关的建设指明了方向。因此,在新的形势下,如何从法律上使地方政权机关本着精简、统一和效能的原则加强其组织建设,使其更好地发挥对经济工作的领导作用,成为一个非常现实的问题。国民经济和社会发展的需要使地方组织法的完善具有其必要性。

(2)关于地方政权机关实行工作责任制的问题。廉希圣教授认为,1982 年《宪法》第 27 条规定的工作责任制对于解决过去在国家机关工作中存在的机构臃肿、层次重叠、人浮于事、职责不清、不讲效率等问题是必要的,但对地方国家机关如何从制度上、法律上按照精简的原则解决机构设置问题以及如何通过实行工作责任制提高工作效率缺乏具体规定。1982 年《宪法》第 27 条所规定的工作责任制不同于民主集中制所确定的各国家机关之间的责任关系。前者是国家工作人员的具体工作的责任制。这种责任制要求明确规定有关国家工作人员的职责范围,使一定的“权力”与一定的“责任”相适应。

(3)关于《地方组织法》应将宪法有关规定具体化的问题。廉希圣教授指出,《地方组织法》负有将宪法相关规定具体化的任务。通过《地方组织法》加强地方政权机关建设需要重点关注四个问题。其一,加强地方人大常委会的工作。《地方组织法》应根据宪法的规定,结合各地的实践经验,将一些好的做法、行之有效的制度用立法的形式肯定下来。其二,规范地方性法规的制定。在地方上,哪些问题应由省、自治区、直辖市人大和人大常委会制定地方性法规解决,哪些问题应由人民政府规定行政措施或发布决定、命令解决,都应明确划分界限。同时应对地方性法规的名称作出统一规定,以利于区别,避免杂乱。其三,加强代表的质询工作。如果地方组织法不规定质询的具体程序,则代表的质询工作无法正常展开。因此,参照全国人大《地方组织法》的规定,拟定适合于地方情况的质询程序和询问程序是《地方组织法》需要充实的一项内容。其四,充分发挥地方各级人大代表的作用。为达到这一目的,可以考虑在《地方组织法》关于代表的条款中规定代表应具有的必要条件、代表的限任制和具体职责等内容。

2. 基层群众自治制度

廉希圣教授认为,1982 年《宪法》第 111 条对基层群众自治组织的规定为把社会主义民主扩展到社会生活的各个方面奠定了宪法基础,对在基层社会生活中实行直接民主、密切基层政权与人民群众的直接联系具有重要意义。

他总结了村民委员会(包括居民委员会,下同)的性质、特征及其与基层政权的关系。根据宪法,村民委员会只是基层群众性自治组织,不是任何意义上的政权机关。所谓“群众自治”,是指自治主体在充分发扬社会主义民主的基础上,对社会公共事务行使一定的自主权。从外部特征来看,基层群众性自治组织对国家政权机关及其他社会团体具有相对的独立性。它只是在宪法和法律规定的范围内,对本地区的公共事务实行自治,从其内部特征来看,基层群众性自治组织必须贯彻民主集中的原则,充分发扬民主,坚持群众路线。对于村民委员会与乡级基层政权的关系,廉希圣教授指出,村民委员会是基层政权机关与本居住区内的村民联系的纽带与桥梁,但乡级基层政权与村民委员会之间并不存在上下级的隶属关系,而只是指导与被指导、协助与被协助的关系。从乡级基层政权工作的实际需要出发,其可以向村民委员会布置某些工作,但除了在法律明确规定的情况下，村民委员会必须履行自己的法定职责外，这种“布置”只具有“委托”的性质。

在《村民委员会组织法》通过之前，针对村民委员会的建设，廉希圣教授提出了多方面的建设性意见。

（1）村民资格的认定问题。村民委员会选举首先要解决的就是村民资格问题。虽然《村民委员会组织法》通过之前存在以年满18周岁作为选举人资格的条件的做法，后来的《村民委员会组织法》也规定年满18周岁的村民方有选举权和被选举权，但廉希圣教授指出，在现实生活中，农村有为数不少的未满18周岁的村民已经参加了本村的生产建设和其他社会活动且已成为骨干。在这种情况下，如果把年满18周岁作为有权参选村民委员会的必要条件，势必会使很多年轻人的积极性受到挫伤。可以说，这是迄今为止仍有待解决的问题。

（2）候选人的条件及其提出问题。廉希圣教授调查了河北省藁城、无极、迁安等多个地区的村民委员会选举情况，总结了这些地区的候选人一般应具备的基本条件，如年龄限制、政治倾向、个人作风、工作能力等，为后来的《村民委员会组织法》的制定提供了来自实践经验的支持。

（3）选举形式问题。针对部分地区村民委员会选举中实行等额选举的现象，廉希圣教授指出，在实行间接民主的各级人大已由等额选举改为差额选举的情况下，实行直接民主的村民委员会反而继续实行等额选举是同它的自治性质不相称的。在投票方式问题上，他对河北省各地区的不同投票方式进行了总结，认为召开村民大会并在大会上完成选举的全部过程为理想之举。上述意见在后来制定的《村民委员会组织法》中得到不同程度的体现。

（4）村民大会与村规民约的关系问题。廉希圣教授对村规民约在基层群众自治过程中的作用给予充分关注。他认为，在社会主义条件下，村规民约不仅涉及如道德风尚、公共卫生等社会主义精神文明的事项，而且还包括本村公共事业的筹办、生产建设的发展等重要内容，所以在某种意义上说村规民约是本村的自治文件，是实现自我管理、自我教育的重要手段。不能正确认识村规民约的性质和作用会妨碍基层群众性自治组织作用的发挥。

3. 宪法实施制度

关于宪法实施，廉希圣教授认为，一个国家有了宪法，如果不认真贯彻实施,就不能认为是实行了宪政。以民主为内容的宪政实际上是静态的宪法(宪法规范)与动态的宪法(宪法现象)的有机结合。就实践意义而言,关键在于严格按照宪法规定办事。1982 年宪法的颁布和实施,使我国进入了逐步树立宪法权威,宪法逐步受到尊重的新时期。然而,从新中国成立以来所走过的宪政道路来看,为保证宪法的实施,仍有多方面的问题值得深入思考。

(1)宪法监督机制的完善问题。基于对宪法监督机制的必要性及宪法监督的司法化的解析并结合中国的宪法实施,廉希圣教授探讨了我国宪法监督机制的完善之道。其一,在确立全民的宪法观念的过程中,必须明确宪法的法律属性。在过去的宪法宣传中,宪法的根本法、最高法性质被突出强调,其作为法律所应该具备的一般素质却在一定程度上被忽略了,这种状况影响了合理有效的宪法监督制度的建立。宪法是根本大法,但它首先是法。其二,在我国的政治体制下,宪法监督实行的是权力机关监督制,即由全国人大及其常委会行使违宪审查权。这种制度虽然符合人民主权和民主集中制的原则,但实践证明,由最高国家权力机关作为违宪审查机构,其作用存在较大的局限性。解决这一问题的方法是使宪法监督司法化。在我国,宪法监督的司法化一方面表现为要使违宪审查机构专门化(如在全国人大之下设宪法委员会之类的机构,并使之具有政治性、司法性和学术性的特点,即在该委员会中既有政治家,也有法官和学者,这三类人在工作实践中相辅相成、互为补充。),另一方面表现为建立相应的宪法诉讼制度。其三,有效的宪法监督必须能够将法律控制在宪法的范围内。法律不仅应在文字上符合宪法的规定,更应在立法目的、立法精神上与宪法保持一致。唯其如此,才能真正树立宪法的权威。

(2)执政党与宪法的关系问题。廉希圣教授指出,对于执政党,实行法治最关键的问题是党要在宪法和法律的范围内活动。党的各级组织要从制度上、机制上解决问题,坚持依法执政,理顺党与宪法、法律的关系。在《监督法》等法律中列明监督的具体内容和方式,或在政治体制改革中探索并建立相应监督制度都是可选之道。

(3)宪法的修正问题。宪法修正机制建设应当注意的问题主要有四。其一,宪法修正必须坚持宪法的绝对权威性与相对稳定性相结合,稳定性与变动性相统一。对这一问题的认识即使不能上升为修宪的指导思想,也应在修宪的技术层面予以认真对待。其二,谨慎把握“可改可不改”中改与不改的"度",认真解决实际生效的下位法与宪法不一致所导致的损害宪法权威的问题。其三,修宪不宜一律采取零敲碎打的方式,而应当具有宏观的战略性总体考虑。其四,将宪法的完善视为一项系统工程,通过制定、修正宪法相关法的方式推进法制建设的整体现代化。

4. 民族区域自治制度

民族区域自治是解决我国民族问题的基本政治制度。廉希圣教授认为,民族区域自治制度的建立是由我国的民族特点决定的。我国是一个多民族国家,各民族人口悬殊,在分布上呈大杂居、小聚居的状态。我国很早就形成了统一的多民族国家,但各民族发展很不平衡。民族的这些特点构成了民族区域自治制度的基础。

在民族区域自治的概念问题上,廉希圣教授指出,这一概念包含两个基本点:(1)各民族自治机关都是在国家统一领导下的一级地方政权,各自治地方都是中华人民共和国不可分离的一部分,这是一个总原则;(2)按照宪法和法律的规定,自治地方的少数民族都有权管理本民族的地方性事务,并享有自治权,这也是一个不可动摇的原则。除此之外,理解民族区域自治的概念还应注意:(1)民族区域自治是在单一制条件下的自治,自治地方与国家的关系是统一和自治的关系,不是摆脱中央统一领导的所谓"民族主权";(2)由国家性质所决定,民族区域自治是以少数民族人民为主体的自治,是人民民主专政在少数民族地区的具体体现和具体形式;(3)民族区域自治地方的自治机关是一般性与特殊性的结合,即作为一级地方政权,它既行使一般地方国家机关的职权,又行使自治权;(4)民族区域自治是民族自治和区域自治的结合,也是经济因素和政治因素的结合;(5)民族区域自治并非单纯地以人口比例为依据。

廉希圣教授总结了建立民族自治地方所应遵循的原则。(1)以聚居区为基础。无论哪种类型和哪一级的自治地方都必须以少数民族聚居区为基础,并且都可以包括一部分汉族或其他民族的居民区和城镇。(2)各民族共同协商。民族自治地方的建立、区域界线的划分、名称的组成等由上级国家机关会同有关地方的国家机关,和有关民族的代表充分协商拟定,按照法律规定的程序报请批准。(3)保持自治地方区域界限的相对稳定。自治地方的面积、界限等一经确定,不能轻易变动,如果需要变动,也要经过充分协商,并按法律规定的程序办。

对于民族区域自治的优越性,廉希圣教授认为其表现可归纳为四个方面。(1)宪法规定,各民族自治地方都是中华人民共和国不可分割的部分,又规定各民族一律平等,自治机关行使自治权,实行民族区域自治制度有助于把国家的集中、统一和民族的自主、平等结合起来。(2)受民族特点的影响,我国的社会主义建设不能“齐步走”、“一刀切”,实行民族区域自治有助于把贯彻执行国家的法律、政策和少数民族地区的具体特点结合起来。(3)在统一的国家里,各少数民族既可以取得国家的帮助,国家又可以组织各民族的相互支援,所以实行民族区域自治有助于把国家的富强与民族的繁荣结合起来。(4)实行自治的少数民族人民既是国家的主人,也是自治地方的主人,实行民族区域自治有助于把各族人民热爱祖国的感情和热爱自己民族的感情结合起来。

(三)《香港基本法》情怀

1.香港政治体制的设计

廉希圣教授亲身参与了《香港基本法》的起草过程,并在这一过程中深入观察了香港的政治状况,针对香港的政治体制问题提出了诸多扼要而精辟的意见。

廉希圣教授指出,设计最理想、最完善的政治体制是《香港基本法》的中心课题。香港具有自治权,但并非独立的政治实体;实行高度自治,但又非全责自治。因此,香港所实行的只能是“香港式政制”。对于香港原有政制,应当予以理性看待。香港回归之前,其政制的主要特征是政策由布政司署及政府部门的公务人员制定和推行。这一制度具有行政效率上的优势,可以考虑保留。对于回归后香港的具体政制设计,《中华人民共和国和大不列颠及北爱尔兰联合王国政府关于香港问题的联合声明》(以下简称《中英联合声明》)并没有明确的规定,但其提出了一些原则,如主权归属于中国、港人治港等,这些原则必须得到遵守。

对于“香港式民主”,廉希圣教授认为,其重点目标应当包括五个方面:(1)混合选举产生立法会议席;(2)尊重《中英联合声明》的相关规定;(3)与《香港基本法》相衔接;(4)符合港人愿望,保持安定、繁荣;(5)适应香港政治环境的需要,力求进步,而不是不顾一切后果的改革。

与前述主张相应,廉希圣教授分析了香港的选举方式问题。他认为,直接选举可以扩大政治参与的渠道,但其要与市民政治参与的要求相一致。由于回归前香港市民的公民意识及公民的教育水平等仍处于初期的发展阶段,香港并未为推行直接选举做好准备。另外,特区政制必须照顾香港社会各阶层的利益，即资本家、工商界人士、中产阶级、草根阶层的利益和愿望均应考虑。同时，民主的发展不能“毕其功于一役”，而应循序渐进。综合上述理由，在过渡期内，混合选举或曰功能团体选举具有优势。这种选举方式既有利于均衡社会各阶层的利益，又有利于稳步渐进地发展香港的民主政治，并取代香港 100 多年的统治方式。

2. “一国两制”下内地与香港法制的互动

廉希圣教授指出，两地法制的“互动关系”源于“一国两制”使两地法制所产生的变化。在《内地和香港两地法制的发展和互动影响》一文中，他敏锐地将上述变化概括为四个方面。(1)《香港基本法》是全国人大根据宪法的规定，为在香港落实“一国两制”方针而制定的一部基本法律，它成为我国法律体系的重要组成部分，从而使我国的法律体系呈现出多元化的格局。《香港基本法》取代了《英皇制诰》和《王室训令》这类宪制性文件，使香港法律制度的基础发生了重大变化，《香港基本法》成为特区的“小宪法”和两种制度的交汇点。(2)《香港基本法》的制定使我国的法制体系出现了“一国两法”、“一国两法域”的新格局。(3)香港特别行政区成立后，两地发生的法律联系还表现为全国性法律在香港特别行政区的适用和两地的司法联系和协作。(4)在解释基本法的机制上，《香港基本法》融合了两地的不同制度，既保留了香港法院解释法律的制度，又加入了内地由全国人大常委会解释法律的原则。

在总结上述变化的基础上，廉希圣教授深入地解析了宪法、普通法与《香港基本法》的关系。

廉希圣教授认为，宪法与《香港基本法》的关系是明确的。(1)宪法是国家主权的法律表现形式。从法理上讲，一个主权国家的宪法的效力及于本国的全部领土范围及该国的所有公民。(2)香港特别行政区是中央政府管辖下的一个地方区域，它与中央政府存在从属关系。因此，《香港基本法》仅作为香港的宪制性文件而存在，虽然其与宪法共同构成了香港宪制的基础，但这并不意味着《香港基本法》与宪法具有同等的法律地位。(3)《宪法》第 31 条和《香港基本法》第 11 条的规定只是表明宪法的某些具体条款可以不适用于香港，否则就会出现国家的根本大法对从属于它的某个区域不适用的现象，而这是与主权原则相悖的。(4)宪法与《香港基本法》关系的处理对《香港基本法》权威的维护具有决定性意义，必须慎重对待。

对于普通法与《香港基本法》的关系，廉希圣教授认为，《中英联合声明》的附件一和《香港基本法》第 8 条的规定都表明，普通法和衡平法也是香港特别行政区法律的组成部分，香港特别行政区是一个普通法地区。然而，在香港特别行政区法律体系中的普通法与港英统治时期的香港普通法存在重要区别。在港英统治时期，香港法院所采用的任何先例，不得抵触英国适用于香港的任何成文法规定，更不得与作为香港宪制性法律的《英皇制诰》和《王室训令》相违背，同时也不能挑战总督的权力。回归之后，普通法所不得抵触者，为香港现有的宪制性法律——《香港基本法》。

3. 香港特别行政区的法律解释

《香港基本法》的解释权问题对香港特别行政区的司法制度具有直接而深远的影响。它关系特别行政区法院的运作，关系特别行政区所拥有的独立的司法权和终审权，以致特别行政区整个司法架构的独立性都受到《香港基本法》解释权的影响。对此，廉希圣教授发表了《有关〈香港基本法〉解释的意见书》、《关于全国人大常委会对〈香港基本法〉所作解释的性质、地位和效力》、《关于筹委会〈意见〉与全国人大常委会对〈香港基本法〉所作解释的关系》等一系列法律意见书，全面、系统、深入地阐述了《香港基本法》解释的各项内容。

（1）内地与香港法律解释差异之比较

廉希圣教授分别概括了内地和香港的法律解释的特点。内地法律解释的特点表现为：其一，全国人大常委会对法律（包括宪法）的解释是“正式解释”，即具有法律约束力的解释；其二，对法律的解释既有宪法的授权（全国人大常委会解释法律即为根据宪法授权），也有全国人大常委会作为最高国家权力机关的常设机关的授权（最高国家审判、检察、行政机关对法律的解释即根据此项授权）；其三，立法、司法和行政机关都可以解释法律；其四，全国人大对法律的解释不结合具体案件的处理，是一种抽象解释，而司法机关不对宪法作任何司法解释；其五，立法、司法、行政机关对法律的解释都具有法律效力，但司法解释和行政解释的法律效力低于立法解释。香港法律解释的特征表现为：其一，立法机关负责制定法例，法院则在处理具体案件时对所涉及的法律进行解释，并应对该法律条文的含义作出符合原意的宣告，是谓“司法解释”；其二，司法解释只能在法院审理具体案件的过程中进行，法院无权对假设的问题作原则性的解释；其三，法院对案件的判决可以遵照以往判例中对有关法律的解释，亦可作出新的、不同的或补充性的解释,新的解释可以取代以前的解释,从而形成法律的一部分;其四,上诉法院所作司法解释对任何香港法院均具有约束力,其他法院所作司法解释也具有一定的法律效力,可以约束较低层级的法院。

(2)《香港基本法》第 158 条第 1 款规定的全国人大常委会所作出的解释对特别行政区法院的约束力

廉希圣教授认为,《香港基本法》第 158 条第 1 款中全国人大常委会所作出的解释对特别行政区法院具有约束力。全国人大常委会的释法权直接源于《宪法》第 67 条第 4 项的规定,因此其对任何法律的解释均无可争辩地具有宪法地位。《香港基本法》第 158 条第 1 款规定的解释属于全国人大常委会解释,这是中国宪制的安排。人大常委会关于解释法律的两次决议均明确其对法律的解释属于立法解释,在法理上立法解释的效力高于司法解释,因而全国人大常委会对《香港基本法》的解释对特别行政区法院的约束力是毋庸置疑的。否则,《香港基本法》第 158 条第 1 款的规定就无任何实际意义了,宪法关于人大常委会行使法律解释权的原则性规定在香港也就行不通了,从而"一国两制"在此问题上也就失去了"一国"的基础。这不是起草《香港基本法》的立法原意,在理论上也说不通。

(3)对《香港基本法》第 158 条第 2 款授权特别行政区法院对自治范围内的条款可"自行解释"的理解

廉希圣教授指出,《香港基本法》第 158 条第 2 款是由 1988 年 4 月的《征求意见稿》第 169 条第 2 款演进而来的。在征求意见的过程中,香港各界人士提出了不少更能体现高度自治的修改意见。起草委员会综合了各种有益意见,形成了现在第 158 条第 2 款的规定。该条款的"自行解释"可理解为是相对于《征求意见稿》第 169 条第 2 款和《基本法正式稿》第 158 条第 3 款的规定而言的,因为这两个相关的条款都列明特别行政区法院要受全国人大常委会的解释约束。修改后形成的第 158 条第 2 款所规定的"自行解释"的立法用意在于更好地体现高度自治,进一步扩大特别行政区法院的解释权,即对自治范围内条款的解释特别行政区法院可以自行处理,全国人大常委会不去主动解释,特别行政区法院也不需要将问题提到全国人大常委会请求解释,案件当事人也不得要求法院将问题提到全国人大常委会请求解释。这样一来就使第 158 条第 2 款与第 158

条第3款,特别是与《征求意见稿》第169条第2款相区别了。"自行解释"并不含有特别行政区法院对自治范围内的条款可不受约束地任意解释的意思,也不意味着除中央管理的事务或涉及中央与香港特别行政区关系的事务以外的问题中央一概不管。特别行政区享有高度自治权,但高度自治并不意味着它是可摆脱中央约束的、独立的政治实体。全国人大常委会解释《香港基本法》并使之具有普遍约束力是国家主权的体现。事实上,全国人大常委会解释《香港基本法》的权力在相当大的程度上属于备而不用的性质,它是国家宪制的要求和体现,但对自治范围内的事务,中央并无意多管。

(4)全国人大常委会解释的溯及力问题

在内地的法律解释体制之下,全国人大常委会不仅有权解释宪法和法律,而且"有权制定和修改除应当由全国人民代表大会制定的法律以外的其他法律"(宪法第67条第2项)。然而,《香港基本法》是由全国人大制定的基本法律,因而全国人大常委会对其只有解释权,没有修改权。全国人大常委会对《香港基本法》的解释带有局限性,即其解释应只限于进一步具体阐明该项法律的"立法原意",不能对《香港基本法》规范的内容有原则性的改变,也不能对立法原意作逆向解释。从全国人大常委会以往对宪法和法律所作解释的实例来看,释法的效力始于何时,一般并无明确具体的规定。但从法理上可区分为两种情况:其一,如对法律作出"补充规定"或纠正(修改),其效力应始于进行解释之时;其二,若解释只限于对法律的立法原意作具体阐释,不改变法律规范的原则,其效力应上溯至有关法律的生效日期。全国人大常委会于1999年6月26日对《香港基本法》所作的解释不是新的立法,也非对《香港基本法》所作的矫正,只是对有关条款立法原意的阐释。该解释作为《香港基本法》的一部分,其效力理应始自《香港基本法》生效之日。虽然该解释的最后部分指明,其不影响终审法院1999年1月29日判决的有关诉讼当事人所获得的居留权,但这只是全国人大常委会为维护香港法院司法独立所采取的一种特殊处理办法,不应据此将全国人大常委会的解释理解为没有追溯力。

4. 立法提案权问题

立法提案权集中规定于《香港基本法》第74条。在《香港基本法》起草的过程中,该条文并未产生较大疑义。然而,在实践中,对于该条规定的理解仍然出现分歧。廉希圣教授在《如何理解〈香港基本法〉有关立法提案权等问题》、《关于〈香港基本法〉第74条相关内容的法律意见书》两文中对该问题作出系统论述。

（1）《香港基本法》第74条对立法会议员法律提案权所作限制的立法原由

对于"公共开支"，限制的理由在于：如果立法会议员也可提出涉及"公共开支"并与政府自有政策不一致的法律案，将会影响政府拟定的相关政策的实施，导致政府在财政上的无能为力，从而影响既定任务的完成，而这对香港的发展是极为不利的。

对于"政治体制"，限制的理由在于：香港特别行政区的政治体制已为《香港基本法》所确定，其应当具有相对稳定性，从而为香港的繁荣、稳定提供政治保证。虽然香港政治体制中的某些环节随着形势的发展是可以变化的，但这种变化的机制及法律程序已在《香港基本法》的附件一和附件二中列明，由议员个别或联合提出涉及政治体制的法案，是不符合《香港基本法》的相关规定的，而且有可能使香港脱离政治体制的正常发展轨道，影响香港社会的和谐发展。

对于"政府运作"，限制的理由在于：香港政府直接从事公共事务的管理工作，是整个社会系统正常运作的神经中枢，只有它才能透过复杂的社会现象感知社会现实对立法的需求；它所从事的管理领域最广泛，也拥有大量的相关人才和物质技术设备，是有关政府运作的提案的最合适的提起者。如果议员能够提出涉及政府运作的法案，必将对政府自有的施政方针、政策产生干扰，影响政府实施行政管理权，也不符合权责一致的原理，会损害"行政主导"的实现。

（2）应由行政长官裁定议员提出的法案是否涉及公共开支、政治体制或政府运作

廉希圣教授认为，虽然《香港基本法》并未明确规定是应由行政长官还是立法会主席裁定议员所提出的法案是否涉及公共开支、政治体制或政府运作，但该条的立法意图十分清楚，即从"行政主导"原则出发，规定上述法案只能由政府提出，立法会议员不能提出。另外，与《香港基本法》关于行政长官"领导香港特别行政区政府"、"负责执行《香港基本法》"、"决定政府政策"的规定相适应，由行政长官决定议员提出的法案是否涉及公共开支、政治体制或政府运作是和"行政主导"一脉相承的，也是顺理

成章的。

(3)"涉及政府政策"的界定

所谓"涉及政府政策"的议员法案在提出前必须得到行政长官的书面同意，是指按职能分工，在《香港基本法》授权政府的职权范围内，一切已由政府制定政策的事项和应由政府政策规定的事项，都属于"涉及政府政策"的范围。这个范围是由《香港基本法》所规范的，不能随意扩大或缩小。界定其范围可作遵循的原则是：凡为处理特别行政区行政事务而采用的政策均属此列。

(4)关于立法修正案是否应遵循《香港基本法》第74条的限制问题

廉希圣教授认为，议员审议政府提出的一般法案（不涉及公共开支等事项的法案）时，有权对该类法案提出修正案，这是毫无疑义的，但不能由此推出议员对只能由政府提出的、涉及公共开支等事项的法案亦可提出修正案。这是因为：修正案是立法机关审议法案时所派生出来的产物，它应依附于原案宗旨、目的与作用。但在实践中，修正案可能与原法案的宗旨和目的相同，有时受制于各种条件，修正案也可以使原法案面目全非。鉴于此，按法律逻辑的推理，议员不能提出的法案也应包括与原案相关的修正案。否则，一旦经过议员修正，立法会通过了与政府所提法案宗旨、目的完全不一致的法案，那么《香港基本法》规定这类法案只限于政府才能提出的实际意义也就不存在了。

5. 立法原意及其查明

廉希圣教授在《关于"立法原意"的几点说明》等法律意见书中指出，立法原意不是无关紧要的，它往往可构成该法律在制定过程中应遵循的指导思想，偏离这一指导思想，可能导致该法作用的逆向发挥，给国家和人民权益造成危害。因此，《香港基本法》立法原意的正确查明对香港的法治实践具有重要意义。

立法意图一般在法律中（很多都是在第1条中）有明确的表述，也有一些法律的立法意图是在其序言中阐述的。《香港基本法》采纳的是后者，其序言最后一段称，制定《香港基本法》的目的就是要"规定香港特别行政区实行的制度，以保障国家对香港的基本方针政策的实施"。这是查究《香港基本法》的立法原意时必须予以注意的。

除自身的条文以外，《香港基本法》立法原意的查明过程中所需参考的资料还包括已载入《中英联合声明》中的中国政府关于香港问题的基本方针政策,因为它是制定《香港基本法》的重要依据,《香港基本法》是这些方针政策的法律化。

在内地,通过法律之前,都要有关于该法律全面情况及重要内容的说明,它是审议法律、理解其立法意图的重要依据。因此,姬鹏飞主任委员在全国人大及其常委会上所作的关于《香港基本法》(草案)及其有关文件的说明,同样应作为查究《香港基本法》立法原意时的依据。在《香港基本法》制定和生效之后,还应参考全国人大和全国人大常委会通过的与其相关的决议、决定以及对其所作之解释(如全国人大关于筹委会工作报告的决议、全国人大常委会对《国籍法》在香港特别行政区实施的解释等)。

对于在全国人大审议法案过程中形成的记录或录音应区别对待。人大代表的发言(记录)不会成为查究立法原意的依据,只有取得共识的,按法定过程被多数代表同意、采纳的意见,才有作为“依据”的作用。否则,代表的意见记录只反映该法律审议过程中所产生的各种意见,没有直接的法律意义。

6. 澳门特别行政区法律的本地化

在澳门正式回归之前的过渡时期,廉希圣教授以敏锐的眼光考察了澳门的法律本地化问题,并提出了颇具前瞻性的意见。

廉希圣教授指出,澳门法律的本地化主要包括立法本地化和司法本地化两个方面。

立法的本地化是逐步形成澳门独立的法律体系的重要步骤,它同时也为司法本地化创造条件。澳门的立法本地化所要解决的主要问题有三。(1)对于葡国适用并延伸到澳门适用的一些内容陈旧、严重脱离澳门现在的社会实际状况的法律,必须加以修改或另订新的法律予以代替。(2)在澳门法律中,有一部分是葡国专为澳门制定的一般法律,如《澳门司法组织纲要》等,其中有的要被废除(如《澳门组织章程》),有的则在澳门法律中起着基本和骨干的作用,后者应根据澳门社会的实际情况,删除其中与《澳门基本法》相抵触的部分,通过清理、分类、修订、翻译,使之纳入本地法律体系。(3)澳门本地立法会制定法律起步较晚,且其立法大多偏重于社会经济方面或者是葡萄牙法律的实施细则。另外,比较多的法律法规是由总督和政府机关颁布的,这种由非立法机关创制法律的制度并不是严格意义上的现代立法制度。为改变这一状况,澳门特别行政区应着力强化立法会的立法职能,扩大立法范围,提高立法质量,使其得以承担澳门的立法重任。

就司法领域而言,司法的本地化是实施法律本地化的重要保证,或者称为动态的法律本地化。回归之前,澳门在司法架构的建设、司法官的培养和入职等方面已经取得了显著成就,但其司法体制和人员的本地化进程与澳门社会对过渡期变革的期盼相比差距仍大,已经入职的司法官员若要作为澳人治澳的力量在司法界发挥中坚影响还有较长的路要走,建立澳门终审法院乃至依《澳门基本法》完成澳门整套司法机关建设的条件尚不成熟,澳门居民参与解决法律本地化问题的热情也未充分调动起来。对此,廉希圣教授认为,当务之急是明确方向,理清思路,抓住重点,踏实工作。重点就是中高级本地司法官员的培养和入职问题,有了一批具备出任各类司法职务的条件而又能忠于职守、深孚众望的本地专门人才,那么制度和架构建立的问题也就迎刃而解了,也必然会有更多更完善的方案提出并付诸实施。

(四)台湾问题

在台湾问题上,廉希圣教授实现了严谨的学术研究与强烈的爱国主义情怀的高度统一。1994~2003年之间,先后撰写了《关于台湾若干法理问题的思考》、《海峡两岸关系中的情理与法理》、《"主权对等"=国家分裂》、《"公投台湾前途":法理不容》等一系列文章,全方位、多角度地论证了台湾地区的法律地位等问题,对"台独"谬论予以回击。

廉希圣教授指出,从法理上来讲,台湾不是一个主权独立的国家。(1)台湾自古以来就是中国领土不可分割的一部分,这不仅为历史事实和国家关系史所证明,而且有《开罗宣言》、《波茨坦公告》,特别是联合国的2758号决议为据。(2)中华人民共和国政府代替"中华民国"政府是政府继承,是中国的延续,中国还是中国。在国际上代表中国主权的是中华人民共和国。中国的主权和固有领土疆域并未因此而改变。(3)主权和治权是一个整体,行使主权也就当然具有治权,即政治治理的权力。两岸的"治权分裂"虽是现实,但并未能合法化。(4)新政府取代旧政府,主权和治权是完全继承的,没有部分或"不完全继承"之说。台湾当局治理台湾的事实绝不能解释为它拥有主权,不能把治权凌驾于主权之上。台湾当局对台湾地区的治理不能定位为独立的治权,而只能是中国统一主权下的"地方治权"。(5)台湾当局的对外来往和所谓的"外交关系"只是非主权实体的对外交往。这只是在中国统一主权的前提下所出现的一种不正常且不稳定的“对外关系”,根本不能成为台湾作为主权国家的构成要素。

对于两岸统一的方式,廉希圣教授认为,已经在香港、澳门得到成功实践的“一国两制”是完全可以适用的。按照“一国两制”实现两岸统一后,台湾地区现行的社会经济制度不变,生活方式不变,同外国的经济文化关系不变。大陆的社会主义制度和台湾地区的资本主义制度可以长期共存,“谁也不吃掉谁”。在“一国两制”模式下,台湾地区可以同香港、澳门地区一样成为特别行政区,享有高度自治权,拥有行政管理权、立法权、独立的司法权和终审权;中央政府不干预台湾地区的内部事务,不向台湾地区派行政人员;党、政、军、经、财等事宜都自行管理;为使台湾地区获有一定的国际参与空间,还可以同外国签订商务、文化等方面的协定,享有一定的外事权;在保留军队、台湾人士出任国家政权机关领导职务等方面,可以考虑给比香港、澳门更大的空间。另外,统一并不会影响台湾地区的经济发展,反而可以成为其促进剂。因此,实行“和平统一,一国两制”,保持台湾地区一切不变,是充分考虑了台湾同胞的利益、台湾当局的利益和处境以及国家和民族的长远利益的两岸互补互利之举,也是最终实现中华民族统一大业的正确道路。

主要论著

(一)著作

1.《中华人民共和国国家法参考资料》(合编),中国人民大学出版社1955年版。

2.《中华人民共和国宪法释义》(合编),法律出版社1984年版。

3.《宪法学讲授提纲》(编著),中国政法大学出版社1984年版。

4.《宪法学教程》(主编),中国政法大学出版社1989年版。

5.《宪法概要》(合编),中国政法大学出版社1989年版。

6.《中国宪法教程》(主编),中国政法大学出版社1994年版。

7.《人民代表知识大全》(主编),中国政法大学出版社1994年版。

(二)论文

宪法

1.“社会主义民主问题首先是社会主义的国家制度问题”,载《北京政法学院学报》1979年第2期。

2.“正确行使公民权利的指导原则”，载张友渔等著：《宪法论文集续编》，群众出版社 1982 年版。

3.“我国《宪法》修改草案的特点”，载《北京政法学院学报》1982 年第 2 期。

4.“略论我国宪法指导思想的历史发展”，（合作，合作者黄方敬），载中国法学会编《宪法论文选》，法律出版社 1983 年版。

5.“完善地方组织法，加强地方政权机关的建设”，（合作，合作者丁树芳），载《地方政权与人民代表》，群众出版社 1985 年版。

6.“试论基层群众性自治组织的性质及与基层政权的关系——兼谈村民委员会建设中的几个问题”（合作，合作者王雁飞），1985 年 4 月无锡“基层群众性自治组织研讨会”提交。

7.“宪法观念初探”（合作，合作者孙丙珠、王雁飞），载中国法学会宪法学研究会编：《宪法的改革》，群众出版社 1986 年版。

8.“为《中国大百科全书·法学》宪法分册所撰条目”，1988 年 8 月。

9.“四项基本原则的宪法地位不容动摇”，载《中国法学》1989 年第 5 期。

10.“略论我国的国家结构形式——驳联邦制鼓吹者的论调”，载《法制日报》1989 年 9 月 25 日。

11.“《中国宪法》教学指导纲要之第五、六部分”，载国家教委教学指导纲要编写组编：《中国宪法》，1992 年版。

12.“论宪法与改革”，载《政法论坛》1993 年第 1 期。

13.“现行《宪法》为什么要做适当修改”，载《工人日报》1993 年 4 月 15 日。

14.“党的基本路线在宪法中的完整体现”，载《工人日报》1993 年 4 月 22 日。

15.“《宪法修正案》确认了市场经济体制”，载《工人日报》1993 年 4 月 29 日。

16.“共产党领导的多党合作和政治协商制度被载入宪法”，载《工人日报》1993 年 5 月 6 日。

17.“坚持改革开放与实施宪法的关系”，载《工人日报》1993 年 5 月 13 日。

18.“我国民主政治的特色和优势”，载《法制日报》1993 年 7 月 18 日。

19.“坚持完善人民代表大会制度和共产党领导的多党合作政治协商制度”,载中宣部、司法部编写组编:《学习〈邓小平论民主法制建设〉讲话》,法律出版社 1994 年版。

20.“完善我国宪法监督制度的理论思考”(合作,合作者李树忠),1996 年 12 月香港“当代宪法发展趋势国际学术会议”提交。

21.“关于村民委员会组织法涉及的几个理论问题”,1997 年为全国人大常委会办公厅研究室提供的立法参考资料。

22.“培养全民宪法观念,保证宪法贯彻实施”,载《宪法概要》,中国政法大学出版社 1989 年版。

23.“建设法治国家是一项系统工程”,载《兰盾》1999 年第 7 期。

24.“略论《宪法修正案》的时代特征”,载《法学家》1999 年第 3 期。

25.“修宪背景与修宪意义”,载《法学天地》1999 年第 5 期。

26.“体现基层民主建设的时代特征”,载《中国社会报》2000 年 3 月 1 日。

27.“总结历史,拨乱反正”,载《法制日报》2002 年 12 月 5 日。

28.“崇尚宪法,确保宪法实施”,载《群言》2003 年第 5 期。

29.“弘扬宪法精神,构建和谐社会”,载《中国政法大学》校报 2005 年 12 月 10 日。

港澳台法

1.“香港未来政治体制中的立法机关”,载《法制日报》1990 年 5 月 3 日。其间,中新社用五种外文就该文发了专电。

2.“《中华人民共和国香港特别行政区基本法》介绍”,载张友渔等主编:《政法辞书》,中国国际广播出版社 1991 年版。

3.“关于台湾若干法理问题的思考”,载《瞭望》1994 年第 34 期。

4.“澳门特别行政区的对外关系”,1994 年 11 月北京“中国内地与澳门法律制度和其关系研讨会”提交。

5.“‘一国两制’的理论与实践”,载《政法论坛》1997 年第 3 期。

6.“简论《澳门基本法》规定的司法体制——再谈现行司法体制与《基本法》的衔接”,1997 年 9 月澳门资深青商协会研讨会提交。

7.“澳门司法体制和人员本地化问题之我见”(合作,合作者许昌),载澳门《法域纵横》1998 年第 1 期。

8.“内地和香港两地法制的发展和互动影响”,1999 年 9 月香港“建国50年法律和法制建设的发展及前瞻学术研讨会”提交。

9.“再论‘一国两制’的理论与实践——庆祝《香港基本法》颁布10周年兼论‘一国两制’的台湾模式”，2000年4月北京“庆祝《香港基本法》颁布10周年学术研讨会”提交。

10.“海峡两岸关系中的情理与法理”，载《统一》2000年第6期。

11.“‘一国两制’在香港的成功实践”，载香港《文汇报》2000年4月4日。

12.“中央与澳门特别行政区关系的特点和价值目标”，2001年9月澳门“《澳门特别行政区基本法》实施2周年纪念研讨会”提交。

13.“‘主权对等’=国家分裂”，载《两岸关系》2002年第10期。

14.“‘公投台湾前途’：法理不容”，载《两岸关系》2003年第5期。

15.“澳门社会的和谐发展与《澳门基本法》”，载《纪念〈澳门基本法〉颁布13周年学术研讨会论文集》。

（三）法律意见书

1.《有关〈香港基本法〉解释的意见书》（1998年12月20日）

2.《如何理解〈香港基本法〉有关立法提案权等问题》（1999年1月8日）

3.《关于“立法原意”的几点说明》（1999年5月29日）

4.《关于如何查究“立法原意”的问题》（1999年6月1日）

5.《关于全国人大常委会对〈香港基本法〉所作解释的性质、地位和效力》（1999年7月14日）

6.《关于〈香港特别行政区基本法〉第24条第2款相关法律问题的意见》（1999年7月23日）

7.《关于筹委会〈意见〉与全国人大常委会对〈香港基本法〉所作解释的关系》（1999年8月1日）

8.《关于〈人民入境（修订）（第2号）条例〉同特区筹委会〈意见〉及全国人大常委会〈解释〉相互关系的意见》（1999年8月10日）

9.《关于全国人大常委会1999年6月26日对〈香港基本法〉所作解释有无追溯力的意见书》（1999年10月7日）

10.《有关香港居民国籍法律问题的意见书》（2000年2月22日）

11.《对国家计划生育委员会〈关于内地居民涉港生育问题的规定〉的法律地位与适用范围的意见书》（2000年2月27日）

12.《有关谢耀汉上诉案的法律意见书》(2002 年 1 月 7 日)

13.《有关谢耀汉上诉案法律意见书的补充意见》(2002 年 1 月 10 日)

14.《有关谢耀汉上诉案的法律意见书之三》(2002 年 2 月 2 日)

15.《关于为什么在理解和解释〈基本法〉条文含义时需联系相关条文规定的说明》(2005 年 3 月 10 日)

16.《关于补选行政长官任期问题的追忆及意见》(2005 年 4 月 4 日)

17.《关于全国人大常委会对〈香港基本法〉第 24 条相关款项所作解释的意见》(2005 年 6 月 10 日)

18.《关于"连带的预期解释"的说明》(2005 年 6 月 10 日)

19.《关于〈香港基本法〉第 48 条第 10 项规定的意见》(2006 年 9 月 25 日)

20.《关于〈香港基本法〉第 74 条相关内容的法律意见书》(2006 年 9 月 25 日)

21.《关于 1990 年前内地立法程序和立法实践的意见书》(2006 年 9 月 28 日)

(四)演辞与书评类

1."中国地方分权的几个问题"(1985 年宪法学术研讨会)

2."联合国的宪章和决议不容亵渎——台湾重返联合国的图谋不会得逞"(1995 年中新社座谈会)

3."十五届五中全会所确立的'发展'主题为全面实施我国宪法提供了重要保证"(2000 年中国法学会学习中共十五届五中全会精神座谈会)

4."运用法律武器依法与'法轮功'斗争到底"(2001 年中国科技会堂会议)

5."在肖蔚云教授 80 华诞庆贺会上的讲话"(2004 年庆祝肖蔚云教授 80 华诞庆贺会)

6."喜迎宪法学研究会成立 20 周年"(2005 年庆祝中国法学会宪法学研究会成立 20 周年座谈会)

7."法学研究和法制建设的新突破——读《'一国两制'法律问题研究总卷》",载《中国图书评论》。

8."有创意的《比较宪法学新论》",载《人民日报》(海外版)2001 年 5

月 14 日。

9.“专业性与通俗性兼备的宪法教材——评《宪法学习读本》”，载《人民日报》2006 年 10 月 15 日。

（撰写者：姚国建　付少勇）

图书在版编目(CIP)数据

当代中国宪法学家／中国宪法学研究会编．—北京：法律出版社,2015.10
ISBN 978-7-5118-8511-1

Ⅰ.①当… Ⅱ.①中… Ⅲ.①宪法—法学家—生平事迹—中国—现代 Ⅳ.①K825.19

中国版本图书馆 CIP 数据核字(2015)第234879号

责任编辑／沈小英　陈　妮　刘晓萌　　**装帧设计**／李　瞻

出版／法律出版社　　**编辑统筹**／财经出版分社
总发行／中国法律图书有限公司　　**经销**／新华书店
责任校对／杨昆玲　　**责任印制**／吕亚莉
印刷／北京京华虎彩印刷有限公司

开本／720毫米×960毫米 1/16　　**印张**／25.25　　**字数**／442千
版本／2015年10月第1版　　**印次**／2015年10月第1次印刷

法律出版社／北京市丰台区莲花池西里7号(100073)
电子邮件／info@lawpress.com.cn　　**销售热线**／010-63939792/9779
网址／www.lawpress.com.cn　　**咨询电话**／010-63939796

中国法律图书有限公司／北京市丰台区莲花池西里7号(100073)
全国各地中法图分、子公司电话：
第一法律书店／010-63939781/9782　　**西安分公司**／029-85388843
重庆公司／023-65382816/2908　　**上海公司**／021-62071010/1636
北京分公司／010-62534456　　**深圳公司**／0755-83072995

书号：ISBN 978-7-5118-8511-1　　**定价**：76.00元